D1746995

150 Jahre
Wissen für die Zukunft
Oldenbourg Verlag

Lehr- und Handbücher der Betriebswirtschaftslehre

Herausgegeben von Universitätsprofessor Dr. habil. Hans Corsten

Lieferbare Titel:

Betsch · Groh · Schmidt, Gründungs- und Wachstumsfinanzierung innovativer Unternehmen

Bieg · Kußmaul, Externes Rechnungswesen, 4. Auflage

Corsten · Gössinger (Hrsg.), Lexikon der Betriebswirtschaftslehre, 5. Auflage

Corsten · Corsten · Gössinger, Projektmanagement, 2. Auflage

Corsten, Produktionswirtschaft, 11. Auflage

Corsten, Übungsbuch zur Produktionswirtschaft, 3. Auflage

Corsten · Gössinger, Einführung in das Supply Chain Management, 2. Auflage

Corsten · Gössinger, Dienstleistungsmanagement, 5. Auflage

Corsten · Reiß (Hrsg.), Betriebswirtschaftslehre, Band 1, 4. Auflage

Corsten · Reiß (Hrsg.), Betriebswirtschaftslehre, Band 2, 4. Auflage

Friedl, Kostenrechnung

Friedl · Göthlich · Himme, Kostenrechnung, Übungen und Fallstudien

Jokisch · Mayer, Grundlagen finanzwirtschaftlicher Entscheidungen

Klandt, Gründungsmanagement, 2. Auflage

Kußmaul, Betriebswirtschaftliche Steuerlehre, 5. Auflage

Kußmaul, Betriebswirtschaftslehre für Existenzgründer, 6. Auflage

Matschke · Hering, Kommunale Finanzierung

Matschke · Olbrich, Internationale und Außenhandelsfinanzierung

Nebl, Produktionswirtschaft, 6. Auflage

Nebl · Schröder, Übungsaufgaben zur Produktionswirtschaft, 2. Auflage

Nebl · Prüß, Anlagenwirtschaft

Ossadnik, Controlling, 4. Auflage

Ossadnik, Controlling – Aufgaben und Lösungshinweise

Ringlstetter, Organisation von Unternehmen und Unternehmensverbindungen

Schiemenz · Schönert, Entscheidung und Produktion, 3. Auflage

Schneider · Buzacott · Rücker, Operative Produktionsplanung und -steuerung

Wehling, Fallstudien zu Personal und Unternehmensführung

Projektmanagement

Einführung

von
Hans Corsten
Hilde Corsten
Ralf Gössinger

2., vollständig überarbeitete und
wesentlich erweiterte Auflage

Oldenbourg Verlag München

Bibliografische Information der Deutschen Nationalbibliothek

Die Deutsche Nationalbibliothek verzeichnet diese Publikation in der Deutschen Nationalbibliografie; detaillierte bibliografische Daten sind im Internet über <http://dnb.d-nb.de> abrufbar.

© 2008 Oldenbourg Wissenschaftsverlag GmbH
Rosenheimer Straße 145, D-81671 München
Telefon: (089) 4 50 51-0
oldenbourg.de

Das Werk einschließlich aller Abbildungen ist urheberrechtlich geschützt. Jede Verwertung außerhalb der Grenzen des Urheberrechtsgesetzes ist ohne Zustimmung des Verlages unzulässig und strafbar. Das gilt insbesondere für Vervielfältigungen, Übersetzungen, Mikroverfilmungen und die Einspeicherung und Bearbeitung in elektronischen Systemen.

Lektorat: Wirtschafts- und Sozialwissenschaften, wiso@oldenbourg.de
Herstellung: Anna Grosser
Coverentwurf: Kochan & Partner, München
Gedruckt auf säure- und chlorfreiem Papier
Druck: Grafik + Druck, München
Bindung: Thomas Buchbinderei GmbH, Augsburg

ISBN 978-3-486-58606-0

Inhaltsverzeichnis

Vorwort VII

Abbildungsverzeichnis IX

Tabellenverzeichnis XV

1 Grundlagen 1
   1.1 Zum Projektbegriff 1
   1.2 Zum Projektmanagementbegriff 5
   1.3 Aufgabenbereiche des Projektmanagement 11
   1.4 Erfolgsfaktoren des Projektmanagement 41

2 Projektorganisation 47
   2.1 Grundformen der Projektorganisation 50
      2.1.1 Linienintegrierte Projektorganisation 50
      2.1.2 Stab-Projektorganisation 51
      2.1.3 Matrix-Projektorganisation 53
      2.1.4 Reine Projektorganisation 59
   2.2 Erscheinungsformen der Multi-Projektorganisation 64
   2.3 Erscheinungsformen der unternehmungsübergreifenden Projektorganisation 72
      2.3.1 Arbeitsgemeinschaft/Konsortium 72
      2.3.2 Generalunternehmerschaft 77
      2.3.3 Einzelauftragsorganisation 79
      2.3.4 Projektnetzwerk 80

2.4 Erscheinungsformen der Organisation internationaler Projekte 84

    2.4.1 Schnittstellen 84

        2.4.1.1 Schnittstelle zwischen Auftraggebern 84

        2.4.1.2 Schnittstelle zwischen Auftraggebern und Auftragnehmern 88

    2.4.2 Risikopolitische Aspekte 91

3 Instrumente zur Projektplanung und -steuerung 108

    3.1 Projektstrukturplan 108

    3.2 Balkendiagramme 118

    3.3 Netzplantechnik 120

        3.3.1 Deterministische Netzplantechnik 124

            3.3.1.1 Zeitplanung 124

            3.3.1.2 Kapazitätsplanung 170

            3.3.1.3 Kostenplanung 186

                3.3.1.3.1 Elementare Vorgehensweise 186

                3.3.1.3.2 Integrative Vorgehensweise 209

            3.3.1.4 Finanzplanung 220

        3.3.2 Stochastische Netzplantechnik 226

    3.4 Rechnergestütze Projektmanagementsysteme 245

        3.4.1 Überblick 245

        3.4.2 Grundlagen der Projektplanung mit Microsoft® Office Project 249

Lösungen 269

Literaturverzeichnis 297

Stichwortverzeichnis 329

Vorwort (zur 2. Auflage)

Das vorliegende Lehrbuch wurde vollständig überarbeitet und wesentlich erweitert. Darüber hinaus wurden Übungsaufgaben in das Werk integriert und detaillierte Musterlösungen erarbeitet, die der Leser am Ende des Buches findet. Damit wird es möglich, den erarbeiteten Stoff unmittelbar zu üben.

Danken möchten wir Herrn Dipl.-Kfm. Kai-Michael Dresch für die Unterstützung bei der Überarbeitung des Lehrbuches. Den wissenschaftlichen Hilfskräften Nina Fröber, Nina Postweiler und Andreas Röser danken wir für den deutlich überdurchschnittlichen Einsatz im Rahmen der drucktechnischen Aufbereitung. Den Studenten des Wirtschaftsingenieurwesens und der Betriebswirtschaftslehre mit technischer Qualifikation der Universität Kaiserslautern danken wir für die kritischen Hinweise, die unseres Erachtens das Buch bereichert haben.

Herrn Dr. Jürgen Schechler vom Oldenbourg Verlag danken wir für die gute und vertrauensvolle Zusammenarbeit bei der Erstellung der neuen Auflage.

Hans Corsten   Hilde Corsten   Ralf Gössinger

Vorwort (zur 1. Auflage)

Ziel des vorliegenden Lehrbuches ist es, Studenten der Wirtschaftswissenschaften, des Wirtschaftsingenieurwesens, aber auch Fachfremden eine Einführung in Fragen des Projektmanagement zu geben. Dabei richtet sich das Buch vor allem an Studenten des Grundstudiums. Anliegen des vorliegenden Einführungsbuches ist es nicht, einen möglichst vollständigen Überblick über das Projektmanagement zu bieten, sondern es erfolgt im Rahmen der Zielsetzung eine Beschränkung auf grundlegende Fragestellungen.

Zunächst werden dem Leser terminologische Grundlagen vorgestellt, die ihm zeigen sollen, daß die Begriffe „Projekt" und „Projektmanagement" zwar in aller Munde sind, jedoch eine allgemein akzeptierte Definition bisher nicht vorliegt. Aus diesem Grund werden einerseits begriffliche Grundlagen erarbeitet und anderseits die damit verbundenen Probleme thematisiert. Im Anschluß daran werden die Aufgabenbereiche und Erfolgsfaktoren des Projektmanagement einer kritischen Analyse unterzogen.

Im Kapitel Projektorganisation werden zunächst die sogenannten Grundformen der Projektorganisation skizziert und kritisch beleuchtet. Neben einigen Erweiterungen, zu denen insbesondere das Simultaneous Engineering zählt, werden unternehmungsübergreifende Projektorganisationsformen sowie zwischenstaatliche Gemeinschaftsvorhaben betrachtet. Das Kapitel Instrumente beschäftigt sich zunächst mit Kreativitätstechniken, und zwar sowohl mit intuitiven als auch mit diskursiven Methoden. Aufbauend auf dem Projektstrukturplan und dem Balkendiagramm erfährt die Netzplantechnik eine intensive Behandlung. Der Schwerpunkt liegt dabei auf der deterministischen Netzplantechnik, Fragen der stochastischen Netzplantechnik werden lediglich in ihren Grundzügen skizziert. Im Rahmen der Netzplantechnik werden neben der Zeit-, Kapazitäts-, Kosten- und Finanzplanung auch integrative Vorgehensweisen im Rahmen der Projektkontrolle betrachtet. Im letzten Kapitel werden ausgewählte Instrumente des Qualitätsmanagement vorgestellt.

Danken möchten wir Herrn Dipl.-Kfm. Ralf Gössinger, Herrn Dipl.-Kfm. Martin Klose und Herrn Dipl.-Kfm. Stephan Stuhlmann für die kritische Durchsicht und konstruktiven Hinweise. Den wissenschaftlichen Hilfskräften Jean-Christophe Lacour, Sven Lamers und Nadine Wutschig danken wir für die tatkräftige Unterstützung bei der drucktechnischen Aufbereitung. Herrn Dipl.-Volkswirt Martin Weigert vom Oldenbourg Verlag danken wir für die erneut gute Zusammenarbeit bei der Erstellung dieses Lehrbuches.

Kaiserslautern, im April 2000   Hans und Hilde Corsten

Abbildungsverzeichnis

Abb. 1.1:	Aufgaben des Projektmanagement	11
Abb. 1.2:	Lebenszyklusbetrachtung	26
Abb. 1.3:	Beispielhaftes Kalkulationsschema zur Ermittlung der Selbstkosten	28
Abb. 1.4:	Mindestgliederungsschema zur Selbstkostenpreiskalkulation nach LSP	29
Abb. 1.5:	Grundsätze für ein Qualitätsmanagement	33
Abb. 1.6:	Project Excellence	34
Abb. 1.7:	Polarkoordinatensystem zur Qualitätsbewertung eines Projektes	36
Abb. 1.8:	Entstehung eines Projektstatusberichts	38
Abb. 1.9:	Problemstruktur der Erfolgsmessung	43
Abb. 1.10:	Einflußfaktoren des Projekterfolgs	44
Abb. 2.1:	Beispiele der objektorientierten Betrachtung von Projektaufgaben	48
Abb. 2.2:	Gestaltung der Projektleitung	49
Abb. 2.3:	Linienintegrierte Projektorganisation	51
Abb. 2.4:	Stab-Projektorganisation	53
Abb. 2.5:	Matrix-Projektorganisation	54
Abb. 2.6:	Matrix-Diamant	56
Abb. 2.7:	Erscheinungsformen der Matrix-Organisation nach Leumann	58
Abb. 2.8:	Reine Projektorganisation	60
Abb. 2.9:	Matrixorganisation bei Multiprojektmanagement	65
Abb. 2.10:	Multi-Projektorganisation mit Lenkungskreis und Lenkungsausschüssen	66
Abb. 2.11:	Projektorganisation mit Ausschüssen	68
Abb. 2.12:	Projektportfolio	71
Abb. 2.13:	Arbeitsgemeinschaft/Konsortium	73
Abb. 2.14:	Generalunternehmerschaft	77
Abb. 2.15:	Stilles Konsortium	79
Abb. 2.16:	Einzelauftragsorganisation	80
Abb. 2.17:	Projektnetzwerk	81

Abb. 2.18:	Komiteelösung	85
Abb. 2.19:	Pilotlösung	86
Abb. 2.20:	Integrationslösung	87
Abb. 2.21:	Vertragsstruktur (Beispiel)	89
Abb. 2.22:	Projekt Cash-Flow	97
Abb. 2.23:	Vergleichende Gegenüberstellung einer „konventionellen" Kreditfinanzierung mit der Projektfinanzierung	105
Abb. 3.1:	Allgemeiner Projektstrukturplan	110
Abb. 3.2:	Objektorientierter Projektstrukturplan (vereinfachtes Beispiel)	111
Abb. 3.3:	Verrichtungsorientierter Projektstrukturplan (vereinfachtes Beispiel)	112
Abb. 3.4:	Detaillierungsgrade des Projektstrukturplans im Zeitablauf	113
Abb. 3.5:	Projektsegmentierung	114
Abb. 3.6:	Differenzierung der Projektsegmente	116
Abb. 3.7:	Gantt-Chart	118
Abb. 3.8:	Transplantechnik	120
Abb. 3.9:	Darstellungsformen eines Netzplanes	122
Abb. 3.10:	Zusammenhang zwischen Vorgang und Ereignissen	123
Abb. 3.11:	Zusammenhang zwischen Vorgangsknoten- und Vorgangspfeilnetz	123
Abb. 3.12:	Aufbau eines Knotens	125
Abb. 3.13:	Beispiel eines Vorgangsknotennetzplanes mit Zeitberechnung	127
Abb. 3.14:	Übersicht der Zeitberechnungen bei Vorgangsknotennetzen	129
Abb. 3.15:	Pufferarten	130
Abb. 3.16:	Anordnungsbeziehungen	134
Abb. 3.17:	Anordnungsbeziehungen mit Zeitabständen	135
Abb. 3.18:	Kombinationen von Minimal- und Maximalabständen	135
Abb. 3.19:	Vorziehzeit	136
Abb. 3.20:	Erweiterter Netzplan	137
Abb. 3.21:	Erster Teil der Vorwärtsberechnung	138
Abb. 3.22:	Zweiter Teil der Vorwärtsrechnung	139
Abb. 3.23:	Dritter Teil der Vorwärtsrechnung	140
Abb. 3.24:	Modifizierte Rückwärtsrechnung	140
Abb. 3.25:	Netzplan mit Zeitberechnung	142

Abb. 3.26:	Elementare Darstellungen bei Vorgangspfeilnetzen	145
Abb. 3.27:	Unzulässige Darstellung in einem Vorgangspfeilnetz	145
Abb. 3.28:	Möglichkeiten zur Einbeziehung von Scheinvorgängen	146
Abb. 3.29:	Abhängigkeiten zwischen Vorgängen, die mit Scheinvorgängen erfaßt werden können	147
Abb. 3.30:	Knoten- und Kantenbeschriftungen im Vorgangspfeilnetz	147
Abb. 3.31:	Vorgangspfeilnetz (Beispiel)	148
Abb. 3.32:	Vorgangspfeilnetz mit Zeitberechnung	149
Abb. 3.33:	Übersicht der Zeitberechnungen bei Vorgangspfeilnetzen	150
Abb. 3.34:	Meilensteinnetzplan (Beispiel)	153
Abb. 3.35:	Meilensteintrendanalyse	154
Abb. 3.36:	Schematische Darstellung von Teilnetzen	156
Abb. 3.37:	Gesamtnetz mit Verbundknoten	157
Abb. 3.38:	Zerlegung des Gesamtnetzes in Teilnetze	158
Abb. 3.39:	Verdichtung von Teilnetzen	159
Abb. 3.40:	Integriertes reduziertes Gesamtnetz	160
Abb. 3.41:	Zeitberechnung im integrierten reduzierten Gesamtnetz	160
Abb. 3.42:	Dichtefunktion der Beta-Verteilung	161
Abb. 3.43:	PERT-Netzplan	164
Abb. 3.44:	Berechneter PERT-Netzplan	167
Abb. 3.45:	Übersicht zur Zeitberechnung bei PERT-Netzplänen	168
Abb. 3.46:	Beispiel eines Terminrückmeldeformulars	169
Abb. 3.47:	Glättung der Kapazitätsnachfrage	171
Abb. 3.48:	Kapazitätsprofile	173
Abb. 3.49:	Kapazitätsprofile bei isolierter Berücksichtigung von Restriktionen der Produktionsfaktoren	176
Abb. 3.50:	Beispielhafte Prioritätsregeln	179
Abb. 3.51:	Kapazitätsprofile bei simultaner Berücksichtigung von Restriktionen der Produktionsfaktoren	183
Abb. 3.52:	Kostengebirge	189
Abb. 3.53:	Kumulierter Projektkostenverlauf	191
Abb. 3.54:	Kostenfunktion in Abhängigkeit von der Vorgangsdauer	192
Abb. 3.55:	Approximation einer Vorgangskostenkurve	194
Abb. 3.56:	Kosten bei Verfahrenswechsel und bei nur einem Zeit-Kosten-Verhältnis	196

Abb. 3.57:	Theoretische Ermittlung der kostenoptimalen Projektdauer	198
Abb. 3.58:	Grundstruktur einer Projektkostenrechnung	199
Abb. 3.59:	Kostenpools als Bindeglied in der Projektkostenrechnung	200
Abb. 3.60:	Beziehungen zwischen Grund- und Auswertungsrechnung	203
Abb. 3.61:	Grundstruktur der mitlaufenden Kalkulation	205
Abb. 3.62:	Hierarchie einer Projektrechnung	206
Abb. 3.63:	Aufbau eines Objektes	207
Abb. 3.64:	Projekthierarchie	208
Abb. 3.65:	Terminkostendiagramm	209
Abb. 3.66:	Kostentrendanalyse	211
Abb. 3.67:	Integrierte Kosten- und Terminkontrolle	212
Abb. 3.68:	Kosten-Termin-Bericht	213
Abb. 3.69:	Integrierte Kosten-Zeit-Leistungsbetrachtung (Arbeitswertmethode)	214
Abb. 3.70:	Termin-/Kostenabweichungsprojektportfolio	217
Abb. 3.71:	Projektportfolio zur Projektstatusanalyse	219
Abb. 3.72:	Projektportfolio auf der Grundlage des Management by Exception	220
Abb. 3.73:	Gegenüberstellung geplanter und tatsächlicher Auszahlungen	223
Abb. 3.74:	Gegenüberstellung projektbezogener Ein- und Auszahlungen	224
Abb. 3.75:	Kumulierte Auszahlungen bei frühestem und spätestem Start der Aktivitäten	225
Abb. 3.76:	Verknüpfungen beim GERT-Verfahren	227
Abb. 3.77:	Darstellung der beim GERT-Verfahren möglichen Knoteneingang- und Knotenausgangkombinationen	228
Abb. 3.78:	Stochastischer Netzplan nach GERT	230
Abb. 3.79:	Anforderungen an Verknüpfungen von Knoten in zyklenfreien GERT-Netzplänen	232
Abb. 3.80:	Zusätzliche Forderungen für GERT-Netzpläne mit Zyklen	233
Abb. 3.81:	Reduktion einer Serienschaltung von Vorgängen	234
Abb. 3.82:	Reduktion einer Parallelschaltung von Vorgängen	235
Abb. 3.83:	Aufklappen eines Zyklus	236
Abb. 3.84:	Reduktion einer Locke	236

Abb. 3.85:	Reduktion eines Zyklus, der keine Locke ist	237
Abb. 3.86:	Beispiel eines EOR-Netzplanes	238
Abb. 3.87:	Erste Reduktion des EOR-Netzplanes	239
Abb. 3.88:	Zweite Reduktion des EOR-Netzplanes	240
Abb. 3.89:	Vollständig reduzierter EOR-Netzplan	240
Abb. 3.90:	Stufenmodell zur Softwareauswahl	248
Abb. 3.91:	Startansicht	250
Abb. 3.92:	Maske „Arbeitszeit ändern"	251
Abb. 3.93:	Maske „Neuen Basiskalender erstellen"	252
Abb. 3.94:	Maske „Projektinfo für"	253
Abb. 3.95:	Vorgangstabelle und Gantt-Chart zum Beispielprojekt	254
Abb. 3.96:	Tabelle „Berechnete Termine"	254
Abb. 3.97:	Maske „Informationen zum Vorgang"	255
Abb. 3.98:	Strukturierung des Beispielprojekts	256
Abb. 3.99:	Visualisierung von Stichtagen	257
Abb. 3.100:	Visualisierung von Meilensteinen	257
Abb. 3.101:	Festlegung einer Termineinschränkung	259
Abb. 3.102:	*Project*-Warnung bei der Festlegung von Termineinschränkungen	259
Abb. 3.103:	*Project*-Warnung vor Konflikten im Terminplan	260
Abb. 3.104:	Struktur der Ressourcentabelle	260
Abb. 3.105:	Maske „Informationen zur Ressource"	261
Abb. 3.106:	Ressourcenzuordnung in der Maske „Informationen zum Vorgang"	262
Abb. 3.107:	Vorgangstabelle und Gantt-Chart zum Beispielprojekt nach der Ressourcenzuordnung	262
Abb. 3.108:	Ansicht „Ressource : Tabelle : Einsatz" für das Beispielprojekt	264
Abb. 3.109:	Ansicht „Ressource : Grafik" für das Beispielprojekt	265
Abb. 3.110:	Maske „Kapazitätsabgleich"	266
Abb. 3.111:	Zulässiger Ablaufplan für das Beispielprojekt	268

Tabellenverzeichnis

Tab. 1.1:	Lernmöglichkeiten im 3-Pro-Verbundmodell	10
Tab. 1.2:	Kriterien des Modells „Project Excellence"	35
Tab. 2.1:	Kriterien für die Wahl der Projektorganisationsform	63
Tab. 2.2:	Grob- und Feinplanung im Rahmen des Multi-Projektmanagement	64
Tab. 2.3:	Checkliste zur Gestaltung von Konsortialverträgen	74
Tab. 2.4:	Erscheinungsformen von Betreibermodellen	90
Tab. 3.1:	Verfahrensgruppen der Netzplantechnik	124
Tab. 3.2:	Beispiel einer Vorgangsliste	126
Tab. 3.3:	Pufferberechnung für Ereignisse	151
Tab. 3.4:	Pufferberechnung für Vorgänge	151
Tab. 3.5:	Berechnungen für einen PERT-Netzplan	165
Tab. 3.6:	Ausgangsdaten für die Kapazitätsplanung	172
Tab. 3.7:	Simultane Berücksichtigung von Restriktionen der Produktionsfaktoren mit Hilfe des Prioritätsregelverfahrens	181
Tab. 3.8:	Beispielhafte Belastungsplanung für einen Mitarbeiter in unterschiedlichen Projekten auf Wochenstundenbasis	185
Tab. 3.9:	Kostentabelle	188
Tab. 3.10:	Kostenabweichungen	190
Tab. 3.11:	Projektmanagementsoftwaresysteme (Auswahl)	247

1 Grundlagen

1.1 Zum Projektbegriff

Der Projektbegriff hat in der Literatur unterschiedliche Abgrenzungsversuche erfahren. Bei allen Unterschieden im Detail verwenden die meisten Autoren den Begriff im Sinne einer Aufgabe. In dieser Sichtweise werden Projekte als **Sonderaufgaben** mit einem außergewöhnlich breiten Kompetenzbedarf charakterisiert, der es erforderlich werden läßt, sie aus der Primärorganisation auszulagern (vgl. Reiß 1995, S. 449).

Ein wesentlicher Grund für den Sachverhalt, daß keine allgemein akzeptierte Definition des Projektbegriffs vorliegt, ist darin zu sehen, daß der Begriff in starkem Maße durch seine Verwendung in der Praxis geprägt ist, die weniger an definitorischer Exaktheit, sondern vielmehr an einer pragmatischen Vorgehensweise interessiert ist (vgl. Lechler 1997, S. 31). Ein weiterer Grund ist darin zu sehen, daß der Problembereich Projektmanagement in starkem Maße von Ingenieuren bearbeitet wird, deren Begrifflichkeiten als DIN-geleitet zu interpretieren sind und einer kritisch reflektierenden Betrachtung entbehren. Für eine differenziertere Erfassung ist es erforderlich, Merkmale herauszustellen, die geeignet erscheinen, ein Projekt hinreichend genau zu spezifizieren. In der Literatur werden dabei unterschiedliche **Merkmalskataloge** vorgestellt, wobei am häufigsten die folgenden Merkmale genannt werden (vgl. z.B. Grün 1992, Sp. 2102 f.; Frese 2005, S. 512 ff.; Schreyögg 1996, S. 190):

– zeitliche Befristung (zeitliche Abgeschlossenheit),
– Komplexität und
– relative Neuartigkeit (auch Singularität oder Einmaligkeit genannt).

Auch wenn die angeführten Merkmale, durch die ein Projekt charakterisiert wird, in der Literatur weit verbreitet sind, sollen sie im folgenden einer kritischen Betrachtung unterzogen werden, um ihre Relativität zu unterstreichen.

Die **zeitliche Befristung** eines Projektes in der Form der Projektzeit resultiert letztlich aus dessen Singularität, wobei sich die Eigenständigkeit dieses Merkmals erst durch die normative Bedingung ergibt, „daß die einzelnen durchzuführenden Aktivitäten entweder in der kürzestmöglichen oder in einer durch das angestrebte Kostenniveau bestimmten Ausführungszeit realisiert werden sollen." (Dülfer 1982, S. 10). Durch das Merkmal der zeitlichen Befristung gelangt damit „ein instabiles Element in ein auf Dauer angelegtes organisatorisches System." (Frese 2005, S. 512). Die zeitliche Befristung muß jedoch **ex ante** gegeben sein. Demgegenüber wird etwa eine Unternehmung in der Regel zeitlich unbefristet betrieben, allerdings können widrige Gegebenheiten zu einer Auflösung führen, die sich jedoch dann erst **ex post** ergibt und nicht ex ante geplant wurde.

Die **Komplexität** wird in der betriebswirtschaftlichen Literatur unterschiedlich definiert (vgl. z.B. Adam 1998, S. 30 ff.; Bronner 1992, Sp. 1121). Den meisten Abgrenzungsbemühungen ist jedoch gemeinsam, daß in einer systemorientierten Betrachtungsweise Elemente und Relationen die Komplexität bestimmen. Unter Komplexität kann dann die Anzahl und Vielfalt der Elemente und deren Beziehungen untereinander in einem System verstanden werden (vgl. z.B. Kubicek/Thom 1976, Sp. 3999 f.). Die Komplexität eines Projektes zeigt sich letztlich darin, daß es „eine Vielzahl von schwer vorausbestimmbaren Teilaktivitäten und Interdependenzen (enthält), deren Wirkungen die Grenzen eines Unternehmungsbereiches überschreiten."(Frese 2005, S. 512). Es werden damit unterschiedliche Fach- und Wissensgebiete bei der Lösung einer Aufgabe relevant, so daß Projekte das Zusammenwirken verschiedener Spezialisten in einer interdisziplinären Gruppe erfordern. Projekte können demzufolge unterschiedliche Komplexitätsgrade aufweisen, d.h., daß es „die" Komplexität eines Projektes nicht gibt. So betont dann auch Dülfer (1982, S. 13 f.), daß dieses Merkmal zur Differenzierung unterschiedlicher **Projekttypen** relevant sei und aus der empirischen Projekterfahrung stamme. Neben der Komplexität als struktureller Dimension ist die **Dynamik** als zeitliche Dimension als zweite eigenständige Systemeigenschaft zu nennen (vgl. z.B. Kubicek/Thom 1976, Sp. 3999 ff.), die ebenfalls Unsicherheit induziert.

Das Merkmal der **Neuartigkeit** hat seinen Ursprung in der Forschung und Entwicklung (F&E), und zwar im Sinne von erstmalig, wobei die Neuartigkeit auf die Sicht der jeweiligen Unternehmung zu beziehen ist (subjektive Sicht der Neuheit; vgl. z.B. Corsten/Gössinger/Schneider 2006, S. 10 ff.). Demzufolge wird aus dem Merkmal der relativen Neuartigkeit der Schluß gezogen, daß Projekte in Abhängigkeit von ihrem Novitätsgrad mit einer entsprechenden Unsicherheit verbunden sind (vgl. z.B. Frese 2005, S. 512; Schreyögg 1996, S. 190). Dabei belegt die Praxis jedoch, daß selbst F&E-Projekte nicht immer so einmalig sind, wie häufig angenommen oder implizit unterstellt wird (vgl. Hirzel 1983, S. 267). So zeigen sich bei vielen Projekten durchaus ähnliche Aufgaben und Parallelen, wie dies etwa bei

– der Planung und Errichtung bestimmter Industrieanlagen,
– der Entwicklung pharmazeutischer Wirkstoffe,
– dem Hausbau,
– dem Schiffsbau etc.

der Fall sein kann. Aus dieser Erfahrung heraus resultiert der Sachverhalt, daß in der Literatur auch von sogenannten „Wiederholungsprojekten" gesprochen wird (vgl. Hirzel 1985, S. 394 ff.). Mühlfelder/Nippa (1989, S. 372 f.) sprechen von „Routineprojekten" (z.B. Ablösung einer Rechnergeneration, Weiterentwicklung einer bestehenden Produktlinie), denen sie die Innovationsprojekte gegenüberstellen. Insofern erscheint auch der Definitionsvorschlag von Schelle (2007, S. 19), der Projekte als „Erst- und Einmal-Vorhaben" definiert und diese Vorgehensweise als „griffig" bezeichnet, wenig überzeugend. Die **Einmaligkeit** ist folglich nicht auf die Aufgabe(n) zu beziehen, sondern auf die bei einem Projekt gegebenen situativen Bedingungen (vgl. Beck 1996, S. 52 ff.).

Eine häufig, insbesondere von Praktikern und Ingenieuren verwendete begriffliche Abgrenzung des Projektbegriffs, ist die von DIN vorgestellte Projektdefinition. Nach DIN 69901 ist ein Projekt „ein Vorhaben, das im wesentlichen durch die Einmaligkeit der Bedingungen in ihrer Gesamtheit gekennzeichnet ist, z.B. Zielvorgabe, zeitliche, finanzielle, personelle und andere Begrenzungen, Abgrenzung gegenüber anderen Vorhaben, projektspezifische Organisation." Damit ist in der Projektdefinition nach DIN 69901 kein erheblicher Fortschritt und schon gar nicht eine wissenschaftlich tragfähige Definition zu sehen (zu einer anderen Auffassung vgl. Schelle 1989a, S. 4). Dies findet seine Begründung in der aus der Sicht von Schelle als „klug" bezeichneten Formulierung „z.B.", wodurch dieser Definitionsversuch **enumerativen Charakter** erhält, d.h., durch eine (nicht abschließende) Aufzählung von Merkmalen wird es letztlich nicht möglich, Projekte eindeutig zu bestimmen. Enumerative Definitionsversuche erfüllen damit nicht die Voraussetzungen, die an eine wissenschaftlich haltbare Definition gestellt werden. Der Hinweis auf einen „stillschweigenden Konsens" (Schelle 1989a, S. 8) darüber, was ein Projekt sei, ist nicht nur wissenschaftstheoretisch äußerst fragwürdig, sondern wirkt eher wie ein Allgemeinplatz. Der Zweck einer Begriffsdefinition ist nicht darin zu sehen, intuitive Assoziationen zu instrumentalisieren, sondern Merkmale hervorzuheben, durch die auch ohne ein begriffliches Vorverständnis der Zugang zu einer einheitlichen semantischen Basis eröffnet wird, auch wenn die Merkmalsausprägungen nur situativ interpretiert werden können (zu weiteren Definitionsversuchen des DIN (1989) sei der Leser beispielhaft auf (Kostenmanagement), S. 28 (Verwaltung) und (Kostenverwaltung),

S. 116 (Kostenwert) und S. 118 (finanzieller Aufwand) sowie DIN 69905 (1997) Projektmanagementaudit und Projektkostenanalyse verwiesen)[1].

Neuartigkeit und Wiederholbarkeit sind nicht unabhängig voneinander, sondern beeinflussen sich gegenseitig. So sinkt mit zunehmender Wiederholung von Projekten oder Projektteilen zwangsläufig die damit verbundene Neuartigkeit.

Die Diskussion dieser drei Merkmale hinterläßt letztlich einen ambivalenten Eindruck, da keines der in der Literatur diskutierten Merkmale zu einer eindeutigen Abgrenzung führt. So gelangt Beck (1996, S. 56 f.) zu der Überzeugung, daß am ehesten die Merkmale

– Komplexität, und zwar im Sinne des bereichsübergreifenden Charakters, und
– (ex ante) zeitliche Begrenztheit

für eine Abgrenzung des Projektbegriffs geeignet erscheinen und definiert Projekte als bereichsübergreifende, zeitlich begrenzte Aufgaben. Das Merkmal der **relativen Neuartigkeit** zu vernachlässigen, kann jedoch nicht als zweckmäßig erachtet werden, da es ebenso wie die zeitliche Begrenztheit und die Komplexität als Indikator für eine **situative Beurteilung** dienen kann. Deshalb sollen **Projekte** als bereichsübergreifende, zeitlich (ex ante) begrenzte Aufgaben mit relativer Neuartigkeit definiert werden. Darüber hinaus weisen einige Autoren (vgl. z.B. Dülfer 1982, S. 18; Grün 1992, Sp. 2102 f.) darauf hin, daß Projekte ein **originäres Zielsystem** haben, wobei, wie in der Zielforschung üblich, zwischen Sach- und Formalzielen zu unterscheiden ist. Während mit der Erreichung des **Sachziels** ein Projekt als abgeschlossen gilt, liefern die **Formalziele** die spezifischen (normativen) Entscheidungskriterien für die Beurteilung der Sachzielerreichung.

> Aufgabe 1: Diskutieren Sie die Probleme, die sich bei der terminologischen Abgrenzung des „Projektbegriffs" ergeben.

---

[1] Der Leser wird in diesen Quellen auf eine Vielzahl von Definitionsversuchen betriebswirtschaftlicher Sachverhalte stoßen, die mit den in der Betriebswirtschaftslehre üblichen Definitionen nicht kompatibel sind.

> Aufgabe 2: Nach DIN 69901 ist ein Projekt „ein Vorhaben, das im wesentlichen durch die Einmaligkeit der Bedingungen in ihrer Gesamtheit gekennzeichnet ist, z.B. Zielvorgabe, zeitliche, finanzielle, personelle und andere Begrenzungen, Abgrenzung gegenüber anderen Vorhaben, projektspezifische Organisation." Nehmen Sie zu dieser Definition kritisch Stellung.

Um das heterogene Erscheinungsbild von Projekten überschaubar zu machen, werden in der Literatur verschiedene Arten von Projekten gebildet (vgl. z.B. Mörsdorf 1998, S. 60 f.; Schröder 1973, S. 16 f.). Beispielhaft seien die drei folgenden **Projektarten** genannt (vgl. Frese 2005, S. 514 ff.):

- **Sachziel-/prozeßorientierte Projekte**: Während erstgenannte auf die Veränderung des Produktions- und Absatzprogramms ausgerichtet sind (z.B. Produktentwicklung), fokussieren letztere auf unternehmungsinterne Prozesse, die entweder direkt (z.B. Beschaffung, Produktion, Absatz) oder indirekt (Verwaltungsprozesse) an den Leistungsprozessen anknüpfen. Damit haben prozeßorientierte Projekte nach ihrer Realisation Auswirkungen auf die Aufgaben- und Unternehmungsstruktur, während sachzielorientierte Projekte hierauf keinen zwangsläufigen Einfluß nehmen.

- **Extern beeinflußte/extern unbeeinflußte Projekte**: Auch wenn letztlich alle Projekte in einer Unternehmung durch Marktvorgänge und damit extern ausgelöst werden, so zeigen sich dennoch graduelle Abstufungen, so daß sich unterschiedliche Intensitäten externer Einflüsse auf Projektaktivitäten offenbaren (z.B. ein Auftrag zur Erstellung einer Großanlage oder die Umstellung der Produktion): „Letzten Endes laufen jedoch beide Projekttypen, die externen wie die internen, darauf hinaus, Bedürfnisse von Kunden zu befriedigen, sei es auf direktem oder indirektem Wege." (Brand 1974, S. 26).

- **Projekte mit hohem Neuartigkeitsgrad/geringem Neuartigkeitsgrad:** Diese Abstufung resultiert daraus, daß Projekte einerseits häufig bestimmte Teilprobleme gemeinsam haben und andererseits durch spezifische Rahmenbedingungen geprägt sind.

1.2 Zum Projektmanagementbegriff

Unter **Management** wird generell der Vorgang der Willensbildung und -durchsetzung verstanden, d.h. unter **Projektmanagement** sind alle willensbildenden und -durchsetzenden Aktivitäten im Rahmen von Projekten zu verstehen[1]. Wird diese allgemein gehaltene Definition konkretisiert, dann lassen sich unter dem Begriff Projektmanagement die Aktivitäten der Planung, Steuerung und Kontrolle einzelner Projektaktivitäten hinsichtlich Zeit, Kosten, Qualität und Ressourcenbereitstellung zusammenfassen (vgl. z.B. Kerzner 2006, S. 2 ff.). Zeit, Kosten und Qualität sind darüber hinaus wichtige Faktoren, die den **Projekterfolg** beeinflussen. Daß bei Projekten häufig erhebliche Kosten- und Terminabweichungen auftreten, ist ein seit langem bekannter Sachverhalt (vgl. z.B. Rüsberg 1980, S. 22; Wildemann 1982), woraus sich unmittelbar die Notwendigkeit eines Projektmanagement ergibt. Als weiteren Faktor nimmt Krüger (1994, S. 378) die Akzeptanz des Ergebnisses der Projektarbeit in seine Überlegungen auf und gelangt dann zu seinem „Teufelsquadrat der Projektarbeit", womit er auf entsprechende **Zielkonflikte** abstellt.

In Anlehnung an die allgemeine Managementliteratur (vgl. z.B. Staehle 1999, S. 69 ff.) kann zwischen

– funktionalem,

– institutionalem und

– instrumentalem Projektmanagement

unterschieden werden (vgl. Buch 1991, S. 3), wobei die beiden zuerst genannten Sichten komplementär sind. Während in **funktionaler Hinsicht** (managerial functions approach) Prozesse und Funktionen eines Projektes im Zentrum der Überlegungen stehen, konzentriert sich die **institutionale Sicht** (managerial roles approach) auf die Personen und -gruppen, die die im Rahmen eines Projektes anfallenden Managementaufgaben wahrnehmen sowie deren Tätigkeiten und Rollen. Demgemäß sind hiermit insbesondere Fragen der organisatorischen Gestaltung angesprochen.

Zu den Aufgabenbereichen des funktionalen Projektmanagement zählen (vgl. Krüger 1994, S. 381 ff.):

---

1) Vgl. Hoecker (1999, S. 34); Metcalfe (1997, S. 307); Pinkenburg (1980, S. 163 ff.). Zurecht weist Schelle (1989a, S. 9 ff.) auf die Einseitigkeit der begrifflichen Abgrenzung des Projektmanagement durch das DIN hin, da diese nur auf die Führung abstellt. Der Leser, der sich weniger an Inhalten, sondern vielmehr an einer bebilderten Darstellung zum Projektmanagement erfreuen kann und dabei auch die extrem simplifizierende Darstellung zu akzeptieren bereit ist, sei auf die Ausführungen bei Vogel (1993, S. 105 ff.) verwiesen.

- **Projektdefinition**: Projektziele klären und festsetzen, Projektaufgaben definieren und Lastenheft[1)] (was und wofür) erstellen etc.
- **Projektplanung**: Erstellen eines Pflichtenheftes[2)] (wie und womit) und Ablaufplanung, d.h., welche Aufgaben sind wann und in welcher Reihenfolge durchzuführen?
- **Projektabwicklung/-realisation**: Durchführen der Arbeitsschritte unter der Maßgabe, die anfallenden Kosten im Rahmen des Planungsansatzes einzuhalten.
- **Projektdokumentation/Übergabe an den Auftraggeber**: Projektevaluierung, Ergebnisdokumentation, Einführungsentscheidung etc.
- **Projektkontrolle**: Sie verläuft parallel zur Projektabwicklung (z.B. Fortschrittskontrolle) und dient letztlich der Erfolgsbeurteilung.
- **Projektcontrolling**: Entscheidungskoordination und Sicherstellung ihrer koordinierenden Wirkung.
- **Qualitätsmanagement**: Erstellen von Qualitätsplänen sowie Qualitätssteuerung im Rahmen der Projektabwicklung.

Neben diesen Aufgaben sind die drei folgenden übergreifenden Aufgabenkomplexe zu nennen, die sich mit unterschiedlichen Schwerpunkten auf die oben angeführten Aufgaben verteilen:

- **Ressourcenmanagement** (z.B. Terminplanung, Budgetüberwachung),
- **Personalmanagement** (z.B. Mitarbeiterführung),
- **Einflußmanagement** (z.B. Einbinden und Beeinflussen von Promotoren und Opponenten, Akzeptanz für Lösungen bewirken).

Neben diesen Aufgabenkomplexen sind im Rahmen des funktionalen Projektmanagement sogenannte **Vorgehensprinzipien** relevant, mit denen grundsätzliche Möglichkeiten der Problembewältigung angesprochen werden. Beispielhaft seien die folgenden, nicht überschneidungsfreien Prinzipien genannt (vgl. z.B. Haberfellner 1973, S. 376 ff.):

- **Systemdenken anwenden**, d.h. Zerlegung der Gesamtaufgabe in Subsysteme und Elemente sowie Beachten der Beziehungen.

---

1) Unter einem Lastenheft (Requirements specification) ist die Gesamtheit der Anforderungen des Auftraggebers an die durch den Auftragnehmer zu erbringende Leistung zu verstehen.
2) Unter einem Pflichtenheft (Feature specification) ist die durch den Auftragnehmer vorgenommene Umsetzung des Lastenheftes in Realisierungsvorgaben zu verstehen, die gegenüber dem Auftraggeber vertraglich bindend sind. Gliederung und Inhalte sind wie beim Lastenheft nicht allgemeinverbindlich geregelt. In einzelnen Branchen haben sich jedoch Quasi-Standards etabliert. Häufig sind folgende Angaben in einem Lastenheft enthalten: Zweck der Leistung, Einsatzgebiete, Überblick über Leistungskomponenten, Anforderungen an Funktionalität, Benutzbarkeit, Zuverlässigkeit, ökologische Verträglichkeit etc., Grobplan der Vorgehensweise, Beurteilungskriterien.

- **Vom Globalen zum Detail vorgehen**, d.h., zunächst ist ein Rahmenkonzept zu entwickeln, das die wichtigsten Subsysteme und Schnittstellen herausstellt, um dann auf Detailprobleme einzugehen (vgl. Aggteleky/Bajna 1992, S. 200 ff.).
- **Von außen nach innen vorgehen**: Hiermit wird zum Ausdruck gebracht, daß es zweckmäßig sein kann, ein zu betrachtendes System zunächst als „black box" zu sehen und sich zunächst nur mit den Wechselwirkungen dieser „black box" zur Systemumwelt zu beschäftigen. Durch diese Vorgehensweise wird das Problem in einen größeren Zusammenhang gestellt und der Gefahr eventueller Insellösungen entgegengewirkt.
- **Schaffung von überschaubaren und kontrollierbaren Projektabschnitten**, die nicht nur in linearer Folge, sondern auch zyklisch durchlaufen werden können.

Neben diesen eher allgemein anmutenden Vorgehensweisen, die letztlich Ansatzpunkte für eine Komplexitätsreduzierung darstellen, ist eine spezifische Vorgehensweise zu nennen, die in der Literatur mit dem Begriff „**Versionenkonzept**" beschrieben wird (vgl. z.B. Krüger 1986, S. 28 ff.). Grundidee dieses Konzeptes ist es, daß nicht in einem Schritt eine vollkommene und endgültige Lösung (total system approach) angestrebt wird, sondern bewußt aufeinander aufbauende **Entwicklungsstadien** geplant werden, so daß eine Version ein weiterzuentwickelndes Projektergebnis darstellt und sich somit hinsichtlich ihres Reifegrades (z.B. Versionen eines Produktes) unterscheidet. Wesentlich ist, daß jede Version, die letztlich ein spezifisches Entwicklungsstadium eines Systems repräsentiert, auch zur Nutzung gelangt (vgl. z.B. Meier 1987).

Im Rahmen des **institutionellen Projektmanagement,** bei dem die Bereitstellung einer spezifischen Aufbaustruktur im Vordergrund steht, geht es

- **einerseits** um die Aufteilung von Aufgaben, Kompetenzen und Verantwortung in einem Projekt und
- **anderseits** um die hierarchische Einbindung des Projektes in die Unternehmung und die Kooperation mit anderen Einheiten.

Neben Fragen der Projektorganisation (vgl. Kapitel 2) stellen sich damit insbesondere die Fragen nach der Auswahl des Projektleiters und der Mitarbeiter des Projektteams. Dem **Projektleiter**, dem in der Literatur (vgl. z.B. Gemünden 1990, S. 11 und S. 13) häufig ein wesentlicher Einfluß auf den Projekterfolg zuerkannt wird, kommt dabei eine Schlüsselstellung zu, da er im Schnittpunkt der Kommunikationsbeziehungen steht und wesentlichen Einfluß auf die **Projektkultur** nimmt, die als Subkultur der Unternehmungskultur zu begreifen ist. Haberfellner (1992, Sp. 2099 ff.) betont in diesem Zusammenhang, daß die häufig in der Literatur vorzufindenden Anforderungsprofile für Projektleiter unrealistisch seien und die Anforderungen einerseits von dem konkreten Projekt und anderseits von den beteiligten Personen abhingen. Bei der personellen Zusammensetzung des **Projektteams** ist neben fachlichen und methodischen Fähigkeiten insbesondere die Sozialkompetenz zu beachten (Teamfähigkeit). Dabei wird zunehmend auf die Einbindung der potentiellen Nutzer und Betroffenen hingewiesen, um so eine benutzernahe Lösung zu garantieren, eine Vorgehensweise, die nicht nur unternehmungsinterne, sondern auch unternehmungsexterne Nutzer impliziert (vgl. z.B. Baaken 1990, S. 303; Christensen/Bower 1996, S. 197 ff.). Die stärkere Beteiligung der Nutzer wird auch als **partizipative Projektarbeit** bezeichnet. In dieser Sichtweise kann die Projekt-arbeit somit als ein Bestandteil der Personalentwicklung betrachtet werden, und zwar als arbeitsplatznahes Qualifizierungsinstrument (near-the-Job-Training), da sie den Mitarbeitern die Chance bietet, Erfahrungen zu sammeln und unabhängig von ihrer täglichen Routine aktiv zu werden (vgl. z.B. Hoecker 1999, S. 185 ff.). Projektarbeit kann somit auch als ein geplanter Stellenwechsel im Sinne eines Job Rotation interpretiert werden.

Eine dritte Perspektive des Projektmanagement ist in der **instrumentalen Dimension** zu sehen. Schwerpunkt dieser Sichtweise sind dabei die zum Einsatz gelangenden Planungs- und Steuerungsinstrumente (vgl. Lechler 1997, S. 37), wobei die Netzplantechnik neben Kreativitätstechniken (vgl. z.B. Corsten/Gössinger/Schneider 2006, S. 102 ff.) und qualitätsorientierten Instrumenten (z.B. Wertanalyse, Quality Function Deployment, Ishikawa-Diagramm, Fehler-Möglichkeits- und Einflußanalyse) von zentraler Bedeutung ist.

Die **Stärken des Projektmanagement** sind insbesondere in dessen Flexibilität und Innovationspotential zu sehen. Darüber hinaus ist es ein wesentlicher Vorteil des Projektmanagement, daß die Projekte während ihrer gesamten Laufzeit als eine Einheit betrachtet werden (vgl. Schröder 1973, S. 105). Als **Gefahren** sind einerseits die Überbetonung der Sonderaktionen und die Betonung der Routinisierung und eine tendenzielle Vernachlässigung der Improvisation zu nennen (vgl. Reiß/Corsten 1992, S. 157 f.). So kann die Einführung eines Projektmanagement bei den Linienmitarbeitern zu dem subjektiven Eindruck der Abwertung ihrer Tätigkeiten führen. Um die Einseitigkeiten einzelner Managementkonzepte wie Projekt-, Produkt- und Prozeßmanagement zu vermeiden oder zumindest zu reduzieren, schlägt Reiß (1992, S. 25 ff.) vor, diese drei Managementkonzepte im Verbund zu sehen und zu einem **3-Pro-Verbundmodell** zu integrieren. Hierdurch eröffnet sich die Chance zu einem Ausgleich der existenten Schwächen der Ansätze. So erscheint vor allem ein wechselseitiger Know-how- und Kulturtransfer geeignet zu sein, den spezialisierten **3-Pro-Managern** zu einer Mehrfachqualifikation zu verhelfen und sie damit zu einem kooperativen Zusammenwirken zu befähigen. Tabelle 1.1 gibt in beispielhafter Weise einen Einblick in das „Lernpotential" der einzelnen Managementkonzepte.

vom kann lernen	Produktmanager	Projektmanager	Prozeßmanager
Produktmanager	–	Sonderaufgaben über den Produktlebenszyklus hinweg effizient zu bewältigen (z.B. Rückrufaktionen).	Funktionsbereichsübergreifende Aufgaben zu gestalten (z.B. Reklamationen, Auftragsabwicklung).
Projektmanager	Unternehmerisches Verhalten; marktgerichtetes Denken; internes Kundendenken.	–	Prozeßdisziplin, die Änderungsaufwand, Zeit, Lern- und Abstimmungsprozesse positiv beeinflussen kann; phasenbezogenes Denken.
Prozeßmanager	Kundenorientiertes Qualitätsverständnis (z.B. Implementierung von QFD).	Ersteinführung und Prozeßpflege als Projektmanagement durchzuführen (z.B. Komplettierung der Logistikprozesse durch Recyclingvorgänge).	–

Tab. 1.1: Lernmöglichkeiten im 3-Pro-Verbundmodell

1.3 Aufgabenbereiche des Projektmanagement

Das Projektmanagement läßt sich wie in Abbildung 1.1 dargestellt strukturieren (vgl. z.B. Fischer/Spiekermann 2006, S. 63 ff.; Schulte/Stumme 1998, S. 237 ff.).

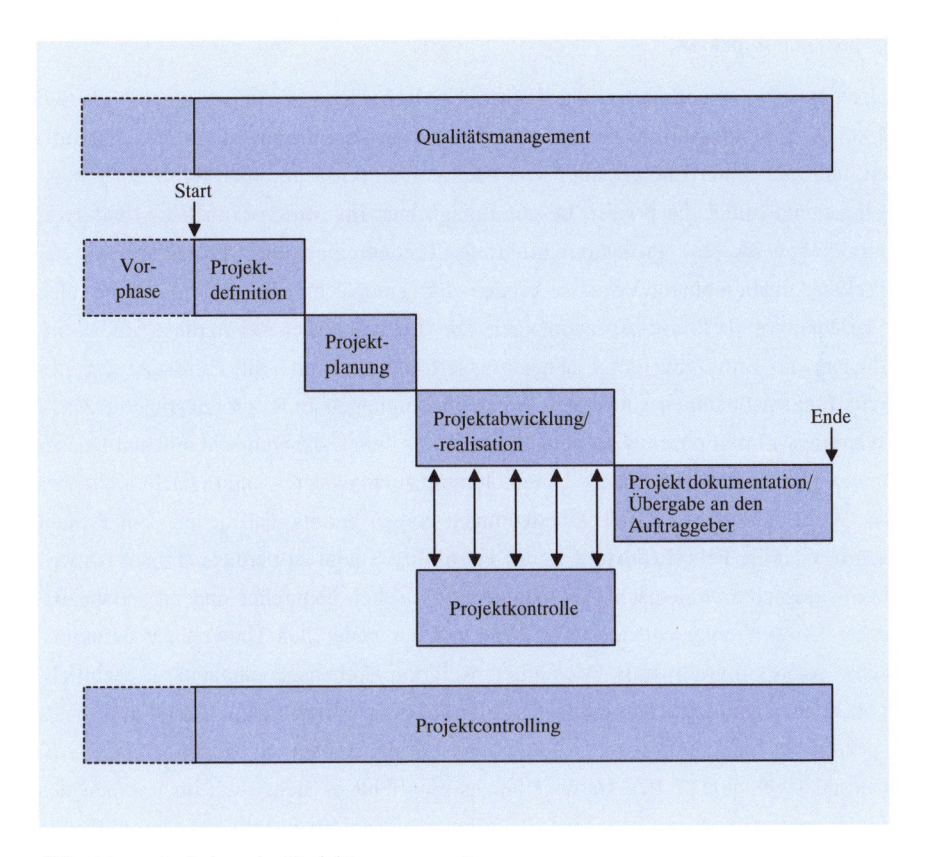

Abb. 1.1: Aufgaben des Projektmanagement

Vor dem Projektstart sind sogenannte vorbereitende Tätigkeiten durchzuführen, die teilweise zu einer eigenen Phase, der **Vorphase** (Projektvorbereitungsphase, Akquisitionsphase) zusammengefaßt werden (vgl. Lachnit 1994, S. 37). Elemente dieser Phase, die mit einer Entscheidung über die Projektdurchführung oder -ablehnung endet, sind die Projektinitiierung bei externen Projekten durch eine Kundenanfrage, eine hierdurch induzierte Überprüfung der Durchführbarkeit und die Angebotserstellung mit dem Ergebnis der Ermittlung eines Angebotspreises.

Zur Überprüfung der Durchführbarkeit bietet sich der Einsatz von sogenannten **Feasibility-Studien** (vgl. z.B. Dué 1989, S. 14 ff.; Tytko 1999, S. 122) an, die insbesondere bei internationalen Projekten zur Anwendung gelangen. Hierbei handelt es sich um eine systematische Darstellung von

– technischen,

– ökonomischen und

– sozialen Aspekten

eines Investitionsvorhabens, die dann als Entscheidungsgrundlage dient (vgl. Sell 1988, S. 1 ff.). Feasibility-Studien sind damit **interdisziplinäre Machbarkeitsstudien**, und zwar unter Einbeziehung von Alternativen (vgl. Fromm 1984, S. 9 f.). Ausgangspunkt bildet die präzise Beschreibung eines Investitionsvorhabens, und zwar hinsichtlich Ziel(en), Projektdurchführung, Technologieeinsatz, Projektumfang etc. Weitere unabdingbare Voraussetzungen für eine Feasibility-Studie bilden eine Marktanalyse, da Preise, Absatzmengen, Distributionskosten etc. in diese Studie einfließen, die Ermittlung der Finanzierungserfordernisse und die Erfassung der Beschaffungsmaßnahmen sowie der Rahmenbedingungen (z.B. prognostizierte Zins-, Währungs-, Inflationsentwicklungen). Ziel ist es damit, die wahrscheinlichen Konsequenzen eines Projektes für die Unternehmung zu analysieren und in nachvollziehbarer Weise darzulegen. Diese Überlegungen zeigen bereits, daß neben dem Projekt selbst auch die **Projektumwelt** in der Feasibility-Studie zu berücksichtigen ist, wobei analog zum strategischen Management zwischen genereller und projektspezifischer Umwelt unterschieden wird. Während zur generellen Umwelt die ökonomische, sozio-kulturelle (z.B. Mentalität, Religion, Lebensgewohnheiten), rechtlich-politische, technologische und physisch-ökologische Umwelt zählen, sind in projektspezifischer Sicht Auftraggeber, Lieferanten, Konkurrenten etc. zu nennen (vgl. z.B. George 1999, S. 117 ff.). Darüber hinaus empfiehlt es sich, auch im Rahmen des Projektmanagement ein sogenanntes Frühwarnsystem zu installieren, das drohende Abweichungen rechtzeitig signalisiert. Eine Möglichkeit hierzu bieten entsprechende Kennzahlen (z.B. Preisindizes, Konjunkturentwicklung, Ressourcenentwicklungen und -verfügbarkeiten). Besondere Facetten erhält eine derartige Umweltanalyse im Rahmen von internationalen Projekten, wobei sich etwa bei Nicht-Industriestaaten spezifische politische und wirtschaftliche Unwägbarkeiten zeigen: „Die politische Instabilität eines Staates und damit verbunden häufige Regierungswechsel, Unruhen und Kriege, aber auch eine bewußte Behinderung des Handels durch Export-, Import-, Konvertierungs- oder Zahlungsverbote können dem anbietenden Unternehmen erhebliche Mehrkosten verursachen. Daneben bestehen bei internationalen Projekten zusätzlich wirtschaftliche Unwägbarkeiten, die sich aus so heterogenen Komponenten wie der möglichen Änderung von Währungsparitäten, den Besonderheiten des jeweiligen Auslandsmarktes, aber auch durch die schwierige Beurteilung von ausländischen Geschäftspartnern zusammensetzen." (Schultz 1995, S. 71). Dies zeigt, daß bei internationalen Projekten eine **Risikoanalyse** einige Besonderheiten aufweist (vgl. z.B. Schmitt 1989, S. 154 ff.), da sie sich

– einerseits auf den Kunden und
– anderseits auf das Land

beziehen muß. Während Informationen über den Kunden etwa von anderen Unternehmungen, die mit diesem Kunden bereits zusammengearbeitet haben, Jahresabschlüssen, Kreditinstituten, Wirtschaftspresse etc. einholbar sind, gestaltet sich die Einschätzung von sogenannten **Länderrisiken** weitaus schwieriger. Neben **Individualbewertungen** eines Landes durch einen Experten in der Form eines Länderberichtes werden in der Literatur die sogenannten Indexverfahren diskutiert (vgl. Matschke/Olbrich 2000, S. 69 f.):

– **Euromoney Index**: Er wird zweimal jährlich vom Euromoney Magazin erhoben und richtet sich an Kreditgeber. Hierbei wird ein Zinsaufschlag auf den LIBOR (London Interbank Offered Rate; der zwischen den Banken am Eurogeldmarkt am Bankplatz London geltende Zins) vorgenommen.
– **Institutional Investor Index**: Er wird zweimal jährlich vom Institutional Investor Magazin erstellt und richtet sich ebenfalls an die Kreditgeber. Insgesamt werden hiermit 108 Länder im Hinblick auf ihre Kreditwürdigkeit beurteilt.
– **BERI** (Business Environment Risk Information)-**Index**:
  -- **BERI-Kreditrisiko-Beurteilung**: Sie erfolgt dreimal jährlich durch das in New York ansässige BERI-Institut. Mit diesem ebenfalls an Kreditgeber gerichteten Index werden 50 Länder beurteilt.
  -- **BERI-Geschäftsrisiko-Beurteilung**: Sie wird dreimal jährlich für die Zielgruppe der Exporteure und Importeure durchgeführt und setzt sich aus drei Indizes zusammen (bei dieser Aggregation können kompensatorische Effekte auftreten. Zu einer kritischen Betrachtung vgl. Matschke/Olbrich 2000, S. 71):
    (1) Operation Risk Index zur Erfassung des Investitions- und Geschäftsklimas des jeweiligen Landes;
    (2) Political Risk Index zur Erfassung der sozialen und politischen Stabilität eines Landes;
    (3) R-Factor zur Beurteilung der Zahlungsfähigkeit eines Landes[1].

Aufgabe 3: Charakterisieren Sie Ziel und Inhalt von Feasibility-Studien.

---

[1] Differenzierte Informationen findet der Leser unter: www.beri.com.

Der Zeitrahmen für die Erstellung einer **Vorkalkulation** ist eng begrenzt, da i.d.R. das Problem auftritt, daß innerhalb kurzer Zeit aufbauend auf einer relativ schwachen informatorischen Basis ein Angebot zu erstellen ist, das dann für die anbietende Unternehmung bindend sein kann (vgl. Schultz 1995, S. 1). Liegt eine Ausschreibung vor, dann kann die Unternehmung auf die folgenden Ausschreibungsunterlagen zurückgreifen: Informationen über den Auftraggeber, Projektspezifikation, Verzeichnis der geforderten Leistungen, Ausschreibungsbedingungen und Vertragsbedingungen. Hinzu kommt, daß nur ein geringer Anteil der abgegebenen Angebote letztlich zu Aufträgen führt und die Kosten einer Angebotskalkulation nicht zu vernachlässigende Größenordnungen erreichen. Je nach Branche können die Kosten der Auftragskalkulation bis zu 5% des Auftragswertes betragen. Die Kosten von Kalkulationen, die nicht zu Aufträgen führen, sind dann als **Vertriebsgemeinkosten** zu verrechnen und müssen folglich von anderen Aufträgen getragen werden. Aus diesem Grunde können in der Vorphase des Projektes, wenn es sich nicht um ein Wiederholungsprojekt handelt, keine detaillierten Rechnungen durchgeführt werden, sondern die Kosten lassen sich nur schätzen, d.h., es sind entsprechende Kostenprognosen vorzunehmen (vgl. z.B. Alter 1991, S. 212 ff.; Milling 1984, S. 71). Unter **Prognosen** werden dabei Voraussagen verstanden (vgl. Chmielewicz 1979, S. 154 ff.), die

- auf der Grundlage theoretischer Zusammenhänge getroffen werden, sogenannte **wissenschaftliche Voraussagen** oder Prognosen i.e.S. (objektiv begründet), oder
- ohne Rückgriff auf theoretische Aussagen formuliert werden und auf Erfahrungen und Überzeugungen basieren, **sogenannte Projektionen** (subjektiv begründet).

Demgegenüber werden Prophezeiungen, die spekulativen Charakter aufweisen, nicht zu den Prognosen gezählt. Brockhoff (1977, S. 63 ff.) unterscheidet in diesem Zusammenhang zwischen **Prognoseverfahren**

- ohne explizite Angabe der unabhängigen Variablen (z.B. intuitive Einschätzungen von Experten, Delphimethode) und
- mit expliziter Information über die unabhängigen Variablen (z.B. parametrische Schätzverfahren).

Bei **Experteneinschätzungen** können motivationale und kognitive Verzerrungen auftreten. Während von einer **motivationalen Verzerrung** dann gesprochen wird, wenn ein Experte seine Schätzung (bewußt oder unbewußt) ändert, um die zu treffende Entscheidung zu beeinflussen, lassen sich **kognitive Verzerrungen** auf Restriktionen der menschlichen Informationsverarbeitung zurückführen. So werden etwa länger zurückliegende Informationen weniger beachtet als aktuelle (vgl. z.B. Haedrich u.a. 1979, S. 433). Darüber hinaus ist zu beachten, daß intuitive Vorhersagen eine deutliche Nähe zu Prophezeiungen aufweisen. Welches konkrete Verfahren letztlich zum Einsatz gelangt, läßt sich nicht in allgemeiner Form bestimmen, sondern hängt von den situativen Gegebenheiten (z.B. Neuheitsgrad, Komplexität, Branche) eines Projektes ab[1].

Auf der Grundlage des Kriteriums „Zeitpunkt der Erstellung" kann die Vorkalkulation in

– Angebotskalkulation und
– Auftragskalkulation

aufgespaltet werden (vgl. z.B. Schultz 1995, S. 12 f.). Im Rahmen der **Angebotskalkulation**, die auf der Grundlage einer Kundenanfrage durchgeführt wird und als Basis für Preisverhandlungen dient, liegen noch keine differenzierten Unterlagen für das geplante Projekt vor, so daß nur Überschlagsrechnungen möglich sind. In diesem Zusammenhang wird vorgeschlagen, die erwarteten Einzelkosten um einen sogenannten **Deckungssatz** zu erhöhen, um so den geforderten Preis zu ermitteln, wobei der Deckungssatz subjektiv unter Berücksichtigung der marktlichen Gegebenheiten festgelegt wird (vgl. Buch 1991, S. 121). Damit wird auf eine Schlüsselung der Projektgemeinkosten verzichtet, und der Angebotspreis ergibt sich aus absatzpolitischen Überlegungen. Der Deckungssatz leistet folglich einen Beitrag zur Deckung der Projektgemeinkosten, d.h., für die Projekte werden keine Vollkosten ermittelt. Aus der Sicht des einzelnen Projektes ergibt sich zwar für den Entscheidungsträger eine größere Flexibilität, um auf konkrete marktliche Situationen adäquat reagieren zu können, jedoch löst diese Vorgehensweise nicht das grundsätzliche Problem, da die Deckungssolls letztlich auf die Projekte verteilt werden müssen. Für die Projekte sind damit die Vollkosten von Bedeutung. Grundlage hierfür können Unterlagen ähnlicher, bereits abgeschlossener Projekte sein, wodurch bereits die Relevanz der Projektdokumentation unterstrichen wird. Generell gilt, daß die Kostenbestimmung um so schwieriger ist, je innovativer ein Projekt ist. Letztlich sind bei Projekten mit hohem Novitätsgrad nur subjektive Beurteilungen möglich, wie beispielsweise Expertenbefragungen.

Die **Auftragskalkulation** wird durchgeführt, wenn eine Unternehmung den Auftrag erhalten hat. Unter Berücksichtigung des im Vertrag festgelegten Liefer- und Lei-

---

1) Zu einer kritischen Betrachtung der einzelnen Verfahren der Projektkostenprognosen vgl. Schultz (1995, S. 79 ff.). Das Spektrum reicht dabei von Methoden, die keine betriebswirtschaftliche Fundierung aufweisen (z.B. das Kilokostenverfahren, das teilweise im Baubereich und Maschinenbau zum Einsatz gelangt), bis hin zu detaillierten Bottom-up-Verfahren.

stungsumfanges bilden dann detaillierte Mengendaten aus technischen Zeichnungen, Stücklisten etc. die Grundlage einer Auftragskalkulation. Im Gegensatz zur Angebotskalkulation dient sie der internen Steuerungs- und Überwachungsfunktion. Darüber hinaus bildet sie gleichzeitig die Basis für die Budgetierung, d.h., es werden die Budgets für die Verantwortungsbereiche als Sollgrößen festgelegt.

Generell ist zu beachten, daß die Höhe der Kosten i.d.R. die Entscheidungsgrundlage für eine Annahme oder Ablehnung eines Projektes darstellt, so daß eine sorgfältige Abwägung der Kostenhöhe notwendig ist, insbesondere dann, wenn der Preis im Rahmen von Verhandlungen mit dem potentiellen Auftraggeber festgelegt wird. Letztlich stellt eine derartige Angebotskalkulation immer nur eine näherungsweise Angebotspreisermittlung dar, d.h., sie ist als eine globale Information vor Auftragserteilung zu sehen. Teilweise wird in der Literatur in diesem Zusammenhang darauf hingewiesen, daß unzureichende Projektkostenprognosen auch auf die unzureichende organisatorische Einbindung dieser Aufgabe in die Projektorganisation zurückzuführen seien. Vor diesem Hintergrund wird dann der Vorschlag unterbreitet, eine projektunabhängige Instanz zu schaffen, die in die Unternehmungsorganisation einzubinden ist und die folgenden Aufgaben zu erfüllen hat:

– Aufbau und Pflege der Informationsbasis,
– Auswahl und Bereithaltung geeigneter Kostenschätzverfahren,
– Koordination und Überwachung der Durchführung der Projektkostenschätzung,
– Berücksichtigung von technischen und ökonomischen Aspekten und
– Nachbereitung der vollzogenen Schätzungen (vgl. Schultz 1995, S. 154).

Dieser Aufgabenkomplex ist dann einem **Schätzkoordinator** zu übertragen, der gemeinsam mit den ihm unterstellten Kostenschätzern die Abteilung „Projektkostenschätzung" bildet. Für den Fall, daß keine eigene Abteilung gebildet wird, sind dem Schätzkoordinator geeignete Mitarbeiter etwa aus den Bereichen Controlling, Rechnungswesen, Arbeitsvorbereitung etc. temporär zuzuordnen. Handelt es sich um innovative Projekte, dann ist zusätzlich die Bildung eines **Expertenrates** notwendig, in dem temporär ökonomische und technische Experten unter Leitung des Schätzkoordinators zusammenkommen und erforderliche Schätzungen erarbeiten.

Kommt es nach Angebotsabgabe zu einer Einigung zwischen Auftragnehmer und -geber, dann ist ein **Vertrag** zu schließen. Projektverträge sind im allgemeinen in die fünf Blöcke Präambel (Darstellung der Grundüberlegungen und Interessenlagen der Parteien), Definitionen, technische Spezifikationen, kommerzieller und organisatorischer sowie juristischer Teil (insbesondere Rechtsfolgen) (vgl. Weber 1998, S. 966) gegliedert und sollten die folgenden **Mindestbestandteile** aufweisen:

- Genaue und detaillierte Leistungsspezifikation in quantitativer und qualitativer Hinsicht,
- Festlegung einer eventuellen Selbstbeteiligung des Auftraggebers nach Art, Umfang, Zeit und Ort,
- Auskunfts- und Informationspflichten,
- Verschwiegenheitspflicht der Vertragsparteien,
- Fragen des Urheberrechts,
- Art und Umfang der zum Einsatz gelangenden Gestaltungsmittel (Mensch, Zeit, Material, Anlagen und Ort),
- eventuelle Unterauftragsvergabe,
- Festlegung des Preises,
- Festlegung der Konditionen, d.h.
    -- Bedingungen der Leistungsabgabe wie
        - Lieferzeit,
        - Erfüllungsort,
        - Kundendienst,
        - Funktionstests/Inbetriebnahme,
    -- Bedingungen der Leistungsannahme wie
        - Prüffristen,
        - Probezeiten,
    -- Zahlungsbedingungen wie
        - Vorauszahlungen,
        - Rabatte,
- Bedingungen für den Streitfall (Garantie, Gerichtsstand etc.).

Für die Gestaltung, den Abschluß und die Abwicklung eines Vertrages sowie für erforderliche Vertragsänderungen, z.B. durch lange Vertragsdauern eingetretene veränderte behördliche Auflagen, technische Bedingungen oder Kundenwünsche, ist ein **Vertragsmanagement** erforderlich, das sicherstellen soll, daß die vertraglich vereinbarten Ziele auch eingehalten werden. Ein wichtiger Teil des Vertragsmanagement ist dabei das sogenannte Nachforderungsmanagement (Claimmanagement), dem die Aufgabe der Verwaltung von Ansprüchen und Gegenansprüchen obliegt, die sich aus Abweichungen hinsichtlich der vertraglich fixierten Vereinbarungen zwischen den Vertragspartnern ergeben (vgl. Weber 1998, S. 985). Ziel ist es dabei, die (Nach-)Forderungen, die sich etwa aus

– mangelhafter vertraglicher Erfüllung durch einen Vertragspartner oder
– Vertragsänderungen, die die andere Vertragspartei aufgrund vertraglicher Regelungen fordert etc.,

ergeben, abzuwehren und eigene Forderungen wie

– Vertragszeitverlängerungen oder
– zusätzliche Vergütungsansprüche etc.

durchzusetzen und das Projekt trotz der Änderungen mit einem positiven ökonomischen Ergebnis abzuschließen. Derartige Änderungserfordernisse können beispielsweise aus

– Zusatzwünschen des Nachfragers,
– Änderungswünschen, bedingt durch neue technische Standards oder Werthaltungen des Nachfragers,
– geänderten gesetzlichen Rahmenbedingungen und Auflagen durch Behörden sowie
– unklaren Projektdefinitionen

resultieren (vgl. Patzak/Rattay 1997, S. 83). Für das Projektmanagement ergibt sich damit die Aufgabe, derartige Anforderungen frühzeitig zu erkennen, mit den betroffenen Partnern Vereinbarungen zu treffen und die erforderlichen Anpassungsmaßnahmen einzuleiten. Damit geht es letztlich um die Durchsetzung eigener Forderungen (Eigenclaims) und um die Abwehr von Gegenforderungen (Fremdclaims). Dies bedingt eine frühzeitige Claimerkennung und darauf aufbauend eine Claimverfolgung, wobei dem Projektcontrolling eine unterstützende Funktion zukommt. Das Nachforderungsmanagement beginnt damit unmittelbar nach Vertragsabschluß.

Nach Abschluß der Vorphase wird mit dem **Projektstart** der interne Projektauftrag ausgelöst. Der Phase der **Projektdefinition** obliegt zunächst die Aufgabe der Präzisierung der Ziele sowie eine sachliche, zeitliche und soziale (Interessengruppen) Projektabgrenzung. Ein zentraler Bestandteil ist dabei die Analyse der konzeptbestimmenden Aspekte eines Projektes.

Die **Projektplanung** ist ein rein geistiger Akt und legt die Grundlagen für die Projektrealisation. Sie erarbeitet Vorgaben für einen Soll-Ist-Vergleich. In dieser Phase kann eine zeitliche und kapazitätsmäßige Planung des Projektes auf detaillierter Ebene erfolgen. Darüber hinaus lassen sich die Kosten planen. Der Projektplanung obliegen damit z.B. die folgenden Aufgaben:

- Festlegung der Projektziele,
- Planung und Festlegung der Projektorganisation,
- Erstellung eines Projektstrukturplans,
- Ablauf- und Terminplanung,
- Ressourcenplanung,
- Kostenplanung,
- Qualitätsplanung,
- Risikoanalyse.

In der Phase der **Projektabwicklung/-realisation** geht es um die Umsetzung der Projektplanung, d.h., ihr obliegt die Aufgabe, auf der Basis von Gestaltungsparametern wie Zeit, Kosten, Inhalten etc. die Projektrealisation zieladäquat zu steuern. Im Rahmen der Projektabwicklung treten i.d.R. gegenüber der Planungsgrundlage Änderungen ein, die ihre Ursachen

- im Umfeld (z.B. veränderte Risiken, gesetzliche Regelungen),
- in geänderten Vorstellungen des Auftraggebers (z.B. inhaltlich, terminlich) und
- in der Unternehmung (z.B. neue Mitarbeiter, Störungen, Planungsfehler)

haben können. Derartige Änderungen[1], die mit vertraglichen Anpassungen einhergehen, sind im Hinblick auf ihre Konsequenzen zu analysieren, um ihnen darauf aufbauend mit entsprechenden Maßnahmen zu begegnen. In diesem Zusammenhang wird in der Literatur von **Konfigurationsmanagement** gesprochen (vgl. z.B. Walder/Patzak 1997, S. 86 f.), das damit gleichzeitig auch wesentliche Unterlagen für das bereits angesprochene Claimmanagement bereitstellt. Als Änderungen werden dabei solche Modifikationen von Projekten, -teilen, -elementen und deren Dokumentation bezeichnet, die nach Fixierung einer Referenzkonfiguration erfolgen (vgl. Saynisch 1994, S. 11). Die Grundidee des Konfigurationsmanagement ist es dabei, den Prozeß der Projekterstellung als eine Abfolge von Änderungen gegenüber ursprünglich erstellten Vorgaben aufzufassen. Aufgabe des Konfigurationsmanagement ist damit die Planung, Steuerung und Kontrolle des jeweiligen Standes einer Projekt-

---

1) Treten Änderungen der Projektspezifikation im Rahmen der Projektrealisation auf, dann resultieren hieraus veränderte Plan-Werte. Damit stellt sich unmittelbar die Frage nach der Bezugsbasis, da alte und neue Plan-Werte existieren und somit zu einer mangelnden Vergleichbarkeit etwa von Kennzahlen führen. Vgl. George (1999, S. 71 f.), der dieses Problem bei der Betrachtung des Quotienten von Ist-Wert und Plan-Wert thematisiert.

konfiguration. Das Konfigurationsmanagement unterwirft Änderungen folglich einem formalisierten Genehmigungsprozeß und leistet damit einen wesentlichen Beitrag zur Transparenz der Projektrealisation. Die entsprechenden Projektkonfigurationen sind zu dokumentieren und fließen in die Projektdokumentation ein.

Parallel zur Projektabwicklung verläuft die **Projektkontrolle** (vgl. z.B. Metcalfe 1997, S. 308 f.), wobei die Kontrolle als ein **Informationsgewinnungsprozeß** interpretiert wird. Charakteristisch ist dabei die Gegenüberstellung von Vergleichs- und Kontrollgrößen, d.h. eine Erfolgsbeurteilung von Handlungen in der Form von Soll-Ist-Vergleichen und deren Auswertung für das künftige Unternehmungsgeschehen (Orientierungsgrößen für zukünftige Aktivitäten). Somit geht die Kontrolle über die Durchführung eines Vergleichs zwischen geplanten und realisierten Werten hinaus (vgl. Kloock 1979, Sp. 1525). Kontrollaktivitäten sind letztlich die Grundlage dafür,

– Fehler in der Planung und/oder
– Fehler in der Realisation

zu erkennen, um adäquate Maßnahmen zu ihrer Beseitigung ergreifen zu können. **Ziel der Kontrolle** ist es somit, einen unternehmungszielkonformen Aufgabenvollzug sicherzustellen.

Dabei kommt der Kontrolle einerseits eine **Koordinationsfunktion** mit den Unterfunktionen Aufdeckungs- und Erklärungsfunktion und anderseits eine **Motivationsfunktion** zu. Zentral ist dabei die Abstimmung zwischen Planung und Kontrolle, wobei insbesondere die drei folgenden Aufgaben zu nennen sind:

– Ermittlung der Ist-Werte,
– Vergleich von Soll- und Ist-Werten sowie die Feststellung von Abweichungen und
– Analyse von Abweichungen hinsichtlich ihrer Ursachen (vgl. Coenenberg 1997, S. 434).

Hinsichtlich der Kontrollobjekte handelt es sich bei Projektkontrollen um phasen- und arbeitspaketbezogene Fortschrittskontrollen und um gesamtprojektbezogene Fortschrittskontrollen, wobei diese sich auf Realisations-, Prämissen- und Metakontrollen beziehen können (vgl. z.B. Corsten 2000, S. 478).

Die Kontrollen dürfen jedoch nicht nur an einem Vergleich der Soll-Kosten mit den zu einem bestimmten Zeitpunkt angefallenen Ist-Kosten anknüpfen, da nicht zwingend auf eine Kostenunterschreitung oder -überschreitung geschlossen werden kann.

Vielmehr ist auch die erbrachte Leistung heranzuziehen, d.h., es sind sogenannte **integrierte Kontrollen** durchzuführen, die an

− Kosten- bzw. Ergebnisgrößen,
− Termingrößen und
− Leistungsgrößen

ansetzen. Einen Ansatzpunkt hierfür bietet die Cost/Schedule-Control System-Criteria-Konzeption (C/SCSC), die auf die drei folgenden Kostenkennzahlen zurückgreift (vgl. Baumgartner 1979, S. 262 ff.):

− **Ist-Kosten der Ist-Leistung**: Hierunter sind die kumulierten Kosten der erbrachten Leistung zu verstehen, die bis zum Kontrollzeitpunkt tatsächlich angefallen sind.
− **Soll-Kosten der Soll-Leistung**: Hierbei handelt es sich um die kumulierten geplanten Kosten der Leistung, die bis zum Kontrollzeitpunkt planmäßig hätte erbracht werden müssen.
− **Soll-Kosten der Ist-Leistung**: Dies sind die kumulierten geplanten Kosten der Leistung, die bis zum Kontrollzeitpunkt tatsächlich erbracht wurden. Sie ermöglichen ein Anknüpfen an die beiden erstgenannten Größen, da ein um Leistungsabweichungen bereinigter Soll-Kostenwert ausgewiesen wird.

Die Differenz zwischen den Soll-Kosten der Ist-Leistung und den Ist-Kosten der Ist-Leistung stellt die **Verbrauchsabweichung** (auch als ausführungsbedingte Abweichung bezeichnet) dar, die ein Maßstab für die Wirtschaftlichkeit ist. Dabei liegt einer negativen Verbrauchsabweichung eine Kostenüberschreitung und dementsprechend einer positiven Verbrauchsabweichung eine Kostenunterschreitung zugrunde. Demgegenüber ist die Differenz (Abweichung) zwischen den Soll-Kosten zum Planungszeitpunkt (auf der Grundlage der Informationen zum Planungszeitpunkt) und den Soll-Kosten zum Kontrollzeitpunkt (zum Kontrollzeitpunkt festgelegte Plan-Kosten) auf **Planungsfehler** zurückzuführen (vgl. Kloock 1979, Sp. 1534 ff.).

Im Zentrum der Kontrolle stehen damit die Abweichungsanalysen, die aber auch einen Aufgabenbereich des Controlling darstellen. Hieraus resultiert, daß Kontrolle und Controlling, als Subsysteme des Führungssystems, enge Beziehungen zueinander aufweisen. Dies zeigt sich darüber hinaus auch darin, daß der sachliche Zusammenhang zwischen Planung und Kontrolle einer Koordination dieser beiden Führungsteilsysteme bedarf, die dem **Controlling** obliegt (vgl. z.B. Horváth 2006, S. 95 ff.; Küpper 2005, S. 198). Damit wird deutlich, daß die eigentliche Kontrollkompetenz nicht dem Controllingsystem obliegt. Zentral für das Controlling ist dabei die Entscheidungskoordination sowie die Sicherstellung ihrer koordinierenden Wirkungen (vgl. Corsten/Friedl 1999, S. 16 ff.). Das „allgemeine" Controllingverständnis wird somit letztlich auf das Projektcontrolling übertragen, so daß es sich beim **Projektcontrolling** um eine Spezialisierung des Controlling handelt. Dabei wird betont, daß das Projektcontrolling, das eine Schnittmenge mit dem Investitionscontrolling (vgl. Adam 1997) aufweist, unter funktionalen und institutionalen Aspekten in das Unternehmungscontrolling zu integrieren sei. Das Kernproblem des Projektcontrolling ist dann darin zu sehen, „daß eine Vielzahl von Schnittstellen zwischen völlig unterschiedlichen Fachbereichen der traditionell differenzierten und hierarchisch koordinierten Organisation gehandhabt werden müssen. Das fundamentale Ziel eines Projektcontrolling, das in der Sicherung einer ergebnisorientierten Planung, Steuerung und Kontrolle von besonderen Vorhaben besteht, sowie die daraus resultierenden Unterziele und Aufgaben lassen sich aus den Zielen des Projektmanagements und des unternehmensbezogenen Controlling ableiten." (Steinle/Lawa/Kraege 1995, S. 134). Das Projektcontrolling hat folglich die Projektplanung, -abwicklung, -realisation und -kontrolle zu unterstützen, und zwar insbesondere durch eine entscheidungsunterstützende Koordination und Informationsbereitstellung (vgl. Reiß 1996, Sp. 1663), und darüber hinaus projektübergreifende Aufgaben, die auf Projektgruppen und die Gesamtheit aller Projekte abzielen, wahrzunehmen. Liegen gleichzeitig mehrere Projekte mit unterschiedlichen Startterminen und Fertigstellungsgraden vor, dann treten weitere Koordinationsprobleme auf. Beispiele hierfür sind etwa Kapazitätsabstimmungsprobleme, insbesondere dann, wenn eine gemeinsame Nutzung von Engpässen durch mehrere Projekte gegeben ist, und das Zusammenwirken von Kosten, Finanzen und Leistungen der einzelnen Projekte, so daß eine periodenbezogene Betrachtung relevant wird. Dies geht mit der Konsequenz einher, daß ein dual ausgerichtetes Controlling notwendig wird, „mit welchem sowohl eine projektbezogene-periodenübergreifende wie auch eine projektübergreifende-periodenbezogene Planung und Kontrolle der zentralen erfolgs- und liquiditätsbestimmenden Sachverhalte im Zusammenhang mit der Projekttätigkeit des Unternehmens durchgeführt werden kann." (Lachnit 1994, S. 51 f.). Darüber hinaus obliegt dem Projektcontrolling auch die Koordination zwischen Projekten und Routineaufgaben.

> Aufgabe 4: Welche Unterschiede bestehen zwischen den Aufgabenbereichen von Projektkontrolle und Projektcontrolling?

Da das Projektcontrolling eine Überlappung mit dem Investitionscontrolling aufweist, umfaßt es eine **periodenübergreifende Projekterfolgsrechnung**, die auf Aus- und Einzahlungen, teilweise aber auch auf Kosten und Erlösen basiert (eine periodenbezogene Erfolgsrechnung ist zwar unabdingbar, sie ist aber um eine projektbezogene Erfolgsrechnung zu ergänzen). „Nur eine periodenübergreifende Projekterfolgsrechnung ist in der Lage, betriebswirtschaftlich tragfähige Informationen zur Planung und Überwachung des Erfolgs einzelner Anlagengeschäfte zu liefern, so daß hier die Projekterfolgsrechnung gleichrangig neben der Periodenerfolgsrechnung steht." (Hahn/Laßmann 1993, S. 215). Hierzu zählen

– investitionsobjektbezogene Wirtschaftlichkeitsrechnungen,
– lebensdauerbezogene Wirtschaftlichkeitsbegleitrechnungen und
– Projektplanungs- und -überwachungsrechnungen.

Dabei ist zu beachten, daß die Kosten- und Erlösrechnung eine andere Zwecksetzung verfolgt als die Investitionsrechnung. Während erstere enge Beziehungen zur bilanziellen Erfolgsrechnung aufweist, existieren bei letzterer enge Beziehungen zu finanztheoretischen Überlegungen, wobei in der Literatur betont wird, daß eine Verknüpfung dieser Bereiche nicht nur möglich, sondern auch zweckmäßig sei (vgl. Hahn/Laßmann 1993, S. 177).

Im Rahmen der **investitionsobjektbezogenen Wirtschaftlichkeitsrechnungen** gelangen die üblichen Verfahren der Investitionsrechnung zur Anwendung, wobei i.d.R. zwischen

– statischen Verfahren wie
  -- Kostenvergleichsrechnung,
  -- Erfolgs-(Gewinn-)vergleichsrechnung,
  -- Rentabilitätsvergleichsrechnung,
  -- statische Amortisationsrechnung und
– dynamischen Verfahren wie
  -- Kapitalwertmethode,
  -- interne Zinsfußmethode,
  -- dynamische Amortisationsrechnung,
  -- Annuitätenmethode

unterschieden wird (vgl. z.B. Hering 2008, S. 624 ff.; Kern 1974).

In Anlehnung an die Evolutionstheorie und in Analogie zum „Leben" eines Produktes, eines Marktes oder einer Technologie weist auch ein Projekt einen sogenannten **Lebenszyklus** auf, eine Überlegung, die sich konsequenterweise aus dem Merkmal der zeitlichen Befristung ergibt. Wie in diesem Ansatz üblich, werden auch beim

Projektlebenszyklus (Project Life Cycle) unterschiedliche Phasen[1] gebildet. Aufgabe derartiger Phaseneinteilungen ist es letztlich, Aussagen über die Zerlegung von Projekten in Teilprobleme sowie über deren sachlichen und zeitlichen Zusammenhang zu ermöglichen.

Eine **lebensdauerbezogene Betrachtung** umfaßt als Beurteilung die Zeitspanne von der Entstehungs- bis zur Nachlaufphase (z.B. Entsorgungspflichten, Ersatzteillieferungen), d.h., sie ist auf den Projektgesamterfolg ausgerichtet und bedingt folglich eine Erweiterung des Projektbegriffs, da dieser die Nutzungs- und Nachlaufphase nicht umfaßt. Dieses Konzept des **Life Cycle Costing** ist in den USA für bestimmte Projekte im Rahmen öffentlicher Aufträge vorgeschrieben (vgl. Pfohl/Wübbenhorst 1983, S. 143) und wird etwa im industriellen Anlagenbau, bei Bauvorhaben und in der Luft- und Raumfahrt eingesetzt. „Der Grundgedanke des Life Cycle Costing besteht darin, zur Beurteilung von Großprojekten nicht nur deren Anschaffungs- und Herstellungskosten, sondern sämtliche mit deren Erstellung, Nutzung, Stillegung und Entsorgung verbundenen Kosten einzubeziehen, mit dem Ziel, diese Lebenszykluskosten zu minimieren." (Riezler 1996, S. 99). Ausgangspunkt bildet dabei eine phasenbezogene Strukturierung der **Lebenszykluskosten**, wobei die Unterscheidung in

– **Anfangskosten**, d.h. Kosten der Entstehungsphase, und
– **Folgekosten**, d.h. Kosten der Nutzungs- und Nachlaufphase,

grundlegend ist (vgl. z.B. Back-Hock 1988, S. 8 f.; Fischer/Spiekermann 2006, S. 137), da diese nicht zuletzt für die Analyse von Substitutionsbeziehungen Relevanz erlangt. So lassen sich etwa Analysen durchführen, inwieweit eine höhere Zuverlässigkeit eines Systems, die mit höheren Kosten in der Entstehungsphase einhergeht, durch eine Reduzierung von Kosten in der Nutzungsphase (z.B. Instandhaltungskosten) die Lebenszykluskosten zu reduzieren vermag (vgl. Coenenberg 1997, S. 485 f.). Auf dieser Grundlage ergeben sich somit Möglichkeiten, Vergleichsrechnungen durchzuführen und folglich unterschiedliche Gestaltungsalternativen eines Projektes zu betrachten. Wesentliche Aspekte des Life Cycle Costing sind damit (vgl. Back-Hock 1988, S. 7):

---

1) Zu einem Überblick über unterschiedliche Phaseneinteilungen vgl. z.B. Dülfer (1991, S. 9); Rademacher (1984, S. 886); Saynisch (1979a, S. 41 ff.). Beck (1996, S. 139) weist in diesem Zusammenhang darauf hin, daß allgemeine Phasenmodelle problematisch seien, da ein unauflösbarer Gegensatz vorliege: „ein Phasenmodell kann die terminologischen Gepflogenheiten einer Branche berücksichtigen, verliert damit jedoch an Allgemeingültigkeit, oder es kann eine allgemeine (vermutlich: systemtheoretische) Sprache verwenden, wird so aber weitgehend nichtssagend und daher wertlos für die Anwendung im Einzelfall." Vgl. ferner Frese (2005, S. 513 f.); Hirzel (1983, S. 267 ff.); Wildemann (1982, S. 40 ff.). Brandstätter/Synek (1988, S. 393) betonen dabei, daß zwischen der Planung und Realisation eine revolvierende Beziehung vorhanden sein sollte.

- ganzheitliche, lebenszyklusorientierte Sicht,
- Beachtung von Kostenbeeinflussungsmöglichkeiten in den frühen Phasen eines Projektes,
- Beachtung von Entscheidungsinterdependenzen zwischen Entstehungs-, Nutzungs- und Nachlaufphase sowie die
- Kooperation zwischen Projektersteller und -nachfrager.

Da sich das Life Cycle Costing auf die Kostenseite konzentriert, ist es für eine umfassende Projektbeurteilung um die Erlösseite zu ergänzen. Darüber hinaus ist zu beachten, daß das Life Cycle Costing mit periodisierten Rechengrößen arbeitet, so daß in der Literatur Erweiterungen vorgeschlagen werden, die den Einsatz finanzmathematischer Verfahren auf der Grundlage von Zahlungsströmen vorsehen (vgl. Riezler 1996, S. 101). Abbildung 1.2 gibt die grundsätzliche Struktur einer solchen Vorgehensweise wieder (vgl. Hahn/Laßmann 1993, S. 187).

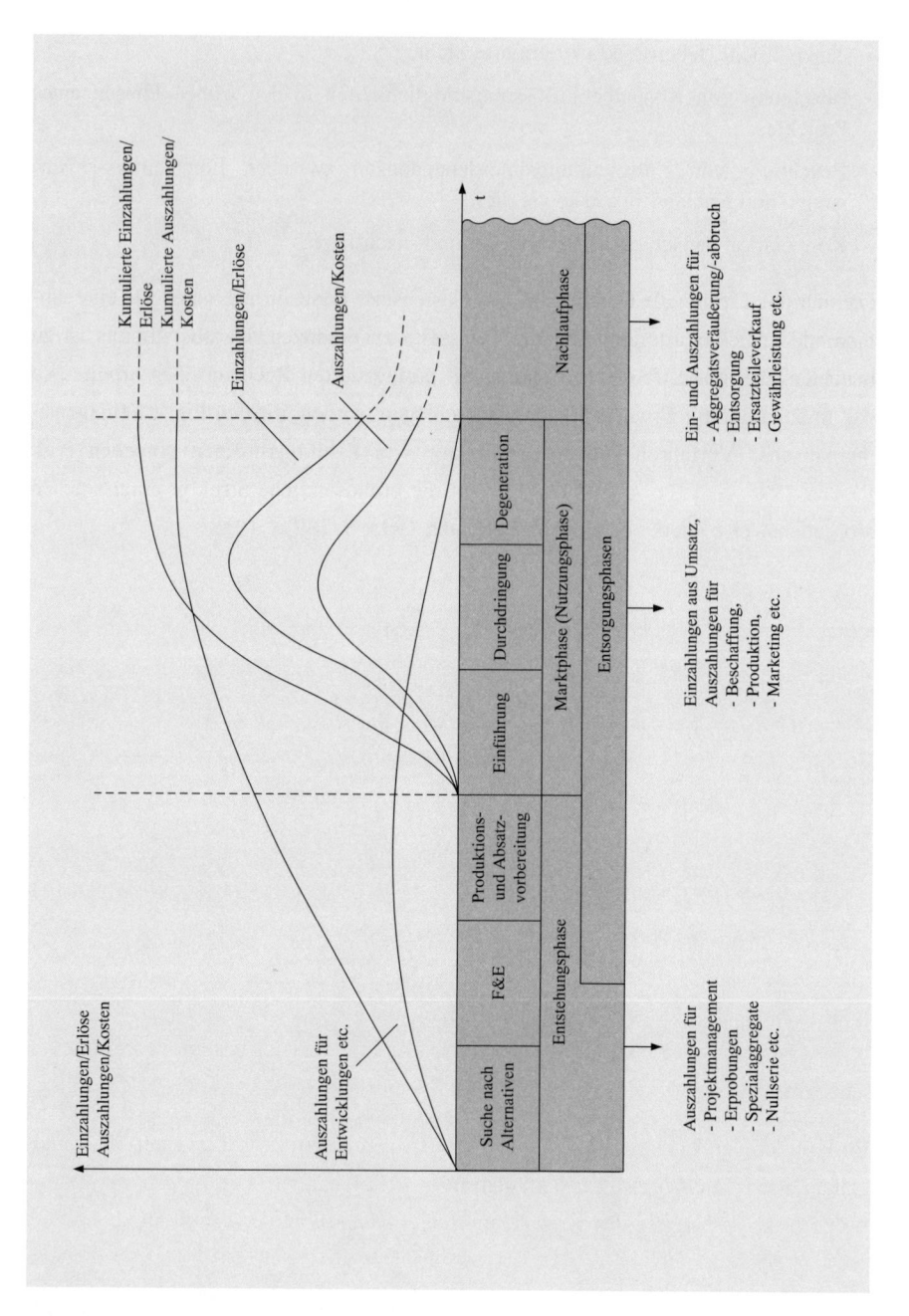

Abb. 1.2: Lebenszyklusbetrachtung

Auf der Grundlage von Ein- und Auszahlungen werden darüber hinaus auch finanzwirtschaftliche Rechnungen möglich. Zur Ermittlung der projektbezogenen Ein- und Auszahlungen lassen sich die beiden folgenden Wege beschreiben:

- Es wird von den Projektkosten ausgegangen, die dann auf ihre Zahlungswirksamkeit hin untersucht werden.
- Die Ermittlung erfolgt direkt, d.h. ohne vorangegangene Kostenermittlung.

Während die **Erfassung der Zahlungsströme** unternehmungsübergreifend unproblematisch erscheint, gestaltet sich die Erfassung der Zahlungen innerhalb der Unternehmung (z.B. bei Verwaltungsleistungen etc.) schwieriger. In diesen Fällen ist es erforderlich, die innerbetrieblichen Leistungen in ihre primären Auszahlungselemente aufzulösen, was i.d.R. mit ausreichender Genauigkeit möglich ist (vgl. Hahn/Laßmann 1993, S. 231).

Im Rahmen der **erfolgs- und liquiditätsorientierten Planung und Überwachung** eines Projektes muß sichergestellt sein, daß die Einbeziehung der Projekterfolgsrechnung in die periodenbezogene Unternehmungsrechnung möglich ist. Nur unter dieser Voraussetzung wird es letztlich möglich, bei der erfolgswirtschaftlichen Beurteilung eines Projektes die Auswirkungen auf das Unternehmungsergebnis zukünftiger Perioden berücksichtigen zu können (vgl. Hahn/Laßmann 1993, S. 215 f.).

Darüber hinaus haben sich für Projekte spezifische **Kalkulationsformen** herausgebildet, wobei als Kalkulationseinheit i.d.R. Arbeitspakete zugrunde liegen. Aus ihrer Zusammenfassung lassen sich dann auch entsprechende Aussagen über die Kosten für andere Elemente eines Projektes ableiten. In Abhängigkeit von der jeweiligen Projektphase wird dabei zwischen

- Vorkalkulation (Angebots- und Auftragskalkulation),
- mitlaufender Kalkulation (laufende zeitnahe Erfolgsüberwachung auf der Basis einer laufenden Abweichungsanalyse und Prognosen auf der Basis aktueller Daten; vgl. Hay/Hieronimus/Hus 1993, Sp. 1639 f.) und
- Nachkalkulation (nach Abschluß des Projektes)

unterschieden.

Im Rahmen der **Vorkalkulation** ist, wie bereits erwähnt, zwischen einer Angebotskalkulation und einer Auftragskalkulation zu differenzieren. Die **Angebotskalkulation** erfolgt im Vorfeld des Vertragsabschlusses und dient der Ermittlung eines Angebotspreises. Grundlage hierfür bilden die Projektunterlagen. Da i.d.R. mehrere Unternehmungen ein Angebot erstellen, ist es für die Unternehmung nicht sicher, ob sie den Zuschlag erhält. Aus der Sicht der jeweiligen Unternehmung dient die Angebotskalkulation letztlich der **Ermittlung des Selbstkostenpreises**. Abbildung 1.3 zeigt beispielhaft ein Kalkulationsschema für die Selbstkostenpreisermittlung (vgl. Höffken/Schweitzer 1991, S. 127).

	Kosten der Fertigungsstoffe (Material)
+	Kosten für Fertigteile
+	Kosten für Fertigaggregate, Anlagen/Systeme
+	Kosten für Fremdleistungen für die Produktion
+	Kosten für vorgefertigte Bestandteile
+	Stoffgemeinkostenzuschlag
=	Stoffkosten
+	Fertigungskosten der mechanischen Bearbeitung
+	Kosten für Zusammenbau
+	Kosten für Schweißarbeiten
+	Sonstige Fertigungskosten
+	Sondereinzelkosten der Fertigung
=	Fertigungskosten
+	Konstruktionskosten
=	Herstellkosten
+	Entwicklungsgemeinkostenzuschlag
+	Verwaltungsgemeinkostenzuschlag
+	Vertriebsgemeinkostenzuschlag
+	Wagniskostenzuschlag
+	Sonderwagnisse
+	Sondereinzelkosten des Vertriebs
+	Kalkulatorische Zinsen
=	Selbstkosten

Abb. 1.3: Beispielhaftes Kalkulationsschema zur Ermittlung der Selbstkosten

Treten **öffentliche Betriebe** als Nachfrager auf und existieren für die nachgefragte Leistung keine Marktpreise, was bei Projekten häufig der Fall ist, dann bildet das öffentliche Preisrecht die entsprechende Grundlage. Dabei sind neben der **Verordnung über die Preise bei öffentlichen Aufträgen** (VPöA) und den **Leitsätzen für die Preisermittlung aufgrund von Selbstkosten** (LSP) als Anlage die Verordnung PR Nr. 4/72 über die Bemessung des kalkulatorischen Zinssatzes und die Verordnung PR Nr. 1/89 zur Änderung preisrechtlicher Vorschriften relevant.

Die Vergabemodalitäten bei öffentlichen Aufträgen werden in der Verdingungsordnung für Leistungen Teil A (VOL/A) geregelt und bedingt durch die Besonderheiten im Baubereich durch die Verdingungsordnung für Bauleistungen (VOB).

Im Rahmen der Preiskalkulation zur Ermittlung von Selbstkostenpreisen greift bei öffentlichen Aufträgen zwingend die VPöA, der als Anlage die LSP beigefügt sind. Grundlage für die Preiskalkulation aufgrund von Selbstkosten ist dabei eine Stückkostenermittlung. Dabei werden die **Selbstkosten** als Summe der für eine Leistung anfallenden Material-, Fertigungs-, Verwaltungs- und Vertriebskosten gebildet. Nach Nr. 10 LSP ist das in Abbildung 1.4 dargestellte Mindestgliederungsschema für die Kalkulation zu beachten.

	Fertigungsstoffkosten
+	Fertigungskosten
+	Entwicklungs- und Entwurfskosten
+	Verwaltungskosten
+	Vertriebskosten
=	Selbstkosten
+	Kalkulatorischer Gewinn
=	Selbstkostenpreis

Abb. 1.4: Mindestgliederungsschema zur Selbstkostenpreiskalkulation nach LSP

Beim **Selbstkostenpreis** ist zwischen

− Selbstkostenfestpreis,

− Selbstkostenrichtpreis und

− Selbstkostenerstattungspreis

zu unterscheiden. Dabei sind auch gemischte oder kombinierte Selbstkostenpreise zulässig, die teils den Charakter eines Selbstkostenfestpreises und teils eines Selbstkostenerstattungspreises haben. Die Reihenfolge der aufgezählten Selbstkostenpreisarten gibt dabei gleichzeitig deren Priorität an, wobei der Selbstkostenrichtpreis nur als Interimslösung zu verstehen ist, die so lange gilt, bis durch eine Zwischenkalkulation eine Anpassung an die aktuellen Gegebenheiten erfolgen kann; hierbei ist nach Möglichkeit ein Selbstkostenfestpreis anzusetzen.

Bei der Kostenermittlung stellen die LSP auf die Kosten ab, die bei **wirtschaftlicher Betriebsführung** zur Erstellung einer Leistung entstehen. Unwirtschaftliche Betriebsführung liegt nach Auffassung des Gesetzgebers dann vor, wenn es der Auftragnehmer auf irgendeinem für die Selbstkostenpreisermittlung des öffentlichen Auftrags wesentlichen Gebiet versäumt, in seinem Betrieb dem wirtschaftlichen Prinzip im Rahmen der technischen und wirtschaftlichen Gegebenheiten Geltung zu verschaffen. Dabei ist im Rahmen der Beurteilung der Frage nach einer wirtschaftlichen Betriebsführung nicht auf einen Idealbetrieb, sondern auf die individuellen Verhältnisse in der jeweiligen Unternehmung abzustellen. Diese nicht weiter spezifizierte Begrenzung eröffnet einen weiten Ermessensspielraum (vgl. Ebisch/Gottschalk 2001) und ist wohl kaum in der Lage, eine „wirtschaftliche Betriebsführung" inhaltlich zu konkretisieren. Hierin dürfte gleichzeitig ein Grund dafür zu sehen sein, daß diese Auffassung von Unternehmungen i.d.R. als zweckmäßig eingestuft wird.

> **Aufgabe 5: Preiskalkulation bei öffentlichen Aufträgen**
>
> a) Skizzieren Sie die Intention der VPöA.
>
> b) In welchen Ausnahmefällen läßt die VPöA Selbstkostenpreise zu?
>
> c) Welche Erscheinungsformen des Selbstkostenpreises sind voneinander zu unterscheiden, und unter welchen Voraussetzungen kommen diese zur Anwendung?

Ziel der **mitlaufenden Auftragskalkulation** ist eine zeitnahe Erfolgsüberwachung, die dazu beitragen soll, den in der Vorkalkulation ermittelten Erfolg auch zu realisieren. Sie gibt damit einen Überblick über die bis zum jeweiligen Zeitpunkt angefallenen Kosten (aktueller Kostenstand des Projektes) und die noch bis zum Projektabschluß zu erwartenden Restkosten. Folglich lassen sich Abweichungen von Plan-Werten frühzeitig identifizieren, um dann korrigierende Maßnahmen einleiten zu können. Damit obliegen ihr die folgenden Aufgaben (vgl. Hahn/Laßmann 1993, S. 225):

– Ist-Erfassung,

– Änderungsmanagement (z.B. bei kundenbedingten Änderungswünschen),

– Soll-Ist-Vergleiche (Mengen-/Preisabweichungen),

– Abweichungsanalyse sowie

– Restkosten-/-erlösermittlung.

Bei der **Nachkalkulation** handelt es sich um den letzten Status der mitlaufenden Auftragskalkulation, nach Abschluß des Projektes. In dieser Phase werden Abweichungsanalysen durchgeführt, die Aufschluß über Soll-Ist-Abweichungen geben. Gleichzeitig bildet die Nachkalkulation ein wichtiges Fundament für die Akquisition und Kalkulation für in Zukunft zu erwartende Aufträge.

Einen weiteren Aufgabenbereich des Projektcontrolling bildet das **Projektberichtswesen**, dem

- einerseits eine **Dokumentationsfunktion** des Projektablaufs und
- andererseits eine **Initialfunktion** für antizipative Aktivitäten zur Zielerreichung

zukommt. Grundlage hierfür sollte ein Projektinformationssystem sein, mit dem sichergestellt werden kann, daß die zur Projektrealisation erforderlichen Informationen zum richtigen Zeitpunkt und in der entsprechenden Form zur Verfügung stehen (vgl. Schultz 1995, S. 179). Sie dienen dabei nicht nur als Kontrolle, sondern darüber hinaus der Motivation der Mitarbeiter. Ausgangspunkt bildet der Informationsbedarf der Empfänger hinsichtlich

- Kosten,
- Terminen,
- Projektstand,
- (aufgetretener, erwarteter) Probleme,
- Verhalten einzelner Mitarbeiter etc.

Die Informationen sind dabei immer von ihrem Aggregationsgrad an die jeweilige Zielgruppe anzupassen.

Ferner ist eine **Projektendabrechnung** durchzuführen, die strenggenommen erst nach Ablauf von Finanzierungs- und Garantiefristen möglich ist, da erst dann sicher ist, daß

- keine weiteren Kosten und
- keine Erlösminderungen

mehr auftreten können. Da diese Fristen längere Zeiträume umfassen, wird i.d.R. eine (vorläufige) Projektendabrechnung zum Abnahmezeitpunkt durch den Nachfrager vorgenommen. Im Mittelpunkt steht dabei die projektbezogene Erfolgsermittlung. Hierdurch wird

- einerseits eine Analyse des Kostenanfalls möglich und
- andererseits lassen sich hieraus Informationen für die Aktualisierung vergleichbarer laufender oder für zukünftige Projekte gewinnen.

> Aufgabe 6: Zeigen Sie die Besonderheiten der Projektkalkulation in Abhängigkeit von den Projektphasen auf.

Die wichtigsten Daten einer Projektabschlußanalyse sollten darüber hinaus in einer „Erfahrungsdatenbank" gespeichert werden, damit sie für Planungsaktivitäten zukünftiger Projekte zur Verfügung stehen (vgl. z.B. Buch 1991, S. 179 ff.).

In Abhängigkeit von der Projektgröße und -struktur kann das Projektcontrolling

- vom Projektmanager (sogenanntes Selbstcontrolling),
- vom gesamtunternehmungsbezogenen (zentralen) Controlling,
- von einem externen Controller oder
- von einem eigenständigen projektbezogenen Controller

übernommen werden (vgl. z.B. Franz 1995, S. 402 f.). In den zuletzt genannten Fällen haben der Projektcontroller oder das Controlling die Aufgabe, den Projektmanager zu unterstützen, und zwar durch eine entsprechende entscheidungsbezogene Informationssammlung, -aufbereitung und -bereitstellung (vgl. Göbels 1998, S. 30). Damit wird gleichzeitig deutlich, daß das Controlling nicht die Verantwortung für das Projekt übernimmt, sondern für den Projektleiter eine Dienstleistung erbringt, ein Sachverhalt, der auch mit der Bezeichnung „Controlling als Service Center" (Peemöller 2004, S. 37) zum Ausdruck gebracht wird.

Neben dem Projektcontrolling umspannt auch das **Qualitätsmanagement** den gesamten Projektmanagementprozeß, und zwar beginnend mit der Aufstellung eines Qualitätsplanes, der die Grundlage für die Qualitätssteuerung im Rahmen der Projektabwicklung bildet. Dabei umfaßt das Qualitätsmanagement die

- präventive und die
- ergebnisspezifische Qualitätssicherung.

Als Grundlage für ein **Qualitätssicherungssystem** wird dabei der Normenteil der DIN EN ISO 9001:2000 empfohlen. Die in diesem Zusammenhang beschriebenen 20 Bausteine des Qualitätsmanagement lassen sich problemlos auch auf Projekte übertragen.

Auf der Grundlage einer Literaturanalyse gelangt Schelle (1999, S. 165) zu den in Abbildung 1.5 erfaßten Grundsätzen eines Qualitätsmanagement für Projekte.

„- Das projektbegleitende Qualitätsmanagement soll nicht nachträglich in das Produkt die Qualität ‚hineinprüfen', sondern vorbeugend von Anfang an dafür sorgen, daß die dem Kunden zugesagte oder vom Markt verlangte Qualität erreicht wird.

- Qualität ist nicht nur eine Sache des Qualitätsbeauftragten oder des Qualitätsprüfers, sondern geht jeden Mitarbeiter an, insbesondere auch das Top-Management.

- Die frühen Phasen eines Projektes sind von ausschlaggebender Bedeutung für die Qualität eines Produkts. ...

- Der Auftraggeber muß an der Festlegung der Projektziele beteiligt werden."

Abb. 1.5: Grundsätze für ein Qualitätsmanagement

In engster Anlehnung an das europäische Qualitätsmodell „European Foundation for Quality Management" (EFQM), das die Grundlage für den European Quality Award bildet, schuf die Deutsche Gesellschaft für Projektmanagement (GPM) 1996 das Modell „Project Excellence" zur Qualitätsbeurteilung der Projektarbeit. Abbildung 1.6 gibt dieses Modell wieder (vgl. Techt 1997, S. 47).

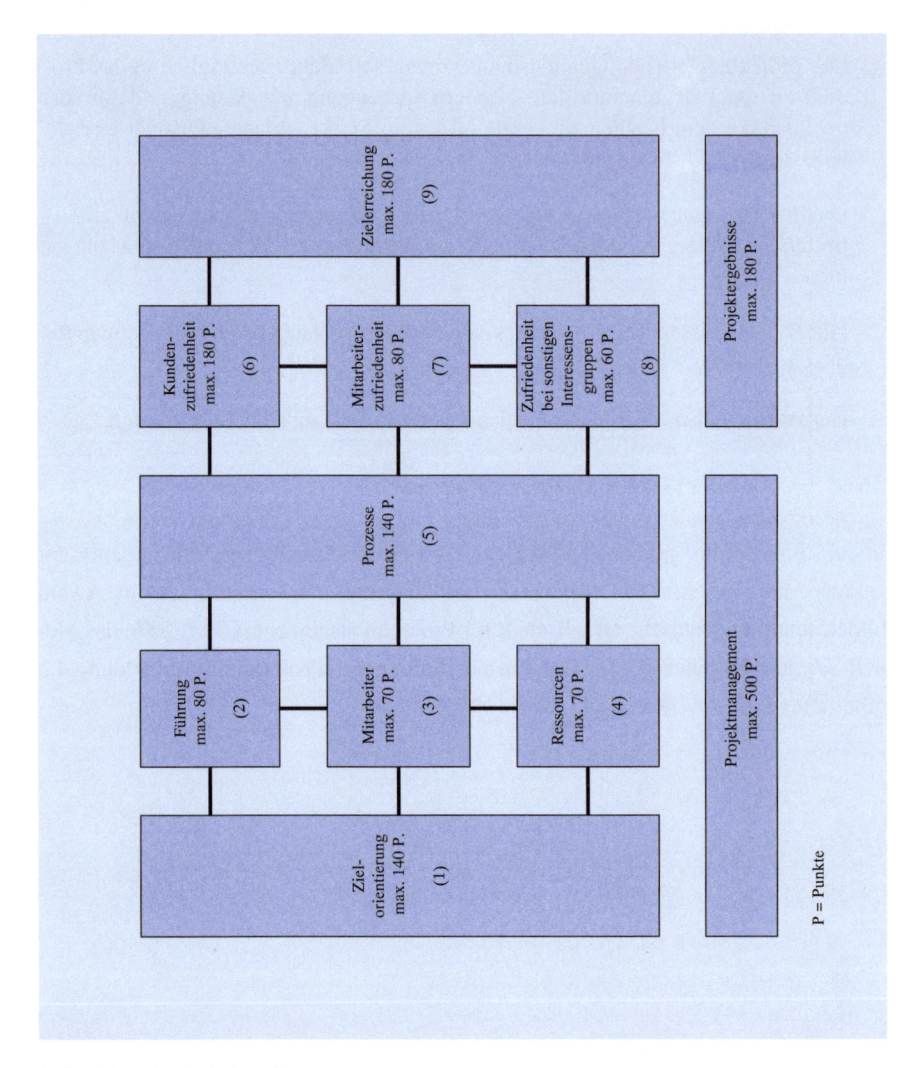

Abb. 1.6:   Project Excellence

Die hierbei zu vergebenden 1.000 Punkte werden zu gleichen Teilen auf die Bereiche

– Projektmanagement und
– Projektergebnisse

aufgeteilt. Die neun Kriterien werden, wie in Tabelle 1.2 dargestellt, spezifiziert (vgl. Techt 1997, S. 48).

	Kriterien	Erklärungen
Projektmanagement	(1) Zielorientierung	Wie werden die Projektziele aufgrund umfassender Informationen über die Anforderungen der Interessengruppen formuliert, entwickelt, umgesetzt und überprüft?
	(2) Führung	Wie ist das Verhalten der Führungskräfte im Projekt? Gibt es Unterstützung im „Project Excellence"?
	(3) Mitarbeiter	Wie werden die Projektmitarbeiter in die Projektarbeit einbezogen? Wird versucht, ihr Potential optimal zu nutzen?
	(4) Ressourcen	Werden die weiteren Ressourcen (ausschließlich Mitarbeiter) effizient genutzt?
	(5) Prozesse	Wie werden wertschöpfende Prozesse des Projektes identifiziert, überprüft und gegebenenfalls verändert?
Projektergebnisse	(6) Kundenzufriedenheit	Werden die Erwartungen der Kunden erfüllt, um eine Kundenzufriedenheit zu erreichen?
	(7) Mitarbeiterzufriedenheit	Wie ist das Projekt im Hinblick auf die Erwartungen und Zufriedenheit der Mitarbeiter zu beurteilen?
	(8) Zufriedenheit bei sonstigen Interessengruppen	Wie ist das Projekt im Hinblick auf die Erwartungen und Zufriedenheit sonstiger Interessengruppen zu beurteilen?
	(9) Zielerreichung	Wie ist das Projekt im Hinblick auf die geplanten Projektziele zu beurteilen?

Tab. 1.2: Kriterien des Modells „Project Excellence"

Die neun Kriterien können zusätzlich weiter aufgeteilt werden, um so einerseits existierende Stärken zu erkennen und anderseits Verbesserungspotentiale in differenzierter Form zu identifizieren. Die Kriterien werden dann einer Punktbewertung unterzogen. Graphisch läßt sich dieses Ergebnis dann mit Hilfe eines Polarkoordinatensystems darstellen, das in Abbildung 1.7 beispielhaft skizziert ist (vgl. z.B. Schelle 2007, S. 271).

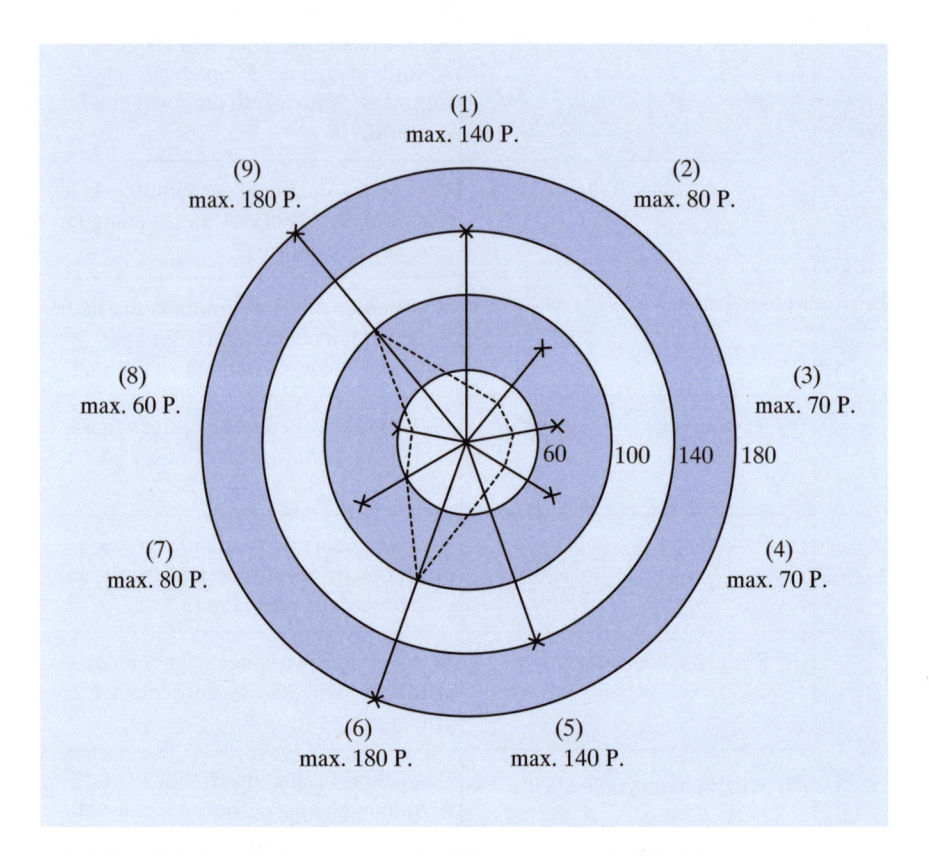

Abb. 1.7: Polarkoordinatensystem zur Qualitätsbewertung eines Projektes

Nach Abschluß des Projektes ist eine **Projektdokumentation** eine wesentliche Ergebniskomponente (zu praktischen Handreichungen vgl. Burghardt 2006, S. 354 ff.). Auch wenn ihre Bedeutung in der Praxis teilweise nicht erkannt wird, so gilt die Projektdokumentation allgemein als eine Voraussetzung für ein effizientes Projektmanagement, da sie die **Grundlage für gezielte Lernprozesse** darstellt. Aufgabe der Projektdokumentation ist es, eine nachträgliche, ganzheitliche Betrachtung des realisierten Projektes durchzuführen, d.h., sie soll das gesamte Projektgeschehen widerspiegeln, um Anhaltspunkte für die Planung, Realisation und Kontrolle zukünftiger Projekte zu bieten (vgl. Alter 1991, S. 323). Sie muß somit sämtliche Projektpläne und -berichte umfassen, d.h. die im Rahmen der Projektdurchführung erstellten **Projektstatusberichte** (vgl. Andreas/Rademacher/Sauter 1989, S. 697), in denen

- der jeweilige Abwicklungsstand des Projektes erfaßt ist,
- Engpässe und Abweichungen sowie deren Ursachen deutlich werden,
- erforderliche Gegenmaßnahmen mit Begründung formuliert sind und
- besondere Vorkommnisse erfaßt sind, die nicht zu Abweichungen geführt haben (z.B. Lieferantenwechsel).

„Aufgenommen werden dabei alle nach Kostenarten, Arbeitspaketen oder beteiligten Unternehmensbereichen gegliederten Soll- und Istkosten. Neben den Kosten enthält er [der Projektstatusbericht] Informationen über Termine, Kapazitäten, Technik (einschl. Montage, Inbetriebnahme) und Zahlungsströme sowie ergänzende Informationen z.B. über den Anteil an Fremd- oder Eigenleistung und die Höhe von Kursgewinnen bzw. Kursverlusten." (Lachnit 1994, S. 47). Abbildung 1.8 zeigt die Entstehung eines Projektstatusberichtes in vereinfachter Form (vgl. Andreas/Rademacher/Sauter 1992, S. 96).

Der Projektstatusbericht wird zugleich zu einem wesentlichen Instrument des Projektcontrolling.

Im Zentrum der **Projektdokumentation** steht der Vergleich der ursprünglich formulierten Ziele mit den realisierten Ist-Größen, der eine Grundlage für die Einschätzung bietet, ob ein Projekterfolg oder -mißerfolg vorliegt. Auf der Grundlage einer differenzierten Ursachenanalyse können anschließend Konsequenzen für weitere Projekte formuliert werden. Als Problemfelder der Ursachenanalyse sind zu nennen:

- Projektpersonal,
- Eindeutigkeit und Zweckmäßigkeit der verfolgten Projektziele,
- Eignung der gewählten organisatorischen Regelungen und
- Einsatz der Instrumente.

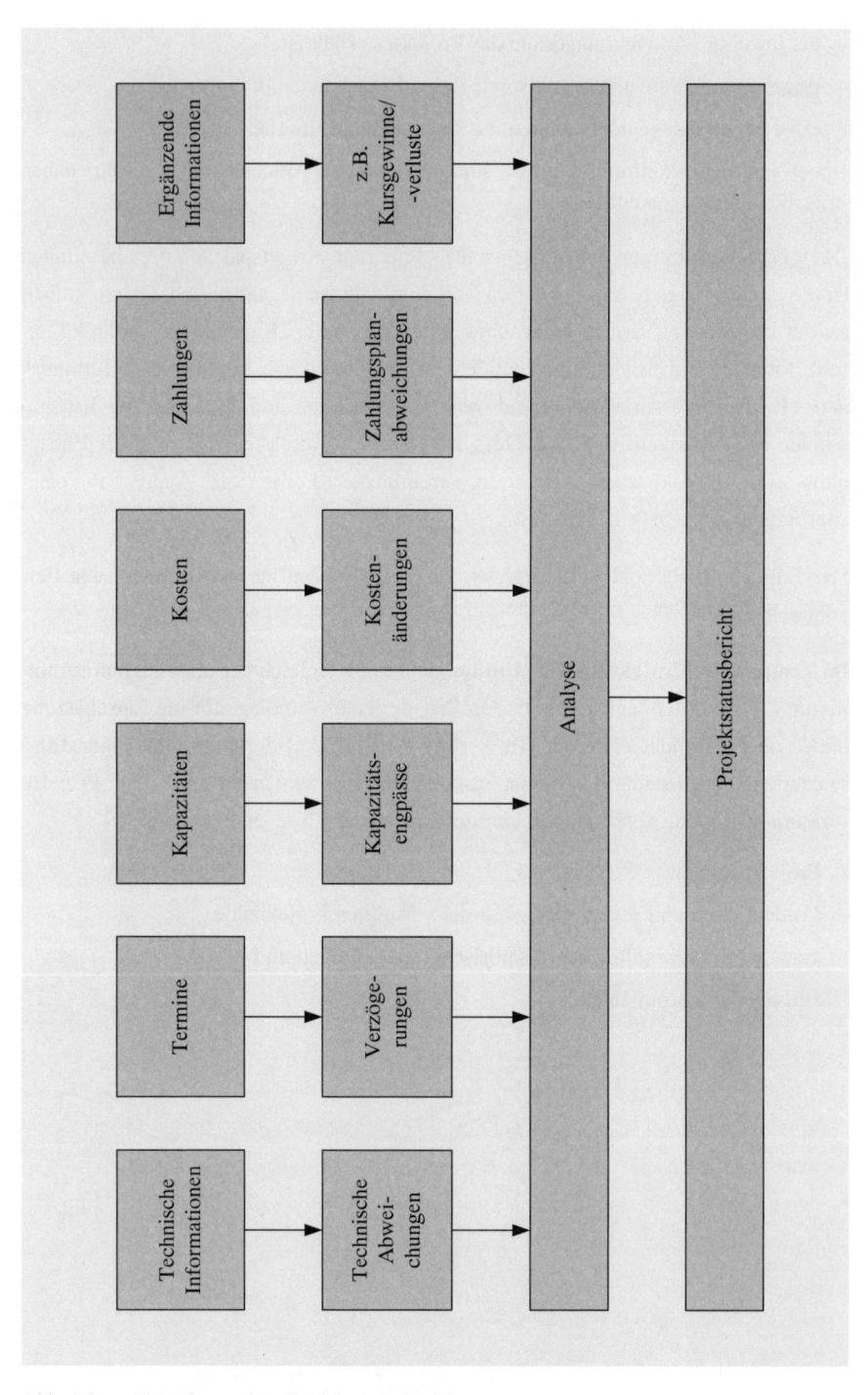

Abb. 1.8:   Entstehung eines Projektstatusberichtes

Die Projektdokumentation umfaßt die folgenden Unterlagen (vgl. z.B. Andreas/Rademacher/Sauter 1992, S. 96):

- Vertragsunterlagen,
- Pflichtenheft/Lastenheft,
- Test-/Prüfunterlagen,
- Besprechungsprotokolle,
- Projektbeschreibung,
- Projektstrukturplan,
- Projektstatusberichte,
- Terminplan,
- Kostenplan etc.

Diese Dokumente bilden gleichzeitig eine entsprechende Informationsbasis für weitere Projekte. Sie stellen damit einen Fundus „gesicherter Projekterfahrung" dar und lassen sich darüber hinaus für Standardisierungsüberlegungen von Angeboten bei neuen Projekten nutzen.

Parallel zur Projektdokumentation erfolgt auch die Übergabe an den Auftraggeber, die

- einerseits Auslöser für Zahlungen und
- anderseits Startzeitpunkt für die Gewährleistungsfrist

ist. Basis bilden dabei die Abnahme- bzw. Übergabekriterien sowie die im Rahmen der Projektabwicklung erstellten Prüfpläne (z.B. Eingangs-, Zwischen- und Endprüfungen). Eine Überprüfung im Rahmen der Inbetriebnahme dient dem Nachweis der Funktionsfähigkeit und der Qualität.

Die dokumentierten Informationen sind die Basis für die Erstellung eines **Projektinformationssystems**: „Es enthält die wichtigsten Eckdaten über die Planung, Steuerung, Kontrolle und Dokumentation der abgelaufenen Projekte. Darüber hinaus sollten Informationen, die den Vergleich zu anderen Projekten gewährleisten, aufgenommen werden. Dieses kann in Form von Kennzahlen erfolgen, die z.B. den Gesamterlös im Verhältnis zu den Gesamtkosten ausweisen." (Lachnit 1994, S. 49). Durch die Planung der Informationsflüsse soll letztlich sichergestellt werden, daß die an einem Projekt Beteiligten die erforderlichen Informationen rechtzeitig, in der entsprechenden Form und Detaillierung für ihre Aufgabenerfüllung zur Verfügung haben (vgl. Patzak/Rattay 1997, S. 255). Informationen stellen eine wesentliche **Säule** des Projektmanagement dar, wobei sich die beiden folgenden zentralen Aspekte herausstellen lassen (vgl. Beck 1994, S. 128 ff.):

– Kenntnis des aufgabenspezifischen Informationsbedarfs jedes einzelnen Aufgabenträgers und
– effiziente Informationsverteilung,

wobei der Informationstechnologie nur ein Instrumentalcharakter zuerkannt wird. Ziel muß es folglich sein, ein Gleichgewicht zwischen Informationsbedarf und -angebot herzustellen, wofür

– einerseits eine **Informationsbedarfsplanung** und
– anderseits ein **Informationsressourcenmanagement** (Management der Bedarfsdeckung)

notwendig ist. **Informationslücken** entstehen immer dann, wenn Informationsbedarf und -nachfrage einander nicht entsprechen, und zwar in

– artmäßiger (z.B. Zeiten, Kosten, technische Informationen),
– zeitlicher (z.B. täglich, wöchentlich),
– örtlicher (z.B. an einzelnen Arbeitsplätzen),
– darbietungsmäßiger (z.B. detailliert, aggregiert oder graphisch, tabellarisch),
– medialer (z.B. Papier, Datei) und
– mengenmäßiger Hinsicht (vgl. Beck 1994, S. 153).

Das Projektinformationssystem ist dabei bedarfsorientiert zu konzipieren (vgl. Pfeiffer 1990, S. 130), wobei der Informationsbedarf auf der Grundlage eines Soll-Ist-Vergleiches durchzuführen ist, um entsprechende Schwachstellen aufzeigen zu können. Im Rahmen des Informationsressourcenmanagement steht dann die Bedarfsdeckung im Mittelpunkt des Interesses, die am Sollkonzept ausgerichtet ist. Dabei bieten sich einerseits organisatorische und anderseits technologische Maßnahmen an. Ein Projektinformationssystem hat demnach die Aufgabe, alle am Projekt beteiligten Mitarbeiter mit denjenigen Informationen zu versorgen, die zur ökonomischen Leistungserbringung erforderlich sind. Dabei umfaßt das Projektinformationssystem

– einerseits das Berichtswesen (z.B. Protokolle) einschließlich der mündlichen Kommunikation (Workshops, Sitzungen etc.) für den kontinuierlichen Informationsfluß und
– anderseits das Dokumentationswesen für die Fortschreibung der Projektentwicklung und Erfassung des Projektstandes.

1.4 Erfolgsfaktoren des Projektmanagement

Auch wenn der Problemkomplex der Erfolgsfaktoren des Projektmanagement als ein „evergreen" bezeichnet werden kann, ist die Forschung noch weit von gesicherten Erkenntnissen entfernt. Es läßt sich ähnliches feststellen wie generell zur Erfolgsfaktorenforschung, zu der Fritz (1990, S. 103) pointiert formuliert: „Die Erfolgsfaktorenforschung stellt sich zur Zeit als eine bunte Mischung von oberflächlicher Geschichtenerzählerei, Folklore, Rezeptverkauf, Jagen und Sammeln sowie einigen wenigen Bemühungen um ernstzunehmende eigenständige Forschung dar." Nicolai/Kieser (2002, S. 579) sprechen gar von „eklatanter Erfolglosigkeit der Erfolgsfaktorenforschung", und March/Sutton (1997) stellen die These auf, daß es nicht möglich sei, die Ursachen von Erfolg und Mißerfolg in einer wissenschaftlich fundierten Weise zu identifizieren. Damit wird bereits deutlich, daß es sich bei der Erfolgsfaktorenforschung um ein Forschungsgebiet handelt, das in der wissenschaftlichen Literatur äußerst kontrovers diskutiert wird, und die vorgestellten Ansätze ein breites Spektrum aufweisen. Während einerseits alles genannt wird, was den Autoren gerade einfällt und auf der Grundlage praktischer Erfahrungen eher Allgemeinplätze formuliert werden, die ihren Höhepunkt in der Feststellung erreichen, daß letztlich alle Faktoren interdependent seien (vgl. z.B. Keßler/Winkelhofer 1997, S. 15 ff.), oder Faktoren wie systematisches Vorgehen und Transparenz der Prozesse, Einsatz effizienter Methoden und Werkzeuge, zweckmäßige Projektplanung und -überwachung sowie Führungsstärke des Projektleiters (vgl. Gausemeier/Kuhle 1999, S. 9 f.) genannt werden, die eher platitüdenhaft anmuten, werden anderseits empirische Forschungsbeiträge geleistet (vgl. z.B. Gemünden 1992, S. 156 ff.; Lechler 1992, S. 256), die zeigen, wie schwierig es ist, fundierte Aussagen zu den Erfolgsfaktoren des Projektmanagement zu formulieren. Ebenfalls sind „Erkenntnisse" wie etwa, daß durch die Einführung des Projektmanagement

- „die Terminverzögerungen um ca. 60% zurückgegangen waren,
- daß bei Qualitätskosten rund 30% Einsparungen gemacht worden waren und
- daß man die Herstellkosten der Produkte um ca. 16% reduzieren konnte" (Schelle 1999, S. 19)

mit äußerster Zurückhaltung zu interpretieren, da letztlich die Vergleichsbasis nicht bekannt ist.

Für eine differenziertere Betrachtung ist es erforderlich, zunächst Aussagen darüber zu formulieren, was konkret unter einem **Projekterfolg** zu verstehen ist (vgl. Hauschildt 1991, S. 466 ff.). Dabei ist zu beachten, daß es sich hierbei um eine **wertende**

Aussage über das realisierte Projektergebnis handelt. Werden in einer ersten Annäherung die Dimensionen

– Kosten,
– Termine,
– Qualität der technischen Lösung und
– Zufriedenheit der Beteiligten

herangezogen, dann ist ein Projekt als erfolgreich zu bezeichnen, „wenn die Beteiligten zufrieden sind und die Qualität der technischen Lösung und die Termin- und Kostenziele insgesamt positiv bewerten." (Lechler 1997, S. 44). Diese Formulierung macht bereits deutlich, daß häufig nur tendenzielle Aussagen über den Projekterfolg formulierbar sind, da Erfolgsurteile letztlich immer subjektiver Natur sind: „Im einzelnen hängt ihre Aussagefähigkeit davon ab, welches Referenzsystem zugrunde gelegt wird, welche Perspektiven und welche Meßperson berücksichtigt wird, zu welchem Zeitpunkt die Messung vorgenommen wird und mit welchen Meßgrößen die Erfolgsausprägungen ermittelt werden." (Lechler 1997, S. 65). Damit lassen sich im Rahmen der Erfolgsmessung die folgenden fünf **Problemkreise** nennen:

– **Meßobjekt** (eindeutige Definition des Gegenstandsbereiches),
– **Meßgrößen** (ökonomische, technische und soziale),
– **Referenzgrößen** (sie ergeben sich aus dem Zielbildungsprozeß und stellen Sollzustände dar),
– **Meßsubjekt** (am Projekt beteiligte Interessengruppen bzw. Personen) und
– **Meßzeitpunkt**.

Da die Interessengruppen bzw. Personen sehr heterogen sein können, kann es erforderlich werden, für jede Gruppe spezifische Zielsysteme anzunehmen. Damit kann die Projektbeurteilung in Abhängigkeit von der gewählten Perspektive zum Teil erhebliche Differenzen aufweisen. Abbildung 1.9 gibt in schematischer Weise die Zusammenhänge zwischen diesen Problemkreisen wieder (vgl. Lechler 1997, S. 45).

1.4 Erfolgsfaktoren des Projektmanagement

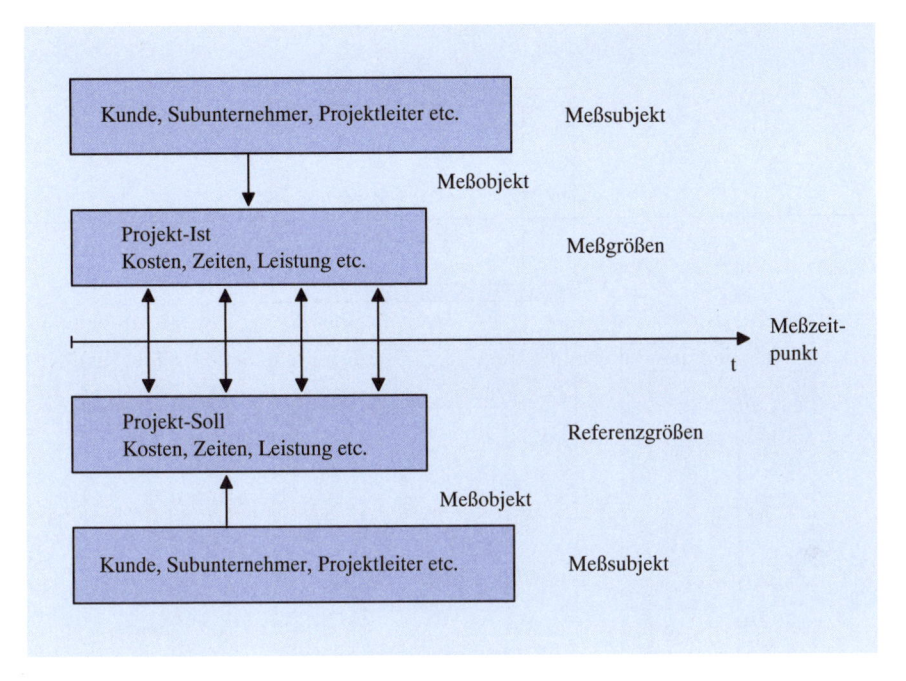

Abb. 1.9: Problemstruktur der Erfolgsmessung

Auf der Grundlage einer Analyse empirischer Untersuchungen gelangt Gemünden zu dem in Abbildung 1.10 dargestellten Bezugsrahmen für Erfolgsfaktoren des Projektmanagement [1].

---

[1] Entnommen aus Gemünden (1990, S. 10). Zu weiteren Einteilungen vgl. z.B. Beck (1996, S. 183 ff.), der technische, wirtschaftliche und zeitliche Kriterien unterscheidet, und Tebbe (1990, S. 159), der projektbezogene und projektübergreifende Kriterien nennt. Ferner Steinle (1995, S. 25).

44 1 Grundlagen

Erfolgsmaße
- wirtschaftlich
- technisch
- human
- zeitlich
- gesamt

Auftragnehmer
- Ressourcen, Know-how
- Organisationsstruktur
- Top-Managementunterstützung
- Schulung und Beratung
- Zusammenarbeit der Abteilungen
- Verhältnis Projekt - Linie

Projekt-System

Projektleiter und Projekt-Team
- Fachkompetenz
- Entscheidungskompetenz
- Soziale Kompetenz
- Projektdefinition
- Beteiligungsdauer

Projektphasen
- Definition
- Planung
- Ablaufsteuerung und Führung

Projektmanagement-Tools

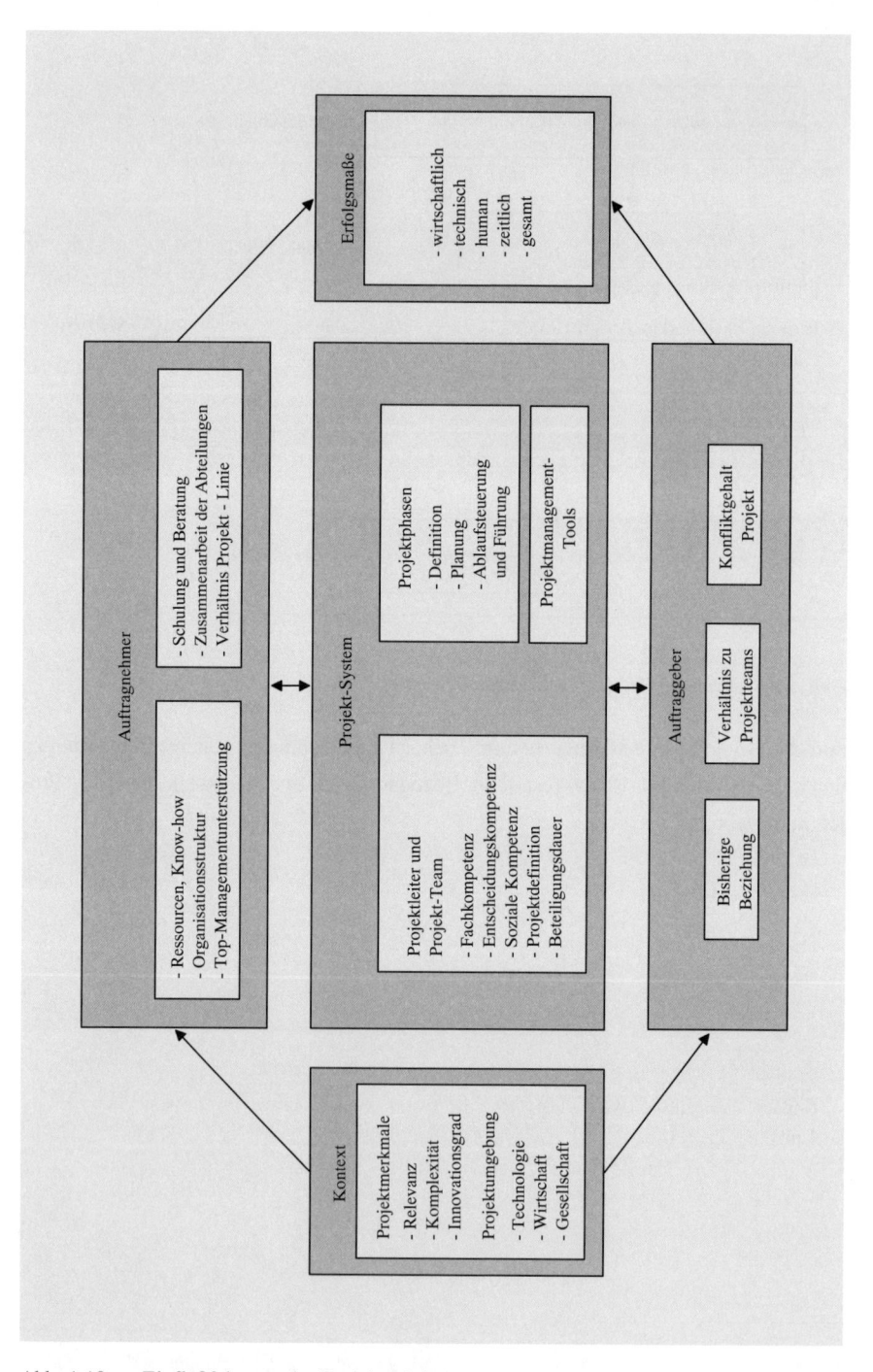

Auftraggeber
- Bisherige Beziehung
- Verhältnis zu Projektteams
- Konfliktgehalt Projekt

Kontext

Projektmerkmale
- Relevanz
- Komplexität
- Innovationsgrad

Projektumgebung
- Technologie
- Wirtschaft
- Gesellschaft

Abb. 1.10:   Einflußfaktoren des Projekterfolgs

Dieses komplexe Einflußfaktorensystem zeigt einerseits die Vielfalt der Bestimmungsgründe für den Projekterfolg und andererseits die Problematik auf, zu allgemeingültigen Aussagen zu den Erfolgsfaktoren des Projekterfolgs zu gelangen. Auf der Grundlage einer Auswertung empirischer Untersuchungen nennt Gemünden (1990, S. 4 und S. 13) als wesentliche Einflußblöcke:

– Merkmale der Auftragnehmerorganisation (Ressourcen/Know-how, Top-Managementunterstützung, Schnittstellenmanagement),
– Eigenschaften des Projektleiters (vgl. Keplinger 1992, S. 103) und des Projektteams (fachliche, soziale und administrative Fähigkeiten, Entscheidungskompetenzen und Partizipationsmöglichkeiten) und
– Projektdefinition.

In einer empirischen Untersuchung von Lechler (1997, S. 158 ff.), der zwischen einem Akteur-Modell und einem Funktionen-Modell unterscheidet, werden diese Ergebnisse zwar bestätigt, jedoch um die folgenden Faktoren ergänzt:

– Partizipation (Führungsstil),
– Planung und Steuerung sowie
– Information und Kommunikation.

Es zeigt sich, daß es **den** Erfolgsfaktor nicht gibt, sondern stets mehrere Faktoren für den Projekterfolg relevant sind, so daß monokausale Erfolgsaussagen eher simplifizierend sind: „Die isolierte Analyse und Steuerung eines einzelnen Erfolgsfaktors kann nicht zum Projekterfolg führen." (Lechler 1997, S. 278). Zudem lassen sich folgende Tendenzen erkennen:

– Personale Faktoren scheinen ein höheres Gewicht zu haben als technokratische Instrumente.
– Die Projektorganisation scheint für den Projekterfolg von überdurchschnittlicher Bedeutung zu sein (vgl. Gemünden 1990, S. 13). Ihr Beitrag läßt sich jedoch nicht eindeutig und allgemeingültig bestimmen: „Ihre Geltung liegt darin begründet, daß sie als Metaentscheidung den Rahmen für alle weiteren Entscheidungen im Lauf des Projekts bildet." (Beck 1996, S. 188).

Insgesamt lassen sich die folgenden zentralen **Schwachpunkte** der Erfolgsfaktorenforschung nennen (vgl. Nicolai/Kieser 2002, S. 584 f.):

– Meta-Studien kommen zu dem Ergebnis, daß es von der jeweils benutzten Methodik abhängt, welcher Zusammenhang zwischen unabhängiger Variable und Performance aufgedeckt wird.
– Die Stichproben umfassen nur Unternehmungen, die überlebt haben, d.h., sie sind damit nicht repräsentativ.

- Querschnittsdaten werden in nicht zulässiger Weise kausal interpretiert.
- Operationalisierungen sind nicht valide oder zuverlässig.
- Befragte geben Auskunft über sehr komplexe Sachverhalte; teilweise auch ein einzelnes Mitglied der Unternehmung.
- Es handelt sich um normative Interpretationen mit Orientierung an der Vergangenheit.

Diese Schwachpunkte unterstreichen noch einmal, daß die Ergebnisse der Erfolgsfaktorenforschung mit äußerster Vorsicht zu interpretieren und mit der notwendigen kritischen Distanz zu sehen sind. Nicolai/Kieser (2002, S. 587) bringen die Probleme der Erfolgsfaktorenforschung mit der folgenden Aussage pointiert auf den Punkt: „Der Forscher wählt eine Theorie aus, ersinnt auf der Basis dieser Theorie eine plausible Geschichte, die er in Form von Hypothesen kleidet, entscheidet sich für Operationalisierungen der Variablen, die die befragten Praktiker zu bestimmten Interpretationen ... animieren und schließlich dazu veranlassen, in nicht nachvollziehbarer Weise Kreuze auf Skalen zu machen oder ... Texte als Antworten auf offene Fragen zu formulieren. Der Forscher wählt dann statistische Methoden zur Auswertung aus, und er ersinnt Interpretationen, welche die Theorie (sofern vorhanden) und die Ergebnisse auf plausible Weise miteinander verbindet."

> Aufgabe 7: Skizzieren Sie die Problemstruktur der Messung des Projekterfolges. Welche Schlußfolgerungen lassen sich aus den Ergebnissen empirischer Untersuchungen zu den Erfolgsfaktoren des Projektmanagement ziehen?

2 Projektorganisation

Im Rahmen der Projektorganisation stellen sich die beiden folgenden klassischen Aufgabenstellungen:

- Organisatorische Gestaltung des Projektbereiches selbst und
- Einordnung des Projektbereiches in die Organisationsstruktur der Unternehmung.

Im Rahmen der organisatorischen Gestaltung des Projektbereiches lassen sich die beiden klassischen Kriterien der **Aufgabenanalyse**, nämlich

- die Verrichtung und
- das Objekt

heranziehen.

Erfolgt eine **verrichtungsorientierte Strukturierung** der Projektaufgabe, dann lassen sich beispielsweise die folgenden Teilaufgaben unterscheiden:

- Projektplanung und
- Projektdurchführung

oder:

- Projektanstoß,
- Projektplanung,
- Projektdurchführung und
- Projektabschluß.

Wird eine **objektorientierte Betrachtungsweise** zugrunde gelegt, dann lassen sich zum Beispiel die folgenden Teilaufgaben unterscheiden (vgl. Abbildung 2.1; vgl. z.B. Frese 2005, S. 516 ff.; Kern/Schröder 1977, S. 320 ff.).

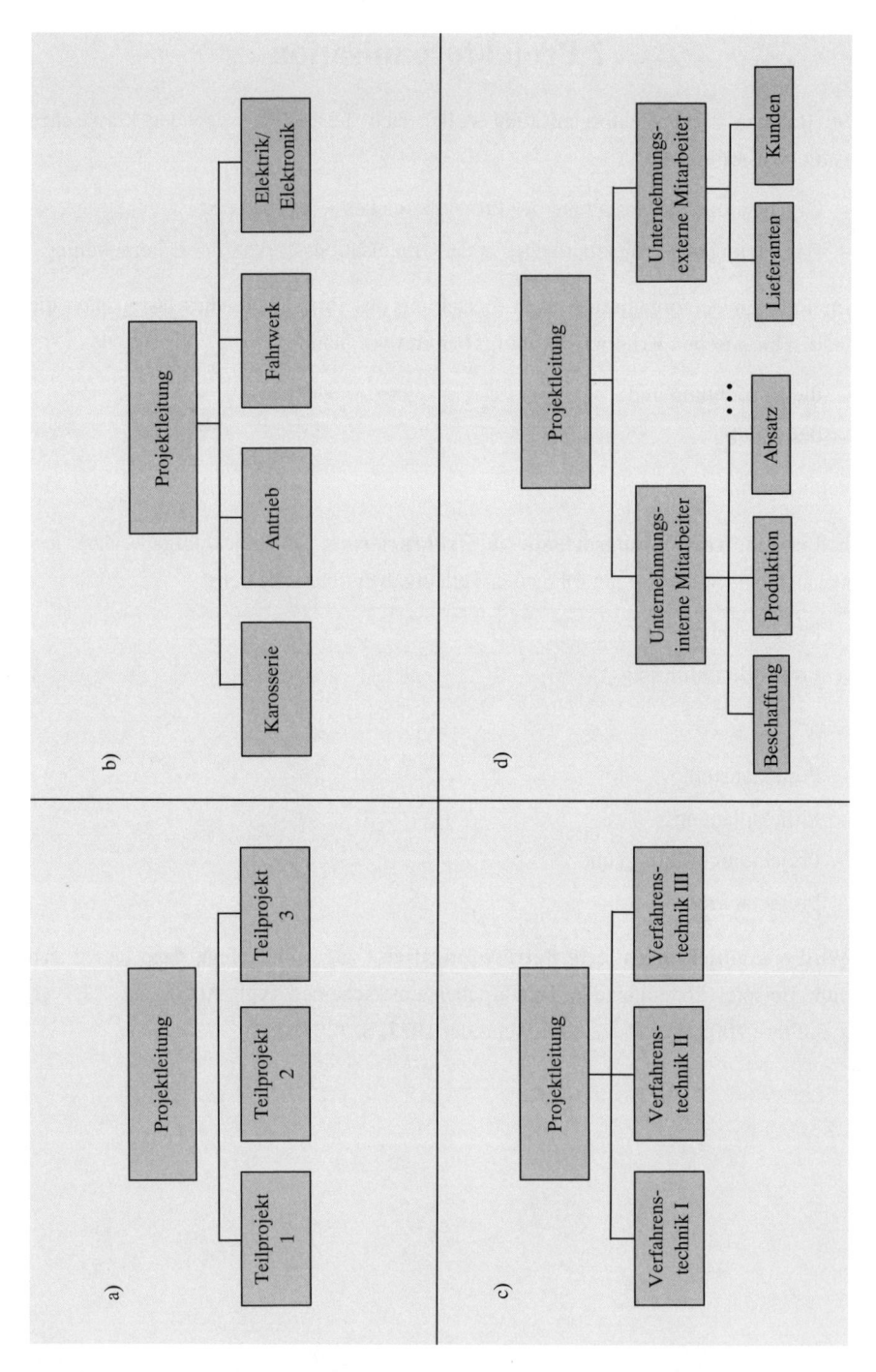

Abb. 2.1: Beispiele der objektorientierten Betrachtung von Projektaufgaben

Bei der **Projektleitung** kann es sich in Abhängigkeit von der Projektgröße um eine einzelne Person, z.B. bei kleineren Projekten, oder bei Projekten größeren Umfanges um Projektleitungsteams handeln. Dabei werden bei einem Projektleitungsteam häufig zwei Ebenen unterschieden:

- Projektleiter und
- Teil- bzw. Fachprojektleiter.

Damit ergeben sich für die Projektleitung die in Abbildung 2.2 dargestellten Strukturierungsmöglichkeiten.

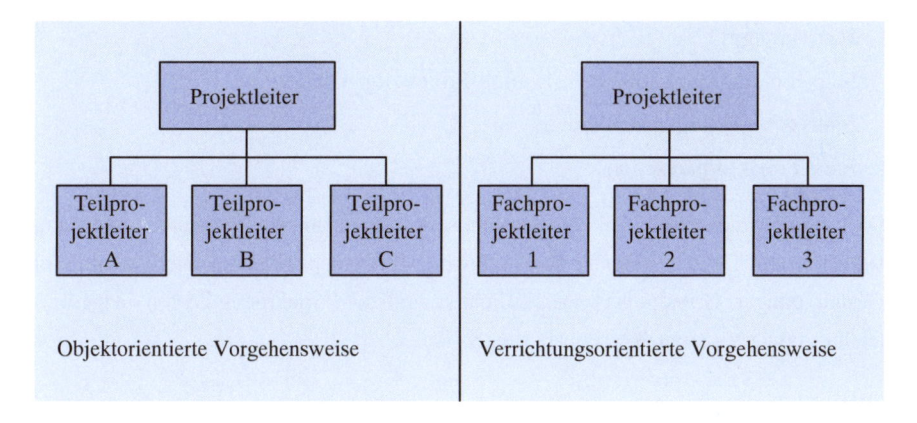

Abb. 2.2: Gestaltung der Projektleitung

Ein zweiter Problembereich im Rahmen der Projektorganisation, der zugleich den Schwerpunkt der vorliegenden Ausführungen bildet, ist die Einordnung des Projektbereiches in die Organisationsstruktur einer Unternehmung und der damit einhergehenden Probleme. Die in der Literatur (vgl. Reiß 1995, S. 454) diskutierten organisatorischen Formen unterscheiden sich im wesentlichen hinsichtlich der

- **Autonomie** (Entscheidungs-, Weisungsbefugnis, Delegationsrecht) und
- **Autarkie** (Ressourcenausstattung).

Die Projektorganisation wird hierbei als eine auf Zeit eingerichtete Übergangsorganisation charakterisiert, wodurch der Befristung eines Projektes Rechnung getragen wird. Die sogenannte Primärorganisation wird folglich durch sekundärorganisatorische Konzepte ergänzt. Teilweise wird die Primärorganisation als Palast- und die Sekundärorganisation als Zeltorganisation bezeichnet, womit zum Ausdruck gebracht werden soll, daß sekundärorganisatorische Konzepte flexibel zum Einsatz gelangen können. Mit der Projektorganisation geht damit ein Flexibilisierungseffekt einher, der „aus der Auskopplung von neuartigen, zeitlich begrenzten, mit diversen Unsicherheiten und Risiken behafteten Sonderaufgaben aus der auf Routinisierung programmierten Linienorganisation" (Reiß 2008, S. 186) resultiert.

2.1 Grundformen der Projektorganisation

Generell werden in der Literatur (vgl. z.B. Alsène 1999, S. 367 ff.; Fischer/Spiekermann 2006, S. 120 ff.; Hesseler 2007, S. 40 ff.; Mörsdorf 1998, S. 278 f.) die folgenden vier „klassischen" Formen der Projektorganisation unterschieden:

- linienintegrierte Projektorganisation oder Organisation ohne strukturelle Projektausrichtung,
- Stab-Projektorganisation oder Einfluß-Projektorganisation,
- Matrix-Projektorganisation und
- reine Projektorganisation.

Diese als Grundformen der Projektorganisation bezeichneten Erscheinungsformen, stellen letztlich einen Versuch dar, „relevante Gesichtspunkte des Sachverhaltes in Gestalt einiger Grundmuster zu verdichten, um so Projektorganisation insgesamt leichter fassen zu können." (Beck 1996, S. 79).

2.1.1 Linienintegrierte Projektorganisation

Bei der linienintegrierten Projektorganisation, die teilweise auch als Grenzfall bezeichnet wird (vgl. Frese 2005, S. 518), wird bewußt auf die Einrichtung projektbezogener organisatorischer Einheiten verzichtet. Das Projekt wird vielmehr in der existenten Linienstruktur durchgeführt, d.h., die Koordination der Projektaktivitäten fällt in den Aufgabenbereich der entsprechenden Stelle/Abteilung in der Linie. Diese Vorgehensweise, die nur für Projekte mit geringer Komplexität relevant ist, wird in Abbildung 2.3 in ihrer Grundstruktur wiedergegeben (vgl. Specht/Beckmann 1996, S. 276).

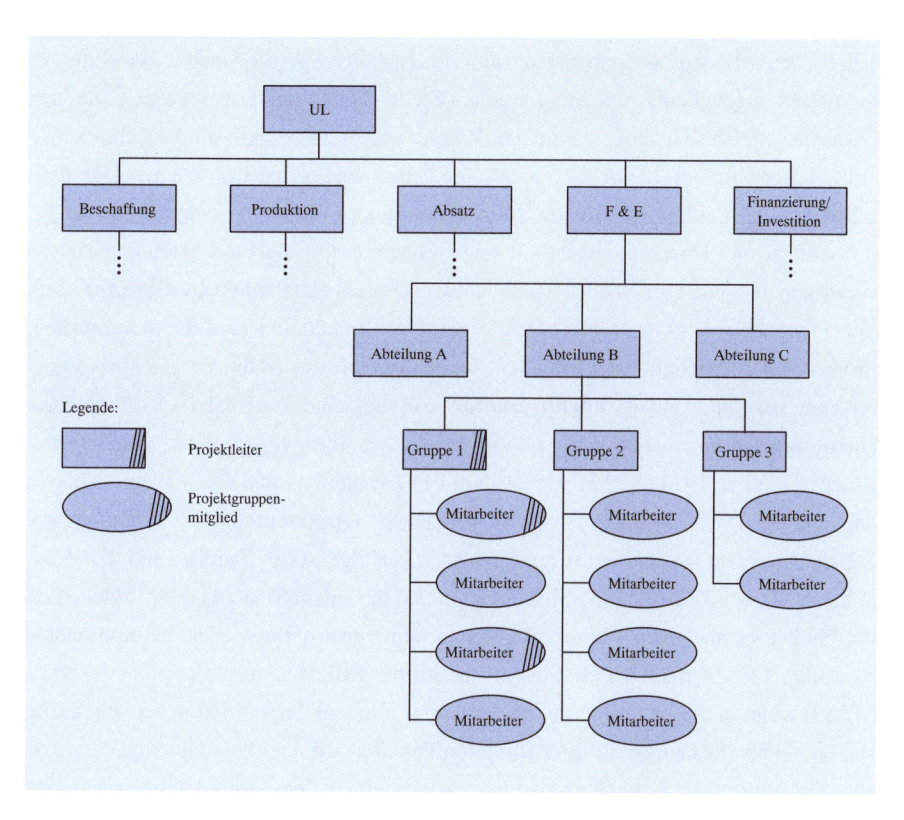

Abb. 2.3:   Linienintegrierte Projektorganisation

Aufgabe 8: Zeigen Sie die Grundidee einer linienintegrierten Projektorganisation auf.

2.1.2 Stab-Projektorganisation

Auch im Rahmen der Stab-Projektorganisation (Einfluß-Projektorganisation) bleibt die Primärorganisation unverändert und wird durch einen „Stab" ergänzt. Grochla (1972, S. 205) spricht in Anlehnung an Steiner/Ryan (1968, S. 9 und S. 11) von Influence Project Management. Die Unterscheidung zwischen Stab und Linie orientiert sich dabei am Entscheidungsprozeß, der sich in die Phasen

– Entscheidungsvorbereitung und
– Entscheidung

aufspalten läßt. Dem **Projektstab** obliegen die Aufgaben der Informationssammlung und der Entscheidungsvorbereitung. Dies bedeutet, daß entscheidungsvorbereitende

Tätigkeiten aus dem Aufgabenspektrum von Instanzen (= Stellen mit Weisungsbefugnissen) ausgegliedert und einer eigenen Stelle (Stab) zugeordnet werden, um eine Entlastung der Instanzen zu erreichen. Während dem Stab somit die Entscheidungsvorbereitung obliegt, bleibt die eigentliche Entscheidung bei der Instanz. Der **Projektleiter**, der das Informationszentrum des Projektes bildet, kann damit nur auf Informations- und Überzeugungsarbeit setzen, wenn er auf die Entscheidungsprozesse einwirken möchte[1]. Er wird deshalb teilweise auch als **Projektkoordinator** (vgl. Specht/Beckmann 1996, S. 277) bezeichnet. Der Projektleiter muß damit versuchen, Promotoreneigenschaften zu erlangen, wobei für ihn die Rolle des Fachpromotors relevant ist. Unter einem **Fachpromotor**[2] ist diejenige Person zu verstehen, „die einen Innovationsprozeß durch objektspezifisches Fachwissen aktiv und intensiv fördert." (Witte 1973, S. 17). Er ist damit auf Experten- und Identifikationsmacht angewiesen. Darüber hinaus sollte er versuchen, **Opponenten** oder **Bremser**, die entgegengesetzte oder andersartige Interessen verfolgen (vgl. Sandig 1966, S. 86 ff.; Witte 1976, S. 322 ff.), zu identifizieren und sie in seinem Sinn zu beeinflussen. Treten hierbei sachbezogene, konstruktive und keine destruktiven oder disfunktionalen Konflikte auf, dann kann sich dies positiv auf die Effizienz auswirken. Frese (2005, S. 519) weist in diesem Zusammenhang darauf hin, daß der Einfluß der Stäbe häufig stärker sei als dies aufgrund ihrer formalen Position den Anschein habe, da sie i.d.R. zum Ort informeller Projektentscheidungen würden, an dem sämtliche Informationen zusammenliefen. Abbildung 2.4 gibt den Aufbau der Stab-Projektorganisation wieder.

---

1) Die Stab-Projektorganisation stellt damit die schwächste Form der Projektorganisation dar.
2) Im Promotorenkonzept wird zwischen Fach- und Machtpromotor unterschieden, wobei der Machtpromotor aufgrund seiner hierarchischen Stellung agieren und seine Position auch gegen den Willen anderer durchsetzen kann. Moralische und ressourcenmäßige Unterstützung kann der Projektstab durch die Unternehmungsleitung erhalten (vgl. Wildemann 1999, S. 265), die auch bei „übergreifenden Kontroversen" zuständig ist. Zu weiteren Erscheinungsformen von Promotoren vgl. z.B. Gemünden/Hölzle (2005, S. 466; Gemünden u.a. (2006, S. 177 ff.).

2.1 Grundformen der Projektorganisation 53

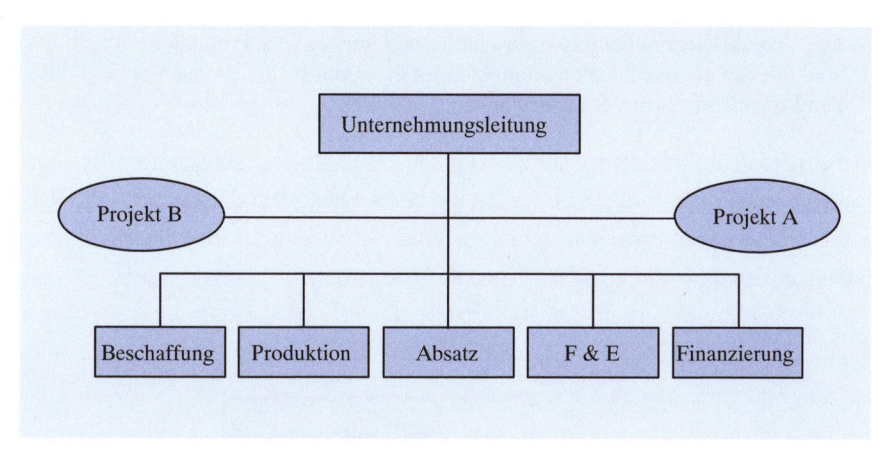

Abb. 2.4: Stab-Projektorganisation

Aufgabe 9: Zeigen Sie die wesentlichen Merkmale einer Stab-Projektorganisation auf.

2.1.3 Matrix-Projektorganisation

Kennzeichen der Matrix-Projektorganisation[1], die eine Variante der Verrichtungsobjektmatrix darstellt (vgl. Welge 1987, S. 531), ist es, daß zwei Strukturierungskonzepte parallel angewandt werden. Damit wird das Prinzip der Einheit der Auftragserteilung aufgegeben, und es liegt eine **duale Organisation** vor (vgl. Staehle 1999, S. 724). Mörsdorf (1998, S. 87) betont in diesem Zusammenhang, daß die Matrix-Projektorganisation in der Praxis am häufigsten anzutreffen sei, da die Ressourcensituation und die enge inhaltliche Beziehung zwischen Projekt- und Routineaufgaben die Einrichtung einer unabhängigen Projektorganisation verhindere. Auf diese Weise entsteht eine gewollte Kompetenzüberschneidung zwischen den Funktionen und der projektorientierten Organisation:

– Die **Funktionsbereichsleiter** sind für eine effiziente Aufgabenabwicklung innerhalb ihrer Funktionen verantwortlich und für die vertikale Integration innerhalb ihrer Funktion.

---

1) Wild (1972, S. 22 f. und S. 209 ff.) schlägt den Begriff Organisationsmatrix vor. Als Synonyme werden in der Literatur genannt: Matrixmanagementsystem, Matrix-Projektmanagement, Projektleitung in der Matrixorganisation, Duplexstruktur, System dualer Führung, matrix project management, decision-making matrix, intermix project organization, matrix system of relationships. Vgl. Beck (1996, S. 84). Zu einer fallstudiengeleiteten Beschreibung der Matrixorganisation vgl. Groetschel (1989, S. 47 ff.).

- Die **Projektleiter** sollen über die Funktionen hinweg ihre Projekte verfolgen und sind mit den entsprechenden Kompetenzen ausgestattet, die es ihnen ermöglichen, den Projektfortschritt voranzutreiben.

Dabei wird dem Projektleiter nur ein Teil der für das Projekt notwendigen Ressourcen fest zugeordnet, so daß sich für ihn die Notwendigkeit ergibt, auch auf die Ressourcen der Funktionsbereiche zurückzugreifen. Abbildung 2.5 gibt die Matrix-Projektorganisation in ihrer grundsätzlichen Struktur wieder.

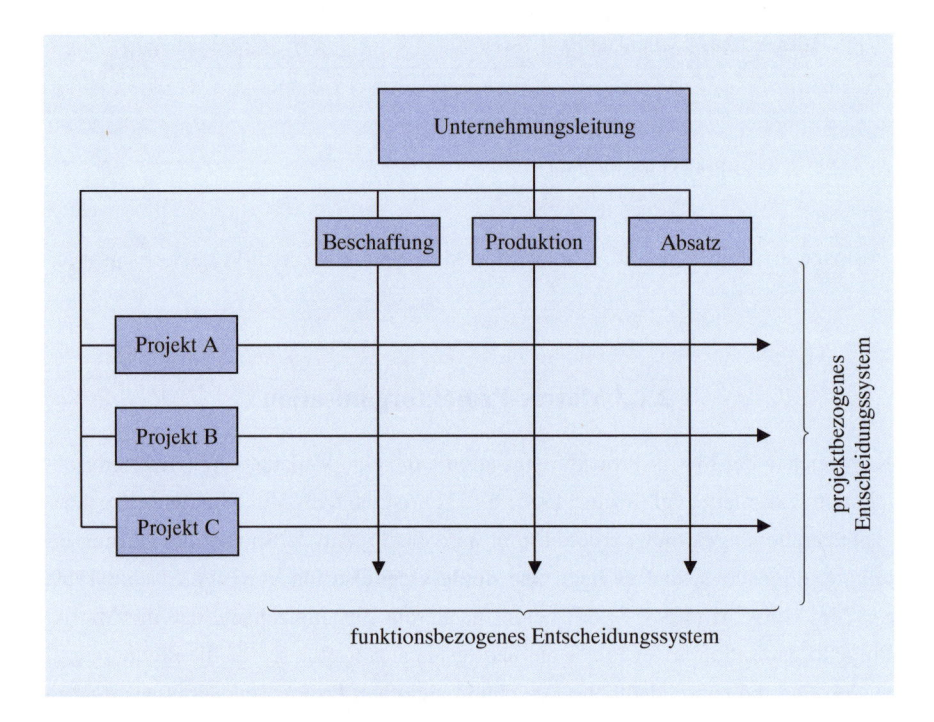

Abb. 2.5:   Matrix-Projektorganisation

Diese Matrix ist durch drei wesentliche Elemente gekennzeichnet (vgl. Davis/Lawrence 1977; Leumann 1980):

- Die Stellen der Funktionsbereichsleiter (z.B. Beschaffung, Produktion, Absatz) und der Projektleiter (z.B. Projekte A, B und C) werden als **Matrix-Stellen** bezeichnet.
- **Schnitt-Stellen** sind diejenigen Problemfelder, über die die Matrix-Stellen gemeinsam entscheiden müssen (z.B. Berührungspunkte zwischen funktionsbezogenem und projektbezogenem Entscheidungssystem). Sie können einerseits als organisatorische Stelle ausgestaltet sein oder andersseits ohne personelle Besetzung existieren.

– Stellen, die die Aufgabe der Koordination von Problemlösungsprozessen erfüllen, die gemeinsam von Matrix-Stellen getragen werden, stellen die **Matrix-Leitung** (z.B. Unternehmungsleitung) dar.

Bedingt durch den Sachverhalt, daß eine Überschneidung der Entscheidungskompetenzen der Matrix-Stellen unterschiedlicher Matrix-Dimensionen hinsichtlich der Ressourcen gegeben ist, liegt eine „Institutionalisierung von Konflikten" vor (vgl. Schreyögg 2003, S. 182). Dabei wird unterstellt, daß es sich hierbei um sogenannte **„produktive Konflikte"** handelt, die eine Voraussetzung für den Erfolg dieser Organisationsform bilden und folglich nicht als eine Bedrohung, sondern als ein produktives Element (vgl. Frese 2005, S. 520 f.) gesehen werden, mit dessen Hilfe Abstimmungsprobleme thematisiert und transparent gemacht werden können. Konflikte müssen folglich offengelegt und offen diskutiert werden: „Konfliktäre Positionen müssen in einer gehaltvollen und angemessenen Weise debattiert werden. Relevante Argumente und adäquate Begründungen müssen präsentiert werden." (Lawrence/Kolodny/Davis 1988, S. 135). Der gewollte Konflikt kann damit als eine Kreativitätsstimulanz interpretiert werden. Es wird somit auf die Bereitschaft zu Kooperation zwischen Funktionsbereichen und Projekt vertraut. Reber/Strehl (1983, S. 262) betonen, daß die Vorteile der Matrix dann verlorengehen, wenn die durch die Struktur induzierten beabsichtigten Konflikte nicht bewältigt werden, so daß dysfunktionale Effekte eintreten. Aus diesem Grund wird der bewußten Gestaltung dieser Schnittstellen, etwa auf der Grundlage von Projektteams, in der Literatur (vgl. z.B. Mörsdorf 1998, S. 87) eine besondere Bedeutung beigemessen.

Aus der Sicht des einzelnen Mitarbeiters läßt sich die Matrixorganisation als ein **Matrix-Diamant** darstellen, an dessen Spitze der Unternehmungsleitung (vgl. Davis/Lawrence 1988, S. 23; Lawrence/Kolodny/Davis 1988, S. 127 ff.) die Schaffung eines Machtausgleichs in dieser dualen Anweisungsstruktur obliegt. Demgegenüber bilden die Matrixstellen (Funktionen und Projekte/Produkte) die Seiten und die einzelnen Mitarbeiter die untere Spitze dieses Diamanten, so daß sich die in Abbildung 2.6 dargestellte Struktur ergibt.

```
                    Unternehmungs-
                       leitung
                          ◇
     Funktionen       ◇   ◇       Projekte/
                          ◇       Produkte
                   Mitarbeiter mit zwei
                  Vorgesetzten (Matrixzelle)
```

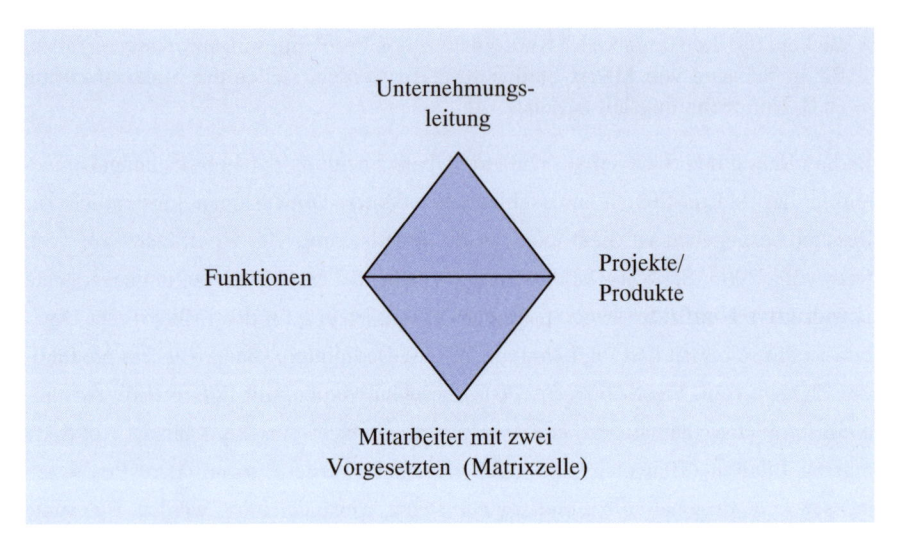

Abb. 2.6:   Matrix-Diamant

In Abhängigkeit von der Ausgestaltung der Schnitt-Stellen sowie der Entscheidungs- und Weisungsbefugnisse der Matrix-Stellen unterscheidet Leumann (1980, S. 88) zwischen den folgenden Grundformen der Matrix-Projektorganisation (vgl. Abbildung 2.7)[1]

– reife Matrix,
– Traversal-Matrix,
– unvollständige Matrix.

Ist die Matrix-Projektorganisation durch eine gleichwertige Verteilung von Entscheidungs- und Weisungsbefugnissen charakterisiert, dann liegt die idealtypische Form (vgl. Kupsch/Marr/Picot 1991, S. 1124) der **reifen Matrix** vor. In diesem Fall stellt die Schnitt-Stelle eine organisatorische Schnittstelle dar, die gegenüber den beiden Matrix-Stellen klar abgegrenzt und diesen gleichermaßen unterstellt ist. Eine Matrix-Projektorganisation, bei der alle Schnittstellen entlang einer Matrix-Dimension zu einer organisatorischen Einheit zusammengefaßt sind, diese Einheit von einer Matrix-Stelle (Funktionsbereichsleiter) geführt wird und die andere Matrix-Stelle (Projektleiter) direkten Einfluß auf die Schnitt-Stelle hat, wird als **Traversal-Matrix**

---

[1] Ferner unterscheiden Gray u.a. (1989, S. 68 f.) auf der Grundlage einer empirischen Untersuchung zwischen **Functional Matrix Organization**, bei der dem Projektleiter eine primär koordinierende Funktion über die beteiligten Fachgruppen zukommt, **Balanced Matrix Organization**, die der reifen Matrix entspricht, und **Project Matrix**, bei der dem Projektleiter, der den Großteil der Verantwortung der Linie übernimmt, auch Entscheidungsbefugnisse in Personalfragen obliegen.

bezeichnet. Aufgrund der fehlenden Unabhängigkeit der Schnitt-Stellen besteht jedoch die Gefahr, daß sich in der Matrix-Projektorganisation eine asymmetrische Verteilung von Entscheidungs- und Weisungsbefugnissen einstellt, wie sie etwa für die Stab-Projektorganisation charakteristisch ist. Bei einer **unvollständigen Matrix** sind die Schnitt-Stellen keine organisatorischen Stellen, sondern lediglich Problemfelder, über die sich die Matrix-Stellen abstimmen müssen. Das Beziehungsgefüge der Matrix-Stellen wird hierdurch zwar vereinfacht, jedoch besteht die Gefahr, daß Konflikte zwischen den Matrix-Stellen aufgrund der fehlenden Institutionalisierung nicht von einer direkt betroffenen Schnitt-Stelle aufgedeckt und gelöst werden können und damit das positive Konfliktpotential nicht ausgeschöpft wird (vgl. Leumann 1980, S. 88 ff.; Welge 1987, S. 568 f.).

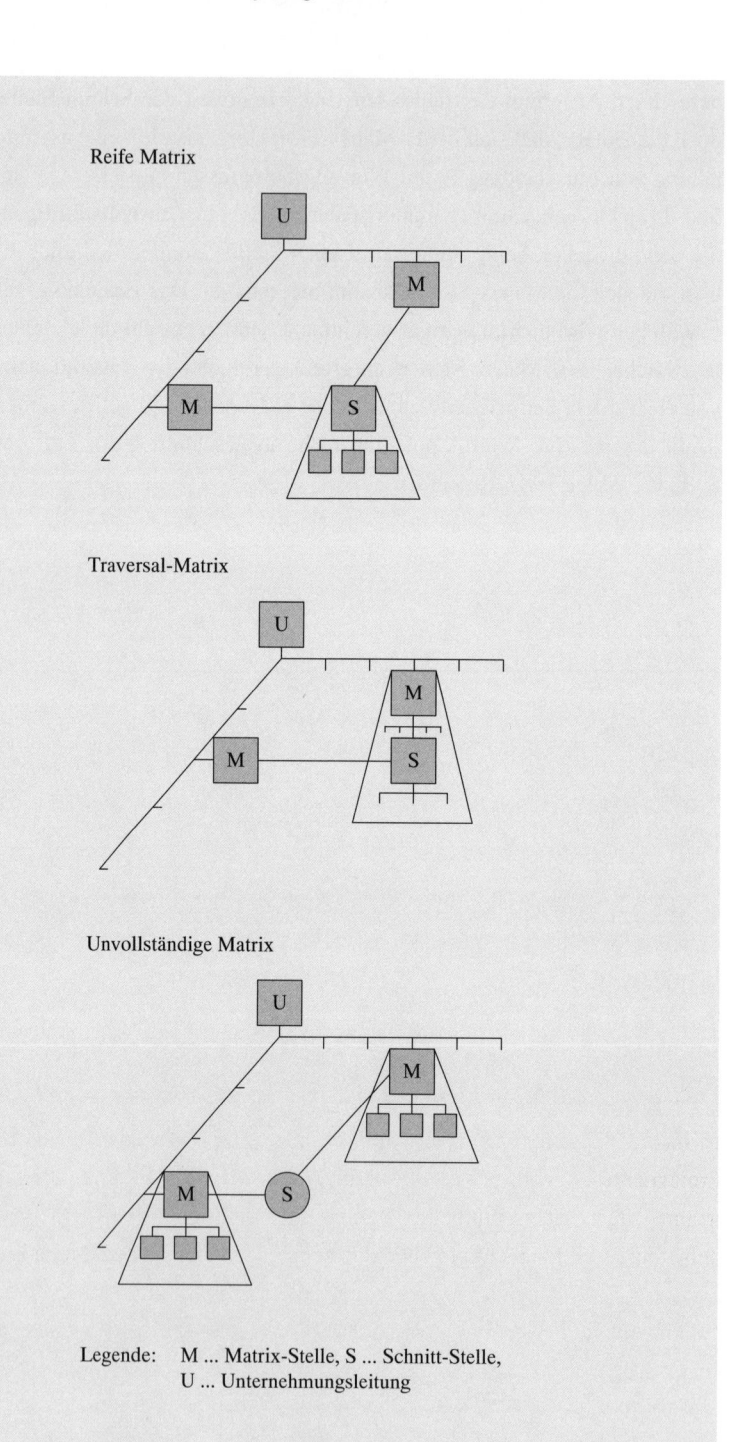

Abbildung 2.7: Erscheinungsformen der Matrix-Organisation nach Leumann (1980)

Als wesentliche **Vorteile** der Matrix-Projektorganisation werden in der Literatur (vgl. Schreyögg 2003, S. 186) angeführt:

- Durch die beiden unterschiedlichen Perspektiven wird eine „Gesamtschau" unterstützt.
- Unstimmigkeiten werden sichtbar und sind damit einer geordneten Konfliktlösung zugänglich.
- Die Nutzung der Ressourcen erfolgt mit Blick auf ein Gesamtoptimum.

Dem stehen als **Gefahren** eine mögliche Verzögerung der Entscheidungen, hohe Koordinationskosten, mögliche Intransparenz und eine persönliche Belastung der Betroffenen durch eine hohe Konfliktdichte gegenüber. Dabei wird teilweise von sogenannten **Matrixpathologien** gesprochen, die von Machtkämpfen über „Groupitis" (übertriebene Gruppenentscheidungstendenz; vgl. Davis/Lawrence 1977, S. 129 ff.) bis hin zur Anarchie reichen können (vgl. Groetschel 1989, S. 30 ff.). Der Einschätzung von Heintel/Krainz, die die Matrixorganisation als den „etablierten Organisationswiderspruch" (Heintel/Krainz 1990, S. 52) schlechthin bezeichnen, kann jedoch nicht gefolgt werden.

> Aufgabe 10: Skizzieren Sie die Grundidee der Matrix-Projektorganisation und gehen Sie dabei auf Vor- und Nachteile ein.

> Aufgabe 11: Erläutern Sie die Unterschiede zwischen reifer Matrix, Traversal-Matrix und unvollständiger Matrix.

2.1.4 Reine Projektorganisation

Die reine Projektorganisation (Pure Project Management; Steiner/Ryan 1968, S. 7 f.) ist dadurch charakterisiert, daß ein gesonderter Projektbereich geschaffen und dem Projektleiter die vollen Weisungsbefugnisse gegenüber den Projektmitarbeitern zuerkannt werden. Die Mitarbeiter werden damit zu einer **Projektgruppe** zusammengefaßt, die gleichberechtigt neben den anderen Bereichen steht (auch Linienorganisation auf Zeit genannt; vgl. Kupsch/Marr/Picot 1991, S. 1124), d.h., die Projektbeteiligten werden für die Dauer des Projektes dem Projektleiter unterstellt. Bei diesem Task-Force-Modell handelt es sich um ein Gruppenkonzept, das dadurch charakterisiert ist, daß eine Gruppe von Mitarbeitern zeitlich begrenzt gemeinsam an einem Problem arbeitet, ohne dabei aus der angestammten organisatorischen Umgebung herausgelöst zu werden (vgl. Staehle 1999, S. 769). Dabei ist es auch möglich, auf unternehmungsexterne Mitarbeiter zuzugreifen, die speziell für das Projekt eingestellt werden (Project Organization). Als eine „extreme" Form der reinen Projektorganisation ist die Gründung projektspezifischer Einzweckunternehmungen zu nennen, die sich jedoch nur bei Großobjekten (z.B. in der Luft- und Raumfahrt) anbietet (vgl. Frese 2005, S. 523). Dabei kann es sich beispielsweise um Arbeitsgemeinschaften, Konsortien, Tochterunternehmungen oder Venture Teams handeln (vgl. Reiß 1995, S. 448).

Abbildung 2.8 zeigt den Aufbau der reinen Projektorganisation.

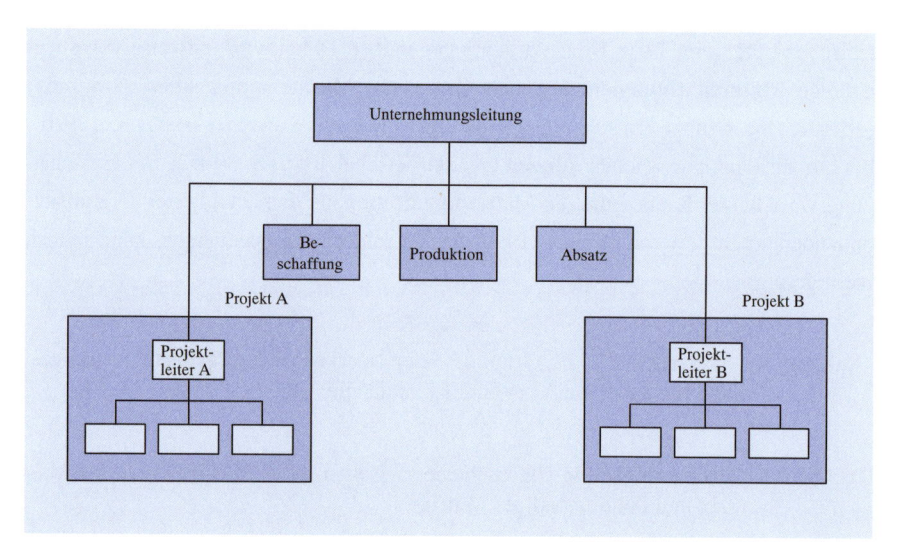

Abb. 2.8: Reine Projektorganisation

Nach Projektabschluß löst sich die reine Projektorganisation auf. Die Projektmitarbeiter übernehmen wieder ihre Linienaufgaben, d.h., es erfolgt eine Wiedereingliederung, die mit erheblichen Problemen verbunden sein kann. Zur Erleichterung dieser **Wiedereingliederung** wird die 4:1 Regelung vorgeschlagen (vgl. z.B. Bühner 2004, S. 229), die sich in der Praxis durchaus bewährt hat. Hierbei arbeiten die Projektmitarbeiter an vier zusammenhängenden Tagen der Woche für das Projekt, während sie am fünften Tag für ihre Linie arbeiten und somit den Kontakt nicht vollständig aufgeben. Als Möglichkeiten der Wiedereingliederung nennt Volpp (1991, S. 195 ff.) z.B. den Einsatz im Rahmen eines Folgeprojektes, die Reintegration an den früheren Arbeitsplatz und den Einsatz an einem neuen (vergleichbaren oder höherwertigen) Arbeitsplatz. Dabei betont er jedoch, daß die Annahme eines Folgeprojektes keine echte Reintegrationsmaßnahme darstelle, da durch die permanente Projektarbeit die

Wiedereingliederung nur zeitlich hinausgezögert werde. Grundsätzlich ist jedoch zu beachten, daß

– das Projektpersonal über den weiteren Einsatz nach Projektabschluß möglichst frühzeitig informiert wird und
– die Projektleiter in höherem Maße an der Reintegration beteiligt werden als dies in der Realität häufig der Fall ist (vgl. Domsch 1993, S. 171 ff.).

Die Unsicherheit der Mitarbeiter über ihren Status nach Projektende betrachtet Frese (2005, S. 528) sogar als den eigentlichen Problembereich, da hieraus entsprechende Motivationsprobleme resultieren (Motivationseffizienz).

Für Mitarbeiter, die in der Projektarbeit eine Herausforderung sehen und eventuell nicht unmittelbar in die Linie zurück möchten, bietet es sich an, eine **Projektlaufbahn** als eigenständige Hierarchie aufzubauen. Dies gilt auch für Unternehmungen, in denen Projekte keine Singularität darstellen, sondern eher das dominante Geschäft verkörpern. In diesen könnte, wie im Rahmen des Forschungs- und Entwicklungsmanagement vorgeschlagen (vgl. Gussmann 1988, S. 127 f.), neben der traditionellen Linienhierarchie eine Parallelhierarchie für den Projektbereich installiert werden, durch die Freiräume für eine Karriereplanung und -entwicklung (vgl. z.B. Weitbrecht 1992, Sp. 1114) für Projektmitarbeiter geschaffen werden können. Eine Möglichkeit für eine solche **Parallelhierarchie** zeigt die folgende Einteilung:

– Hauptprojektleiter,
– Projektabteilungsleiter,
– Projektleiter (eventuell nach Projektgröße untergliedert),
– Projektleiterassistent,
– Projektmitarbeiter,
– Teilnehmer am Traineeprogramm.

Aufgabe 12: Skizzieren Sie die Grundidee der reinen Projektorganisation.

Ein weiterer Ansatz ist im **Shusa-Konzept** zu sehen, in dessen Zentrum die mächtige Position des Projektmanagers (Shusa) steht. Seine Verantwortung reicht von der Produktplanung über den Entwicklungsprozeß bis hin zur Übergabe an die Produktion. Darüber hinaus trägt er auch während des Produktionszyklus die Verantwortung für das Produkt und kann gegebenenfalls auch über die Produkteinstellung entscheiden (vgl. Specht/Beckmann 1996, S. 281). Wesentliches Kennzeichen dieses Konzeptes ist damit die umfassende Kompetenz des Shusas, der auch berechtigt ist, auf die Ressourcen der Funktionsbereiche zurückzugreifen. Darüber hinaus stellt er sich zu Projektbeginn nicht nur das aus seiner Sicht günstige Projektteam zusammen, sondern agiert auch innerhalb des Projektteams aus einer Position der Stärke. Letztlich wird auf diesem Weg eine unternehmerische Produktverantwortung installiert (vgl. z.B. Reiß/Corsten 1992, S. 158). Eine am Shusa-Konzept ausgerichtete Projektorganisation weist dann eine Matrixstruktur auf, wobei die entsprechenden Shusas an die Stelle der Projekte treten.

In der Literatur (vgl. z.B. Heinrich 1995, S. 166; Schröder 1973, S. 15 ff.) existieren Tendenzaussagen darüber, unter welchen Bedingungen welche Projektorganisationsform angezeigt erscheint. Hierzu werden Situationsmerkmale wie Umfang, Besonderheit, Komplexität, Schwierigkeitsgrad, Bedeutung, Risiko etc. herangezogen, um dann zu einem Urteil hinsichtlich der Eignung einzelner Projektorganisationsformen zu gelangen. Tabelle 2.1 gibt beispielhaft eine solche Vorgehensweise für eine reine und eine Matrix-Projektorganisation wieder.

Darüber hinaus lassen sich diese Situationsmerkmale mit Hilfe sogenannter Punktwertverfahren amalgamieren, ein Ansatz, der die Problematik dieser Vorgehensweise noch einmal unterstreicht. Insofern ist Beck (1996, S. 199 ff.) zuzustimmen, der die Gestaltung der Projektorganisation als ein schlecht strukturiertes Problem begreift, das nur in Form eines komplexen Entwurfsvorganges gelöst werden könne, und zwar auf heuristischer Grundlage. Folglich sind Aussagen, die Grundsätze aufstellen und dabei für eine Aufbauorganisation nach der Linienstruktur und eine Delegation nach dem Task-Force-Prinzip plädieren, eher als simplifizierend zu bezeichnen (vgl. Bokranz/Kasten 1999, S. 406).

Kriterien	Strukturformen	
	Reine Projektorganisation	Matrix-Projektorganisation
Bedeutung des Projekts	sehr groß	groß
Projektumfang	sehr groß	groß
Unsicherheit bezüglich der Ziele	sehr groß	groß
Technologie	neu	bedeutend
Dringlichkeit	groß	mittel
Voraussichtliche Projektdauer	lang	mittel
Komplexität der Problemsituation	groß	mittel
Zentralisierung und Koordinierungsbedarf	sehr groß	gering
Zeitlicher Einsatz	Vollzeit	Teilzeit
Profil des Projektleiters	hoch qualifiziert	qualifiziert
Kooperation mit den Linieninstanzen	gering	groß
Verfügbarkeit der Teammitglieder	voll	mittel
Notwendigkeit der Identifizierung mit dem Projekt	groß	mittel

Tab. 2.1: Kriterien für die Wahl der Projektorganisationsform (Probst 1993, S. 257)

2.2 Erscheinungsformen der Multi-Projektorganisation

Werden in einer Unternehmung parallel mehrere Projekte durchgeführt, bietet sich ein **Multi-Projektmanagement** an, dem die Idee zugrunde liegt, durch eine Bündelung verschiedener Projekte

- mögliche Synergiepotentiale etwa aufgrund von Ähnlichkeiten zwischen diesen einzelnen Projekten auszunutzen und
- eine Konfliktreduzierung oder -vermeidung zu erreichen.

Zu diesem Zweck kann eine **zusätzliche Hierarchieebene** eingerichtet werden, deren Aufgabe in der Koordination mehrerer parallel ablaufender Projekte liegt (vgl. Franke 1993, S. 133). Wird dabei ebenfalls eine Matrixorganisation realisiert, die dadurch gekennzeichnet ist, daß

- die jeweilige Projektleitung die durchzuführende einzelprojektbezogene Grobplanung und
- die Funktionsbereiche die multiprojektbezogene Feinplanung

übernehmen, dann erscheint eine Einteilung in Grob- und Feinplanung zweckmäßig. Tabelle 2.2 gibt diese Einteilung wieder (vgl. Alter 1991, S. 316).

Grobplanung	Feinplanung
- Terminierung des Gesamtprojektes - Übergabe von Arbeitspaketen an die Feinplanung mit vorgegebenen Start- und Endterminen - Überwachung der Termine auf der Ebene der Grobplanung	- Zerlegung der Arbeitspakete in Einzelaufgaben - Multiprojektbezogene Prozeßplanung unter Einbeziehung von Kapazitätsausgleichsmaßnahmen - Multiprojektbezogene Prozeßsteuerung und -kontrolle

Tab. 2.2: Grob- und Feinplanung im Rahmen des Multi-Projektmanagement

Es ergibt sich dann die in Abbildung 2.9 dargestellte organisatorische Struktur (vgl. Merwe 1997, S. 226 f.).

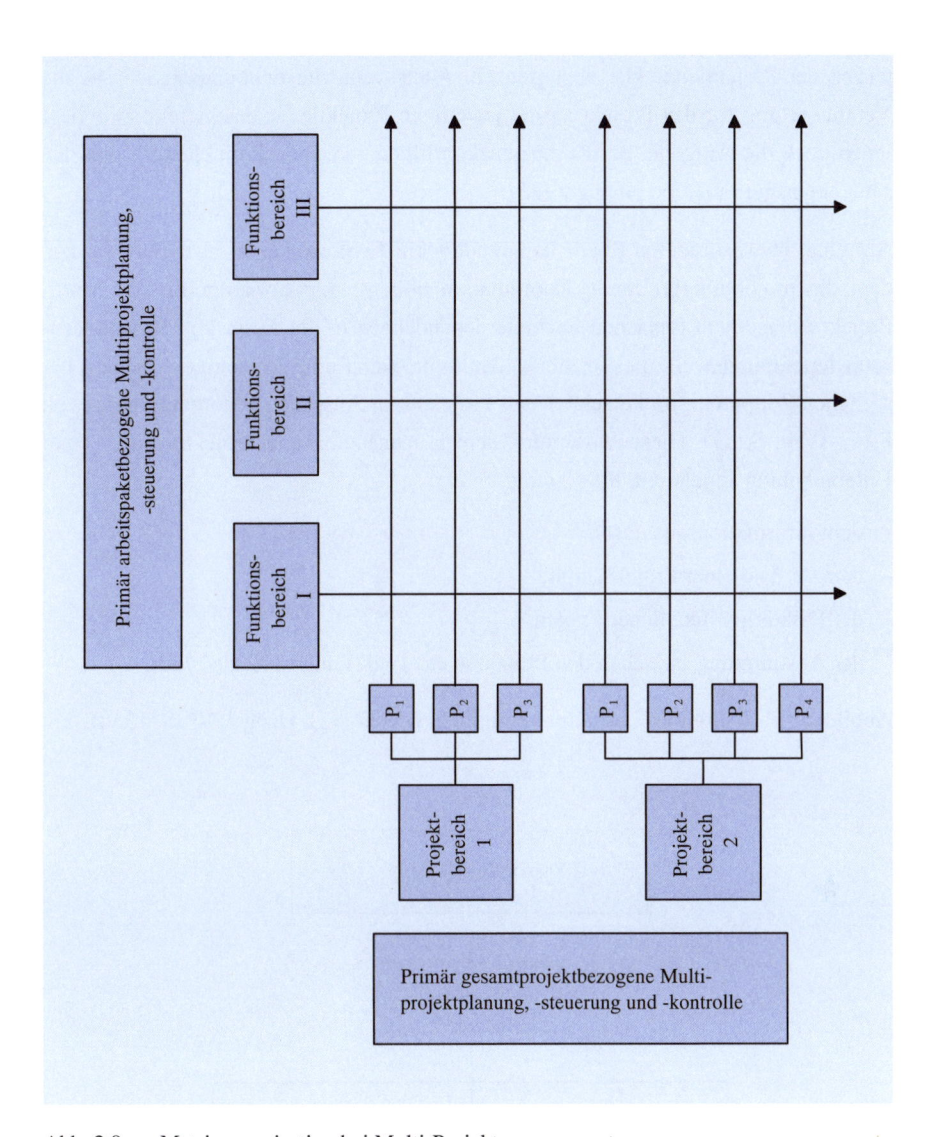

Abb. 2.9:   Matrixorganisation bei Multi-Projektmanagement

Eine andere Möglichkeit ist in der Einführung von **Lenkungsausschüssen**[1] für die einzelnen Projekte zu sehen, denen Mitglieder der Unternehmungsleitung und des oberen Management angehören (vgl. Specht/Beckmann 1996, S. 273 und S. 278). Eine wesentliche Aufgabe dieser Gremien ist in der Ressourcenzuteilung auf die einzelnen Projekte zu sehen. Darüber hinaus übernehmen sie die Aufgabe, die Kompe-

---

1) Existiert ein zentraler Lenkungsausschuß, dann obliegt diesem die Auswahl der Projektanträge, die Genehmigung der Projektaufträge, die Projektfreigabe, die Zuteilung der Ressourcen und die Ernennung der Projektmanager. Vgl. Lange (1998, S. 778).

tenzen der Projektleiter klar abzugrenzen. Auch wenn die Lenkungsausschüsse die Verantwortung für das Projekt an die jeweiligen Projektleiter delegieren, so obliegt ihnen doch die Aufgabe, bei Kompetenzkonflikten zwischen Projektleitern und den Linienmanagern klärend einzugreifen.

Auf einer übergeordneten Ebene kann zudem ein **Lenkungskreis** installiert werden, dem die projektübergreifende Koordination obliegt, d.h. etwa der für ein Multi-Projektmanagement typischen Sachinterdependenzen in der Form von **Ressourceninterdependenzen**. Sie liegen immer dann vor, wenn eine Ressource zu einem bestimmten Zeitpunkt von verschiedenen Projekten in Anspruch genommen wird (vgl. Frese 1980, S. 17). Dieses Gremium, dem grundsätzlich alle Projektmanager einer Unternehmung angehören, dient somit

– dem Informationsaustausch,
– dem Aufbau einer Projektkultur,
– der Diskussion fachlicher Fragen,
– der Abstimmung zwischen den Projekten etc. (vgl. Lange 1998, S. 780).

Abbildung 2.10 gibt diese Struktur vereinfacht wieder (vgl. Heeg 1993, S. 155 ff.).

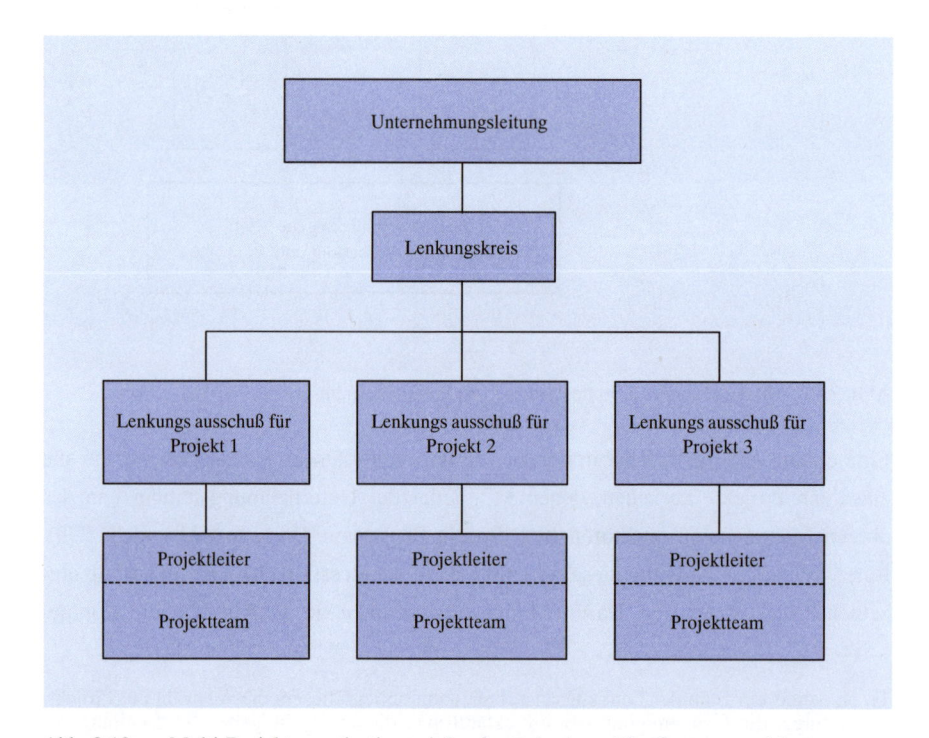

Abb. 2.10:   Multi-Projektorganisation mit Lenkungskreis und Lenkungsausschüssen

Darüber hinaus kann in Anlehnung an Schnelle (1966) eine Planungs- und Informationsgruppe eingerichtet werden. Die **Planungsgruppe** setzt sich aus Experten der Linienorganisation zusammen, auf deren Tätigkeitsbereiche sich die Aufgaben der einzelnen Projektteams beziehen. Dieses Gremium tritt sporadisch zusammen, wenn zusätzliches Fachwissen, die Routine oder der sachverständige Diskussionspartner aus der Linienorganisation benötigt wird. Die Mitglieder der **Informationsgruppe** rekrutieren sich aus den jeweils betroffenen Organisationsbereichen. Diese auch als Meinungsführer (Opinion Leader) der Unternehmung bezeichneten Organisationsmitglieder werden laufend über die Entwicklung der einzelnen Projektteams unterrichtet. Dadurch sollen Widerstände frühzeitig beseitigt und mögliche, durch Veränderungen erforderliche, Umstellungsschwierigkeiten verhindert werden. Abbildung 2.11 gibt eine Projektorganisation mit diesen zusätzlichen Einheiten wieder (vgl. Bühner 2004, S. 223).

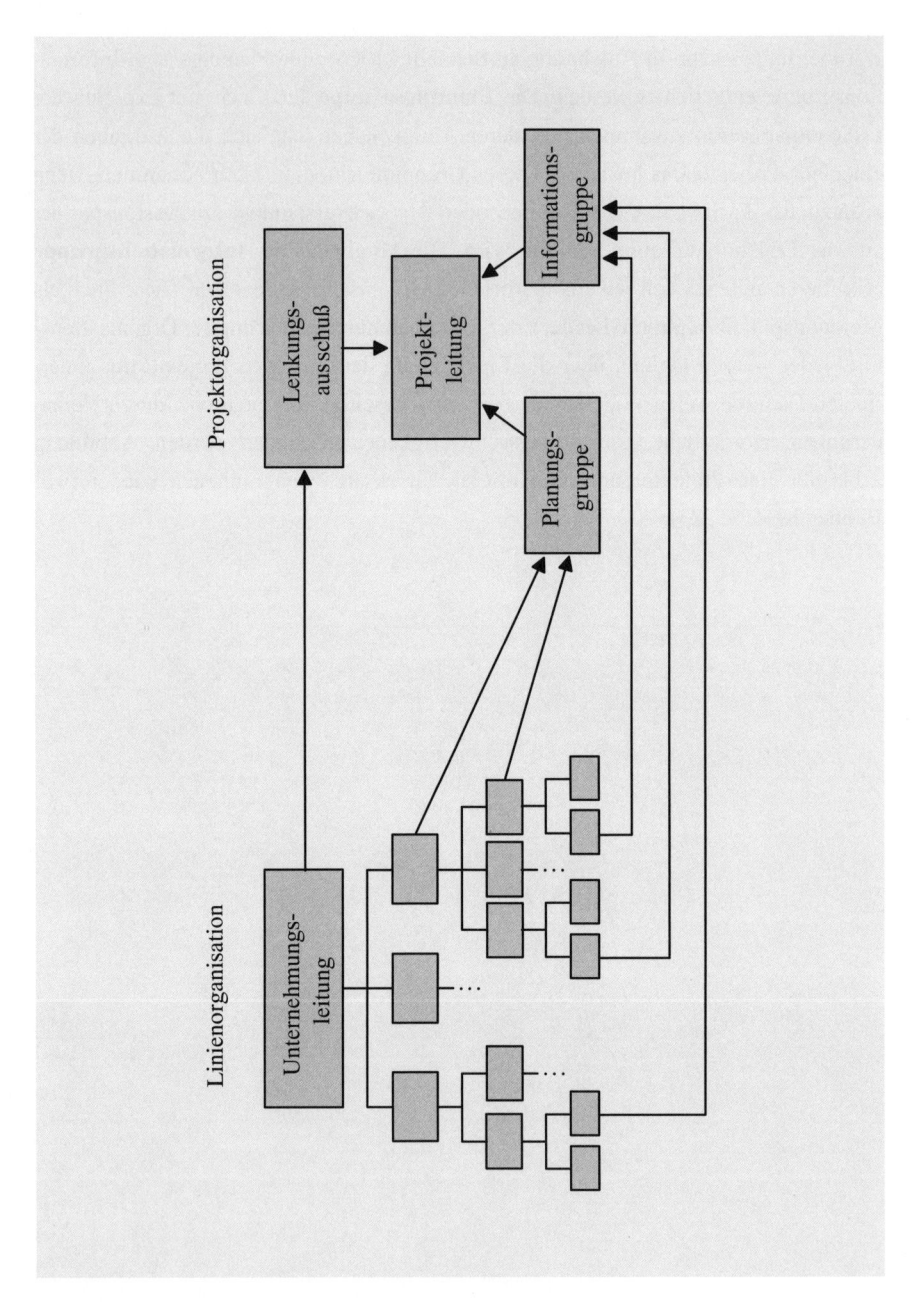

Abb. 2.11: Projektorganisation mit Ausschüssen

Die Projektleitung hat dann im Rahmen von Lenkungsausschußsitzungen über den Projektfortschritt zu berichten und die Ergebnisse zu verantworten.

Existieren zwischen Projekten Interdependenzen, dann spricht Gareis (1992, S. 150 ff. und 1994, S. 267 ff.) von einem Projektnetzwerk (zu Projektnetzwerken vgl. Sydow/Windeler 1999, S. 214 f.). Dieser Vorgehensweise soll jedoch nicht gefolgt werden, da der Begriff Projektnetzwerk unternehmungsübergreifend verwendet wird, so daß auch in diesem Fall von Multi-Projektmanagement gesprochen wird.

Aus diesen Überlegungen resultiert, daß im Rahmen eines Multi-Projektmanagement ein Projektprogramm existiert, woraus sich unmittelbar, und zwar bedingt durch die erwähnten Sachinterdependenzen (Ressourcenverbund, zeitlicher und inhaltlicher Verbund), die Notwendigkeit ergibt, **Prioritäten** zu fixieren, wobei die Dringlichkeit für

– ganze Projekte (Gesamtpriorität) oder
– einzelne Aktionen an spezifischen (Engpaß-)Potentialen (Einzelpriorität)

zu bestimmen ist (vgl. Alter 1991, S. 309). Als Kriterien lassen sich beispielhaft nennen:

– monetäre Kriterien, z.B.
  -- erwarteter Gewinn des Projektes,
  -- erwartete Gesamtkosten des Projektes,
  -- Höhe der Konventionalstrafe etc.,
– zeitliche Kriterien, z.B.
  -- Inanspruchnahme von Kapazitäten,
  -- Vorgangsdauer,
  -- Vorgangspuffer,
  -- Start- und Endtermin des Vorganges etc.

Während sich Gesamtprioritäten im Rahmen einer zentralisierten Abstimmung der Einzelprojekte anbieten, lassen sich Einzelprioritäten sowohl zentral als auch dezentral einsetzen. Die Bearbeitungsreihenfolge der Aktivitäten der einzelnen Projekte kann sich dabei in Abhängigkeit von der zugrunde gelegten Prioritätsregel ändern.

Unter **strategischen Gesichtspunkten** ist es im Rahmen eines Multi-Projektmanagement erforderlich, daß die Auswahl und Zusammensetzung der potentiellen Projekte der strategischen Zielsetzung der jeweiligen Unternehmung entspricht, da die Projektpolitik einen Teil der Unternehmungspolitik darstellt (vgl. Hügler 1988, S. 140). Dies bedeutet, daß unter strategischen Gesichtspunkten ein **Projekt-Portfolio-Management** von Bedeutung ist (vgl. Mörsdorf 1998, S. 85), wobei einerseits das Risiko und anderseits der Deckungsbeitrag, der ROI oder der Gewinn als Kriterien herangezogen werden können. Um ein solches Projektportfolio erstellen zu können, ist es zunächst erforderlich, eine Projektauswahl durchzuführen, d.h. die Projekte zu bestimmen, die für eine Unternehmung von Bedeutung sind. Grundlage für diesen Auswahlprozeß bildet dabei die Unternehmungsstrategie. Es ist folglich sicherzustellen, daß die durchzuführenden Projekte mit der verfolgten Strategie vereinbar sind. Für diese Aufgabe wird in der Literatur (vgl. z.B. Patzak/Rattay 1997, S. 409 ff.) die Einrichtung eines **Portfolio-Führungskreises** empfohlen, dem Mitarbeiter angehören, die die Interessen der Unternehmung als Ganzes verfolgen und nicht ihren Blick auf einzelne Projekte fokussieren. Voraussetzung für die Arbeit dieses Kreises ist damit, daß ihm alle relevanten Projekte bekannt sind und damit auch entsprechende Interdependenzen zwischen Projekten berücksichtigt werden können. Neben der Projektauswahl, etwa auf der Grundlage einer Nutzwertanalyse, obliegt diesem Kreis die Ressourcenallokation auf die einzelnen Projekte. Alternativ zu dieser zentralen Vorgehensweise könnte als dezentrale Variante ein unternehmungsinterner Markt installiert werden, auf dem die Projektleiter um die knappen Ressourcen konkurrieren, d.h., es geht wie im gesamtwirtschaftlichen Kontext um die vorteilhafte Allokation der Ressourcen, so daß der Preis als flexibles Steuerungsinstrument fungiert (zum Konzept der pretialen Lenkung vgl. Schmalenbach 1908/09, S. 167 ff.). Da in diesem Kontext strategische Überlegungen von Bedeutung sind, besteht die Gefahr, daß aktuell profitträchtige Projekte Ressourcen absorbieren und strategisch bedeutende Projekte, die sich noch im Aufbau befinden, vernachlässigt werden, so daß sich eine Kombination dieser beiden Vorgehensweisen anbietet.

Im Rahmen der Erstellung von Portfolios kann dabei unterschieden werden, ob sie für

– Kundenprojekte (externe Projekte) oder
– interne Projekte

erstellt werden, da es zweckmäßig erscheint, mit unterschiedlichen Faktoren zu arbeiten. So bieten sich etwa für **Kundenprojekte** die Faktoren Risiko und Deckungsbeitrag bzw. Gewinn oder Umsatz an, während bei **internen Projekten** die Ressourcenbeanspruchung und der Beitrag zum Unternehmungserfolg bzw. der ROI herangezogen werden können.

Portfolios stellen jedoch nur eine Momentaufnahme dar und sind deshalb im Zeitablauf zu kontrollieren, um Verschiebungen einzelner Projekte im Portfolio frühzeitig identifizieren zu können (vgl. Abbildung 2.12; vgl. z.B. Gareis 1994, S. 276).

2.2 Erscheinungsformen der Multi-Projektorganisation

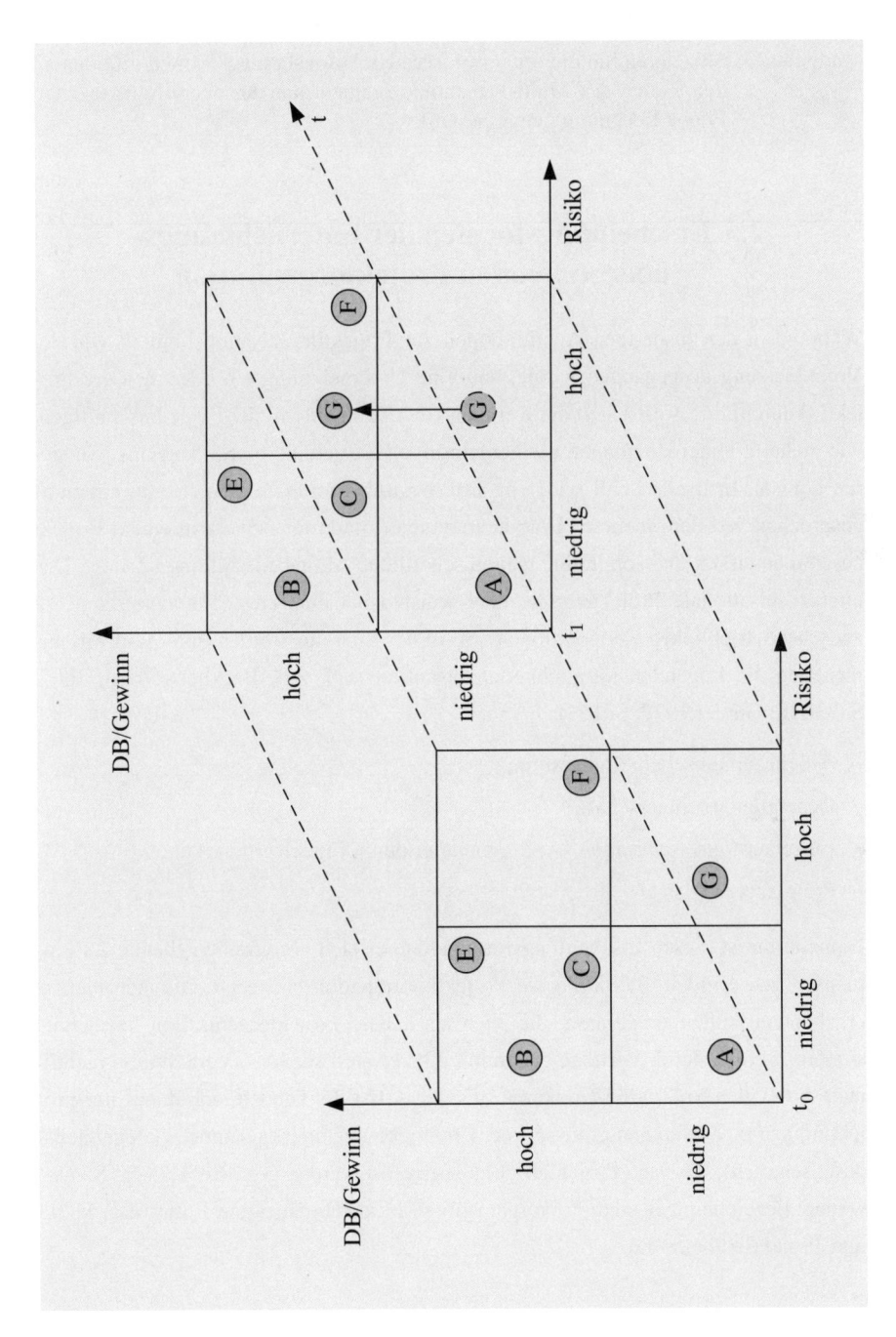

Abb. 2.12: Projektportfolio

> **Aufgabe 13:** Skizzieren Sie die organisatorischen Ausgestaltungsformen, mit denen den Zielen des Multi-Projektmanagement auf der operativ-taktischen Ebene Rechnung getragen wird.

2.3 Erscheinungsformen der unternehmungsübergreifenden Projektorganisation

Während in den bisherigen Ausführungen zur Projektorganisation implizit von der Voraussetzung ausgegangen wurde, daß eine Unternehmung ein oder mehrere Projekt(e) durchführt, sollen sich die weiteren Überlegungen mit der Frage beschäftigen, wie mehrere Unternehmungen die gemeinsame Bearbeitung eines Projektes realisieren können. In diesem Fall wird von **interorganisationalem Projektmanagement** gesprochen, bei dem mehrere Unternehmungen (mindestens zwei) an einem Projekt zusammenwirken und somit eine gemeinschaftliche Aufgabenerfüllung vorliegt. Das interorganisationale Projektmanagement weist dabei eine enge Verwandtschaft zu zwischenbetrieblichen Kooperationen auf. In der Literatur werden in diesem Zusammenhang die folgenden Möglichkeiten diskutiert (vgl. z.B. Backhaus/Voeth 2007, S. 330 ff.; Günter 1977, S. 163):

– Arbeitsgemeinschaft/Konsortium,
– Generalunternehmerschaft,
– Einzelauftragsorganisation (Auftragnehmer durch Einzelverträge) und
– Projektnetzwerk.

Gemeinsam ist diesen Erscheinungsformen, daß es sich um vorübergehende Zusammenschlüsse handelt, die durch die Projektkoordination entstehen. Die sich hieraus ergebenden Außenverhältnisse, die auch als äußere Projektorganisation bezeichnet werden, werden durch Verträge bestimmt, d.h., es sind zunächst Verhältnisse rechtlicher Art (vgl. Doralt/Grün/Nowotny 1978, S. 4 ff.). Es handelt sich damit um projektinduzierte Zusammenschlüsse von Unternehmungen (sogenannte Gelegenheitsgesellschaften), die nach Projektabschluß aufgelöst werden (vgl. Beck 1996, S. 114; weitere Bezeichnungen sind: Polyorganization, Multi-Organization-Enterprise, Mammut-Projekt-Adhokratie).

2.3.1 Arbeitsgemeinschaft/Konsortium

Rechtliche Grundlage von Arbeitsgemeinschaften und Konsortien, die das Ziel verfolgen, eine zeitlich befristete und inhaltlich abgegrenzte Aufgabe gemeinsam zu lösen, ist entweder ein Werkvertrag (§ 631 BGB) oder ein Werklieferungsvertrag (§ 651 BGB). Arbeitsgemeinschaften/Konsortien sind rechtlich selbständige Gesellschaften, die i.d.R. die Rechtsform einer **Gesellschaft des bürgerlichen Rechts** (BGB-Gesellschaft) aufweisen (§§ 705 ff. BGB). Damit schließt die Arbeitsgemeinschaft mit dem Auftraggeber einen Vertrag ab, so daß nur zwischen Arbeitsgemeinschaft und Auftraggeber unmittelbare Rechtsbeziehungen entstehen. Abbildung 2.13 gibt diesen Sachverhalt wieder.

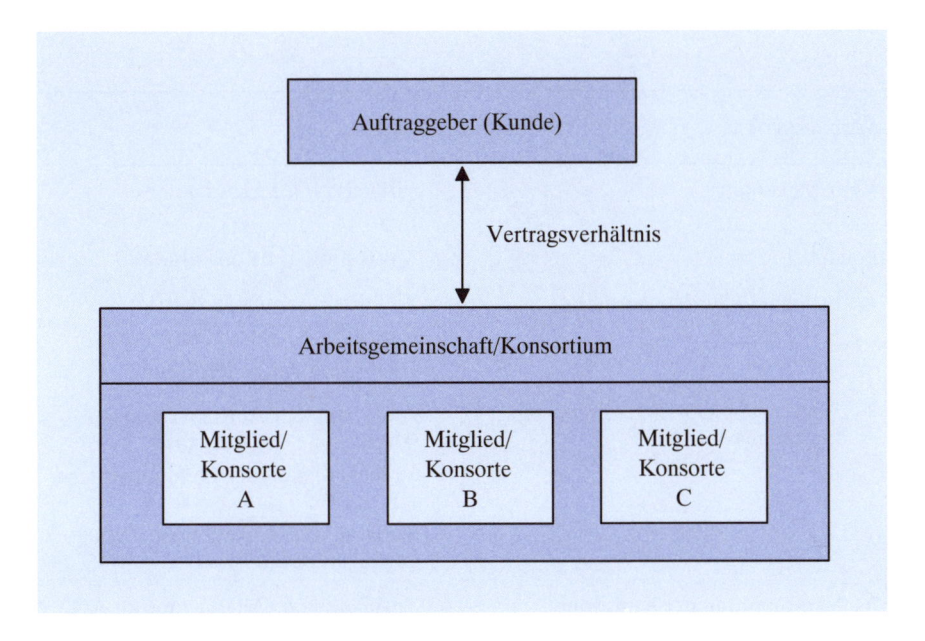

Abb. 2.13:   Arbeitsgemeinschaft/Konsortium

Liegen umfangreichere Projekte vor, dann können für größere Subsysteme auch „Subkonsortien" innerhalb des Gesamtkonsortiums gebildet werden (vgl. Günter 1977, S. 162). Arbeitsgemeinschaften und Konsortien werden zwar in der Literatur weitgehend synonym verwendet, jedoch lassen sich in der Praxis durchaus unterschiedliche Verwendungen ausmachen:

– Während beispielsweise im Bereich der Kreditwirtschaft von Konsortien gesprochen wird,
– dominiert im Baugewerbe und im Filmbereich die Bezeichnung Arbeitsgemeinschaft.

Werden keine vertraglichen Sonderregelungen getroffen, dann haftet jedes(r) Mitglied (Konsorte) gesamtschuldnerisch, d.h., eine durch den Auftraggeber vorgebrachte Forderung kann gegen das Konsortium oder gegen jeden einzelnen Konsorten geltend gemacht werden, wobei im zuletzt genannten Fall der beanspruchte Konsorte im **Innenverhältnis** eine entsprechende Umverteilung verlangen kann.

Im **Außenverhältnis** kann sich das Konsortium durch ein Mitglied vertreten lassen, dem die Federführung (pilot contractor) obliegt. Im Innenverhältnis obliegt ihm die Abstimmung zwischen den Mitgliedern, d.h. die Planung, Kontrolle und Steuerung der Beiträge für das Projekt. Tabelle 2.3 gibt eine Checkliste zur Gestaltung von Konsortialverträgen wieder.

Vertragspunkte	Kommentar
Vertragspartner	- Firma (vgl. § 17 HGB) - Sitz
Präambel	- Motivation des Konsortiums
1. Errichtung des Konsortiums	- Ziel der Zusammenarbeit - Name und Sitz des Konsortiums - Festlegung der Federführung
2. Abgrenzung der Lieferungen und Leistungen	- Aufteilung der Auftragsanteile/ Abgrenzung der Aufgaben - Vollständigkeit der Lieferungen und Leistungen - nachträgliche Änderungen, Zusatz-/ Ergänzungsaufträge

3. Versammlung der Konsorten	- Zuständigkeit (Abgrenzung zu Aufgaben des Federführers)
	  - Einberufung von Versammlungen
	  - Abstimmungsmodus (Einstimmigkeit, Schriftlichkeit)

4. Federführung	- Aufgaben: technische, organisatorische und kommerzielle Koordinierung; Geschäftsführung und ggf. Vertretung nach außen; Herbeiführung von Konsortialbeschlüssen; sonstige Aufgaben, die dem Federführer übertragen werden - interne Beschränkung der Befugnisse des Federführers - Information und Einschaltung der anderen Konsorten und der Konsorten-Versammlung

(Fortsetzung nächste Seite)

	- Federführungsgebühr (Bemessungsgrundlage; Fälligkeit) - besondere Aufwendungen des Federführers im gemeinsamen Interesse, z.B. für Projektbüro
5. Allgemeine Pflichten der Konsorten	- Aufteilung des technischen und wirtschaftlichen Risikos - ausschließliche Zusammenarbeit für das Projekt - gegenseitige Unterstützung und Information - gegenseitige Übermittlung der notwendigen Unterlagen und technischen Angaben - Teilnahme an Besprechungen mit Auftraggeber und Dritten

6. Haftung und Gewährleistung	- Haftung aus Ansprüchen des Auftraggebers im Außenverhältnis (Konsortium - Auftraggeber): gesamtschuldnerische Haftung oder, falls vertraglich vereinbart, Haftung für jeweiligen Auftragsanteil im Innenverhältnis (Haftungsabgrenzung der Konsorten untereinander): Abgrenzung bei
	  - Verzug
	  - Gewährleistung
	  - Nichteinhaltung von Abnahmewerten/Zusicherungen
	  - sonstigen Ansprüchen
	  - Haftung bei Ansprüchen Dritter
	  - Haftung der Konsorten untereinander in sonstigen Fällen
	  - Haftung mehrerer Konsorten: Kollisionsregelungen vorläufige Schadensregulierung
	  - Haftung des Federführers
	  - Anerkennung von Ansprüchen/ Freistellungsanspruch
	  - Ausschluß weiterer Ansprüche

7. Versicherungen	- gemeinsame Versicherungen (z.B. Montageversicherung) - Einzelversicherungen (z.B. Transportversicherung)

(Fortsetzung nächste Seite)

8. Angebotserstellung und Projektabwicklung	- Erstellung der Angebotsteile durch die Konsorten
	- Austausch technischer Daten
	- Erstellung des Gesamtangebots durch das Konsortium/ den Federführer
	- Tragung der Angebotskosten
	- Terminplan für Lieferungen und Leistungen der Konsorten
9. Rechnungslegung und Zahlungen	- Rechnungslegung an das Konsortium (offenes Konsortium) bzw. an den Generalunternehmer (stilles Konsortium)
	- Zahlung durch Auftraggeber unmittelbar an Konsorten oder Weiterleitung an diese durch Federführer
10. Finanzierung und Sicherheiten	- Finanzierung
	- Beteiligung an Bietungs-, Anzahlungs-, Erfüllungs-, Gewährleistungsbürgschaften/-garantien
	- Rückbürgschaften
11. Ausscheiden oder Ausschluß eines Konsorten	- Kündigung eines Konsorten
	- Ausschluß eines Konsorten
12. Kündigung durch Auftraggeber/ Ausgleichszahlungen	- interne Verteilung von Ausgleichszahlungen des Auftraggebers
13. Vertrauliche Behandlung/ Veröffentlichungen	- Umfang der vertraulichen Behandlung
	- Veröffentlichungsrecht
14. Patente, Schutzrechte	
15. Schiedsgericht	- Konsortium mit ausländischen Partnern
	- Konsortium mit inländischen Partnern in der Bundesrepublik Deutschland
16. Anwendbares Recht	
17. Vertragsdauer	- Inkrafttreten
	- Gründe und Datum der Beendigung

(Fortsetzung nächste Seite)

18. Schlußbestimmungen	- Schriftform für Ergänzungen/ Änderungen - Aufrechnung/Einbehalt/Abtretung - Ergebnisverwendung - Teilunwirksamkeit

Tab. 2.3: Checkliste zur Gestaltung von Konsortialverträgen (Backhaus 1997, S. 459 ff.)

2.3.2 Generalunternehmerschaft

Im Rahmen einer Generalunternehmerschaft schließt der Auftraggeber mit einem Generalunternehmer (general contractor) einen Vertrag zur Ausführung des gesamten Projektes ab (vgl. z.B. Backhaus/Voeth 2007, S. 457 f.). Ihm obliegt die Projektleitung und -verantwortung, ein Sachverhalt, der auch durch die Bezeichnung **Systemführer** deutlich wird. Der Generalunternehmer vergibt dann in eigenem Namen Unteraufträge an dritte Unternehmungen (Subunternehmungen). Dies kann etwa mit Hilfe von Ausschreibungen erfolgen. Abbildung 2.14 gibt die grundsätzliche Struktur dieser Erscheinungsform wieder.

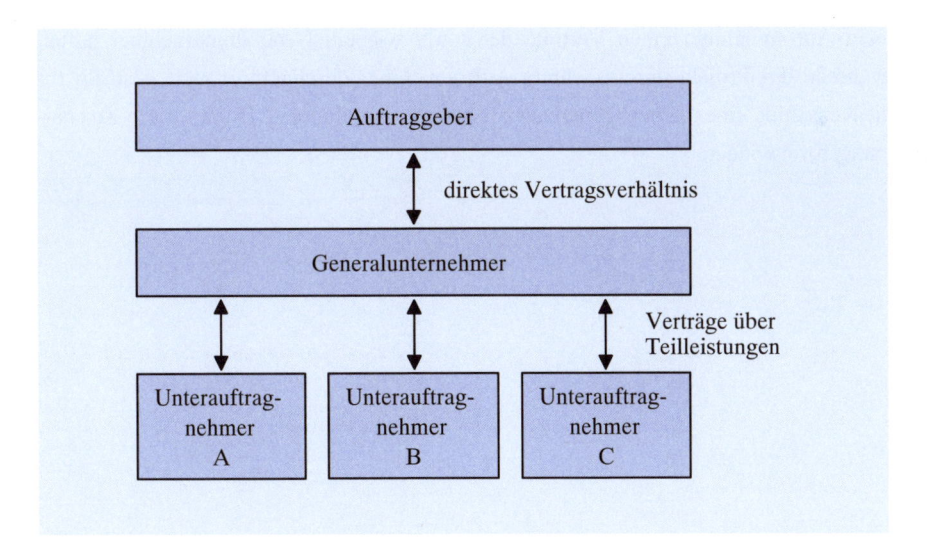

Abb. 2.14: Generalunternehmerschaft

Der Generalunternehmer trägt die gesamte Verantwortung und haftet gegenüber dem Auftraggeber für das gesamte Projekt, während die Unterauftragnehmer dem Generalunternehmer gegenüber haften. Da zwischen Auftraggeber und Subunternehmer kein unmittelbares Vertragsverhältnis existiert, bilden die Subunternehmungen eine **Innengesellschaft** (unechte oder unselbständige Arbeitsgemeinschaft).

Eine spezielle Erscheinungsform der Generalunternehmerschaft stellt die sogenannte **Haupt-** und **Nebenunternehmerorganisation** dar: „Bei dieser Organisationsform schließt der Hauptunternehmer mit dem Auftraggeber einen Vertrag über die Gesamtdurchführung des Projektes, verpflichtet sich aber gleichzeitig, einen Teil der Aufträge im ‚Namen und für Rechnung' des Auftraggebers zu Preisen und Bedingungen des Gesamtvertrages an andere (namentlich unter Umständen bestimmte) Unternehmen (Nebenunternehmer) weiterzugeben." (Beck 1994, S. 29). Ein entscheidender Unterschied ist folglich in einem größeren Einfluß des Auftraggebers zu sehen. Möglich ist dabei auch, daß der Auftraggeber, unabhängig vom Hauptunternehmer, Aufträge an andere Unternehmungen vergibt, die dann die erbrachten Leistungen an den Hauptunternehmer liefern.

Eine **Mischform** zwischen Generalunternehmerschaft und Arbeitsgemeinschaft bildet das **stille Konsortium** (auch Innenkonsortium genannt). Während das stille Konsortium im Außenverhältnis der Generalunternehmerschaft entspricht, ist es im Innenverhältnis eine Arbeitsgemeinschaft. Der Auftraggeber schließt folglich mit einem Auftragnehmer einen Vertrag, der somit wie ein Generalunternehmer haftet, während das Projekt durch mehrere Auftragnehmer durchgeführt wird, also im Innenverhältnis einer Arbeitsgemeinschaft gleicht. Abbildung 2.15 gibt diese Erscheinungsform wieder.

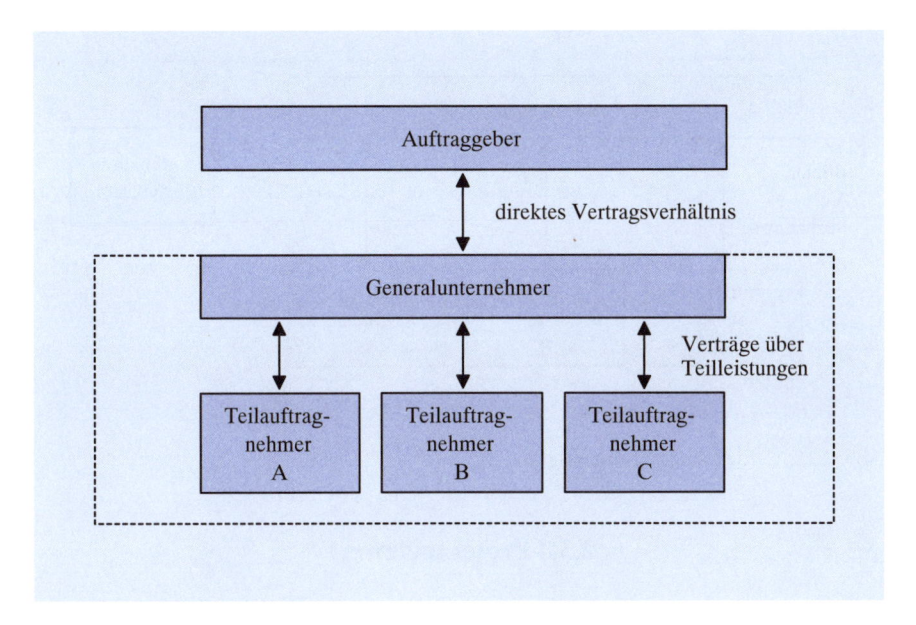

2.3 Erscheinungsformen der unternehmungsübergreifenden Projektorganisation 79

Abb. 2.15: Stilles Konsortium

2.3.3 Einzelauftragsorganisation

Bei der Einzelauftragsorganisation nimmt der Auftraggeber eine Aufteilung in weitgehend unabhängige Teilaufgaben vor (vgl. Beck 1996, S. 119 f.). Da in diesem Fall mit jedem Auftragnehmer einer Teilaufgabe eine unmittelbare Rechtsbeziehung entsteht, haftet auch jeder Auftragnehmer dem Auftraggeber für die von ihm zu erbringende Leistung. Denkbar ist dabei, daß der Auftraggeber eine Koordinationsstelle einrichtet, die die Realisierung der zu erbringenden Teilleistungen überwacht und damit die Projektleitung übernimmt. Abbildung 2.16 zeigt die Grundstruktur dieser Erscheinungsform.

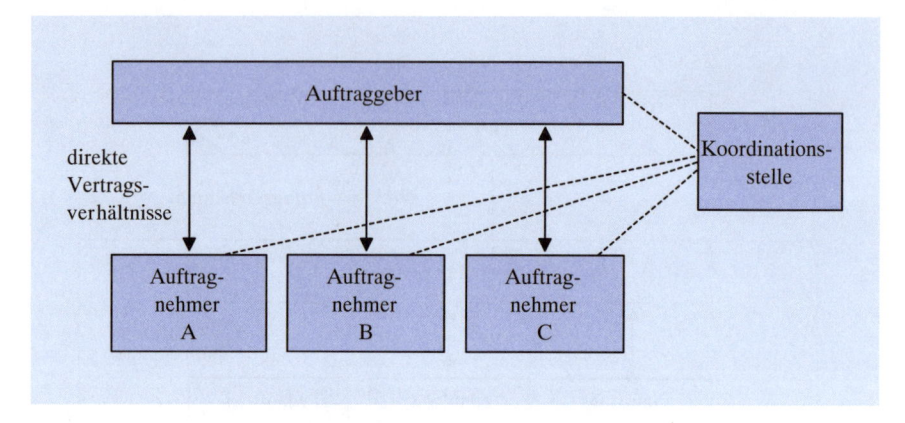

Abb. 2.16: Einzelauftragsorganisation

2.3.4 Projektnetzwerk

In jüngerer Zeit werden in der Literatur zunehmend sogenannte Netzwerke[1] diskutiert. Aus der Sicht des Projektmanagement werden dabei insbesondere Projektnetzwerke thematisiert[2]. Teilweise wird in diesem Kontext auch von einem „Management by Project" gesprochen[3]. Projektnetzwerke sind dadurch charakterisiert, daß sie aus rechtlich selbständigen, wirtschaftlich aber mehr oder weniger abhängigen Unternehmungen bestehen, die als temporäres System ein Projekt durchführen[4]. Abbildung 2.17 gibt in vereinfachter Form beispielhaft ein Projektnetzwerk wieder[5].

---

1) Zu Netzwerken vgl. z.B. Blecker (1999); Mildenberger (1998); Miles/Snow (1986 und 1992); Sydow (1992).
2) Vgl. Sydow/Windeler (1999, S. 214 f.).
3) Vgl. Mörsdorf (1998, S. 89). Gareis (1994, S. 265) spricht von „Management by Project" als Strategie, wobei seine Beschreibung zwar Ziele nennt, die mit diesem Ansatz erreicht werden sollen, die Konzeption bleibt dabei aber eher unspezifisch.
4) DeFillippi/Arthur (1998) sprechen von „project-based enterprise".
5) Zu einem konkreten Beispiel auf der Grundlage der Produktion von Fernsehinhalten vgl. Sydow/Windeler (1999, S. 218 ff.).

2.3 Erscheinungsformen der unternehmungsübergreifenden Projektorganisation   81

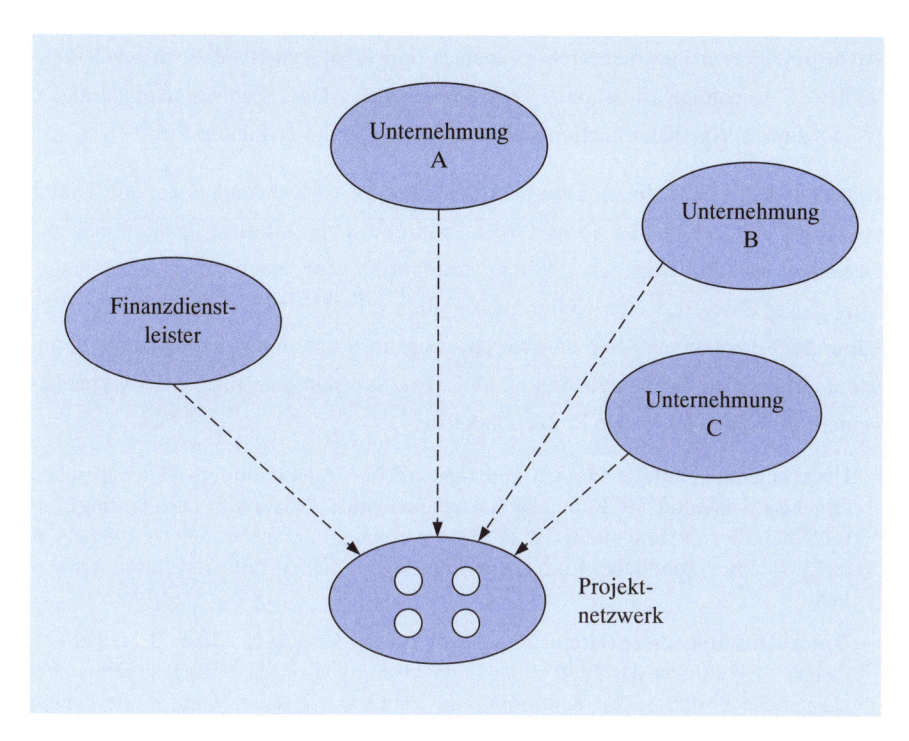

Abb. 2.17:   Projektnetzwerk

Dabei ist zu betonen, daß die beteiligten Unternehmungen zwar einerseits zeitlich begrenzt im Rahmen eines Projektes kooperieren, andererseits aber häufig auch Geschäftsbeziehungen zwischen diesen Unternehmungen bestehen, die über das einzelne Projekt hinausreichen „und in gewisser Weise nach Projektabschluß insoweit latent vorhanden bleiben, als daß bei einem neuen Projekt an diese wieder angeknüpft wird bzw. werden kann."[1] Damit sind Projektnetzwerke, bedingt durch die sich hieraus ergebenden zeitlichen und sozialen projektübergreifenden Aspekte häufig mehr als nur temporäre Systeme. Als Grundlage könnte dabei ein **stabiles Netzwerk** (Pool) dienen, woraus sich dann **Ad-hoc-Kooperationen** auftrags-/projektinduziert konfigurieren[2]. Voraussetzung hierfür sind unternehmungsübergreifende Abstimmungen z.B. hinsichtlich Qualitäts-, Zeit- und Kostenvorgaben. Das Projektmanagement ist damit um ein Netzwerkmanagement zu ergänzen, d.h., es sind Rahmenvereinbarungen und Ressourcen dieses Netzwerkes zu gestalten. Als **Rahmenvereinbarungen** sind Regeln anzusehen, die allgemein gültige und dauerhafte Restriktionen individuellen und kollektiven Handelns darstellen. Ziel ist es, dieses Handeln

---

1) Sydow/Windeler (1999, S. 220).
2) Vgl. Corsten/Gössinger (1999, S. 13 f.); Sydow/Windeler (1999, S. 223).

vorzustrukturieren und hierdurch effizientes und effektives Handeln in wiederkehrenden Entscheidungssituationen zu ermöglichen. Den Rahmenvereinbarungen kommt sowohl eine Koordinations- als auch eine Motivationsfunktion zu.[1)]

Hinsichtlich der Koordination wird in der Literatur darüber hinaus auf die Kultur verwiesen und betont, daß jedes Projektteam eine **Projektkultur** habe, die in die Organisationskultur eingebettet sei und insofern als eine spezifische Erscheinungsform dieser übergeordneten Kultur zu begreifen sei[2)]. Letztlich verleiht die Projektkultur dem Projektteam seine unverwechselbare Identität und grenzt es damit zu anderen Gruppen in der Unternehmung ab[3)]. Hieraus resultieren für das Projektmanagement die beiden folgenden Problembereiche:

- **Unternehmungsintern** können unterschiedliche Projektkulturen in der gleichen Organisationskultur als Rahmenwerk nebeneinander existieren. Dies bedingt unmittelbar die Notwendigkeit, daß die Kultur einen „Toleranzbereich" aufweist, der letztlich eine „friedliche Koexistenz" unterschiedlicher Projektkulturen ermöglicht.

- **Unternehmungsübergreifend** bringt der Auftraggeber auch Elemente seiner Organisationskultur in das Projektmanagement ein. Hierdurch bedingt ergeben sich zusätzliche Probleme der Kulturbildung, insbesondere dann, wenn Auftraggeber und -nehmer intensiv im Rahmen der Projektrealisierung zusammenarbeiten und eine Vielzahl von Subunternehmungen beteiligt ist. Dies bedeutet letztlich, daß in solchen Situationen nur eine Kulturmischung („Schmelztiegel verschiedener Subkulturen") entsteht, der es i.d.R. an klaren Konturen mangelt[4)]. Diese Kultur ist damit von ihrer Wirkung als tendenziell schwächer und unspezifischer als die Kultur einer einzelnen Unternehmung anzusehen, zumal einzelne Subunternehmungen und der Auftraggeber in unterschiedlichen Projekten engagiert sein können. Das Ergebnis könnte eine Art Minimalkonsens sein, so daß das klassische Bezugsobjekt der Kulturarbeit „verschwimmt".

Um das Projektmanagement durch eine bewußte Auseinandersetzung mit der Organisationskultur zu verbessern, schlägt Scholz die folgenden Maßnahmen vor[5)]:

- Kulturanalyse, d.h. Identifikation der Organisationskultur, um so Unterschiede zur Projektkultur sichtbar machen zu können.

- Planung der Projektkultur durch ein bewußtes Kulturmanagement. Es muß sichergestellt sein, daß sich die Projektkultur im Toleranzbereich der Organisationskultur bewegt.

---

1) Vgl. Burr (1999, S. 1162 ff.).
2) Vgl. Scholz (1991, S. 144 f.).
3) Vgl. Reiß (1995, S. 452); Schwarz (1987, S. 241).
4) Vgl. Reiß (1998, S. 172 ff.).
5) Vgl. Scholz (1991, S. 149).

- Gestaltung der Projektkultur, indem „Bewährtes" gesucht wird, um dann darauf aufzubauen: „Gerade das Lokalisieren von Grundtendenzen der Unternehmenskultur beziehungsweise der (bisherigen) Projektkultur, die bereits in die richtige Richtung deuten, hilft bei der systematischen Ausrichtung auf eine vielversprechende Projektkultur."[1]
- Training für Projektleiter und -mitarbeiter, und zwar zur Befähigung kulturbewußter Mitarbeiterführung.
- Erkennen von pathologischen Projektkulturen[2], um diesen entgegenzuwirken.

Um diese Problembereiche zu managen, wird die Funktion eines **Kulturpromotors**[3] vorgeschlagen, der sich querschnittsartig und übergreifend dieser Fragen annimmt: „Neben dem Fachpromotor in Sachen Projektmanagement ist also auch ein Kulturpromotor notwendig, der alle Aktivitäten bezüglich der Unternehmens- und Projektkultur bewertet und koordiniert."[4]

---

1) Scholz (1991, S. 149).
2) Zu Erscheinungsformen sogenannter pathologischer Projektkulturen vgl. Scholz (1991, S. 147 f.).
3) Vgl. Komorek (1998, S. 320); Scholz (1991, S. 149). Zum Promotorenkonzept vgl. z.B. Hauschildt (1997, S. 168 ff.); Hauschildt/Chakrabarti (1988, S. 378 ff.); Witte (1973).
4) Scholz (1991, S. 149).

2.4 Erscheinungsformen der Organisation internationaler Projekte

Internationale Projekte sind durch eine grenzüberschreitende Arbeitsteilung charakterisiert, d.h., es erfolgt eine Integration von Organisationen (Unternehmungen und/oder Institutionen) aus unterschiedlichen Ländern in die Projektabwicklung. Internationale Projekte liegen dann vor, wenn

- die Auftraggeber international sind und/oder
- die Projektleitung international zusammengesetzt ist und/oder
- wesentliche Projektleistungen im Ausland erbracht werden,

wobei die Internationalität ihre höchste Ausprägung dann aufweist, wenn alle drei Merkmale zutreffen: „Eine ausgeprägte grenzüberschreitende Arbeitsteilung und das damit verbundene Erfordernis einer intensiven länderübergreifenden Koordination bei der Gestaltung des Projektablaufs bedingen auch, daß in den einzelnen Ländern jeweils bedeutsame Aufgabenpakete des Gesamtvorhabens vergeben werden." (Herten 1987, S. 9). Da die Unternehmungen freiwillig zusammenwirken und rechtlich sowie wirtschaftlich selbständig bleiben, wird auch von grenzüberschreitender Projektkooperation gesprochen. Wird hingegen eine zusätzliche Unternehmung zur Projektdurchführung gegründet, dann trifft das Kriterium der wirtschaftlichen Selbständigkeit nicht zu, da die beteiligten Unternehmungen sich i.d.R. die Möglichkeit der direkten Einflußnahme offen halten.

2.4.1 Schnittstellen

2.4.1.1 Schnittstelle zwischen Auftraggebern

Spezielle organisatorische Probleme des Projektmanagement ergeben sich im Rahmen **zwischenstaatlicher Gemeinschaftsvorhaben**, wie dies etwa in der Luft- und Raumfahrt der Fall ist[1]. Als organisatorische Konzepte werden hierfür in der Literatur vorgeschlagen (vgl. z.B. Herten 1987, S. 96 ff.; Korbmacher 1991, S. 85 ff.):

- die Komiteelösung,
- die Pilotlösung und
- die Integrationslösung.

---

1) Vgl. hierzu auch die Beschreibung des ELDO-Europa-Raketenprogramms (European Space Vehicle Launcher Development Organization) als einen klassischen Fehlschlag für ein zwischenstaatliches Gemeinschaftsvorhaben bei Herten (1987, S. 91 ff.). Zu weiteren Fehlschlägen, ebenfalls im öffentlichen Sektor, vgl. Schelle (2004, S. 36 ff.).

2.4 Erscheinungsformen der Organisation internationaler Projekte

Bei der **Komiteelösung** dient ein multinationaler Lenkungsausschuß als oberste Steuerungs- und Kontrolleinrichtung. Die nationalen Auftraggeberbehörden sind gleichberechtigt und übernehmen die Verantwortung über die jeweiligen Teilaufgaben des Gesamtprojektes. Zusätzlich finden Arbeitsgruppensitzungen statt, die der Koordination des Projektes dienen. Die nationalen Auftraggeberbehörden vergeben dann die Teilaufgaben an nationale Auftraggeber[1], so daß sich die in Abbildung 2.18 dargestellte Grundstruktur ergibt.

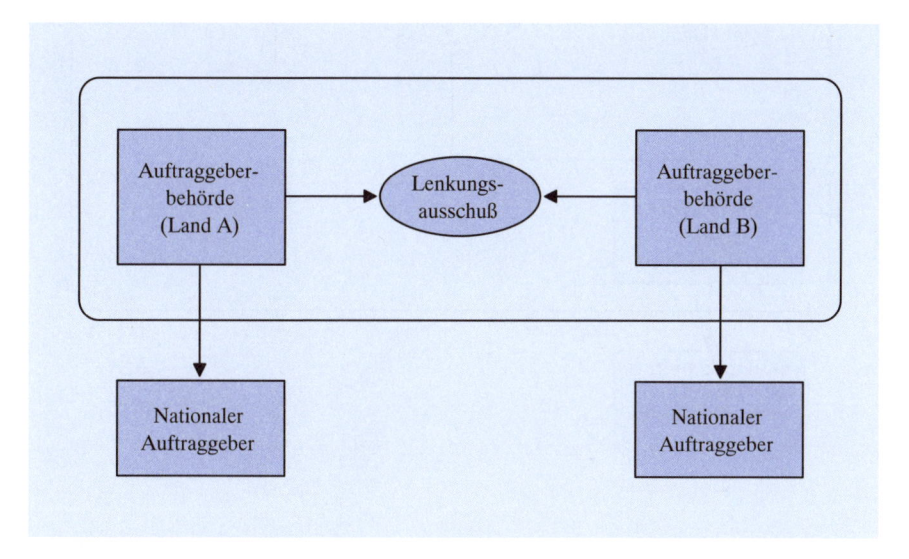

Abb. 2.18: Komiteelösung

Eine Komiteelösung ist nur dann empfehlenswert, wenn sich die Teilaufgaben klar abgrenzen und die Verantwortungsbereiche eindeutig präzisieren lassen. Ein entsprechender Nachteil dieser Lösung ist darin zu sehen, daß durch die Formierung der jeweils nationalen Interessen die Integrations- und Kooperationsbestrebungen negativ beeinträchtigt werden können.

Im Rahmen der **Pilotlösung** übernimmt ein Partnerland (Pilotland) die Projektführung. Ferner wird ein multinational zusammengesetzter Lenkungsausschuß eingerichtet, dem ein federführendes Exekutivorgan (ausführende Behörde des Pilotlandes) einer nationalen Behörde untergeordnet ist. Auf der Auftragnehmerseite über-

---

1) Da es sich hierbei um Aufträge der öffentlichen Hand handelt, gelten im Rahmen der Auftragsvergabe institutionsbedingte Spezifika. So hat bei der Vergabe öffentlicher Aufträge grundsätzlich eine öffentliche Ausschreibung zu erfolgen. In bestimmten Fällen ist eine beschränkte Ausschreibung und eine freihändige Vergabe als Ausnahme zulässig.

nimmt i.d.R. eine Unternehmung aus dem Pilotland die Systemführerschaft. Abbildung 2.19 gibt die Grundstruktur der Pilotlösung wieder.

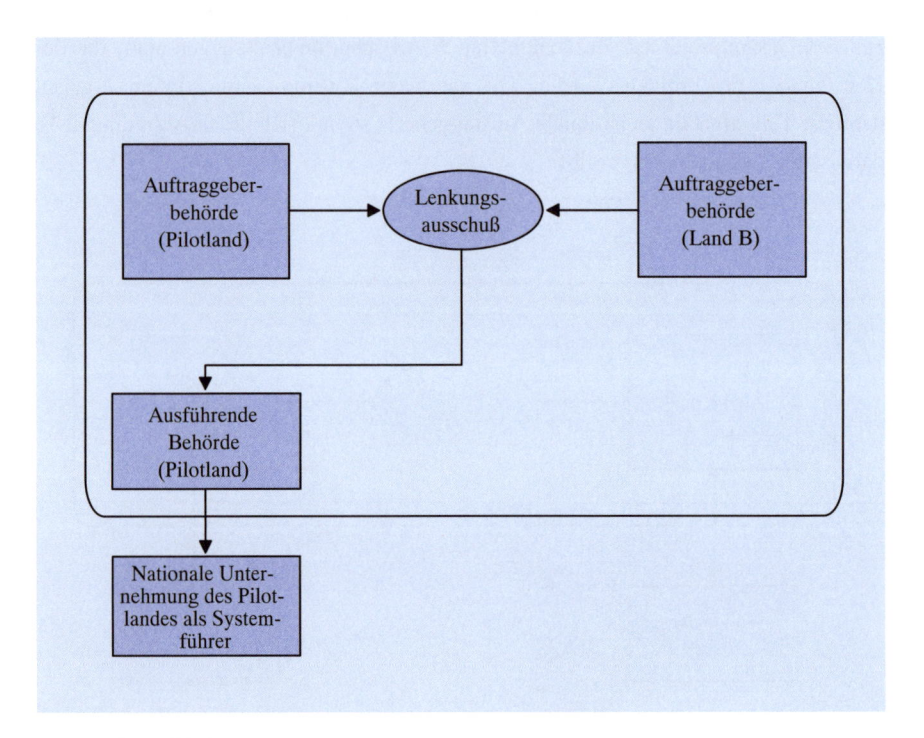

Abb. 2.19: Pilotlösung

Die Führungsrolle im Rahmen der Pilotlösung kann dabei von Projekt zu Projekt wechseln. Diese Lösung bietet sich etwa in den Fällen an, in denen ein Partnerland den größten Teil der für die Projektrealisation notwendigen Ressourcen zur Verfügung stellt. Hierdurch bedingt können die Interessen der Partnerländer in den Hintergrund gedrängt werden und deren Einflußmöglichkeiten auf ein Minimum reduziert werden.

Bei der **Integrationslösung** wird neben einem multinationalen Lenkungsausschuß ein Programmbüro, als multinationales Exekutivorgan mit oder ohne eigene Rechtspersönlichkeit, geschaffen, dem die Projektsteuerung nach gemeinsam vereinbarten Regeln obliegt. Das Programmbüro ist dem Lenkungsausschuß untergeordnet und erhält von diesem Anweisungen. Auf der Auftragnehmerseite tritt in diesem Fall i.d.R. eine multinationale Gemeinschaftsunternehmung auf. Abbildung 2.20 gibt die Grundstruktur dieser Konzeption wieder.

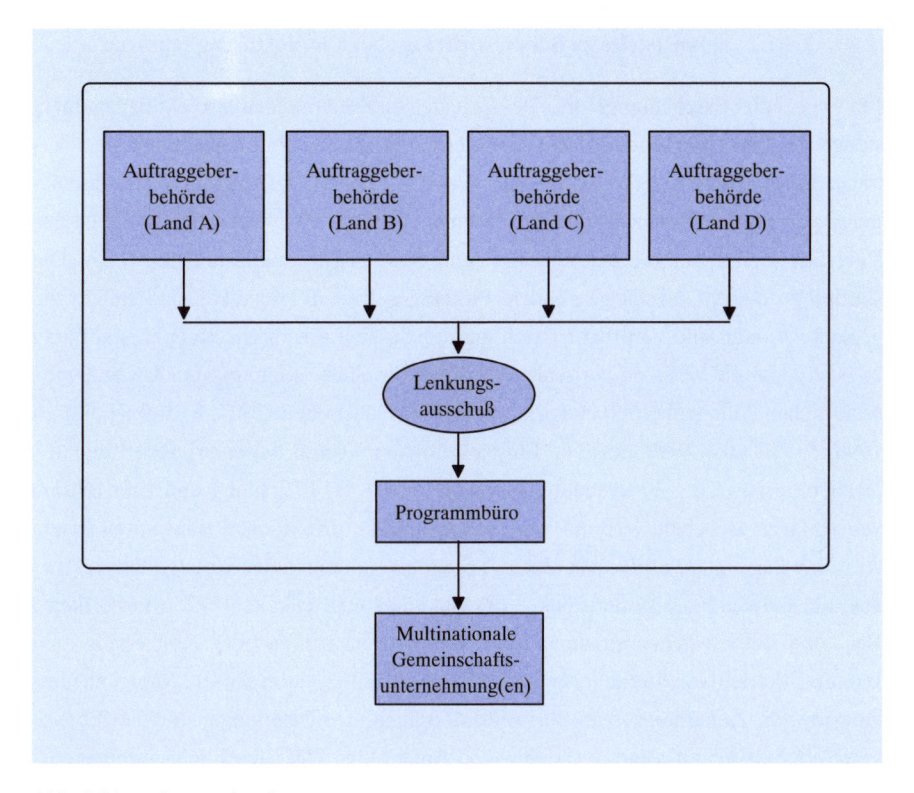

Abb. 2.20: Integrationslösung

Ein wesentlicher Vorteil der Integrationslösung ist darin zu sehen, daß die Partnerländer ihre Erfahrungen in einem ausgewogenen Verhältnis einbringen und Einfluß auf das Projekt nehmen können. Nachteilig wirkt sich hingegen die Einrichtung einer zusätzlichen Organisationseinheit in der Form des Programmbüros aus, wodurch die Personalkosten steigen.

2.4.1.2 Schnittstelle zwischen Auftraggebern und Auftragnehmern

Eine spezielle Erscheinungsform des privaten multinationalen Projektmanagement stellen die **Betreibermodelle**[1] dar. Sie werden primär im Rahmen öffentlicher Auftragserfüllung eingesetzt, z.B. im Rahmen der Rohstoffförderung und Stromerzeugung sowie im Infrastrukturbereich. Grundlage bildet ein **Netzwerk langfristiger Verträge** zwischen Projektgesellschaft und Staat (vgl. Nicklisch 1998, S. 4). Die speziell zu diesem Zweck gegründete Projektgesellschaft entwickelt und erstellt die geplante Anlage und verpflichtet sich zusätzlich, sich mit ihrem Eigenkapital daran zu beteiligen und während der Anlagenlaufzeit für einen ordnungsgemäßen und wirtschaftlichen Anlagenbetrieb zu sorgen (vgl. Backhaus/Voeth 2007, S. 309; Nicklisch 1998, S. 2; Tytko 1999, S. 174). Ein wesentlicher Vorteil dieser privaten Projektfinanzierung ist in der Verwendung privaten Geldes zur Errichtung und zum Betrieb von Anlagen zu sehen, wodurch eine Entlastung der öffentlichen Haushalte erreicht wird. Im Gegenzug verpflichtet sich der Staat im Rahmen eines **Konzessionsvertrages**, die notwendigen Grundstücke, Entwicklungsmöglichkeiten und erforderlichen Bau- und Betriebsgenehmigungen zur Verfügung zu stellen (z.B. Konzession zum Bau und Betrieb von Verkehrswegen). Gleichzeitig legt der Staat die Rahmenbedingungen (z.B. sicherheitstechnische Anforderungen, Tarifregelungen für die Projektgesellschaft, Kapazität der zu errichtenden Anlage) fest. Darüber hinaus erteilen ausländische Regierungen auch häufig Garantiezusagen und schließen Abnahmeverträge ab, um so zu einer Reduzierung der Investitionsrisiken beizutragen. Abbildung 2.21 gibt eine beispielhafte Vertragsstruktur wieder.

---

1) Eine weitere Möglichkeit ist in einem Joint Venture zu sehen, bei dem es sich um eine eigenständige internationale Unternehmungskooperation handelt, an der mindestens zwei Partner unterschiedlicher Nationalität beteiligt sind, die ein gemeinsames Ziel verfolgen. Die Beteiligten halten dabei ihre wirtschaftliche und rechtliche Selbstständigkeit aufrecht. Vgl. Kumar (1992, Sp. 1077 ff.). Neben ökonomischen Motiven, wie etwa einem leichten Zugang zu Marktkenntnissen durch die Einbindung einheimischer Partner, kann die Gründung eines Joint Venture notwendig werden, wenn Vorschriften des jeweiligen Gastlandes eine Beteiligung heimischer Unternehmungen und damit auch heimischen Kapitals erfordern. Vgl. Macharzina (1995, Sp. 1042 f.). Zu unterschiedlichen Ausgestaltungsmöglichkeiten vgl. Staudt (1995, S. 722 f.).

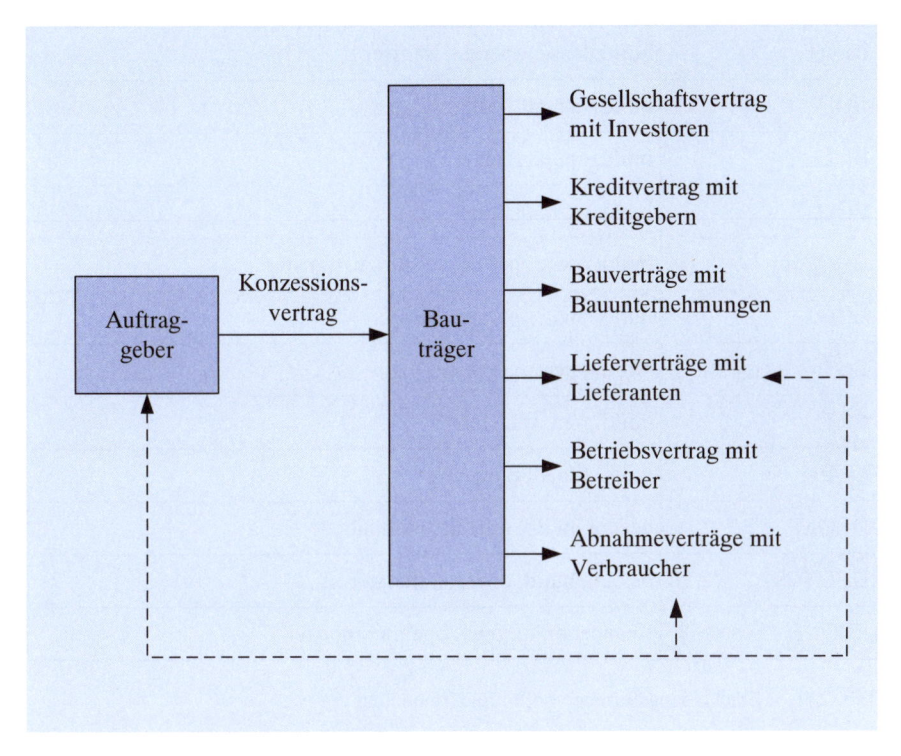

Abb. 2.21: Vertragsstruktur (Beispiel)

Die Grundform von Betreibermodellen stellt das **BOT-Modell**[1] (build, operate, transfer) dar, bei dem die Projektgesellschaft die Anlage baut (build), betreibt (operate) und sie nach abgelaufener Konzessionszeit an den Kunden überträgt (transfer). Weitere Erscheinungsformen von Betreibermodellen ergeben sich durch Variation bei der Festlegung der Eigentumsrechte und des Eigentumsübergangs sowie durch die Aufnahme zusätzlicher Elemente.

Tabelle 2.4 gibt einen Überblick über unterschiedliche Erscheinungsformen von Betreibermodellen.

---

1) Als Ursprünge der BOT-Modelle seien genannt: Eisenbahnprojekte im 19. Jahrhundert, der Suezkanal und das 1979 vom damaligen Ministerpräsidenten Özal in die Wege geleitete türkische Kraftwerksprojekt (teilweise auch als Özal-Formel bezeichnet).

BLOT	build, lease, operate, transfer
BOD	build, operate, deliver
BOL	build, operate, lease
BOO	build, own, operate
BOOST	build, own, operate, subsidize, transfer
BOOT	build, own, operate, transfer
BOT	build, operate, transfer
BRT	build, rent, transfer
BTO	build, transfer, operate
DBOM	design, build, operate, maintain
DBOT	design, build, operate, transfer
FBOOT	finance, build, own, operate, transfer

Tab. 2.4: Erscheinungsformen von Betreibermodellen

Häufig angewendete Erscheinungsformen lassen sich wie folgt näher charakterisieren:

- Beim **BOOT-Modell** (build, own, operate, transfer) wird das Eigentum an der Anlage unmittelbar nach ihrer Erstellung für die Konzessionszeit auf die Projektgesellschaft übertragen.
- Beim **BOO-Modell** (build, own, operate) wird verlangt, daß die Projektanlage errichtet und betrieben wird, wobei der Staat die Eigentumsrechte unbegrenzt auf die Projektträger überträgt, d.h., der ausländische Vertragspartner soll über die gesamte Lebensdauer eines Projektes gebunden werden. Ein Grund hierfür kann etwa im vorhandenen Know-how liegen (vgl. Tytko 1999, S. 177).
- Erfolgt anstelle der Übertragung des Eigentums an der Anlage ein Leasing der Anlage durch den Auftragnehmer, wobei als Leasinggeber eine Leasinggesellschaft fungiert, die gleichzeitig als Auftraggeber und Eigentümer auftritt, dann wird vom **BLOT-Modell** (build, loose, operate, transfer) gesprochen.
- Wird das BOOT-Modell dadurch erweitert, daß innerhalb der Konzessionszeit der Anlagenbetrieb vom Staat subventioniert wird, z.B. durch einmalige Anschubfinanzierung, periodische Zahlungen, vergünstigte Kredite, dann liegt das **BOOST-Modell** (build, own, operate, subsidize, transfer) vor.

Aufgabe 14: Erklären Sie die Grundidee der sogenannten Betreibermodelle und skizzieren Sie drei selbstgewählte Erscheinungsformen.

2.4.2 Risikopolitische Aspekte

Im internationalen Bereich spielen Risiken und die Möglichkeiten ihrer Abdeckung eine entscheidende Rolle, wobei bei den Ursachen des Risikoeintritts generell zwischen wirtschaftlichen und politischen zu unterscheiden ist (vgl. auch Abschnitt 1.3). Während zum **wirtschaftlichen Risiko** Sachverhalte wie Konkurs, Vergleich, Zwangsvollstreckung beim Importeur etc. zählen, werden mit dem **politischen Risiko** Unruhen, kriegerische Handlungen, Embargos, staatliche Eingriffe in den Zahlungsverkehr etc. erfaßt. Bei den risikopolitischen Maßnahmen kann zwischen

– ursachen- und
– wirkungsbezogenen Maßnahmen

unterschieden werden.

Im Rahmen **ursachenbezogener Maßnahmen** ist das Ziel in einer systematischen Beschaffung und Aufbereitung von Informationen zu sehen, um Risiken zu erkennen und durch entsprechende Maßnahmen zu vermeiden. **Grundidee** ist folglich, durch einen verbesserten Informationsstand der Entscheidungsträger Fehlentscheidungen, die auf einen schlechteren Informationsstand zurückzuführen sind, zu vermeiden. Darüber hinaus gehören hierzu auch Maßnahmen, mit denen sich die Eintrittswahrscheinlichkeit von Risiken reduzieren läßt. Letztlich handelt es sich damit um **Maßnahmen mit präventivem Charakter**.

Bei den **wirkungsbezogenen Maßnahmen** kann zwischen

– Risikovermeidung,
– Risikoabwälzung und
– Risikoübernahme

unterschieden werden. Intention der Risikovermeidung und -abwälzung ist es, Verlustgefahren vor der Entstehung in ihrer Wirkung zu bekämpfen. Demgegenüber zielt die Risikoübernahme auf eine Risikoreduzierung des Schadens (Ersatzleistungen) ab.

Im Rahmen der wirkungsbezogenen Maßnahmen lassen sich als Instrumente einer Risikopolitik in diesem Zusammenhang nennen (vgl. Matschke/Olbrich 2000, S. 75 ff.):

– Exportkreditversicherungen:
　-- staatliche,
　-- private;
– Exportfinanzierung:

- – Lieferanten- und Bestellerkredit,
- – Projektfinanzierung,
- – Exportleasing;
- Eurokreditmarkt.

Bei den **staatlichen Exportkreditversicherungen** handelt es sich um ein Instrument der Ausfuhrförderung, das in der Bundesrepublik Deutschland durch die beiden folgenden Maximen gekennzeichnet ist:

- **Grundsatz der Subsidiarität**, d.h., eine staatliche Risikodeckung kommt nur dann zum Zuge, wenn eine privatwirtschaftliche Lösung keinen ausreichenden Risikoschutz gewährt[1)];
- **Grundsatz der Selbsttragung**, d.h., der staatliche Risikoschutz soll so gestaltet sein, daß langfristig eine Subventionierung unterbleibt, allerdings temporäre Überschüsse und Defizite möglich sind.

Betrieben wird die staatliche Exportkreditversicherung durch zwei private Unternehmungen (sogenannte „Mandataren"), die für den Bund treuhänderisch tätig werden:

- Euler HERMES Kreditversicherungs-AG (vgl. z.B. Isselstein/Schaum 1998, S. 201 ff.) mit Sitz in Hamburg und
- Treuarbeit AG mit Sitz in Frankfurt a.M.

Eine elementare Voraussetzung für die Möglichkeit der Inanspruchnahme einer staatlichen Exportkreditversicherung ist darin zu sehen, daß der zugrundeliegende Auftrag seitens der Bundesregierung als förderungswürdig eingestuft wird oder von besonderem staatlichen Interesse für die Bundesrepublik ist. Angemerkt sei, daß keine operationale Definition der sogenannten „Förderungswürdigkeit" gegeben wird[2)].

Hinsichtlich der **Ausgestaltungsformen** staatlicher Exportkreditversicherungen ist zwischen Garantien und Bürgschaften zu unterscheiden. Während **Garantien** immer dann zum Einsatz gelangen, wenn die Geschäftspartner private ausländische Unternehmungen sind, greifen **Bürgschaften**, wenn es sich um ausländische Regierungen,

---

1) Der Subsidiaritätsgedanke ist auch ursächlich für eine Selbstbeteiligungsquote, deren Höhe in Abhängigkeit von der Risikoart schwankt, wobei Fabrikations-, Ausfuhr- und Finanzkreditrisiken unterschieden werden.

2) „Es existiert lediglich eine Negativaussage, die deutlich macht, wann ein Ausfuhrgeschäft als ‚nicht förderungswürdig' anzusehen ist, nämlich insbesondere dann, ‚wenn seiner Durchführung wichtige Interessen der Bundesrepublik Deutschland entgegenstehen'." Matschke/Olbrich (2000, S. 76). Damit wird die Beliebigkeit dieser Beschreibung deutlich.

Regierungsbehörden, Körperschaften des öffentlichen Rechts oder um einen unter Regierungsgarantie stehenden privaten Abnehmer handelt[1].

Bei einer **privaten Exportkreditversicherung** werden nur wirtschaftliche und keine politischen Risiken abgedeckt, da nur die wirtschaftlichen Risiken versicherungsmathematisch kalkulierbar sind. Für diese Form der Versicherung sind i.d.R. nur OECD-Länder von Bedeutung, da diese eine gewisse wirtschaftliche und politische Stabilität aufweisen (vgl. Matschke/Olbrich 2000, S. 87). Auch bei einer privaten Exportkreditversicherung wird vertraglich ein Selbstbehalt vereinbart, d.h., es erfolgt keine vollständige Risikoübertragung.

Als Anbieter privater Exportkreditversicherungen sind zu nennen:

– Gerling-Konzern Speziale Kreditversicherungs-AG mit Sitz in Köln,
– Allgemeine Kreditversicherungs-AG mit Sitz in Mainz und
– Zürich Kautions- und Kreditversicherungs-AG mit Sitz in Frankfurt a.M.

Im Rahmen der **Exportfinanzierung** sind zunächst der **Lieferantenkredit-** und der **Bestellerkredit** zu nennen (vgl. z.B. Backhaus/Voeth 2007, S. 362 ff.; Matschke/Olbrich 2000, S. 89 ff.). Beide Kreditformen werden vom Exporteur (Projektgesellschaft) zur Reduktion des Risikos unzureichender Liquidität eingesetzt, das durch das zeitliche Auseinanderfallen von Auszahlungen zur Durchführung des Projektes und den i.d.R. erst nach Abschluß des Projekts erfolgenden Einzahlungen des Auftraggebers (Liefervertragskredit) bedingt ist:

– Beim **Lieferantenkredit** erfolgt die Refinanzierung des vom Exporteur dem Abnehmer eingeräumten Zahlungsziels durch ein Kreditinstitut. Der Abnehmer ist im Rahmen des Liefervertragskredits Kreditnehmer des Lieferanten, wohingegen der Lieferant im Rahmen des Lieferantenkredits Kreditnehmer des Kreditinstituts ist.

– Die an ein Exportgeschäft gebundene Kreditgewährung durch ein Kreditinstitut für den Abnehmer wird als **Bestellerkredit** bezeichnet. Der Abnehmer ist sowohl Kreditnehmer des Lieferanten (Liefervertragskredit) als auch Kreditnehmer des Kreditinstituts (Bestellerkredit), das den Liefervertragskredit durch Auszahlungen an den Lieferanten tilgt.

Im Grundsatz unterscheiden sich diese Kreditformen also nicht von kurzfristigen Exportfinanzierungen, jedoch können bei mittlerem und langfristigem Horizont bestimmte Institutionen zu Hilfestellungen herangezogen werden:

---

1) Das Begriffspaar Garantie und Bürgschaft wird damit bezüglich der Exportversicherung in einen spezifischen Kontext gerückt, der von dem traditionellen Begriffsverständnis abweicht, das die Akzessorietät in den Mittelpunkt der Unterscheidung stellt.

- AKA-Ausfuhrkredit-Gesellschaft mbH,
- KfW Bankengruppe,
- Forfaitierungsgesellschaften und
- supranationale Kreditinstitute.

Bei der **AKA-Ausfuhrkredit-Gesellschaft mbH**, die im Jahre 1952 gegründet wurde, handelt es sich um einen Zusammenschluß von zur Zeit 22 Banken (Stand: 1.10.2007) unter Konsortialführung der Deutsche Bank AG[1]. Sie vergibt unter bestimmten Voraussetzungen Kredite zur mittel- und langfristigen Finanzierung von Exportgeschäften im Rahmen unterschiedlicher Kreditlinien, wobei zwischen den Kreditplafonds A, C, D und E unterschieden wird (vgl. Büschgen 1999, S. 364):

- **Plafond A**, der von den Konsortialbanken finanziert wird (zu 25 % von der AKA export finance Bank und zu 75 % von der Hausbank des Kreditnehmers, die Gesellschafterbank der AKA ist, mit variabler oder fester Verzinsung), dient der Refinanzierung des Exporteurs auf der Grundlage eines Lieferantenkredits, wodurch es dem inländischen Anbieter möglich wird, dem ausländischen Abnehmer einen längerfristigen Liefervertragskredit einzuräumen.

- **Plafond C** dient der Bestellerfinanzierung, d.h., einem ausländischen Importeur oder einer ausländischen Bank wird ein Kredit mit variablem und im Einzelfall auch mit festem Zinssatz zur Verfügung gestellt (zu maximal 30 % vom AKA-Konsortium und minimal 70 % von der Hausbank des Kreditnehmers), mit dem die Verbindlichkeiten gegenüber dem inländischen Exporteur beglichen werden können.

- **Plafond D** dient zur Gewährung von Margenkrediten[2] in Euro- oder Fremdwährungen und wird betragsmäßig dem Plafond C zugerechnet.

- Über **Plafond E**, der im strengen Sinne kein Plafond ist, sondern nur der Diktion der Plafonds A bis D folgt, kann einem Exporteur von der AKA export finance Bank selbst (maximal zu 30 %) in Verbindung mit der Hausbank des Kreditnehmers (mindestens zu 70 %), die nicht zwingend Gesellschafterbank sein muß, ein Kredit gewährt werden. Dies hat für den Kreditnehmer einerseits den Vorteil, daß die einzelvertragliche Ausgestaltung hierbei sehr flexibel gehandhabt werden kann und anderseits, daß sein Kreditantrag nicht durch den Kreditausschuß der AKA bewilligt werden muß, so daß er eine geringere Publizität erfährt.

---

1) Zu Einzelheiten, insbesondere zu den unterschiedlichen Kreditlinien, vgl. Kuttner (1995, S. 17 ff., S. 41 ff. und S. 64 ff.); Matschke/Olbrich (2000, S. 89 ff.); Schierenbeck/Hölscher (1998, S. 410 ff.); Voigt/Müller (1996, S. 57 ff.).

2) Als Margenkredit wird ein Kredit bezeichnet, dessen Verzinsung als Aufschlag an einen Geldmarktzinssatz, wie beispielsweise den Libor oder den Fibor, geknüpft ist.

Plafond B, eine von der Bundesbank zur Verfügung gestellte Sonderrediskontlinie für die Refinanzierung von Wechselforderungen inländischer Exporteure, wurde 1996 eingestellt.

Die **KfW Bankengruppe**[1] verfolgt explizit eine wirtschaftspolitische Zielsetzung und wird vom Bund zu 80% des Grundkapitals und den Ländern zu 20% des Grundkapitals getragen. Sie untersteht der Aufsicht der Bundesregierung, die durch das Bundesministerium für Finanzen ausgeübt wird. Ihre heutigen Aufgaben sind in der Förderung der deutschen Wirtschaft, der Entwicklungsländer und von Aufträgen, die für die Bundesrepublik von besonderem wirtschaftlichem Interesse sind, zu sehen. Neben Finanzierungsleistungen gewährt sie darüber hinaus auch Beratungsleistungen. Aktivitäten im Rahmen der Export- und Projektfinanzierung[2] obliegen der **KfW IPEX-Bank GmbH**, einer privatrechtlich organisierten Tochterunternehmung der KfW Bankengruppe. Das Exportfinanzierungsprogramm bezieht sich auf liefergebundene Finanzkredite, die dem Besteller direkt gewährt (**Bestellerkredit**) oder an eine Bank im Bestellerland ausgereicht werden (Bank-zu-Bank-Kredite). Diese Exportkredite werden aus ERP-Mitteln und Marktmitteln der KfW refinanziert, wobei für einen Rückgriff auf ERP-Mittel zwei Bedingungen erfüllt sein müssen (vgl. KfW IPEX-Bank 2008):

- Exportgeschäft mit einem Besteller aus einem Entwicklungsland gemäß OECD und
- Exportkreditgarantie des Bundes (Euler HERMES-Deckung) oder Deckung durch einen ausländischen staatlichen Kreditversicherer mit Rückversicherung des zu finanzierenden Exportgeschäftes durch die Euler HERMES Kreditversicherungs-AG.

Bei der **Forfaitierung** handelt es sich um einen regreßlosen Ankauf von genau spezifizierten Forderungen (vgl. Büschgen 1999, S. 376), bei denen es sich i.d.R. um Wechselforderungen handelt. Hierbei räumt der Exporteur dem ausländischen Besteller ein Zahlungsziel ein. Zur Refinanzierung verkauft dann der Exporteur die Forderung an eine Forfaitierungsgesellschaft, die dann nach Ablauf des gewährten Zahlungszieles vom Importeur die geforderten Mittel erhält (vgl. Schierenbeck/Hölscher 1998, S. 417).

---

1) Die KfW (Kreditanstalt für Wiederaufbau) wurde 1948 gegründet und geht zurück auf den sogenannten Marshall-Plan. Vgl. Schierenbeck/Hölscher (1998, S. 414 f.); Voigt/Müller (1996, S. 66 ff.).
2) Weitere Aktivitäten der KfW IPEX-Bank GmbH sind Unternehmungsfinanzierungen, Kredite für Infrastrukturprojekte, Strukturierte Finanzierungen sowie kurzfristige Handelsfinanzierungen (Avalkredite, Forfaitierung).

Die Aufgaben **supranationaler Banken**, die als internationale Körperschaften anzusehen sind, werden durch völkerrechtliche Verträge bestimmt. Mitglieder der supranationalen Banken sind dabei Staaten. Zu nennen sind (vgl. Schierenbeck/Hölscher 1998, S. 428 ff.; Tytko 1999, S. 92 ff.):

- **Weltbankgruppe**, die zweckgebundene Projekte in Entwicklungsländern unter der Voraussetzung finanziert, daß bestimmte Bedingungen (z.B. Beitrag zur wirtschaftlichen und sozialen Entwicklung eines Landes) erfüllt sind. Schwesterinstitute sind: Die International Finance Corporation (IFC), die International Development Association (IDA) und die Multilateral Investment Guaranty Agency (MIGA).

- **Bank für Internationale Zusammenarbeit** (BIZ), deren primäre Aufgabe die Förderung der Zusammenarbeit zwischen den Zentralbanken ist. Damit nimmt sie eine zentrale Stellung im Rahmen des internationalen Zahlungsverkehrs ein.

- **Kontinentale Investitions- und Entwicklungsbanken**, denen die Europäische Investitionsbank (EIB), die Europäische Bank für Wiederaufbau und Entwicklung (EBRD), die Interamerikanische Entwicklungsbank (IBD), die Afrikanische Entwicklungsbank (AfBD) und die Asiatische Entwicklungsbank (ADB) angehören.

Unter einer **Projektfinanzierung**[1] wird die Finanzierung einer wirtschaftlich und rechtlich abgegrenzten, selbständigen, projektdurchführenden Wirtschaftseinheit verstanden (vgl. z.B. Schmitt 1989, S. 46 ff.), bei der sich die Kreditgeber bei ihrer Einschätzung zukünftiger Erfolgsaussichten des Projektes vornehmlich auf den Cash Flow und die Aktiva des Projektes als Sicherheit für die Rückzahlung des Fremdkapitals verlassen und aus dem sich ergebenden Cash Flow des Projektes bedient werden (vgl. Nevitt/Fabozzi 1995, S. 3; Schulte-Althoff 1992, S. 27 f.)[2]. Anwendungs-

---

1) Zur geschichtlichen Entwicklung der Projektfinanzierung vgl. Schmitt (1989, S. 3 ff.); Tytko (1999, S. 3 f.). In der Regel wird in der Literatur der Beginn der Projektfinanzierung mit der Production-Payment-Finanzierung festgelegt, worunter eine Finanzierung von Erdölexplorationsvorhaben in den USA in den 1930er Jahren zu verstehen ist. Nicklisch (1998, S. 3) betont hingegen, daß der Bau der preußischen Eisenbahnen durch die privaten Eisenbahngesellschaften auf der Basis des Preußischen Eisenbahngesetzes vom 3.11.1838 als historische Grundlage der Projektfinanzierung zu sehen sei. Letztlich gibt es Hinweise auf die Realisierung von Projektfinanzierungen in der Antike. So gewährten etwa griechische Händler im 4. und 5. Jahrhundert v. Chr. Seedarlehen zur Finanzierung von Handelsreisen in den Mittelmeerraum, die erst aus den Verkaufserlösen der Waren getilgt werden mußten. Ebenfalls wurde im 17. Jahrhundert n. Chr. das für Handelsreisen nach Indien benötigte Kapital unter der Besonderheit bereitgestellt, daß Fremdkapitalgeber auf die Rückzahlung des Kredits bei Untergang des Schiffes verzichten. Diese Beispiele zeigen, daß die Idee der Projektfinanzierung nicht neu ist, sondern auf eine jahrhundertelange Tradition zurückblicken kann.

2) Es sei darauf hingewiesen, daß der Begriff der Projektfinanzierung teilweise auch für eine konventionelle Kreditvergabe im Rahmen einer langfristigen Exportfinanzierung verwendet wird. Dabei handelt es sich jedoch lediglich um eine projektgebundene Finanzierung, da hierbei die kreditnehmende Mutterunternehmung und nicht das Projekt für das Fremdkapital haftet.

bereiche dieser Form der Exportfinanzierung (vgl. z.B. Reuter/Wecker 1999, S. 4 ff.) sind in

– der Erschließung und dem Abbau von Rohstoffen,
– der Durchführung von Verkehrsprojekten (z.B. Eurotunnel) oder
– der Errichtung von Kraftwerken, Raffinerien, Hotelkomplexen etc.

zu sehen.

Notwendige Bedingung für die Projektfinanzierung ist die Fähigkeit eines Projektes, einen ausreichenden Cash Flow zu erwirtschaften. Die potentiellen Fremdkapitalgeber machen hiervon ihre Kreditvergabeentscheidung abhängig (Cash Flow Related Lending oder Cash-Flow-Finanzierung), d.h., der erwartete Projekt-Cash-Flow wird zum Erfolgsmaßstab und bildet die Basis für das Verschuldungspotential eines Projektes (vgl. Höpfner 1995, S. 20). Der Projekt-Cash-Flow, als finanzwirtschaftlicher Einnahmeüberschuß, wird dabei wie in Abbildung 2.23 dargestellt auf direktem Wege ermittelt (vgl. Reuter/Wecker 1999, S. 54; Schmitt 1989, S. 67).

```
    Bruttoerlös(-einnahmen)
  – Erlösminderungen
  ─────────────────────────
  = Nettoerlös(-einnahmen)
  – betriebsnotwendige Ausgaben:
    Personal-, Materialausgaben,
    Fremdkapitalzinsen, Versicherungen
  ─────────────────────────
  = Projekt-Cash-Flow vor Steuern
  – Steuern
  ─────────────────────────
  = Projekt-Netto-Cash-Flow
```

Abb. 2.22:   Projekt-Cash-Flow

Der Projekt-Netto-Cash-Flow gibt damit an, in welchem Umfang frei verfügbare Projektmittel zur Begleichung fälliger Verbindlichkeiten eingesetzt werden können. Dem Cash Flow kommt folglich eine sogenannte **Schuldendienstdeckungsfähigkeit** zu. Da der Cash Flow nicht nur zur Begleichung fälliger Verbindlichkeiten dient, sondern darüber hinaus für neue Investitionen herangezogen werden kann, spiegelt er letztlich den Innenfinanzierungsspielraum wider (vgl. Perridon/Steiner 2007, S. 556). Um zu differenzierenden Aussagen zu gelangen, werden zukunftsgerichtete Kennzahlen, sogenannte **Deckungsrelationen**, ermittelt, wobei die folgenden Erscheinungsformen zu nennen sind (vgl. Backhaus/Uekermann 1995, Sp. 1579 f.; Prautzsch 1999, S. 1488):

- **Debt Service Coverage Ratio** (DSCR; teilweise wird auch von einer Cash Flow Coverage Ratio gesprochen):

$$DSCR_t = \frac{Cash\ Flow_t}{(Zins + Tilgung)_t}$$

Dieser Schuldenkoeffizient gibt an, ob der Cash Flow in einer Periode t ausreicht, den Schuldendienst, der sich aus Zins- und Tilgungsleistung zusammensetzt, in dieser Periode t zu decken. Ein Projekt muß jedoch in jeder Periode seiner Betriebsphase, um die Liquiditätsbedingung erfüllen zu können, eine positive Differenz zwischen dem Projekt-Netto-Cash-Flow und den Schuldendienstzahlungen aufweisen (vgl. Schulte-Althoff 1992, S. 31).

- **Net Present Value Coverage Ratio** (NPVCR)[1]:

$$NPVCR_t = \frac{Barwert\ des\ zukünftigen\ Cash\ Flow_t}{Kreditstand_t}$$

(= ausstehende Kreditbeträge)

Diese Kennzahl gibt an, um wieviel der Barwert des zukünftigen Cash Flow den in einer Periode t noch ausstehenden Kreditbetrag übersteigt, d.h., es läßt sich eine Aussage über die Schuldendienstfähigkeit des Projektes über die geplante Kreditlaufzeit tätigen. Darüber hinaus läßt sich auf der Grundlage dieser Barwertbetrachtung das maximale Kreditvolumen bestimmen[2].

Diese Deckungsrelationen müssen damit mindestens den Wert von 1 aufweisen, da nur dann davon ausgegangen werden kann, daß der Cash Flow die anstehenden Verbindlichkeiten aus dem Kredit zu decken vermag. Ist der Wert dieser Relation größer als 1, dann liegt eine Überdeckung vor, die als Sicherheitsreserve zu interpretieren ist. Die Höhe dieser Deckungsrelationen sind i.d.R. Gegenstand der konkreten Kreditverhandlungen und werden von Projekt zu Projekt unterschiedlich sein. Trotzdem haben sich in der Praxis Mindestgrößen als Faustregeln etabliert (vgl. Grosse 1990, S. 48; Sutz 1989, S. 235), die ein Projekt erwirtschaften sollte.

---

1) Wird der Barwert, bezogen auf die Kreditlaufzeit, dem Kreditbetrag gegenübergestellt, dann wird von „loan life cover ratio" gesprochen. Es wird damit eine Aussage möglich, um welchen Faktor der Gegenwartswert des zukünftigen Cash Flow die Projektverschuldung übersteigt. Vgl. Prautzsch (1999, S. 1488).

2) „Die Schuldendienstfähigkeit des Projektes kann jedoch nicht allein aus dieser Relation abgeleitet werden, da hierdurch nicht ersichtlich wird, ob zu jedem Zahlungstermin die nötige Liquidität für die Bedienung der fälligen Zinsen und Tilgungsbeträge vom Projekt aufgebracht wird. Aus diesem Grund ist für jeden Zahlungstermin die Debt Service Coverage Rate zu ermitteln." Schulte-Althoff (1992, S. 32).

Mit Hilfe von **Sensitivitätsanalysen** wird es darüber hinaus möglich, die Robustheit des gegebenen Projektes zu analysieren, indem Auswirkungen einzelner Variablen wie etwa ungünstige Entwicklungen

- des Absatzes,
- der Kosten,
- der Wechselkurse und
- der Zinsen

auf die Zielgrößen DSCR und NPVCR untersucht werden. So läßt sich ermitteln, wie sich die Cash-Flow-Situation bei ungünstigen Entwicklungen der unterschiedlichen Inputgrößen verändert. Es lassen sich damit Mindestniveaus (kritische Werte) ermitteln, die nicht unterschritten werden dürfen, wenn der Schuldendienst planmäßig erbracht werden soll.

Neben der Fokussierung auf den Projekt-Cash-Flow läßt sich die Projektfinanzierung durch die folgenden Merkmale charakterisieren (vgl. Höpfner 1995, S. 12ff.):

- Vielzahl der Beteiligten,
- Gründung einer eigenständigen Projektgesellschaft und
- Verteilung der projektspezifischen Risiken auf die Projektträger.

An einer Projektfinanzierung ist eine **Vielzahl der Beteiligten** (vgl. z.B. Schmitt 1989, S. 18 ff.; Tytko 1999, S. 22 ff.) mit unterschiedlichen Interessen und Zielvorstellungen involviert:

- **Projektträger**, auch Sponsoren genannt (z.B. Unternehmungen, Staaten), von denen letztlich die unternehmerische Entscheidung ausgeht, ein Projekt durchzuführen. Ihre primäre Aufgabe ist in der Bereitstellung von Eigenkapital zu sehen, um den Teil des Kapitalbedarfs abzudecken, der durch Fremdkapital nicht finanzierbar ist. Ferner bilden sie einen „pool of funds", der dazu dient, eventuell auftretende Kostenüberschreitungen abzudecken.
- **Projektförderer**, die das Projekt durch Kredite mit Vorzugskonditionen oder Stellen von Sicherheiten unterstützen.
- **Kreditgeber/Fremdkapitalgeber** (z.B. Geschäftsbanken, inter- und supranationale Finanzierungsinstitutionen, Leasinggesellschaften). Bedingt durch die häufig großen Volumina[1)] werden i.d.R. mehrere Kapitalquellen unterschiedlichen Charakters erschlossen.

---

1) Bei größeren Vorhaben kann die Kreditvergabe in Form von syndizierten Krediten erfolgen, d.h., die an einer Projektfinanzierung beteiligten Banken bilden ein Konsortium, wobei eine federführende Bank (Konsortialführer) bestimmt wird.

- **Project Consultants** sind für die technischen, juristischen und wirtschaftlichen Problemstellungen zuständig. Bei wirtschaftlichen Fragestellungen bietet es sich an, daß die Sponsoren das Know-how der Kreditinstitute nutzen, während im Rahmen technischer Fragestellungen häufig auf unabhängige Gutachter zurückgegriffen wird.
- **Lieferanten** von Anlagen, Roh-, Hilfs- und Betriebsstoffen. Neben Hardwarelieferungen sind ferner Dienstleistungen (z.B. Schulungen, Absatzhilfen) zu nennen.
- **Abnehmer**, da die Projektgesellschaft häufig mit künftigen Abnehmern Verträge über Mindestabnahmemengen abschließt.
- **Staatliche Institutionen**, z.B. als Genehmigungsinstanz für die Vertragsrealisierung, als Konzessionsgeber bei Rohstoffprojekten, Kreditgarantien, Schaffung der notwendigen Infrastruktur.

Diese Darstellung zeigt, daß die Parteien nicht nur durch eine kapitalmäßige Verflechtung, sondern darüber hinaus auch durch weitere Verträge direkt oder indirekt mit dem Projekt verbunden sein können und Beteiligte zudem in mehrfacher Funktion auftreten können (z.B. als Eigenkapital- und Garantiegeber und Berater).

Eine Projektfinanzierung erfordert die Gründung einer eigenständigen Projektgesellschaft (Trägergesellschaft), i.d.R. in der Rechtsform einer Kapitalgesellschaft (vgl. Reuter/Wecker 1999, S. 26), die als juristische Person Kreditverträge abschließen kann, an die die Projektkredite ausgezahlt werden und die als Schuldner gegenüber den Kreditinstituten auftritt. Die Rechtsform einer Kapitalgesellschaft bietet dabei die Voraussetzung für die Rückgriffseinschränkung durch die Haftungsbegrenzung auf die Kapitaleinlage. Da mit den Projekten ein hoher Kapitalbedarf einhergeht, schafft sie darüber hinaus die Basis für das erforderliche Eigenkapital (vgl. Schulte-Althoff 1992, S. 34). Hierdurch bedingt erscheinen die Projektkredite nicht in den Bilanzen der einzelnen Unternehmungen (sogenannter „Off Balance Sheet Effect"; vgl. z.B. Hupe 1995, S. 12). Voraussetzung für diesen Effekt ist jedoch, daß keine Konsolidierungspflicht bei den Projektträgern besteht. Da die Trägergesellschaft nur zum Zweck der Projektdurchführung gegründet wird, besteht sie bis zum Erreichen des Projektziels. Es handelt sich folglich um eine Unternehmung, die nicht nach dem Going-concern-Prinzip operiert, sondern um eine „single purpose company" (vgl. Elliott 1992, S. 140, der von „special purpose project company" spricht) mit (ex ante) begrenzter Lebensdauer. Ferner ist zu bedenken, daß bei den Sponsoren, die eine Beteiligung an der Projektgesellschaft halten, das Anlagevermögen steigt und sich folglich die Vermögensstruktur zu Lasten des Umlaufvermögens verschiebt. Ebenfalls sinkt die sogenannte Anlagendeckung (Anlagevermögen zu Eigenkapital) und damit das Verhältnis von Anlagevermögen zu dem langfristig zur Verfügung stehenden Kapital. Eine Veränderung dieser Größen kann sich letztlich auf die Kapitalbeschaffungsmöglichkeiten der Sponsoren auswirken (vgl. Schulte-Althoff 1992, S. 36).

Eine Projektfinanzierung bedingt die **Verteilung der projektspezifischen Risiken auf die Projektträger** (z.B. Garantien, Bürgschaften) und die Kreditgeber, ein Sachverhalt, der als Risk Sharing bezeichnet wird (zu einem Beispiel vgl. Backhaus/Voeth 2007, S. 366 ff.). Es werden einzelne spezifizierte Projektrisiken von den Projektträgern auf dritte Beteiligte und auf die kreditgebenden Banken übertragen, wobei sich die Risikoverteilung im Laufe des Projektlebenszyklus zwischen den unterschiedlichen Partnern verschiebt. So tragen häufig die Sponsoren bis zur Fertigstellung des Projektes alle Risiken, da in diesem Zeitraum das Projekt noch keine eigenen Einnahmen aufzuweisen hat, die die Grundlage für den Cash Flow bilden.

Bezüglich der **Projektrisiken** existiert in der Literatur eine Vielzahl unterschiedlicher Systematisierungsvorschläge[1], die die folgenden Projektrisiken unterscheiden, die jedoch nicht überschneidungsfrei sind:

− **Geologische Risiken**: Im Zentrum dieser Risiken stehen die Reserve- und Abbaurisiken, die vor allem im Bereich der Rohstofferschließung auftreten und sowohl in quantitativer als auch in qualitativer Hinsicht von Bedeutung sein können. Darüber hinaus können sie im Rahmen von Infrastrukturprojekten hinsichtlich der Bodenbeschaffenheit und der geographischen Lage auftreten. Diese Risiken sind insbesondere von den Kreditgebern zu tragen.

− **Verfahrenstechnische Risiken** (auch Konstruktionsrisiken genannt): Hiermit wird die Gefahr erfaßt, daß das geplante Leistungsniveau in quantitativer und/oder qualitativer Hinsicht nicht realisiert wird. Zur operationalen Erfassung ist es erforderlich, daß im „construction contract" die relevanten Leistungsmerkmale entsprechend präzise festgelegt sind. Möglichkeiten der Risikohandhabung sind z.B. Garantien der Anlagenbauer oder Lizenzgeber.

− **Fertigstellungsrisiken**: Sie beinhalten die Gefahr, daß das Projekt nicht rechtzeitig, gar nicht oder nur mit Kostenüberschreitungen fertiggestellt werden kann. Zur Handhabung dieser Risiken bieten sich Fertigstellungs- und Festpreisgarantien an, wobei darauf zu achten ist, daß eine einwandfreie Funktionsfähigkeit garantiert wird. Handelt es sich um einen Generalunternehmer, der mit der Leistung einer schlüsselfertigen Anlage beauftragt wurde, dann hat dieser das Fertigstellungsrisiko weitgehend zu tragen. Es ist dabei vertraglich zu fixieren, welcher Zeitpunkt als Fertigstellungstermin akzeptiert wird: „Der Zeitpunkt der Fertigstellung und der damit verbundene Risiko-/Haftungswechsel ist in den Verträgen sorgfältig zu definieren." (Reuter/Wecker 1999, S. 66). Dabei erscheint die Durchführung eines Tests, in dem nachgewiesen wird, daß die Anlage störungsfrei läuft, die kalkulier-

---

1) Auf diese Systematisierungsvorschläge kann nicht im einzelnen eingegangen werden. Vgl. z.B. die Übersichten bei Höpfner (1995, S. 292) und Hupe (1995, S. 43 ff.); ferner Nevitt/Fabozzi (1995, S. 35 ff.); Schulte-Althoff (1992, S. 113 ff.).

ten Kosten eingehalten werden und die Leistungen in quantitativer und qualitativer Hinsicht erbracht werden können, zweckmäßig. Ferner ist es in diesem Zusammenhang möglich, Kapitalnachschußpflichten der Sponsoren und Stand-by-Kreditlinien zu vereinbaren, um so die eventuell auftretende zusätzliche Liquidität zu gewährleisten.

- **Betriebsrisiken**: Sie beziehen sich auf den laufenden Betrieb, der negativ vom projektierten Verlauf abweichen kann. So kann er z.B. durch Unterbrechungen gestört, in der Fahrweise eingeschränkt oder unwirtschaftlich sein. Einzelrisiken können das Beschaffungs- (oder Zuliefer-), Technologie-, Kostensteigerungsrisiko und das Risiko unsachgemäßer Bedienung sein. Es ist damit neben einem entsprechend qualifizierten Management auch qualifiziertes Personal für den operativen Bereich erforderlich. Als Absicherungsmaßnahmen sind dabei einerseits Versicherungen (z.B. Betriebsunterbrechungsversicherungen) und andererseits Wartungs- und Instandhaltungsverträge abzuschließen.

- **Marktrisiken**: Hierunter ist die Gefahr zu verstehen, daß die prognostizierten Erlöse am Markt nicht realisierbar sind, d.h., daß der Cash Flow nicht in der erwarteten Höhe erwirtschaftet werden kann. Dies kann in der absetzbaren Menge und/oder im realisierbaren Preis der abzusetzenden Produkte begründet liegen. Eine Möglichkeit der Risikohandhabung bieten sogenannte Abnehmerverträge, wobei zwischen „take-and-pay-contract", „take-or-pay-contract", „through-put-agreement" und „tolling agreement" zu unterscheiden ist (vgl. z.B. Sutz 1989, S. 224 und S. 229). Während sich beim „take-and-pay-contract" der Abnehmer dazu verpflichtet, die vertraglich fixierten und dann auch tatsächlich bereitgestellten Leistungen abzunehmen und zu bezahlen, ist beim „take-or-pay-contract" die Verpflichtung, ein Entgelt zu entrichten, auch dann gegeben, wenn die zu vergütende Gegenleistung nicht erbracht wird[1]. Auch beim „through-put-agreement" verpflichtet sich der Abnehmer von Transport- bzw. Durchleitungsleistungen (z.B. bei Pipeline-Projekten), unabhängig von der tatsächlichen Inanspruchnahme zu bezahlen. Bei einem „tolling agreement" bezieht sich die Zahlung auf Dienstleistungen und sichert ebenfalls einen Mindesterlös.

- **Finanzierungsrisiken**: Hierzu zählen insbesondere das Zinsänderungs- und Wechselkursrisiko (vgl. Reuter/Wecker 1999, S. 72 ff.). Während beim erstgenannten Risiko etwa mit Festzinskrediten gearbeitet werden kann, bieten sich im zweiten Fall sogenannte Kurssicherungsinstrumente wie Termin- und Optionsgeschäfte an.

- **Force-Majeure-Risiken**: Hiermit werden sämtliche Gefahren erfaßt, die ihre Ursachen in „höherer Gewalt" haben. Beispiele hierfür sind: Naturereignisse, (Bürger-)Krieg, Blockaden, Aufstände, Streiks, Enteignungen. Derartige Risiken, die

---

1) Verpflichtet sich der Abnehmer auch dann zur Weiterzahlung, wenn die Projektanlage, bedingt durch das Eintreten „höherer Gewalt", nicht produziert, handelt es sich praktisch „um eine Kapazitätspacht, d.h., daß die Projektgesellschaft den Kapazitätsanteil ihrer Anlagen, der der betreffenden Abnahmemenge entspricht, auf Risiko des Abnehmers betreibt." Reuter/Wecker (1999, S. 111). Die Risikoübernahme kann reduziert werden, wenn der Projektgesellschaft die Pflicht auferlegt wird, die ausgefallenen Mengen nach Möglichkeit nachzuarbeiten.

2.4 Erscheinungsformen der Organisation internationaler Projekte

im Prinzip keiner Vertragspartei ursächlich zugerechnet werden können, sind über Versicherungen abzudecken, die sie auf der Basis von Tragfähigkeitsüberlegungen übernehmen (vgl. Höpfner 1995, S. 177).

Auf der Grundlage des Umfanges der Rückgriffsmöglichkeiten[1] der Fremdkapitalgeber ist zwischen Limited Recourse Financing und Non Recourse Financing zu unterscheiden[2]. Während bei der **Limited Recourse Financing** Kreditinstitute nur beim Vorliegen bestimmter Tatbestände und nur in begrenztem Umfang zwecks Kredittilgung auf die Sponsoren zurückgreifen können, wobei sowohl eine betragsmäßige (z.B. fehlende Beiträge zu der zu entrichtenden Kreditannuität durch die Initiatoren) als auch eine zeitliche (z.B. auf die Errichtungsphase bezogen) Beschränkung der Rückgriffsmöglichkeit der Kreditgeber auf die Sponsoren besteht, haben die Kreditgeber im **Non Recourse Financing** Fall zumindest ab einem bestimmten Stadium keine Rückgriffsrechte mehr, wodurch die Haftung der Sponsoren auf deren Eigenkapital begrenzt wird, das sie zu dem Projekt beigesteuert haben.

Die Projektbeteiligten können ihre **Eigenkapitalbeiträge** in unterschiedlichen Formen einbringen, wobei das Spektrum von Bareinzahlungen über die Bereitstellung von Ausrüstungsgegenständen sowie Vormaterial bis hin zur Einbringung von Know-how reicht. Darüber hinaus sind auch Kapitalformen möglich, die zwischen Eigenkapital und Fremdkapital liegen und als **Eigenkapitalsurrogate** („mezzanine financing" oder „quasi-equity") bezeichnet werden. Hierzu zählen die folgenden **Grundtypen**, die auch als Mischformen auftreten können (vgl. Reuter/Wecker 1999, S. 115):

– Nachrangiges Fremdkapital, das im Falle einer Krise erst nach anderen Fremdkapitalbeiträgen bedient wird und damit eine eigenkapitalnahe Risikostruktur aufweist;

– Fremdkapital, das mit Optionsrechten auf Anteile an der Projektgesellschaft oder einer Teilhabe am wirtschaftlichen Erfolg, d.h. im Erfolgsfall mit einer zusätzlichen Renditechance verbunden ist, wodurch es zu günstigen Konditionen erhältlich ist;

---

1) „Das Rückgriffsrecht kann drei Dimensionen der Beschränkung besitzen, eine zeitliche, eine betragsmäßige und eine inhaltliche, d.h. begrenzt auf den Eintritt bestimmter Risiken." Hupe (1995, S. 20).

2) Teilweise wird als dritte Erscheinungsform das Full Recourse Financing genannt, das dadurch charakterisiert ist, daß die Gläubiger umfassende Rückgriffsrechte auf die projektinitiierenden Unternehmungen haben, wobei der Haftungsumfang dem bei einem normalen Kredit entspricht. Aus diesem Grund soll diese Variante nicht der Projektfinanzierung zugeordnet werden. Vgl. Höpfner (1995, S. 12); Schmitt (1989, S. 24 f.); Schulte-Althoff (1992, S. 42 ff.); Tytko (1999, S. 13 f.).

– Anteile, die bei einer Gewinnverteilung vorrangig bedient werden (Vorzugsaktien).

Generell wird in der Literatur davon ausgegangen (vgl. z.B. Höpfner 1995, S. 169 f.), daß das Engagement von Kreditinstituten im Rahmen von Projektfinanzierungen mit einem höheren Risiko einhergeht, als dies bei „klassischen" Kreditrisiken eines Fremdkapitalgebers der Fall ist, was nicht zuletzt in höheren Zinssätzen zum Ausdruck kommt.

Im Vergleich zur traditionellen Kreditfinanzierung, in deren Zentrum die Bonität und Finanzkraft der Unternehmung, die bilanziellen Verhältnisse und eventuell angebotene Sicherheiten die Grundlage für eine Beurteilung der Kreditwürdigkeit darstellen, bildet das zukünftige Gewinnpotential des Projektes den Schwerpunkt der Kreditwürdigkeitsprüfung im Rahmen der Projektfinanzierung, d.h., es greift eine prospektive dynamische Einschätzung des Projektes Platz (vgl. Schmitt 1989, S. 20 ff. und S. 61). Der entscheidende Unterschied zwischen der „klassischen" Kreditvergabeentscheidung und der Vergabeentscheidung im Rahmen einer Projektfinanzierung läßt sich dann wie folgt präzisieren: „Im erstgenannten Fall ermittelt der Kreditgeber aus einer Vielzahl von Aktivitäten, die nicht separat zu bewerten sind, **eine** Unternehmensbonität als **eine** Risikoposition. Aus der unternehmensinternen Ergebniskompensation resultiert **ein** Globalrisiko, das in seiner Zusammensetzung oftmals alles andere als transparent ist. Der nivellierende Effekt entfällt im Falle isolierter Projektfinanzierungen, in denen Kreditmittel jeweils separat bestimmten Verwendungszwecken zugeführt werden und eine Alimentierung defizitärer Unternehmensbereiche respektive Verlustfinanzierung von vornherein vermieden werden kann und muß." (Höpfner 1995, S. 171). Abbildung 2.22 gibt die Struktur der Projektfinanzierung im Vergleich zu einer „konventionellen" Kreditfinanzierung eines Investitionsprojektes wieder (vgl. Backhaus/Uekermann 1995, Sp. 1575).

2.4 Erscheinungsformen der Organisation internationaler Projekte

„Konventionelle" Kreditfinanzierung eines Investitionsprojektes	Projektfinanzierung
Kreditgeber (Bank) → Kredit → Kreditnehmer → Kredit + Eigenkapital → Projekt	Kreditgeber (Bank) → Kredit → Projektkreditnehmer (Projektgesellschaft); Sponsoren → Eigenkapital → Projektkreditnehmer; Projektkreditnehmer → Kredit + Eigenkapital → Projekt

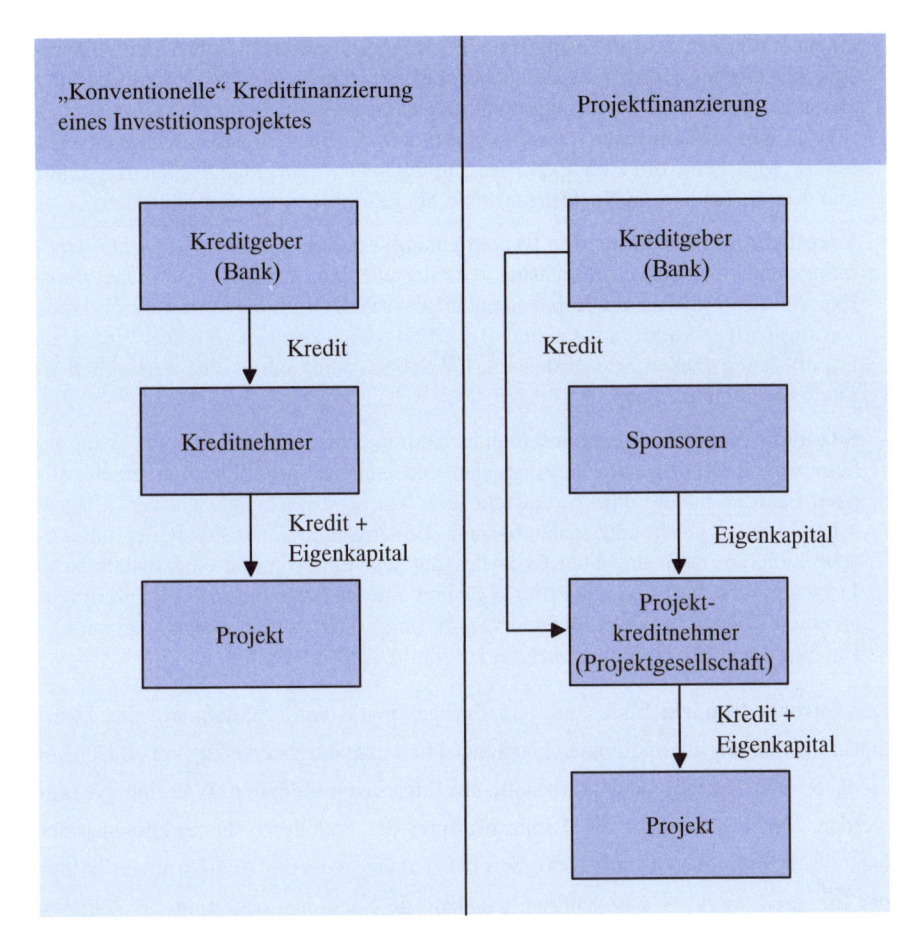

Abb. 2.23: Vergleichende Gegenüberstellung einer „konventionellen" Kreditfinanzierung mit der Projektfinanzierung

Aufgabe 15: Zeigen Sie die Grundidee der Projektfinanzierung auf und grenzen Sie diese von der „konventionellen" Kreditfinanzierung eines Investitionsobjektes ab.

Eine weitere Möglichkeit der Exportfinanzierung ist das **Exportleasing**, das nach den folgenden Kriterien unterschieden werden kann (vgl. z.B. Matschke/Olbrich 2000, S. 111 f.):

- **Art des Leasingobjektes** (Mobilien- und Immobilienexportleasing oder Spezialgut- und Allgemeingutexportleasing).

- **Beziehung zwischen ausländischem Leasingnehmer und inländischem Hersteller des Leasingobjektes** (direktes und indirektes Exportleasing): Während bei einem indirekten Exportleasing eine Leasinggesellschaft zwischen den inländischen Hersteller und den ausländischen Leasingnehmer geschaltet wird, d.h., der Hersteller verkauft der Leasinggesellschaft das erstellte Gut, die das Gut dann direkt an den ausländischen Leasingnehmer auf der Basis eines Leasingvertrages liefert, wird beim direkten Exportleasing zwischen dem inländischen Hersteller und dem ausländischen Nachfrager direkt ein Leasingvertrag abgeschlossen.

- **Verpflichtungscharakter der Exportleasingverträge**: Dabei ist zwischen Operating- und Financial-Exportleasing zu unterscheiden. Während beim Operating-Exportleasing (insbesondere bei Standardgütern) der Leasingvertrag durch beide Vertragspartner kurzfristig gekündigt werden kann, zeichnet sich das Financial-Exportleasing (neben Standard- auch für Spezialgüter) durch eine vertraglich fixierte Grundmietzeit aus.

- **Sitz des Exportleasinggebers** (echtes und unechtes Exportleasing): Während beim echten Exportleasing Leasinggeber und -nehmer ihren Sitz in unterschiedlichen Ländern haben, d.h., es entsteht eine Vertragsbeziehung zwischen inländischem Leasinggeber und ausländischem Leasingnehmer, veräußert der inländische Lieferant beim unechten Exportleasing sein Exportgut an eine ausländische Leasinggesellschaft, die dann dieses Objekt auf der Basis eines Leasingvertrages an einen Kunden in ihrem Sitzland vergibt (auch das Leasing kann mit einem Off Balance Sheet Effect einhergehen; vgl. Schmitt 1989, S. 112).

Der **Eurokreditmarkt** bildet mit dem Eurogeldmarkt und -kapitalmarkt den Euromarkt, der als ein internationaler Finanzmarkt zu charakterisieren ist (vgl. Büschgen 1999, S. 240 ff.), auf dem „Geschäfte in einer konvertierbaren Währung getätigt werden, die jeweils nicht die Landeswährung der beteiligten Transaktionspartner darstellt." (Matschke/Olbrich 2000, S. 118). Für die weiteren Ausführungen ist nur der Eurokreditmarkt von Bedeutung, auf dem die Nachfrage nach und das Angebot von mittel- und langfristigen Krediten in Eurowährungen (z.B. Euro, der Yen, der Schweizer Franken und der US-Dollar) zusammentreffen. Marktteilnehmer sind Kreditinstitute, große multinationale Unternehmungen, internationale Organisationen und staatliche Institutionen (vgl. Sauer 1997, S. 432 f.).

Während ursprünglich die Finanzierung von Auslandsinvestitionen sowie die Leistung von An- und Zwischenzahlungen den Schwerpunkt bildeten, liegt der Schwerpunkt zum heutigen Zeitpunkt auf dem Gebiet der Finanzierung von Großprojekten, „bei denen als Kreditnehmer nicht mehr ein Ex- oder Importeur, ein Staat oder eine Währungsbehörde, sondern vielmehr eine Projektgesellschaft auftritt, die aus den Überschüssen des Projekts Zins- und Tilgungszahlungen leistet." (Schierenbeck/Hölscher 1998, S. 421 f.). Differenzierend ist im Rahmen des Eurokreditmarktes zwischen dem

- Markt für Eurofestzinskredite und dem
- Markt für „roll-over"-Kredite

zu unterscheiden. Bei **Eurofestzinskrediten**, die einen festen Zinssatz aufweisen, kann der Zeithorizont bis zu zehn Jahren betragen. Typisch für den Eurokreditmarkt sind syndizierte Kredite als zinsvariable **„roll-over"-Kredite**, bei denen es sich um fest zugesagte Kredite handelt, deren Zinssätze in periodischen Abständen unter Beachtung der realen Refinanzierungskosten neu festgelegt werden: „Internationale Bankenkredite auf roll-over-Basis eignen sich vorzüglich für die Belange einer Projektfinanzierung, da sie neben ihrer - in allen wichtigen Währungen - relativ leichten Verfügbarkeit durch ihre ausgeprägte Flexibilität gegenüber anderen Projektfinanzierungsquellen im Vorteil sind. So ist eine mehrjährige tilgungsfreie Periode zur Überbrückung der einnahmelosen Bauzeit der Projektanlage darstellbar." (Schmitt 1989, S. 87). Ebenfalls ist eine Tilgungsstreckung denkbar, die etwa bei eintretenden Projektverzögerungen erforderlich werden kann. Damit trägt der Kreditnehmer das Zinsänderungsrisiko.

3 Instrumente zur Projektplanung und -steuerung

Ziel der weiteren Ausführungen ist es nicht, einen möglichst umfassenden Überblick über die in der Literatur vorgestellten Instrumente zu geben, die im Rahmen der Projektplanung und -steuerung zum Einsatz gelangen können. Ein derartiges Kompendium würde den Rahmen eines Einführungslehrbuches bei weitem sprengen. Es sollen vielmehr einige ausgewählte Instrumente vorgestellt werden, die aus der Sicht der Autoren für eine Einführung besondere Relevanz haben. Die Instrumente beziehen sich auf

- Strukturen,
- Termine,
- Kapazitäten und
- Kosten

sowie auf entsprechende Kombinationen dieser Elemente.

3.1 Projektstrukturplan

Dem Projektstrukturplan (work breakdown structure (vgl. Abbildung 3.1)) obliegt die Aufgabe, auf der Grundlage des eindeutig definierten Projektziels die sachlogische Gliederung eines Projektes zu erfassen und wiederzugeben. Er dient letztlich der **Komplexitätsbewältigung** und wird auch als „Plan der Pläne" bezeichnet, weil er die Grundlage für weitere Pläne bildet (vgl. Schwarze 2006, S. 93 ff.). Der Projektstrukturplan ist das Ergebnis einer **strukturellen Analyse** eines Projektes, d.h., das Projekt wird in leistungsbezogener Sicht in eine überschaubare Anzahl von Teilen zerlegt (top down). Er ermöglicht damit bereits eine grobe Ermittlung der benötigten Ressourcen. Die sich hieraus ergebende Projektstruktur stellt den Aufgabenbaum des Projektes dar, da das Vorhaben stufenweise in Teilaufgaben zerlegt wird und hierdurch ein Über-/Unterordnungsverhältnis entsteht.

Die **Zerlegung**[1] des Projektes in Teilaufgaben endet auf der untersten Stufe mit der Definition von sogenannten **Arbeitspaketen** (work packages). Sie bilden damit gleichzeitig die kleinste Einheit des Strukturplans und stellen eine Arbeitsmenge mit definiertem Ergebnis dar, die von einer Organisationseinheit (Person oder Gruppe) selbständig bearbeitet werden kann (vgl. z.B. Pfeiffer 1987, S. 228). Zur eindeutigen

---

1) „Aus organisatorischen und kostenrechnerischen Gründen sollte die Zerlegung jedoch so erfolgen, daß Teilleistungen mit starken, wechselseitigen Abhängigkeiten zu einer Teilaufgabe zusammengefaßt werden." Withauer (1971, S. 614).

Identifikation der Arbeitspakete wird ihnen eine sogenannte **Arbeitspaketnummer** zugeordnet. Ferner ist eine **Arbeitspaketbeschreibung** (vgl Schelle 2004, S. 119) zweckmäßig, die neben dem Inhalt auch Angaben zur verantwortlichen Organisationseinheit, zum Kostenträger, zu eventuell anzuwendenden Richtlinien etc. enthält. In der Praxis werden hierzu entsprechende Formblätter eingesetzt (vgl. z.B. Höffken/Schweitzer 1991, S. 69 ff.). Abbildung 3.1 gibt den grundsätzlichen Aufbau eines Projektstrukturplans wieder.

Grundsätzlich kann bei der Strukturierung

– objektorientiert (z.B. Komponenten einer zu erstellenden Anlage) und

– verrichtungsorientiert (z.B. Aufgabenschwerpunkte im Zeitablauf)

vorgegangen werden (vgl. z.B. Fischer/Spiekermann 2006, S. 41 ff.; Stiasni 1994, S. 13).

Die Abbildungen 3.2 und 3.3 geben einen objekt- und einen verrichtungsorientierten Projektstrukturplan auf der Grundlage eines praktischen Beispieles wieder (vgl. z.B. Hirzel 1985, S. 395).

Der Hinweis, daß in der Praxis in aller Regel nur Projektstrukturpläne zum Einsatz gelangen, in denen beide Gliederungsprinzipien auf der gleichen Ebene zur Anwendung kommen (vgl. Schelle 2004, S. 121), mag zwar durchaus praktischen Gegebenheiten entsprechen, verstößt aber gegen elementare Grundregeln einer Systematisierung und ist damit abzulehnen. Der Projektstrukturplan stellt eine unabdingbare Voraussetzung für ein systematisches Projektmanagement dar.

Ein Projektstrukturplan wird nur bei einfachen Projekten von Anfang an in differenzierter Form erstellbar sein. Vielmehr wird er bei komplexeren Projekten aus einer anfänglich groben Struktur über mehrere Phasen ausdifferenziert werden, d.h., der **Detaillierungsgrad** eines Projektstrukturplans nimmt im Zeitablauf vom Anfangsstadium eines Projektes bis hin zur endgültigen Realisierungsvorlage zu. Abbildung 3.4 gibt diese Vorgehensweise in vereinfachter Form wieder (vgl. z.B. Lachnit 1994, S. 31).

Mit Blick auf eine Verbesserung der Möglichkeiten zur Kostenschätzung schlägt Schultz (1995, S. 161 ff.) die Bildung von **Projektsegmenten** vor, die sich vom Aggregationsniveau her zwischen den Extremen „Projekt" und „Arbeitspaket" befinden. Die einzelnen Projektsegmente eines Projektes können dabei auf unterschiedlichen Gliederungsebenen des Projektstrukturplans angesiedelt sein, wie dies beispielhaft in Abbildung 3.5 dargestellt ist.

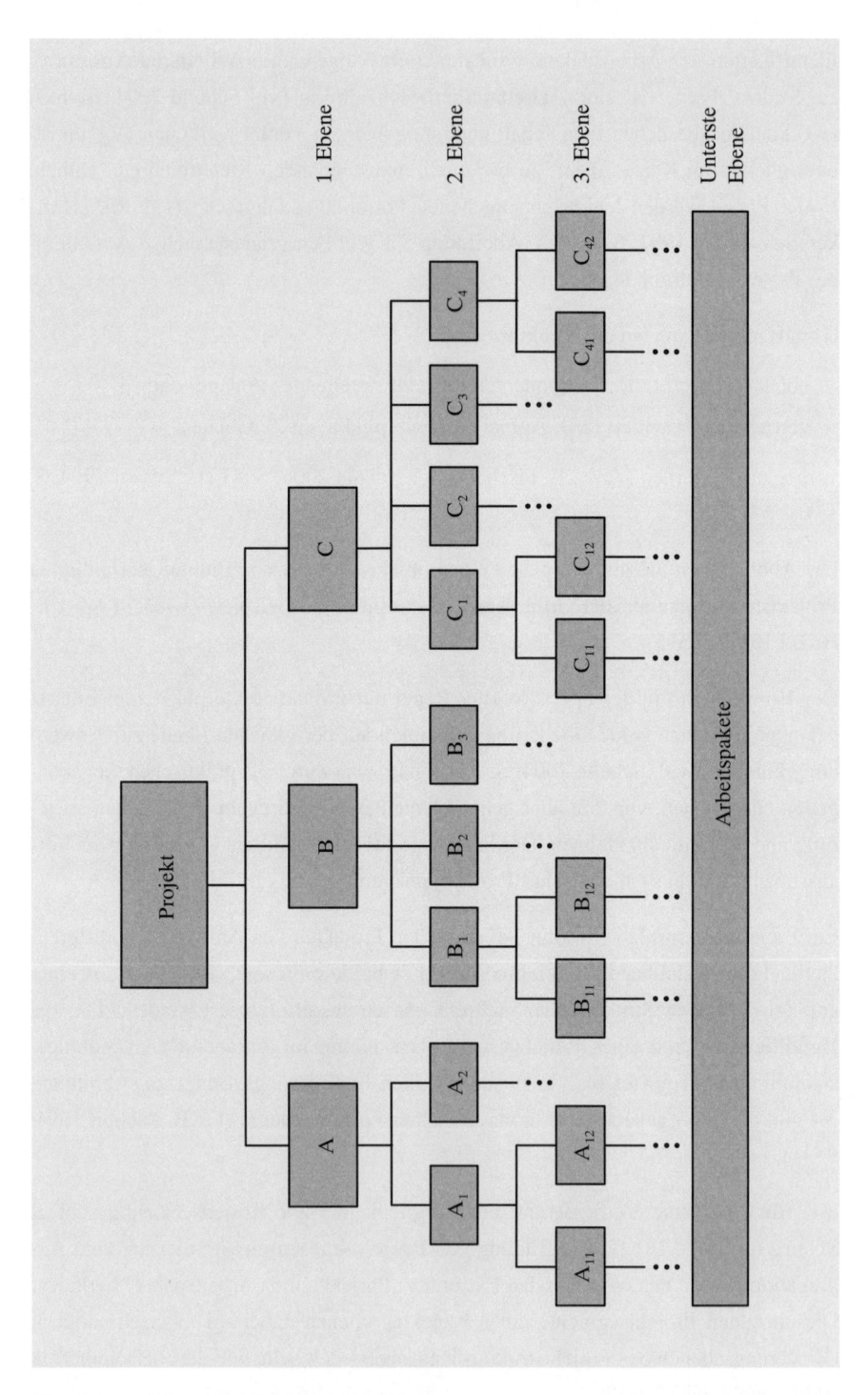

Abb. 3.1: Allgemeiner Projektstrukturplan

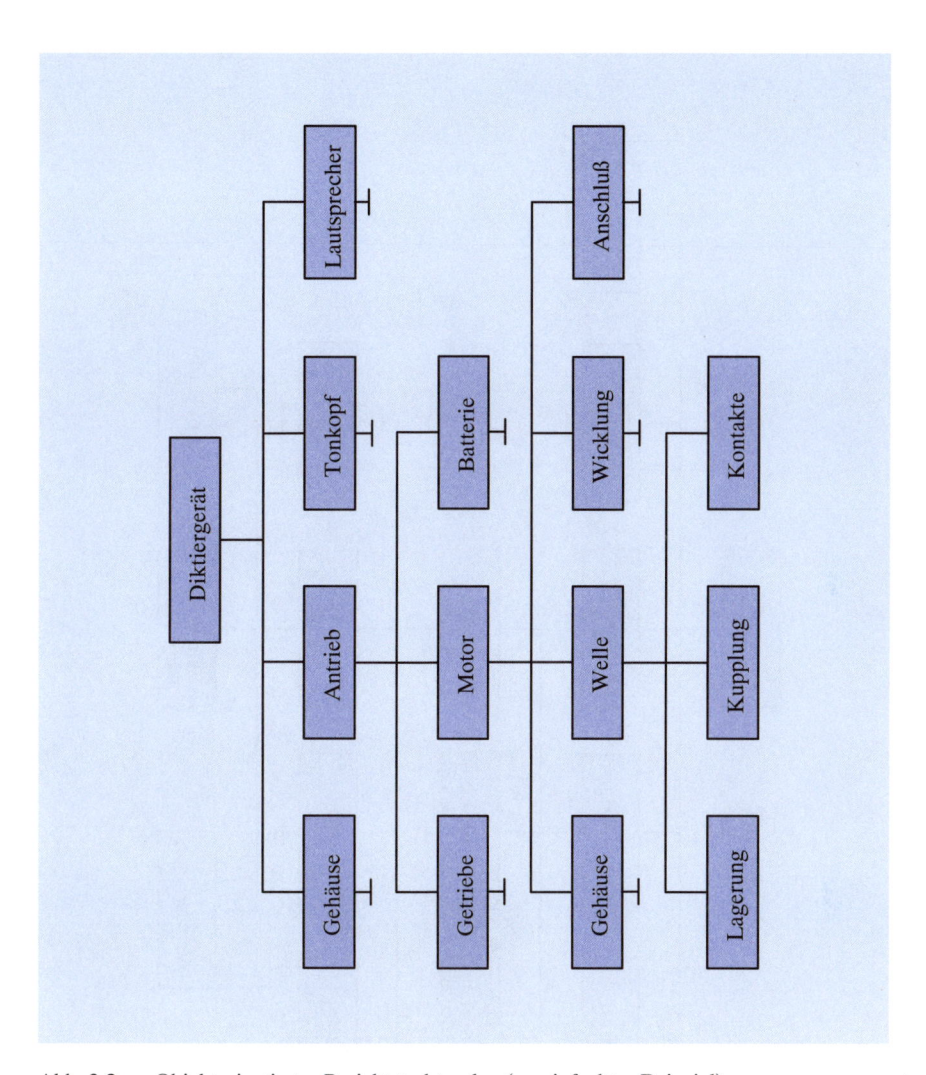

Abb. 3.2: Objektorientierter Projektstrukturplan (vereinfachtes Beispiel)

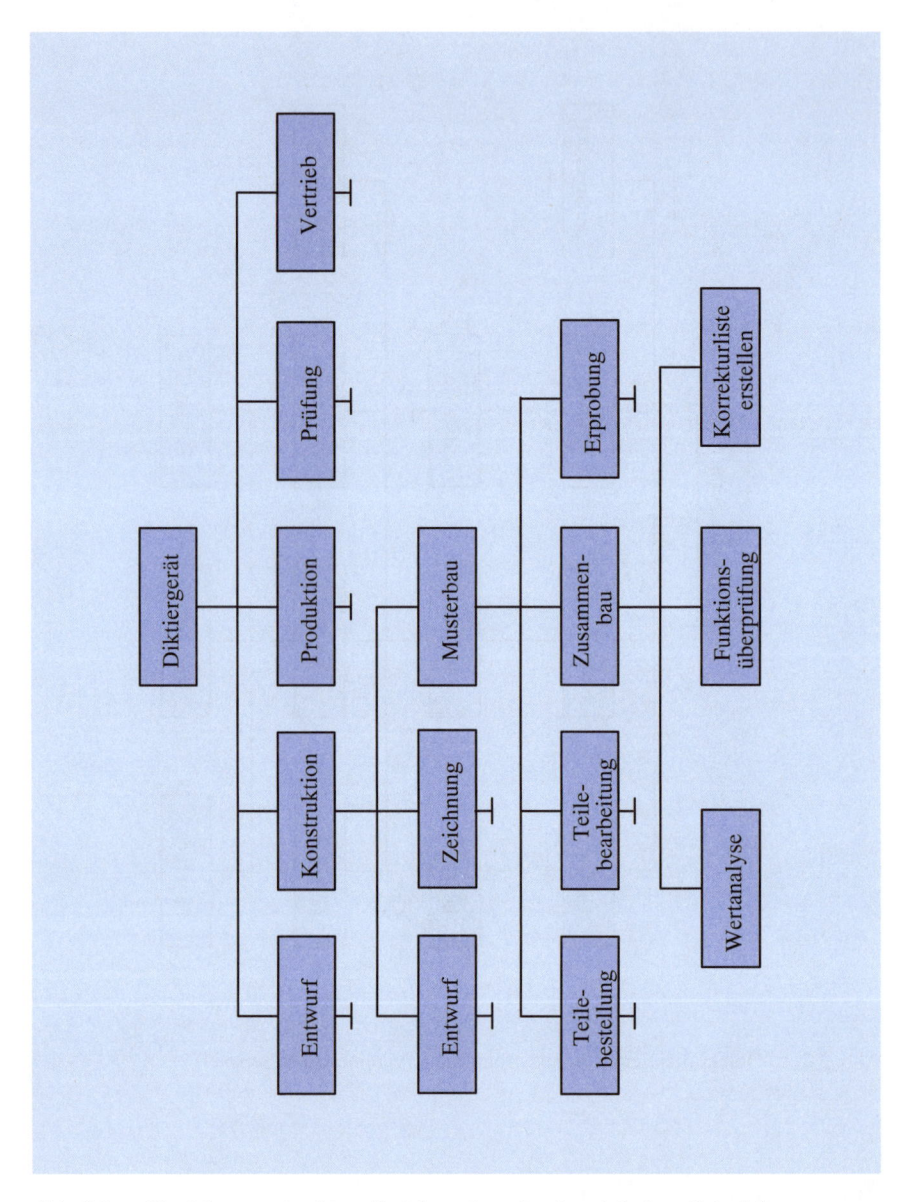

Abb. 3.3: Verrichtungsorientierter Projektstrukturplan (vereinfachtes Beispiel)

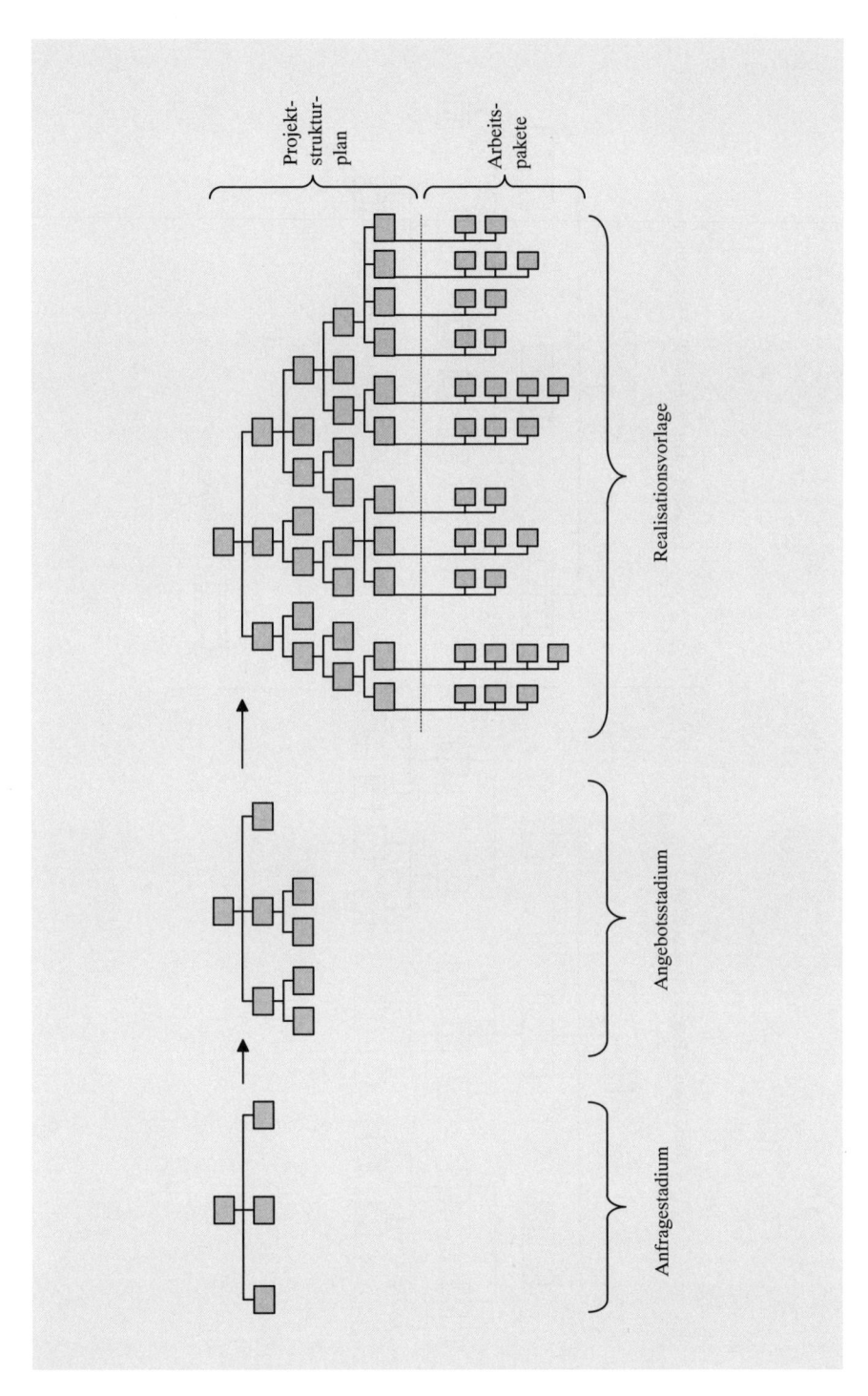

Abb. 3.4: Detaillierungsgrade des Projektstrukturplans im Zeitablauf

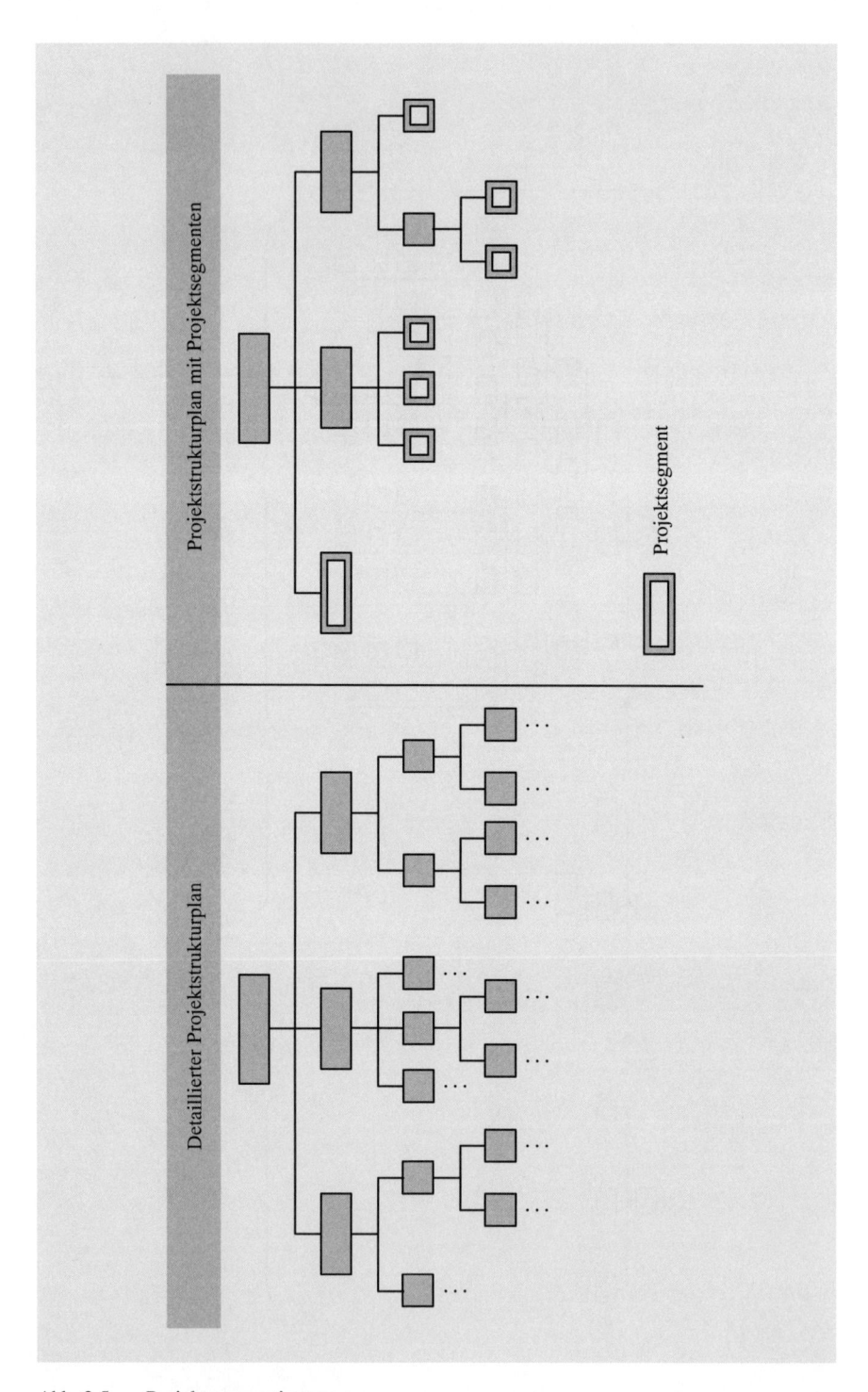

Abb. 3.5: Projektsegmentierung

In einer weitergehenden Differenzierung können dann die zu erbringenden Leistungen danach unterschieden werden, ob es sich um

- Eigen- oder Fremdleistungen und
- bekannte oder unbekannte Leistungen

handelt, um auf dieser Grundlage zumindest die Teile eines Projektes zu eruieren, bei denen auf bekanntes Wissen zurückgegriffen werden kann. Abbildung 3.6 gibt diese Vorgehensweise wieder (vgl. Schultz 1995, S. 163).

Aufgrund des Sachverhaltes, daß bei Projekten durchaus ähnliche Aufgabenstellungen zu beobachten sind, ergibt sich auch in diesem Zusammenhang ein Standardisierungspotential. So schlägt etwa Hirzel (1985, S. 395 ff.) die Aufstellung von sogenannten **Standardstrukturplänen** vor, wobei ihm als realer Hintergrund ein Beispiel für die Entwicklung eines Serienproduktes dient und er die folgenden vier Ebenen unterscheidet:

- Funktionen,
- Komponenten,
- Arbeitskomplexe und
- Arbeitspakete.

Der Umfang eines Standardstrukturplans hängt dabei von Art und Umfang des jeweiligen Projektes ab[1].

Darüber hinaus sind Standardstrukturpläne nicht nur als Rationalisierungsmaßnahme zu sehen, sondern es können auch Teile des Projektes selbst standardisiert werden, um auf dieser Grundlage zu einer Modularisierung zu gelangen. Diese Vorgehensweise bietet sich nur bei den Bestandteilen eines Projektes an, die regelmäßig benötigt werden.

---

1) Liegen ähnliche Projekte vor, dann bietet auch die sogenannte KI-Forschung, speziell in der Erscheinungsform der Expertsysteme, ein Unterstützungspotential. Die Zerlegung der Gesamtaufgabe in Teilaufgaben erfolgt dabei auf der Grundlage der sogenannten Dekompositionsstrategie, wobei Und/Oder-Graphen zur Anwendung gelangen. Dabei wird jede einmal erfaßte Aufgabe und ihre Zerlegung in Teilaufgaben in der Wissensbasis gespeichert, so daß der Benutzer nur noch dann eine Zerlegung selbst vornehmen muß, wenn eine zu zerlegende Aufgabe gegeben ist, die vormals noch nicht bearbeitet wurde. Vgl. Zelewski (1988, S. 1123 ff.).

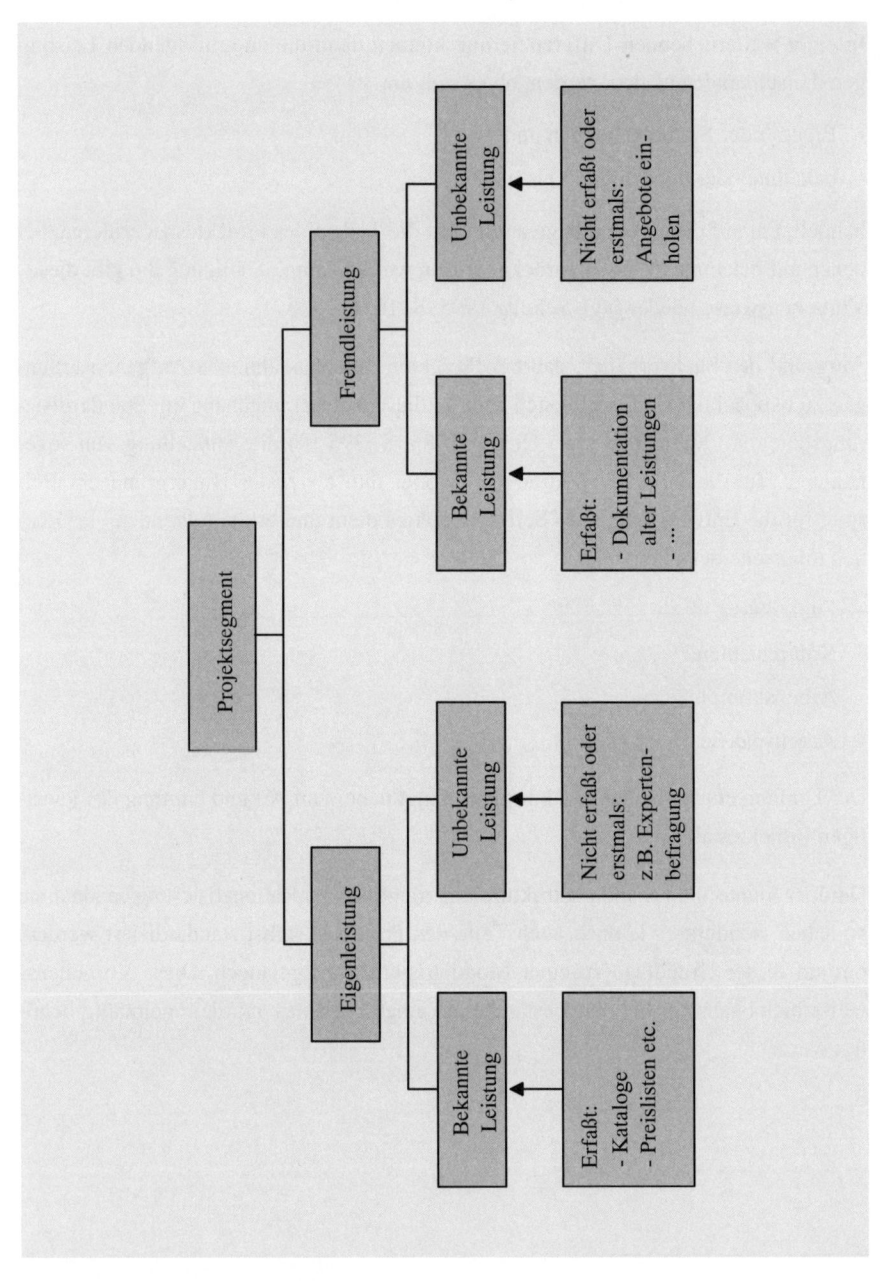

Abb. 3.6: Differenzierung der Projektsegmente

Unabhängig von der Frage, ob der Projektstrukturplan vollkommen individuell oder standardisiert erstellt wird, sind in einem nächsten Schritt die Arbeitspakete in einzelne Tätigkeiten zu zerlegen und diese Tätigkeiten dann in eine entsprechende Bearbeitungsfolge zu bringen, so daß sich ein **Ablaufstrukturplan** ergibt.

Die Aufstellung eines Projektstrukturplans hat damit die folgenden **Vorteile** (vgl. z.B. Zur 1992, S. 418 ff.):

– Der Projektstrukturplan zwingt zu einer systematischen Projektgliederung.
– Es wird ein Ordnungsschema geschaffen, mit dessen Hilfe die Projektteilaufgaben eindeutig festgelegt und durch ihre logische Verknüpfung die jeweiligen Schnittstellen definiert werden.
– Durch die Beschreibung jeder Teilaufgabe wird ihre Bedeutung im Rahmen des Projektes klar ersichtlich.
– Die logische Verknüpfung der Teilaufgaben bietet eine geeignete Grundlage für eine Vollständigkeitsprüfung.
– Der Projektstrukturplan bietet eine Basis für den gezielten Einsatz des für die Projektabwicklung notwendigen Führungsinstrumentariums.

Darüber hinaus bietet der Projektstrukturplan eine geeignete Grundlage für

– die Projektkostenschätzung und Kostenkontrolle,
– die Projektdokumentation,
– die Aufgabenverteilung und Verantwortlichkeiten,
– die Risikoanalyse und
– die Ablauf- und Terminplanung.

> Aufgabe 16: Worin liegt die Bedeutung des Projektstrukturplans für das Projektmanagement? Welchen Besonderheiten ist bei der Erstellung von Projektstrukturplänen Rechnung zu tragen?

3.2 Balkendiagramme

Bei den Balkendiagrammen ist zwischen

- Gantt-Chart[1] und
- Transplantechnik

zu unterscheiden. Gemeinsam ist beiden Verfahren, daß der Zeitbedarf eines Vorganges als Balken über einer Zeitachse veranschaulicht wird.

Gantt-Charts sind ein Instrument zur Visualisierung einer Vorgangsabfolge. Die zwischen den Vorgängen existierenden Abhängigkeiten können technisch, organisatorisch oder zeitlich bedingt sein. Für jeden Vorgang wird ein Balken gezeichnet, dessen Anfang den Beginn und dessen Ende den Abschluß eines Vorganges auf der Zeitachse markieren. Das Gantt-Diagramm stellt damit einen **Auftragsfortschrittsplan** dar, der den zeitlichen Fortschritt eines Projektes widerspiegelt (vgl. Küpper/Helber 2004, S. 137 ff.; Werners 2006, S. 225). Abbildung 3.7 gibt beispielhaft ein Gantt-Diagramm wieder, auf dessen Ordinate die Vorgänge eingetragen sind und auf dessen Abszisse die Zeit abgetragen ist.

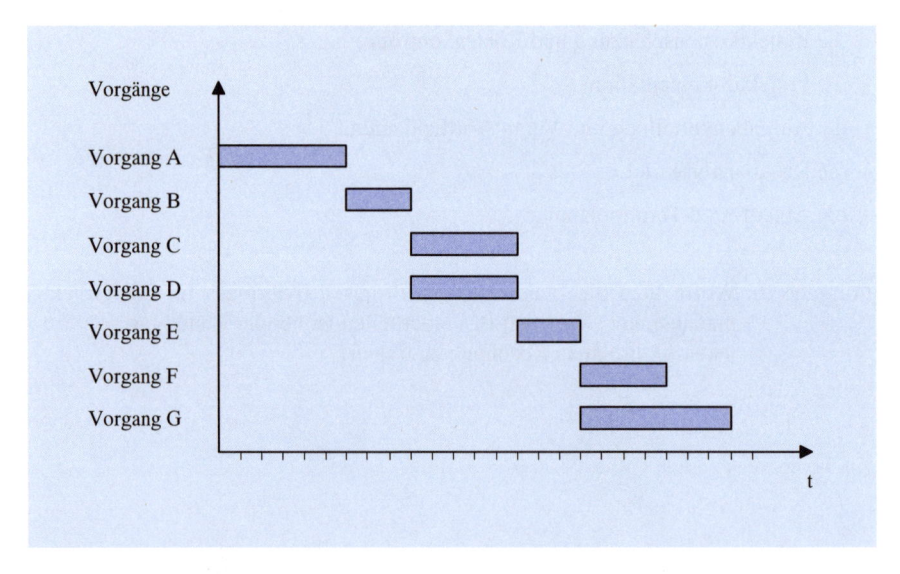

Abb. 3.7: Gantt-Chart

---

[1] Gantt (1861-1919) gehörte neben Taylor und Gilbreth zu den Begründern des Scientific Management, der Lehre von der wissenschaftlichen Betriebsführung. Sein Hauptwerk „Works, Wages and Profits" erschien im Jahre 1911. Gantt-Charts finden ebenfalls im Rahmen der Auftrags- und Maschinenbelegungsplanung Anwendung. Vgl. Zäpfel (1982, S. 254 ff.).

Aus der Abbildung werden zwei Sachverhalte deutlich:

- eventuell vorhandene Zeitreserven lassen sich nicht unmittelbar erkennen und
- die Anordnungsbeziehungen zwischen den Vorgängen sind nicht immer eindeutig bestimmbar.

Die mangelnde Eindeutigkeit läßt sich mit Hilfe der Vorgänge C, D und E zeigen, deren zeitliche Lage im Gantt-Chart durch die folgenden Sachverhalte bedingt sein kann:

- Vorgang E ist nur von Vorgang C abhängig, d.h., eventuell auftretende Verzögerungen bei Vorgang D sind für den Start von Vorgang E irrelevant.
- Vorgang E ist nur von Vorgang D abhängig, d.h., Verzögerungen bei Vorgang C sind für den Start von Vorgang E irrelevant.
- Vorgang E ist von Vorgang C und D abhängig.
- Vorgang E ist von Vorgang C und D unabhängig.

Dieses einfache Beispiel zeigt anschaulich die **mangelnde Eindeutigkeit** dieser Darstellungsform. Trotzdem werden Gantt-Charts in der Praxis eingesetzt, und zwar insbesondere für kleinere Projekte und zur Überwachung von Projektabläufen, was vor allem auf die leichte Lesbarkeit (z.B. auf Baustellen) zurückzuführen ist.

> Aufgabe 17: Zeigen Sie Probleme auf, die sich beim Einsatz von Gantt-Charts ergeben können und verdeutlichen Sie dies anhand eines selbstgewählten Beispiels.

Eine Möglichkeit zur Überwindung dieser Nachteile bietet die **Transplantechnik** (vgl. z.B. Burghardt 2006, S. 243 f.), die letztlich einen **vereinfachten Netzplan** wiedergibt und als **vernetzter Balkenplan** bezeichnet wird. Dabei werden die Vorgänge als waagerechte durchgezogene Linien dargestellt. Senkrechte durchgezogene Linien visualisieren die Vorgänger-Nachfolger-Beziehungen zwischen den Vorgängen, und durch gestrichelte Linien werden Zeitpuffer verdeutlicht. Abbildung 3.8 gibt beispielhaft einen derart vernetzten Balkenplan wieder.

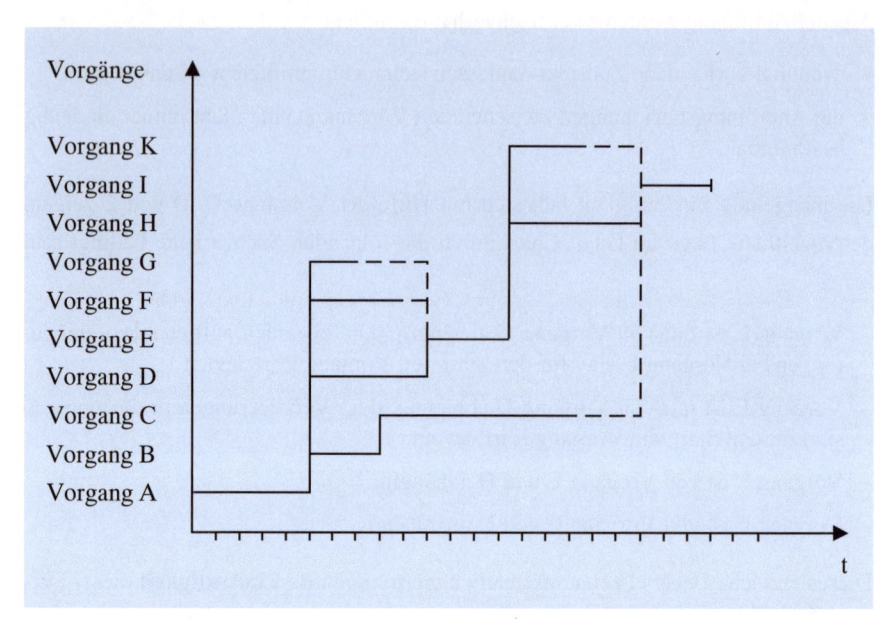

Abb. 3.8: Transplantechnik

Die Abbildung zeigt, daß mit Hilfe der Transplantechnik die Abhängigkeiten zwischen den Vorgängen aufgenommen und Zeitpuffer offengelegt werden können. Tendenziell gilt jedoch auch bei dieser Vorgehensweise, daß sie nur für kleinere Projekte praktikabel ist und bei Großprojekten schnell unübersichtlich wird.

3.3 Netzplantechnik

Unter Netzplantechnik ist ein integratives Verfahren zur Struktur-, Zeit-, Kapazitäts- und Kostenplanung von Projekten zu verstehen. **Graphentheoretisch** ist ein Netzplan ein bewerteter, gerichteter Graph ohne Schleifen (vgl. z.B. Neumann 1992, S. 177 ff.; Zimmermann 1971). Er besteht aus Knoten und Pfeilen. Während

– ein **Knoten** sowohl einen Vorgang (als zeiterforderndes Geschehen mit definiertem Anfang und Ende) als auch ein Ereignis (als ein bestimmter Zustand auf der Zeitachse, in der Form von Anfangs- und Endereignis) darstellen kann,

– repräsentieren **Pfeile** Vorgänge oder Anordnungsbeziehungen.

Elemente eines Netzplanes sind damit:

- Vorgänge,
- Ereignisse und
- Anordnungsbeziehungen.

Auf der Grundlage dieser Elemente lassen sich dann drei Arten von Netzplänen unterscheiden (vgl. Abbildung 3.9):

- **Vorgangsknotennetze:** Die Vorgänge werden als Knoten und die Anordnungsbeziehungen als Pfeile dargestellt, die die Knoten miteinander verbinden.
- **Vorgangspfeilnetze:** Die Vorgänge werden als Pfeile dargestellt und durch Knoten entsprechend der Anordnungsbeziehungen verbunden.
- **Ereignisknotennetze:** Die Ereignisse werden durch Knoten abgebildet und entsprechend ihrer Reihenfolge durch Pfeile miteinander verknüpft. Sie geben folglich keine direkten Informationen über die zu vollziehenden Vorgänge und werden deshalb nur als Übersichtsnetzpläne (Meilensteinnetzpläne) verwendet.

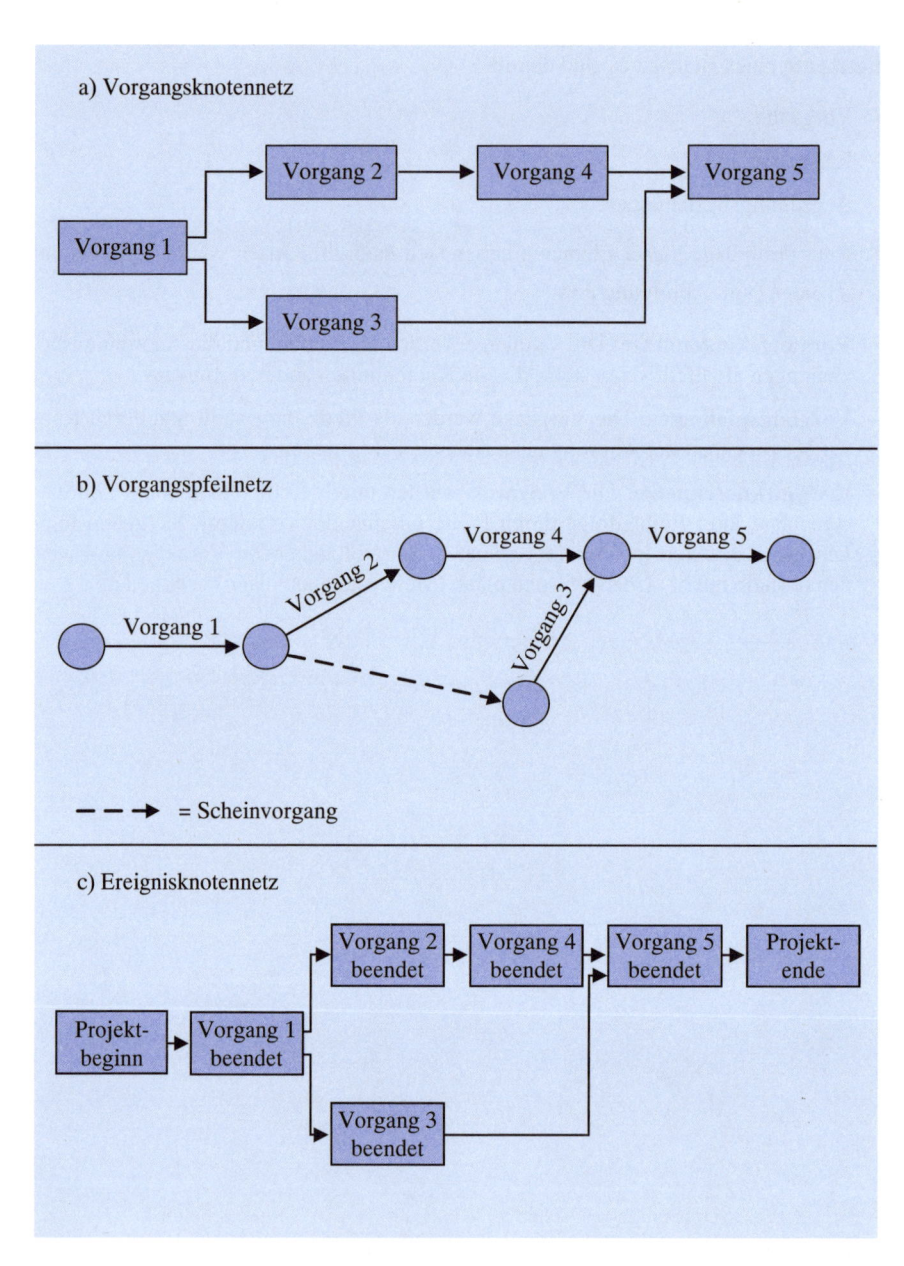

Abb. 3.9: Darstellungsformen eines Netzplanes

In diesem Kontext wird betont (vgl. Schwarze 1979, S. 196 f.), daß es letztlich nur ein Verfahren der Netzplantechnik gibt. Daß sich die Varianten nur geringfügig unterscheiden, wird besonders bei den Vorgangspfeil- und Vorgangsknotennetzen deutlich. Diese Verfahren sind Spezialfälle eines allgemeinen Modells. Dies zeigt sich bereits daran, daß jeder Vorgang als Paar zweier Ereignisse dargestellt werden kann (vgl. Abbildung 3.10).

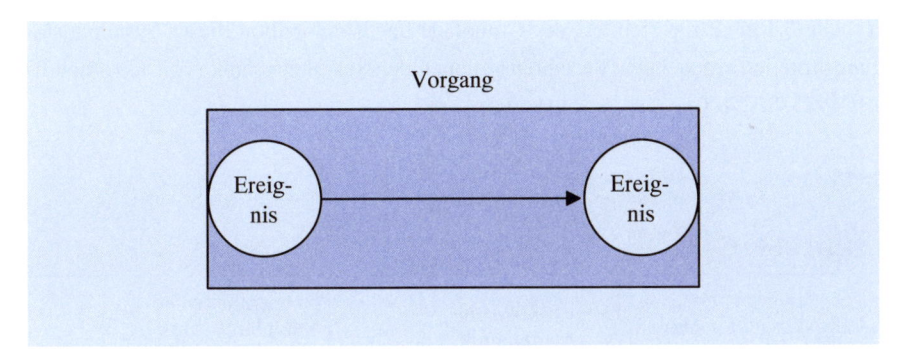

Abb. 3.10: Zusammenhang zwischen Vorgang und Ereignissen

Die so dargestellten Rechtecke stellen dann Knoten im Vorgangsknotennetzplan dar. Beim Übergang zu einem Vorgangspfeilnetz werden die Knoten des Vorgangsknotennetzes durch einen Pfeil mit definiertem Anfangs- und Endereignis ersetzt. Abbildung 3.11 gibt ein einfaches Beispiel wieder, wobei die gestrichelten Pfeile im Vorgangsknotennetz Reihenfolgebeziehungen und im Vorgangspfeilnetz Scheinvorgänge darstellen (vgl. Domschke/Drexl 2007, S. 112).

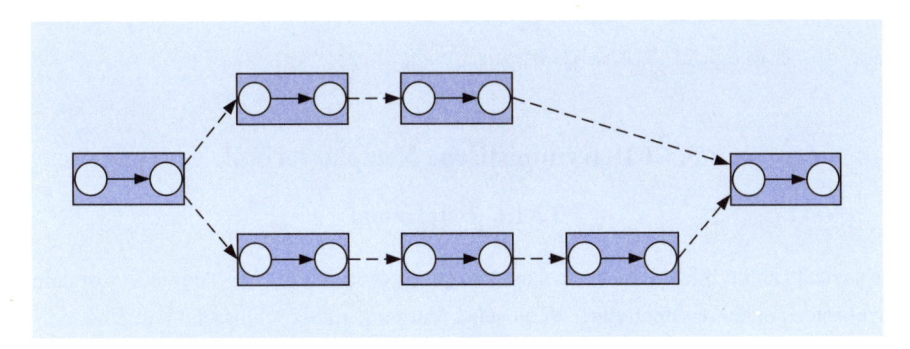

Abb. 3.11: Zusammenhang zwischen Vorgangsknoten- und Vorgangspfeilnetz

Neben diesen unterschiedlichen Darstellungsformen lassen sich darüber hinaus vier **Verfahrensgruppen** herausarbeiten, wobei

– einerseits die Erwartungen über die Parameter der Aktivitäten und
– anderseits der Umfang der Aktivitätenausführung

als Systematisierungskriterien herangezogen werden. Während die **Erwartungen** einwertig oder mehrwertig sein können, lassen sich die **Aktivitäten** danach unterscheiden, ob alle oder nur eine Teilmenge von ihnen durchgeführt werden müssen. Tabelle 3.1 zeigt die sich auf der Grundlage der Kombination dieser Systematisierungskriterien ergebenden Verfahrensgruppen der Netzplantechnik (vgl. Kern/Schröder 1977, S. 278 f.).

Erwartungen Aktivitäten	Einwertig	Mehrwertig
Alle Aktivitäten sind durchzuführen	Deterministische Netzplantechnik, z.B. CPM, MPM	Deterministische Netzplantechnik mit stochastischen Parametern (z.B. Zeit), z.B. PERT
Nur ein Teil der Aktivitäten ist durchzuführen	Stochastische Netzplantechnik mit deterministischen Parametern, z.B. GAN	Rein stochastische Netzplantechnik, z.B. GERT

CPM = Critical Path Method
GAN = General Activity Networks
GERT = Graphical Evaluation and Review Technique
MPM = Metra Potential Method
PERT = Program Evaluation and Review Technique

Tab. 3.1: Verfahrensgruppen der Netzplantechnik

3.3.1 Deterministische Netzplantechnik

3.3.1.1 Zeitplanung

Ausgangspunkt bildet ein einfaches **Vorgangsknotennetz**, bei dem ein Vorgang frühestens dann beginnen darf, wenn seine Vorgänger abgeschlossen sind, eine Voraussetzung, die später aufgehoben wird. Ein **Knoten** soll dabei die in Abbildung 3.12 angegebenen Informationen aufweisen.

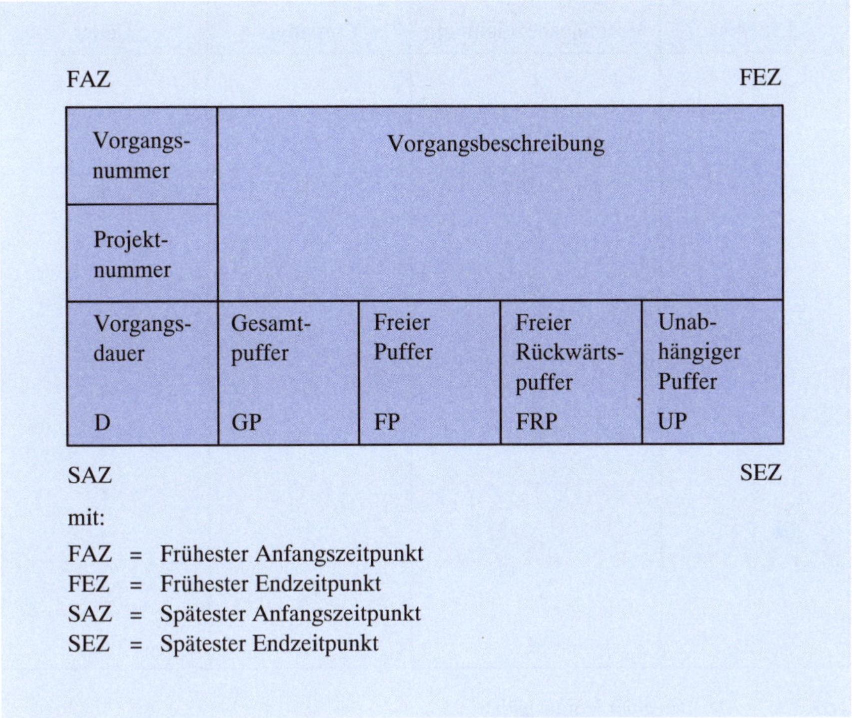

3.3 Netzplantechnik

FAZ					FEZ
Vorgangs-nummer	Vorgangsbeschreibung				
Projekt-nummer					
Vorgangs-dauer	Gesamt-puffer	Freier Puffer	Freier Rückwärts-puffer	Unab-hängiger Puffer	
D	GP	FP	FRP	UP	
SAZ					SEZ

mit:
FAZ = Frühester Anfangszeitpunkt
FEZ = Frühester Endzeitpunkt
SAZ = Spätester Anfangszeitpunkt
SEZ = Spätester Endzeitpunkt

Abb. 3.12:   Aufbau eines Knotens

Tabelle 3.2 zeigt eine sogenannte **Vorgangsliste**, die als Beispiel für den im folgenden aufzustellenden Netzplan dienen soll.

Lfd. Nr.	Vorgangsbezeichnung	Vorgänger	Dauer
1	A	-	5
2	B	A	6
3	C	A	4
4	D	A	3
5	E	B	4
6	F	C	2
7	G	D	4
8	H	E, F	5
9	I	F, G	8
10	K	G	7
11	L	H	3
12	M	I, K, L	4

Tab. 3.2: Beispiel einer Vorgangsliste

Durch diese Vorgangsliste sind die Abhängigkeiten zwischen den durchzuführenden Vorgängen eindeutig bestimmt, und es läßt sich ein entsprechender Vorgangsknotennetzplan aufstellen (vgl. Abbildung 3.13)[1]. Für die nachfolgenden Betrachtungen gilt:

j = Index der Vorgänge $\quad j = 1, ..., J$

$\vec{j}$ = unmittelbarer Nachfolger von Vorgang j

$\overleftarrow{j}$ = unmittelbarer Vorgänger von Vorgang j

i = Index der unmittelbaren Vorgänger $\quad i = 1, ..., I_j$

k = Index der unmittelbaren Nachfolger $\quad k = 1, ..., K_j$

---

[1] Bei den Vorgängen wird im folgenden auf die Projektnummer verzichtet.

3.3 Netzplantechnik 127

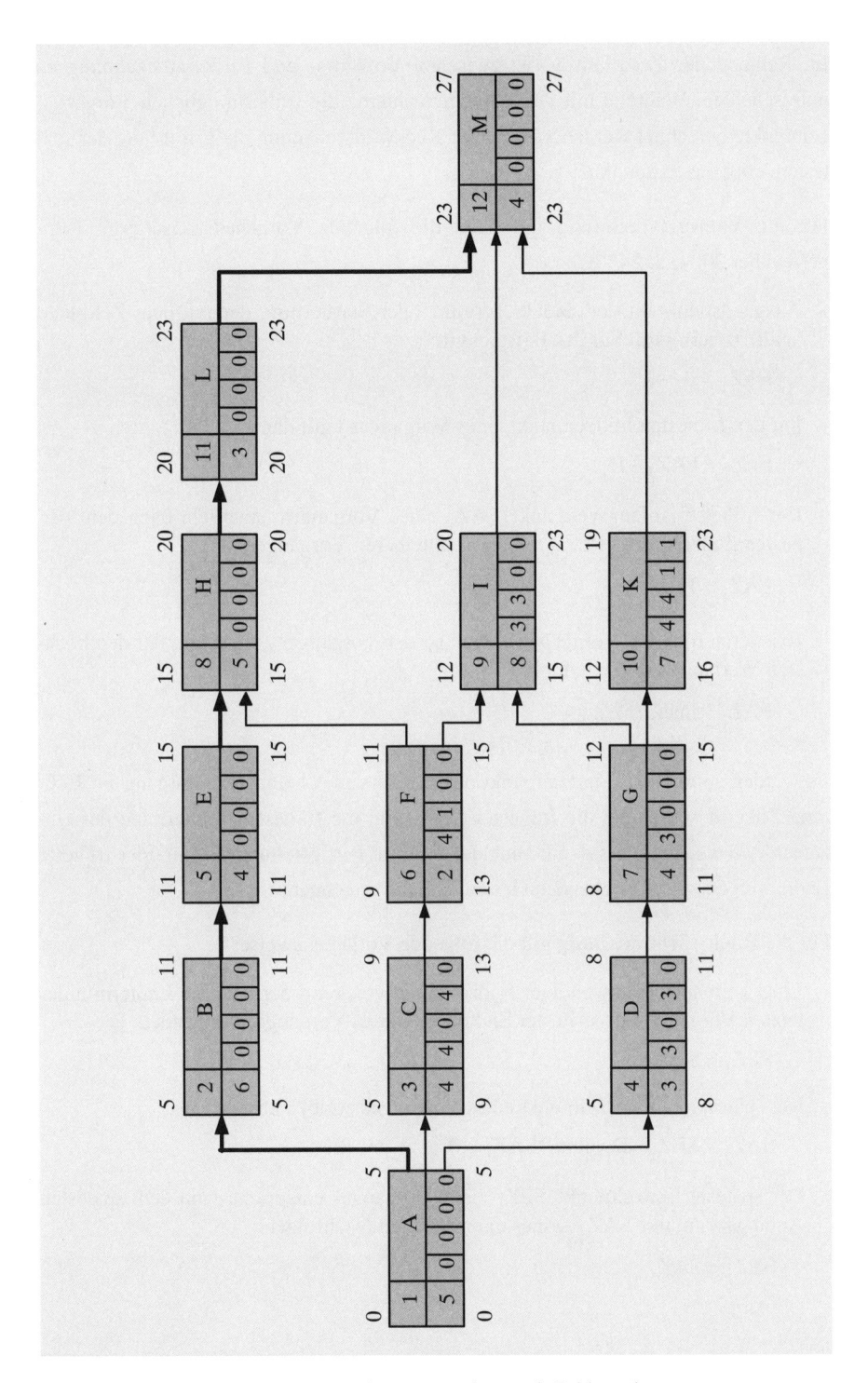

Abb. 3.13: Beispiel eines Vorgangsknotennetzplanes mit Zeitberechnung

Im Rahmen der **Zeitplanung** ist zwischen Vorwärts- und Rückwärtsrechnung zu unterscheiden. Während mit der Vorwärtsrechnung die frühestmöglichen Vorgangszeitpunkte berechnet werden, obliegt der Rückwärtsrechnung die Ermittlung der spätesten Vorgangszeitpunkte.

Für die **Vorwärtsrechnung** gilt dann die folgende Vorgehensweise (vgl. Küpper/Helber 2004, S. 243 ff.):

– Ausgangspunkt ist der „Heute-Termin" oder Starttermin, der mit dem Zeitpunkt „null" fixiert wird. Für das Beispiel gilt:

$$FAZ_1 = 0$$

– Für den frühesten Endzeitpunkt eines Vorganges j gilt dann:

$$FEZ_j = FAZ_j + D_j$$

– Der früheste Anfangszeitpunkt FAZ_j eines Vorganges entspricht dann dem frühesten Endzeitpunkt $FEZ_{\bar{j}}$ seines unmittelbaren Vorgängers:

$$FAZ_j = FEZ_{\bar{j}}$$

Existieren mehrere Vorgänger i, dann ist der Vorgänger zu wählen, der den höchsten Wert aufweist, so daß gilt:

$$FAZ_j = \max_i \ (FEZ_{i,\bar{j}})$$

Es werden somit vom Startzeitpunkt ausgehend von Vorgang zu Vorgang in Richtung Zukunft schreitend die frühesten Start- und die frühesten Endtermine der einzelnen Arbeitsgänge und damit auch der früheste Fertigstellungstermin oder früheste Endtermin der zu vollziehenden Gesamtaufgabe errechnet.

Für die **Rückwärtsrechnung** gilt die folgende Vorgehensweise:

– Liegt kein spätestnotwendiger Endzeitpunkt vor, wird der früheste Endtermin des letzten Vorganges als spätester Endtermin dieses Vorganges verwendet:

$$FEZ_J = SEZ_J$$

– Der späteste Anfangszeitpunkt eines Vorganges ergibt sich dann aus:

$$SAZ_j = SEZ_j - D_j, \text{ mit: } SAZ_1 = 0$$

– Der späteste Endzeitpunkt SEZ_j eines Vorganges entspricht dann dem spätesten Anfangszeitpunkt $SAZ_{\bar{j}}$ seines unmittelbaren Nachfolgers:

$$SEZ_j = SAZ_{\bar{j}}$$

Existieren mehrere Nachfolger k, dann ist der Vorgang mit dem niedrigsten Wert zu wählen:

$$SEZ_j = \min_k \; (SAZ_{\bar{j}.k})$$

Aus Abbildung 3.13 geht hervor, daß bei den Vorgängen A, B, E, H, L, M sowohl die frühestmöglichen und spätestmöglichen Anfänge als auch die frühestmöglichen und spätestnotwendigen Endzeitpunkte identisch sind. Diese Vorgänge können zeitlich nicht verschoben werden, wenn die Gesamtdauer des Projektes eingehalten werden soll (dabei sei von möglichen Anpassungsprozessen abstrahiert). Werden diese sogenannten kritischen Vorgänge miteinander verbunden, dann ergibt sich der **kritische Weg** (oder kritische Pfad), der im Rahmen der Projektrealisation besonders sorgfältig zu beobachten ist, da Verzögerungen auf diesem Weg, den termingerechten Projektabschluß gefährden (vgl. Werners 2006, S. 222 ff.). Aus diesem Grunde wird der kritische Weg im Netzplan besonders kenntlich gemacht (stärkeres Ausziehen der Kanten oder farbliche Hervorhebung). Abbildung 3.14 gibt die Berechnungsvorschriften noch einmal zusammenfassend wieder.

Vorwärtsrechnung:

$$FAZ_j = \max_i \; (FEZ_{i.\bar{j}})$$

$$FAZ_1 = 0$$

$$FEZ_j = FAZ_j + D_j$$

Rückwärtsrechnung:

$$SEZ_j = \min_k \; (SAZ_{\bar{j}.k})$$

$$SEZ_J = FEZ_J$$

$$SAZ_j = SEZ_j - D_j$$

$$SAZ_1 = 0$$

Pufferberechnung:

$$GP_j = SAZ_j - FAZ_j$$

$$FP_j = \min_k \; (FAZ_{\bar{j}.k}) - FEZ_j$$

$$FRP_j = SAZ_j - \max_i \; (SEZ_{i.\bar{j}})$$

$$UP_j = \max \; (0; \; \min_k \; (FAZ_{\bar{j}.k}) - \max_i \; (SEZ_{i.\bar{j}}) - D_j)$$

Abb. 3.14: Übersicht der Zeitberechnungen bei Vorgangsknotennetzen

Aus der Differenz zwischen dem spätesten Ende und dem frühesten Anfang eines Vorganges ergibt sich dann die Zeit, die zur Durchführung eines Vorganges maximal benötigt werden darf. Bei den Vorgängen auf dem kritischen Weg ist die maximal verfügbare Zeit gleich der Vorgangsdauer.

Darüber hinaus weist Abbildung 3.13 Vorgänge auf (C, D, F, G, I, K), die einen zeitlichen Spielraum (Puffer) haben, und somit zeitlich begrenzt verschiebbar sind. Für einen Vorgang kann sich in Abhängigkeit von der zeitlichen Lage seiner unmittelbaren Vorgänger und Nachfolger vier Arten von Puffer unterscheiden (vgl. Abbildung 3.15).

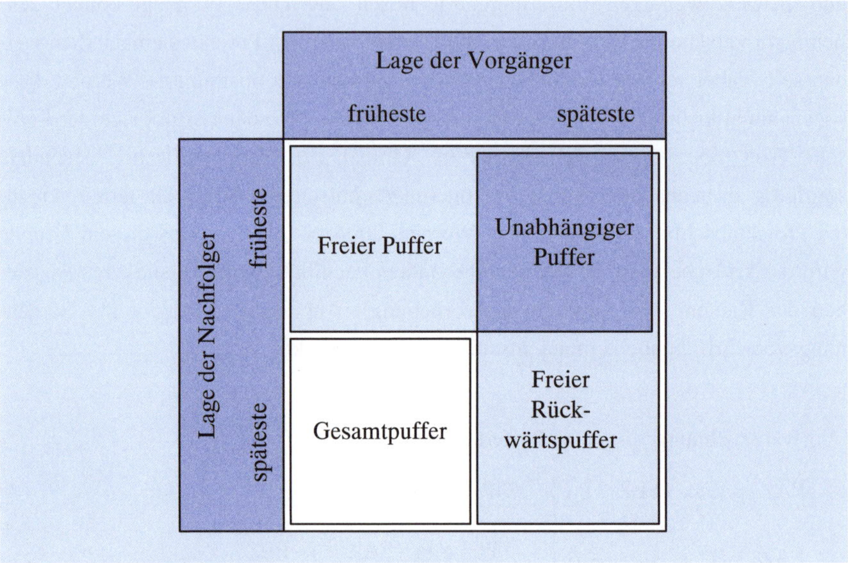

Abb. 3.15: Pufferarten

Die Pufferarten lassen sich in folgender Weise berechnen und interpretieren:

– **Gesamtpuffer** (GP): gibt die Differenz aus der spätesten und frühesten Lage eines Vorganges an und zeigt an, ob sich ein Vorgang auf dem kritischen Weg befindet:

$$GP_j = SAZ_j - FAZ_j$$

Er gibt damit die Zeitspanne an, um die ein Vorgang maximal verschoben oder ausgedehnt werden kann, wenn sich alle Vorgänge in der frühesten Lage und alle Nachfolger in der spätesten Lage befinden. Die Ausnutzung des Gesamtpuffers kann die zeitliche Lage vorausgehender und nachfolgender Vorgänge beeinflussen.

– **Freier Puffer** (FP): ist die Zeitspanne eines Vorganges, um die dieser verschoben oder ausgedehnt werden kann, wenn sich der Vorgang selbst und seine Nachfolger in der frühesten Lage befinden:

$$FP_j = \min_k (FAZ_{\bar{j},k}) - FEZ_j$$

Die Ausnutzung des freien Puffers beeinflußt damit nicht die Lage nachfolgender Vorgänge.

– **Freier Rückwärtspuffer** (FRP): gibt die Zeitspanne an, um die ein Vorgang verschoben oder ausgedehnt werden kann, wenn sich der Vorgang und seine Vorgänger in der spätesten Lage befinden:

$$FRP_j = SAZ_j - \max_i (SEZ_{i.\bar{j}})$$

Die Ausnutzung des freien Rückwärtspuffers beeinflußt die zeitliche Lage vorausgehender Vorgänge nicht.

– **Unabhängiger Puffer** (UP): ist die Differenz aus kleinstem frühesten Anfangszeitpunkt aller Nachfolger k und größtem spätesten Endzeitpunkt aller Vorgänger i abzüglich der Dauer D_j des betrachteten Vorganges:

$$UP_j = \max (0; \min_k (FAZ_{\bar{j}.k}) - \max_i (SEZ_{i.\bar{j}}) - D_j)$$

Er gibt damit die Zeitspanne an, um die ein Vorgang verschoben oder ausgedehnt werden kann, wenn sich alle Vorgänger in der spätesten Lage und alle Nachfolger in der frühesten Lage befinden. Die Ausnutzung des unabhängigen Puffers beeinflußt folglich nicht die zeitliche Lage der Vorgänger und Nachfolger.

Für die Pufferzeiten gelten dann die folgenden Beziehungen:

$GP \geq FP \geq UP$

$GP \geq FRP \geq UP$

$UP = FP + FRP - GP$

Aufgabe 18: Vorgangsknotennetz

a) In der Netzplantechnik wird zwischen Gesamtpuffer, freiem Puffer, freiem Rückwärtspuffer und unabhängigem Puffer unterschieden. Erklären Sie die Erscheinungsformen und beurteilen Sie deren Aussagekraft.

b) Führen Sie an dem Netzplan die folgenden Berechnungen durch:

- Vorwärtsrechnung,
- Rückwärtsrechnung sowie
- freier Puffer und Gesamtpuffer.

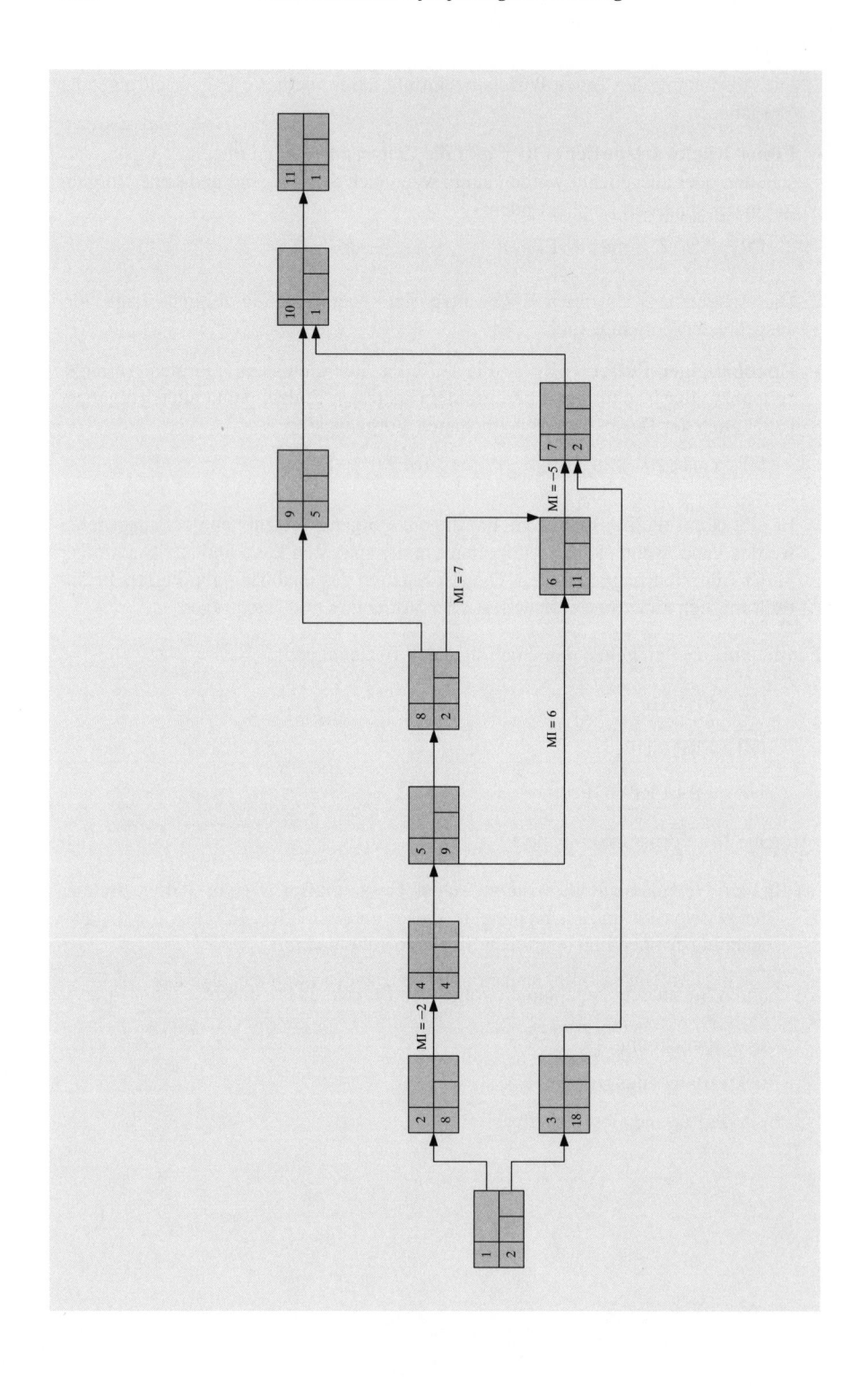

132   3 Instrumente zur Projektplanung und -steuerung

Unter bestimmten Voraussetzungen ist eine **Reduktion von Netzplänen** möglich, wobei zwischen

– serieller und
– paralleler Reduktion

zu unterscheiden ist.

Eine **serielle Reduktion** ist dann möglich, wenn ein Vorgang i der einzige unmittelbare Vorgänger eines Vorganges j und j der einzige unmittelbare Nachfolger von i ist ($I_j = 1$; $K_i = 1$). Unter dieser Voraussetzung lassen sich die beiden Vorgänge zu einem Vorgang s zusammenfassen, wobei sich die Dauer für diesen Vorgang aus $D_s = D_{i,j} + D_j$ ergibt. Demgegenüber kann eine **parallele Reduktion** dann erfolgen, wenn sich für zwei Vorgänge j und j' (mit: $j \neq j'$) die Mengen aller unmittelbaren Vorgänger und die Mengen aller unmittelbaren Nachfolger jeweils entsprechen:

$$VG_j = VG_{j'}$$

$$NF_j = NF_{j'}$$

Für die Dauer (D_p) gilt dann (vgl. z.B. Clasen 1996, S. 84 ff.):

$$D_p = \max \{D_j; D_{j'}\}$$

Den bisherigen Ausführungen wurde für die Grundform von Vorgangsknotennetzen als Anordnungsbeziehung die sogenannte Normalfolge (Ende-Anfang-Beziehung) ohne Einschränkung von zeitlichen Abständen zwischen Vorgängen zugrunde gelegt. Im folgenden soll diese Grundform in zwei Richtungen erweitert werden:

– Berücksichtigung weiterer Anordnungsbeziehungen und
– Erfassung von eingeschränkten zeitlichen Abständen zwischen Vorgängen.

Abbildung 3.16 gibt die grundsätzlich möglichen **Anordnungsbeziehungen** wieder (vgl. z.B. Schwarze 2006, S. 136 ff.).

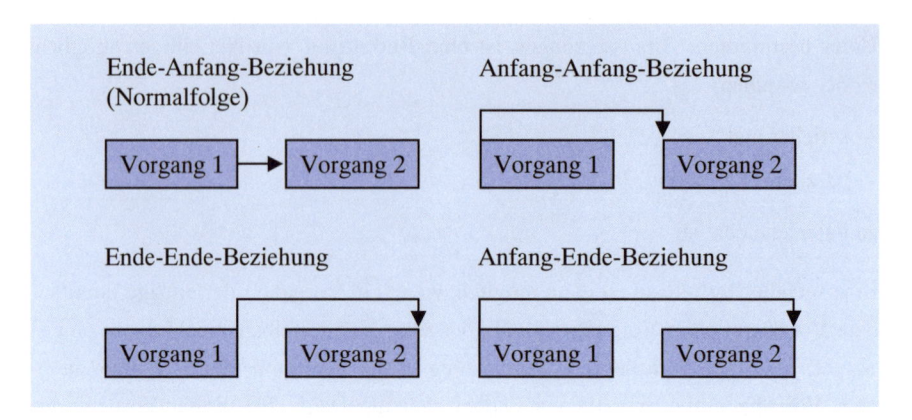

Abb. 3.16: Anordnungsbeziehungen

Neben diesen unterschiedlichen Anordnungsbeziehungen können aus technischen oder organisatorischen Gründen die **zeitlichen Abstände** zwischen den Vorgängen Beschränkungen unterliegen, wobei folgende Erscheinungsformen möglich sind:

- **Maximaler Abstand** (Höchstabstand): definiert einen Abstand der unter-, aber nicht überschritten werden darf.

- **Minimaler Abstand** (Mindestabstand): definiert einen Abstand, der zumindest eingehalten werden muß, aber auch überschritten werden darf. Ein negativer minimaler Abstand wird als Überlappungszeit (Vorziehzeit) bezeichnet, d.h., ein Vorgang darf um die Zeitspanne, die die Überlappungszeit vorgibt, vor dem Ende seines Vorgängers begonnen werden.

Abbildung 3.17 gibt diese Zeitabstände für unterschiedliche Anordnungsbeziehungen wieder.

3.3 Netzplantechnik

Minimalabstand (MI)

Vorgang 1 — MI = 2 → Vorgang 2

Vorgang 1 / MI = 2 → Vorgang 2

Vorgang 1 — MI = 2 ↓ Vorgang 2

Vorgang 1 / MI = 2 ↓ Vorgang 2

Maximalabstand (MA)

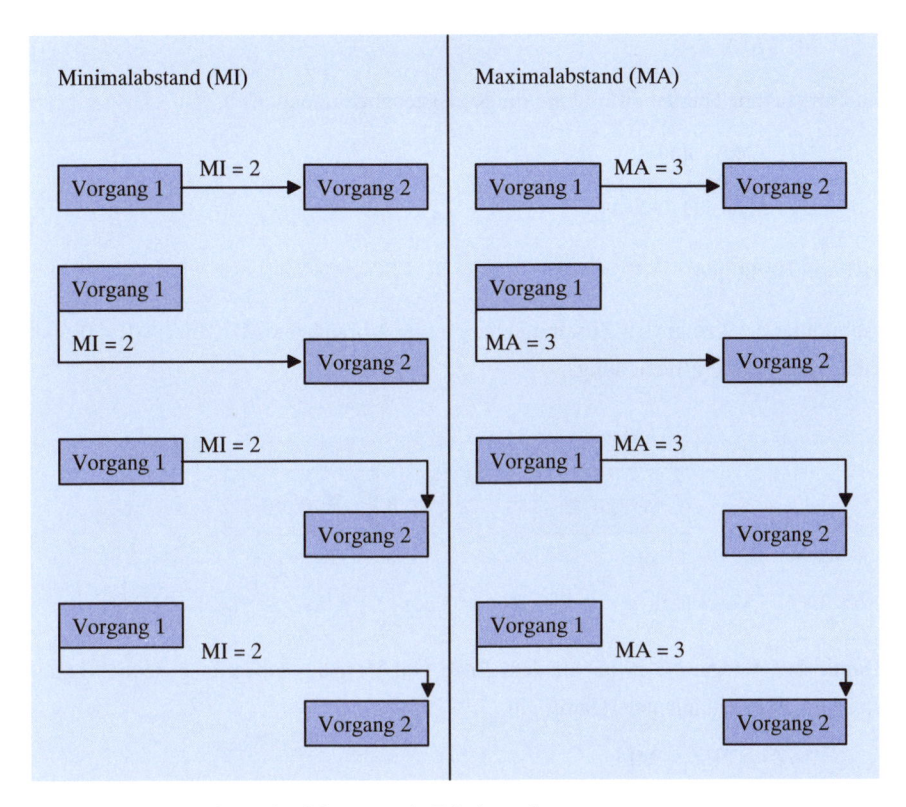

Vorgang 1 — MA = 3 → Vorgang 2

Vorgang 1 / MA = 3 → Vorgang 2

Vorgang 1 — MA = 3 ↓ Vorgang 2

Vorgang 1 / MA = 3 ↓ Vorgang 2

Abb. 3.17: Anordnungsbeziehungen mit Zeitabständen

Darüber hinaus sind auch **Kombinationen dieser Zeitabstände** möglich. Abbildung 3.18 gibt hierzu zwei Beispiele.

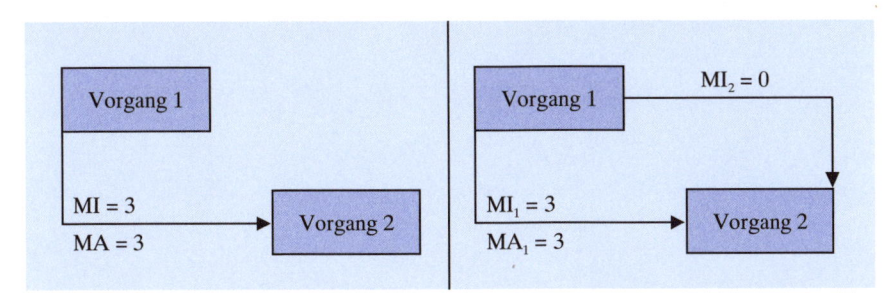

Vorgang 1 / MI = 3, MA = 3 → Vorgang 2

Vorgang 1 — $MI_2 = 0$ ↓; $MI_1 = 3$, $MA_1 = 3$ → Vorgang 2

Abb. 3.18: Kombinationen von Minimal- und Maximalabständen

Um konsistente Netzpläne zu erhalten, dürfen sich die Werte der Zeitabstände nicht widersprechen. So sind im linken Teil der Abbildung 3.18 die Konsistenzbedingungen

MI ≤ MA

und im rechten Teil der Abbildung die Konsistenzbedingungen

$MI_1 \leq MA_1$ und

$D_1 + MI_2 \leq D_2 + MA_1$

zu berücksichtigen.

Abbildung 3.19 zeigt den Zusammenhang einer Vorziehzeit MI (mit: MI < 0) bei einer Ende-Anfang-Beziehung.

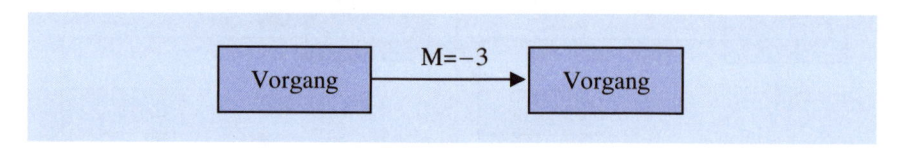

Abb. 3.19: Vorziehzeit

Damit darf Vorgang 2 zwar vor dem Ende von Vorgang 1 beginnen, jedoch höchstens um MI Zeiteinheiten. Damit gilt:

$FAZ_2 = FEZ_1 + MI$

$SEZ_1 = SAZ_2 - MI$

Bedingt durch diese Erweiterungen ergibt sich die Notwendigkeit einer **erweiterten Zeitplanung**. Diese soll auf der Grundlage eines Beispiels verdeutlicht werden. Abbildung 3.20 gibt den zugrundeliegenden Netzplan wieder.

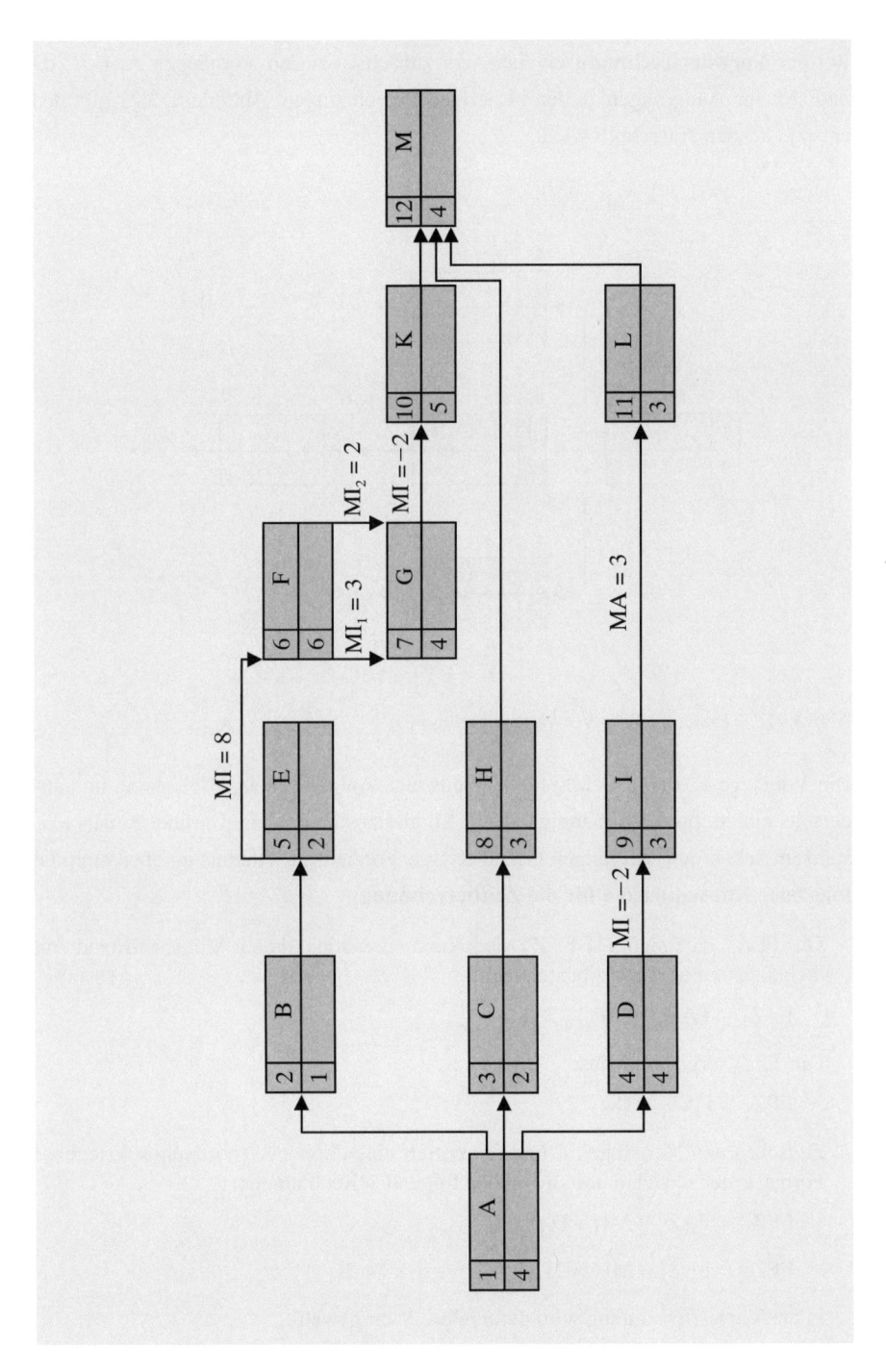

Abb. 3.20: Erweiterter Netzplan

Bei der **Vorwärtsrechnung** ergeben sich zunächst bei den Vorgängen A, B, C, D und H keine Änderungen zu den bisherigen Berechnungen. Abbildung 3.21 gibt den entsprechenden Ausschnitt wieder.

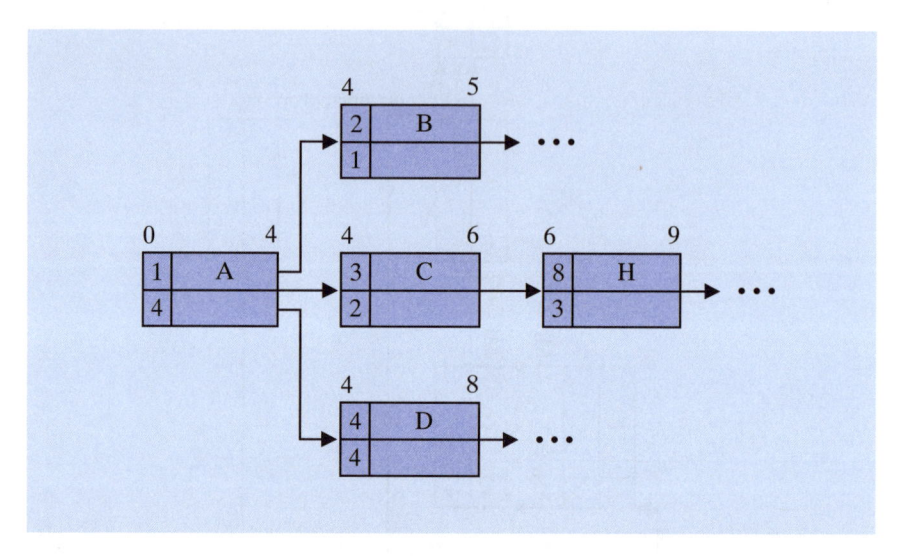

Abb. 3.21:   Erster Teil der Vorwärtsrechnung

Die Vorgänge E, F und G weisen einerseits eine Anfang-Anfang-Beziehung und andererseits eine doppelte Abhängigkeit mit Mindestabständen aus. Darüber hinaus existiert zwischen den Vorgängen G und K eine Vorziehzeit. Hieraus ergeben sich die folgenden **Konsequenzen für die Zeitberechnung**:

- Die FEZ_E darf nicht als FAZ_F übernommen werden, da ein Mindestabstand von 8 einzuhalten ist. Es ergibt sich damit:

    $FAZ_F = FAZ_E + MI\ = 13$

    Die FEZ_F ergibt sich aus:

    $FEZ_F = FAZ_F + D_F = 19$

- Zwischen den Vorgängen F und G existiert eine doppelte Anordnungsbeziehung. Formal ergeben sich damit die beiden folgenden Rechnungen:

    $FEZ_G = FAZ_F + MI_1 + D_G = 20$

    $FEZ_G = FEZ_F + MI_2 = 21$

    In der Vorwärtsrechnung wird der höchste Wert gewählt:

    $FEZ_G = \max\ (FAZ_F + MI_1 + D_G;\ FEZ_F + MI_2)$

Da eine der Anordnungsbeziehungen auf das Ende von Vorgang G gerichtet ist, wird der FEZ_G vor dem FAZ_G berechnet.

– Vorgang K darf sich mit seinem Vorgänger G um 2 Zeiteinheiten überlappen, d.h., er darf frühestens zum Zeitpunkt 19 beginnen. Da keine anderen Vorgänger existieren, ergibt sich für Vorgang K als FAZ_K der Zeitpunkt 19. Die FEZ_K ist dann 24.

Abbildung 3.22 gibt den entsprechenden Netzplanausschnitt wieder.

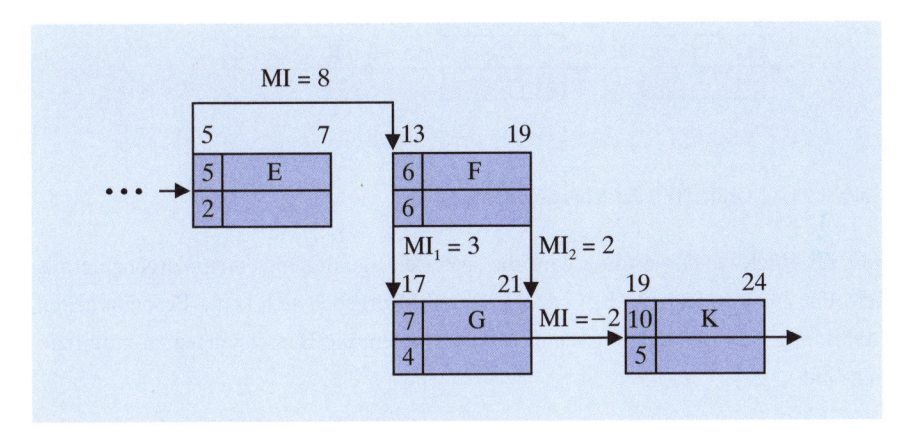

Abb. 3.22: Zweiter Teil der Vorwärtsrechnung

Für den restlichen Netzplan, der in Abbildung 3.23 erfaßt ist, ergeben sich dann die folgenden Berechnungen:

– Vorgang I darf sich mit Vorgang D um maximal 2 Zeiteinheiten überlappen, so daß sich für FAZ_I der Zeitpunkt 6 ergibt und für FEZ_I der Wert 9.
– Als FAZ_L ergibt sich der Zeitpunkt 9 und als FEZ_L der Zeitpunkt 12. Da zwischen den Vorgängen I und L ein Maximalabstand von 3 Zeiteinheiten eingehalten werden muß, ist zu prüfen, ob die Differenz $FAZ_L - FEZ_I$ den Maximalabstand übersteigt. Ist dies wie im vorliegenden Beispiel nicht gegeben, dann ist eine Korrektur der frühesten Lage des Vorganges I nicht erforderlich.

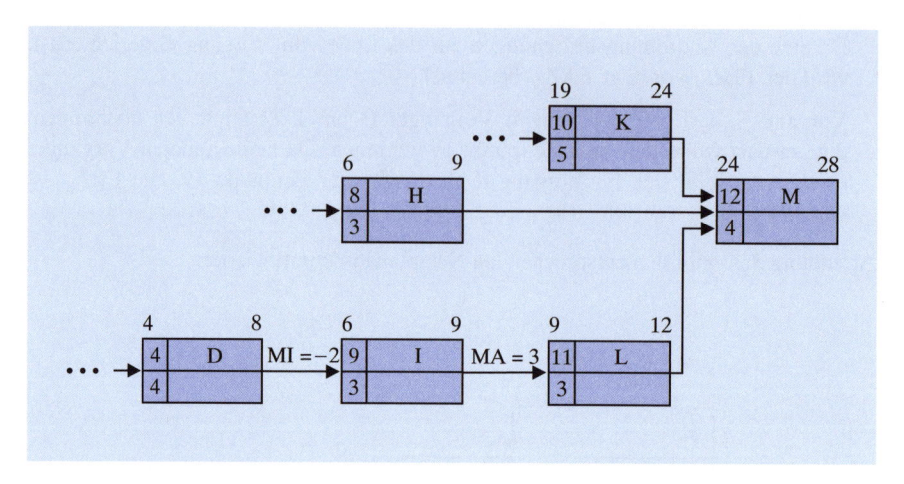

Abb. 3.23: Dritter Teil der Vorwärtsrechnung

Mit der **Rückwärtsrechnung** wird die späteste Lage der einzelnen Vorgänge ermittelt. Für die Vorgänge A, B, C, D, H, K und M ergeben sich keine Besonderheiten. Abbildung 3.24 gibt den Ausschnitt wieder, in dem die Berechnungen zu modifizieren sind.

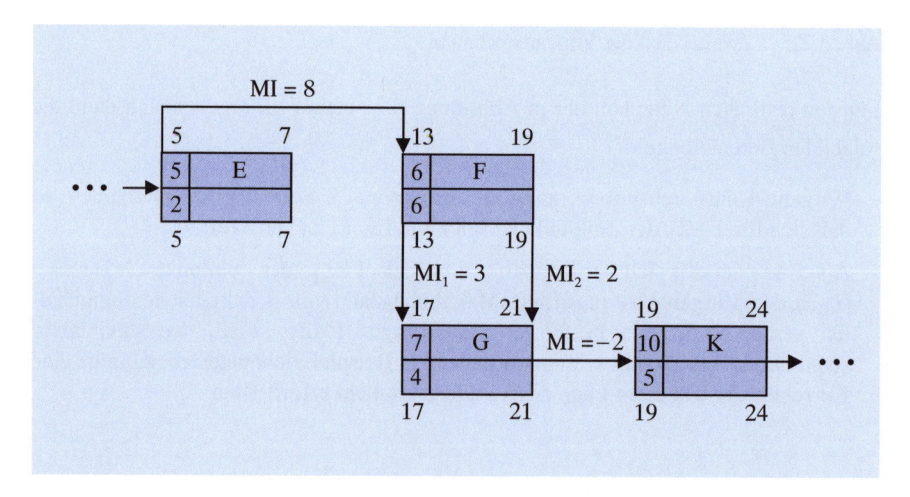

Abb. 3.24: Modifizierte Rückwärtsrechnung

Für die nächsten Schritte der Rückwärtsrechnung sind die folgenden Aspekte zu berücksichtigen:

– Die Vorgänge K und G dürfen sich um maximal 2 Zeiteinheiten überlappen. Für die SEZ_G gilt dann:

$$SEZ_G = SAZ_K - MI = 19 - (-2) = 21$$

Die SAZ_G ergibt sich dann aus:

$$SAZ_G = SEZ_G - D_G = 21 - 4 = 17$$

- Da zwischen den Vorgängen G und F eine doppelte Anordnungsbeziehung existiert, sind folgende Überlegungen relevant:
  -- SAZ_F muß gegenüber dem Ende von Vorgang G um mindestens $D_F + MI_2$ früher liegen und gleichzeitig einen Abstand von mindestens 3 Zeiteinheiten zur SAZ_G besitzen.
  -- SEZ_F muß ferner um mindestens MI_2 Zeiteinheiten vor SEZ_G liegen.

Es gilt dann folgende Berechnung:

$$SAZ_F = \min\ (SEZ_G - MI_2 - DF;\ SAZ_G - MI_1)$$
$$SAZ_F = \min\ (21 - 2 - 6;\ 17 - 3)$$
$$SAZ_F = \min\ (13,\ 14) = 13$$
$$SEZ_F = SAZ_F + D_F = 13 + 6 = 19$$

- Zwischen den Vorgängen F und E besteht eine Anfang-Anfang-Beziehung mit einem Mindestabstand von 8 Zeiteinheiten. Hieraus ergibt sich die Notwendigkeit die SAZ_E vor der SEZ_E zu berechnen. Es gilt:

$$SAZ_E = SAZ_F - MI = 13 - 8 = 5$$
$$SEZ_E = SAZ_E + D_E = 5 + 2 = 7$$

In einem nächsten Schritt sind die **Pufferzeiten** zu ermitteln, wobei im folgenden lediglich der Gesamtpuffer und der freie Puffer ermittelt werden sollen. Dabei sind die folgenden Besonderheiten zu beachten:

- Der freie Puffer von Vorgang G ergibt sich aus:

$$FP_G = FAZ_K - MI - FEZ_G = 19 - (-2) - 21 = 0$$

- Der freie Puffer von Vorgang E ergibt sich aus:

$$FP_E = FAZ_F - MI - FAZ_E = 13 - 8 - 5 = 0$$

- Der freie Puffer von Vorgang F ergibt sich aus:

$$FP_F = FAZ_G + D_G - MI_2 - FEZ_F = 17 + 4 - 2 - 19 = 0$$

Abbildung 3.25 gibt den vollständig berechneten Netzplan wieder.

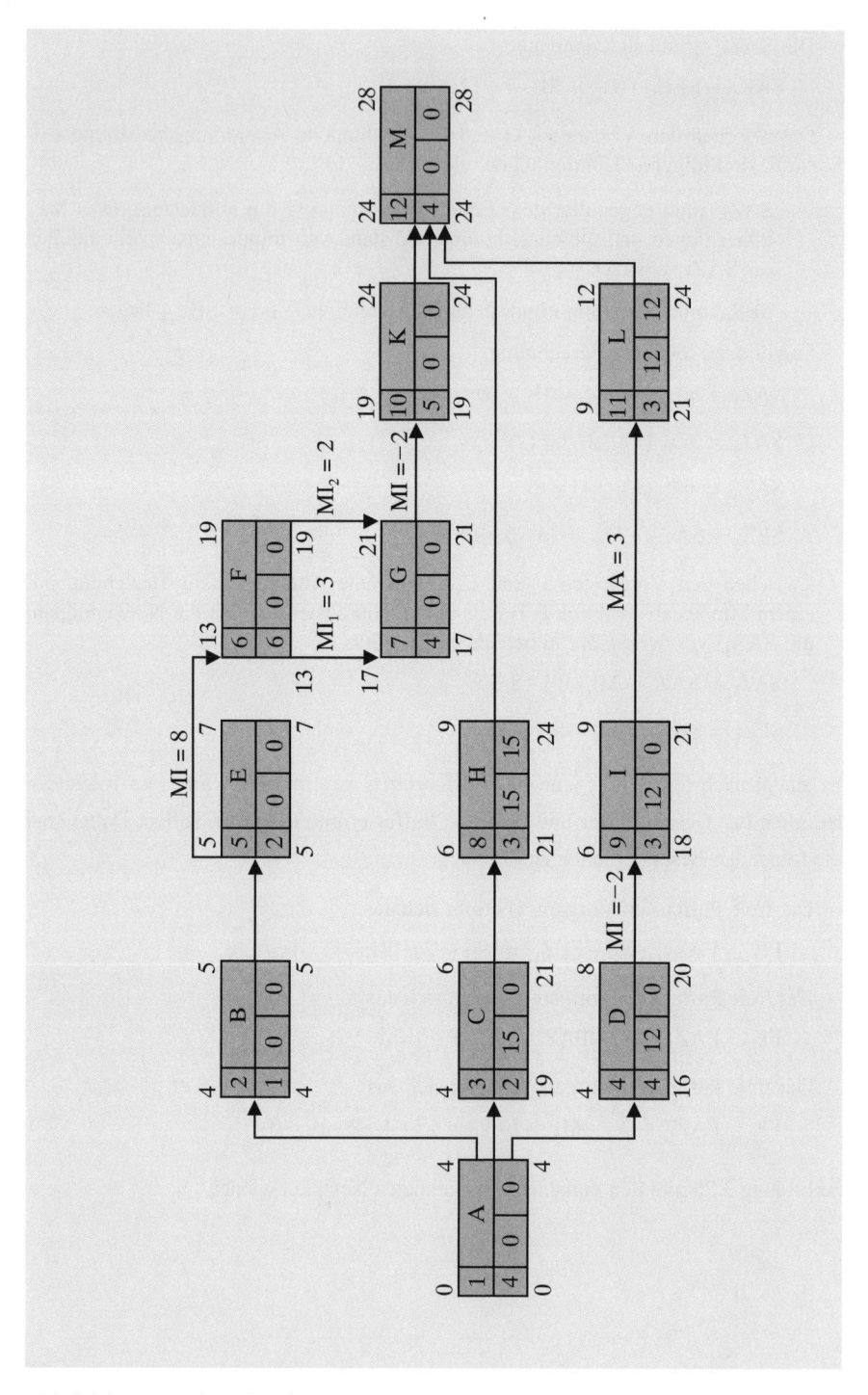

Abb. 3.25: Netzplan mit Zeitberechnung

3.3 Netzplantechnik

Aufgabe 19: Minimal- und Maximalabstände in Vorgangsknotennetzen

a) Stellen Sie folgende Abhängigkeiten als Vorgangsknotennetze dar: Vorgang D hat die Vorgänger A, B und C. D darf nicht vor Abschluß von A und frühestens 5 Tage nach dem Anfang von B beginnen. Mit C darf D höchstens 4 Tage überlappen. Nehmen Sie an, daß B länger als 5 und C länger als 4 Tage dauern.

b) Führen Sie Vorwärts- und Rückwärtsrechnung an folgendem Netzplan durch:

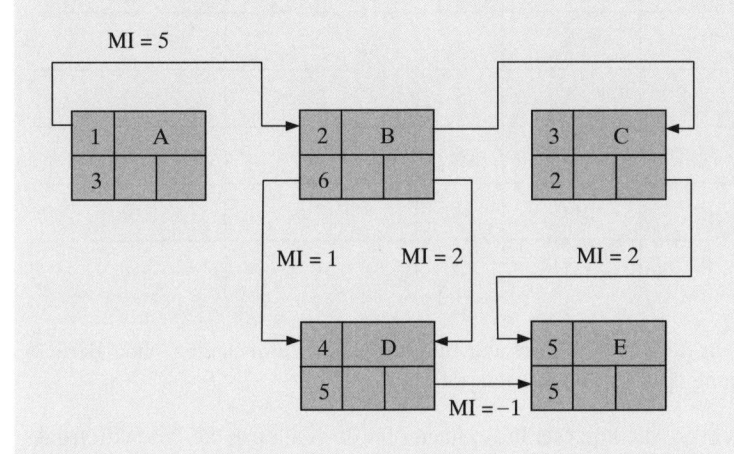

Aufgabe 20: Vorgangsknotennetze

a) Überprüfen Sie die Verträglichkeit der Abstände:

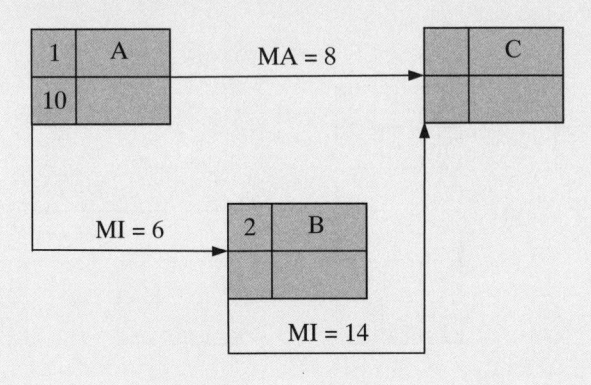

b) Für ein Projekt seien die folgenden Daten gegeben:

Lfd.-Nr.	Vorgangs-bezeichnung	Vorgänger	Dauer	Produktionsfaktorverbrauch pro Zeiteinheit	
				Faktor 1	Faktor 2
1	A	-	3	1	2
2	B	A	4	2	2
3	C	A	5	2	3
4	D	A	6	0	5
5	E	B,C	4	3	0
6	F	E,D	2	4	2

b1) Zeichnen Sie den Netzplan und führen Sie die Zeitrechnung ohne Berücksichtigung des Faktorverbrauchs durch.

b2) Ermitteln Sie die kürzeste Projektdauer für den Fall, daß die Produktionsfaktoren nur begrenzt mit folgenden Mengen pro Zeiteinheit zur Verfügung stehen: Faktor 1 maximal 4 [ME/ZE]; Faktor 2 maximal 5 [ME/ZE].

Aufgabe 21: Führen Sie an dem folgenden Vorgangsknotennetz eine Zeitrechnung und eine Pufferrechnung durch.

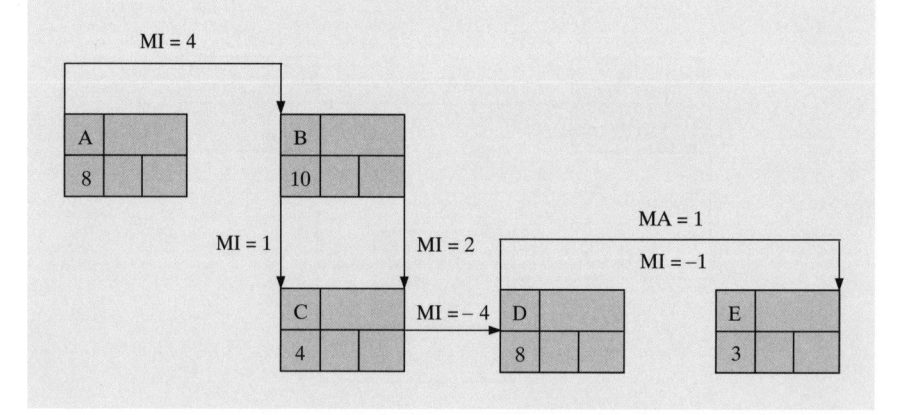

Neben den Vorgangsknotennetzen sind die **Vorgangspfeilnetze** zu nennen. Abbildung 3.26 gibt zunächst elementare Darstellungsformen wieder.

3.3 Netzplantechnik

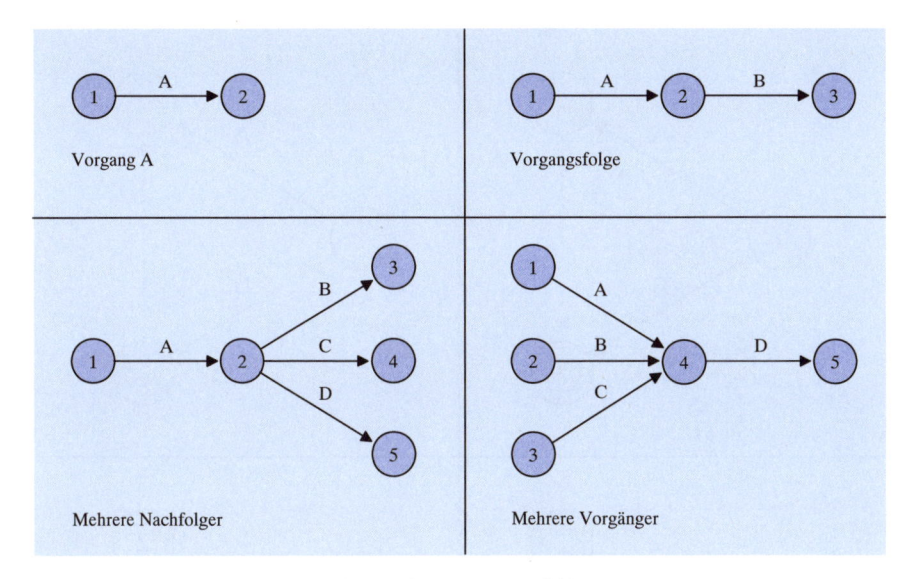

Abb. 3.26: Elementare Darstellungen bei Vorgangspfeilnetzen

Grundsätzlich gilt, daß zwei Ereignisse nur durch einen Pfeil miteinander verbunden werden dürfen. Weisen zwei Vorgänge den gleichen Start und das gleiche Ende auf, d.h., sie verlaufen parallel, dann ist die folgende **Darstellung unzulässig** (vgl. Abbildung 3.27).

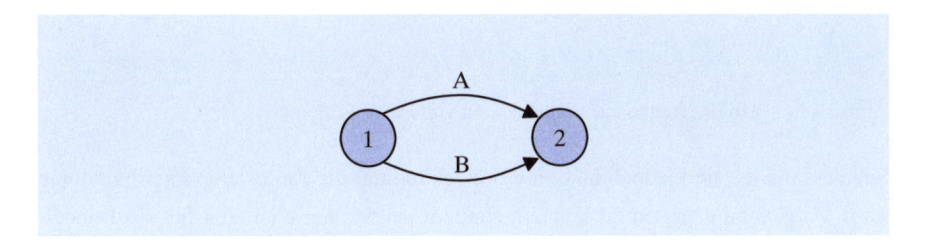

Abb. 3.27: Unzulässige Darstellung in einem Vorgangspfeilnetz

Um auch in diesem Fall zu einer eindeutigen Darstellung zu gelangen, ist es erforderlich, sogenannte **Scheinvorgänge** einzuführen. Diese Scheinvorgänge zeichnen sich dadurch aus, daß sie die Dauer von null aufweisen. Graphisch werden sie durch einen gestrichelten Pfeil dargestellt. Für die in Abbildung 3.27 dargestellte Situation ergeben sich dann die folgenden generellen Darstellungsmöglichkeiten (vgl. Abbildung 3.28).

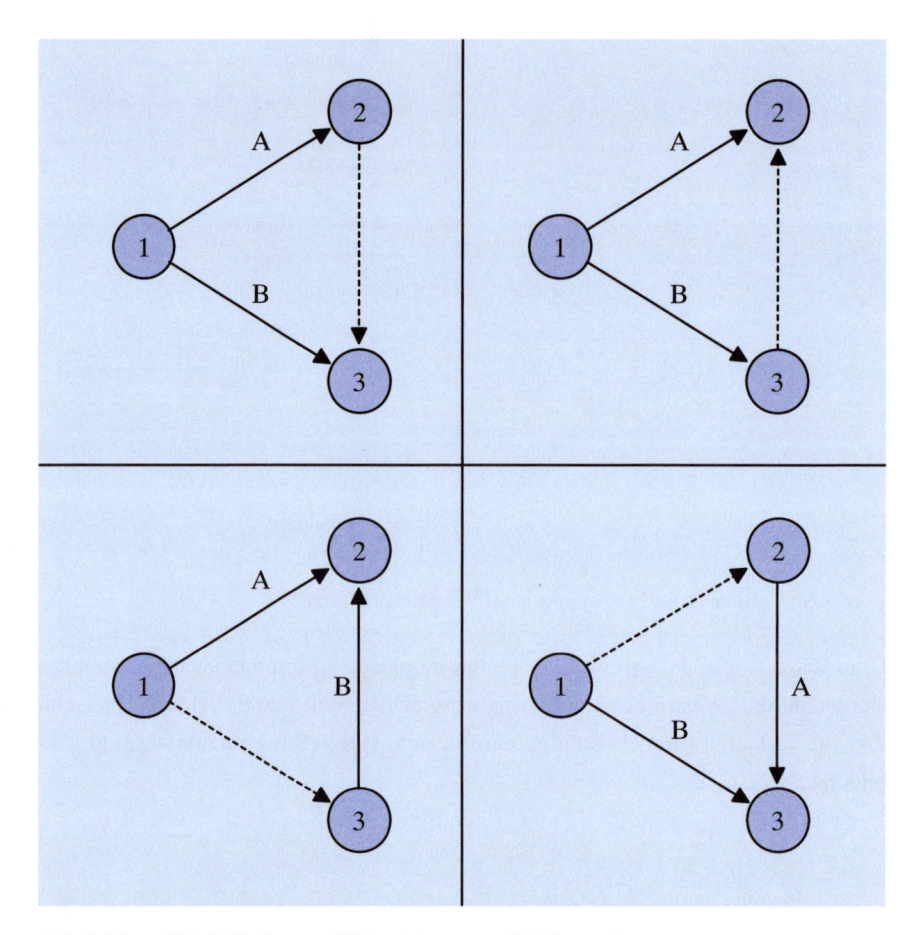

Abb. 3.28: Möglichkeiten zur Einbeziehung von Scheinvorgängen

Scheinvorgänge sind jedoch nicht nur notwendig, um die dargestellte Parallelität von zwei Vorgängen erfassen zu können, sondern sie werden ebenfalls für die Darstellung von Abhängigkeiten benötigt. Ausgangspunkt bildet die in Abbildung 3.29 dargestellte Situation, in der zwei voneinander unabhängige Vorgangsfolgen vorliegen. Soll nun als zusätzliche Bedingung eingeführt werden, daß Vorgang E Nachfolger von Vorgang B ist, dann kann dies, wie in Abbildung 3.29 dargestellt, erfaßt werden.

3.3 Netzplantechnik

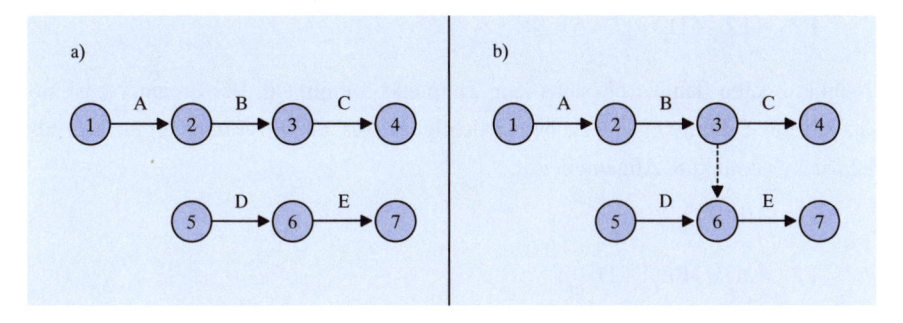

Abb. 3.29: Abhängigkeiten zwischen Vorgängen, die mit Scheinvorgängen erfaßt werden können

Für die **Zeitberechnung** (vgl. z.B. Schwarze 2006, S. 195 ff.) in einem Vorgangspfeilnetz ist es notwendig, die Zeitpunkte für das Eintreten der Ereignisse zu bestimmen, wobei der folgende Grundsatz gilt: Ein Ereignis tritt genau dann ein, wenn sämtliche einmündenden Vorgänge abgeschlossen sind. Dabei sind die beiden folgenden Zeitpunkte zu unterscheiden:

- der frühestmögliche Zeitpunkt (FZ_j) für das Eintreten des Ereignisses j und
- der spätestnotwendige Zeitpunkt (SZ_j) für das Eintreten des Ereignisses j, der nicht überschritten werden darf, wenn ein vorgegebener oder errechneter Projekttermin eingehalten werden soll.

Abbildung 3.30 gibt wieder, wie die Knoten und Kanten in einem Vorgangspfeilnetz gekennzeichnet werden.

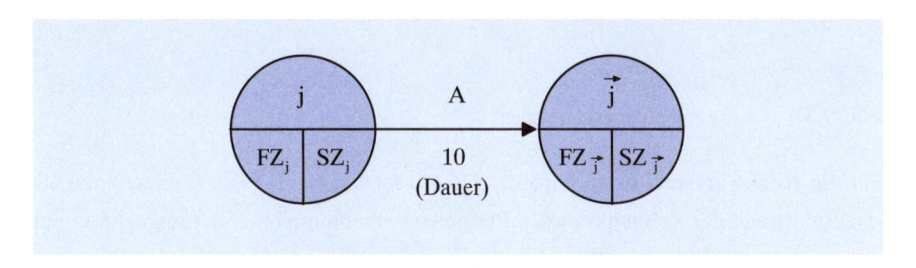

Abb. 3.30: Knoten- und Kantenbeschriftungen im Vorgangspfeilnetz

Die Berechnungen, die ähnlich wie im Vorgangsknotennetz durchgeführt werden, sollen an dem in Abbildung 3.31 dargestellten Netzplan verdeutlicht werden.

In einem ersten Schritt sind im Rahmen der **Vorwärtsrechnung** die frühesten Ereigniszeitpunkte zu bestimmen, wobei der Zeitpunkt Null als Projektbeginn gewählt wird. Ereignis 2 tritt dann ein, wenn Vorgang A beendet ist. Es gilt:

$$FZ_2 = FZ_1 + D_A = 0 + 5 = 5$$

Ereignis 2 kann damit frühestens zum Zeitpunkt 5 eintreten. Bei Ereignis 5 ist zusätzlich der Scheinvorgang zu berücksichtigen. Aus diesem Grund ergibt sich als FZ_5 der Zeitpunkt 8. Allgemein gilt:

$$FZ_1 = 0$$

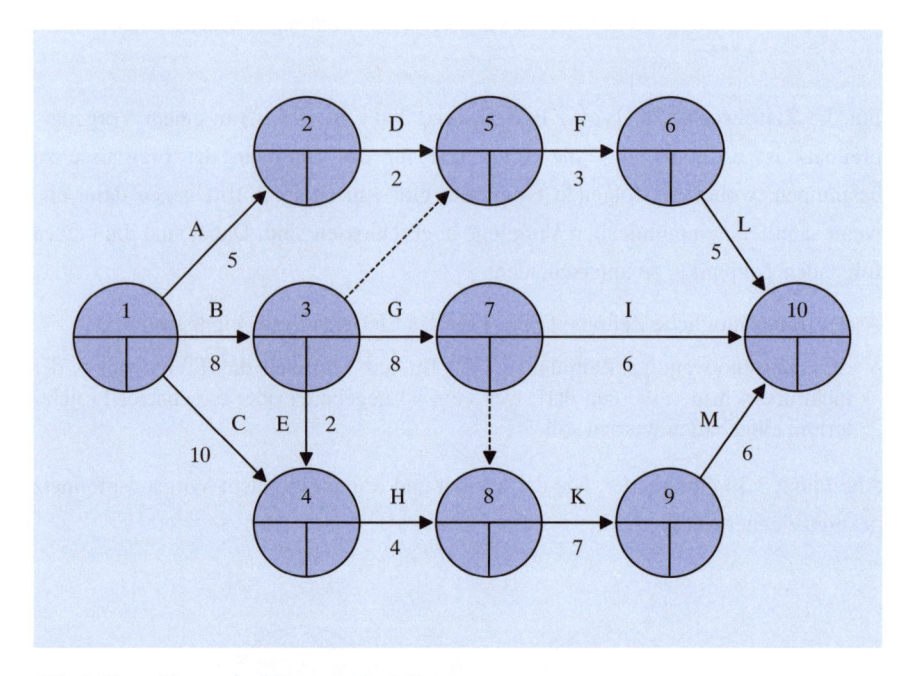

$$FZ_j = \max_i \ (FZ_{i.\bar{j}} + D_{i.\bar{j}.j})$$

Abb. 3.31: Vorgangspfeilnetz (Beispiel)

Für die **Rückwärtsrechnung** wird der FZ des letzten Ereignisses (Zielereignis) als spätestnotwendiger Zeitpunkt dieses Ereignisses übernommen. Für Ereignis 6 ergibt sich als SZ_6 der Wert 24 ($SZ_{10} - D_L = SZ_6$). Von Ereignis 7 gehen zwei Vorgänge ab, und zwar I und ein Scheinvorgang. In der Rückwärtsrechnung wird der niedrigste Wert übernommen, d.h., $SZ_7 = 16$ (29 – 6 – 7). Allgemein gilt:

$$SZ_J = FZ_J$$

$$SZ_j = \min_k \ (SZ_{\bar{j}.k} - D_{j.\bar{j}.k})$$

$$SZ_1 = 0$$

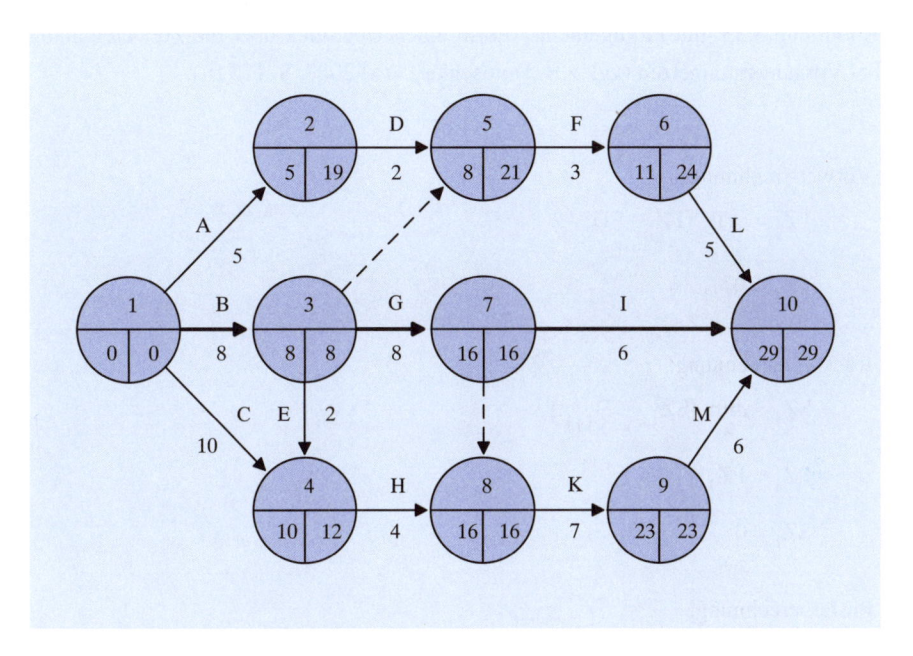

Abbildung 3.32 gibt die gesamten Zeitwerte wieder.

Abb. 3.32: Vorgangspfeilnetz mit Zeitberechnung

Auch in diesem Netzplan zeigt sich, daß der FZ und der SZ teilweise identisch sind, d.h., diese Ereignisse müssen zu einem bestimmten Zeitpunkt eintreten. Es handelt sich folglich um kritische Ereignisse. Stimmen FZ und SZ hingegen nicht überein, dann ergibt sich eine Differenz, die als **Ereignispuffer** bezeichnet wird, wobei für den Gesamtereignispuffer gilt:

$$GEP_j = SZ_j - FZ_j$$

Für den freien Ereignispuffer gilt:

$$FEP_j = \min_k (FZ_{\bar{j}.k} - D_{j.\bar{j}.k}) - FZ_j$$

Zusätzlich zu den Ereignispuffern können in Vorgangspfeilnetzen analog zu den Vorgangsknotennetzen **Vorgangspuffer** berechnet werden. Diese zeigen die zeitlichen Spielräume an, innerhalb derer die Ausführung des Vorganges möglich ist, ohne den Endtermin des Projektes zu verändern. Für den Gesamtpuffer und den Vorgangspuffer gelten dabei beispielsweise:

$$GP_{j.\bar{j}} = \min_k (SZ_{\bar{j}.k} - D_{j.\bar{j}.k} - FZ_j)$$

$$FP_{j,\bar{j}} = \min_k \ (FZ_{\bar{j}.k} - D_{j.\bar{j}.k} - FZ_j)$$

Abbildung 3.33 gibt in allgemeiner Form einen Überblick über die Zeitberechnung bei Vorgangspfeilnetzen (vgl. z.B. Domschke/Drexl 2007, S. 113 ff.).

Vorwärtsrechnung:

$$FZ_j = \max_i \ (FZ_{i.\bar{j}} + D_{i.j.j})$$

$$FZ_1 = 0$$

Rückwärtsrechnung:

$$SZ_j = \min_k \ (SZ_{\bar{j}.k} - D_{j.\bar{j}.k})$$

$$SZ_J = FZ_J$$

$$SZ_1 = 0$$

Pufferberechnung:

- Ereignispuffer

$$GEP_j = SZ_j - FZ_j$$

$$FEP_j = \min_k \ (FZ_{\bar{j}.k} - D_{j.\bar{j}.k}) - FZ_j$$

- Vorgangspuffer

$$GP_{i,\bar{j}} = \min_k \ (SZ_{\bar{j}.k} - D_{j.\bar{j}.k} - FZ_j)$$

$$FP_{i,\bar{j}} = \min_k \ (FZ_{\bar{j}.k} - D_{j.\bar{j}.k} - FZ_j)$$

Abb. 3.33: Übersicht der Zeitberechnungen bei Vorgangspfeilnetzen

Die Tabellen 3.3 und 3.4 geben für das vorgestellte Beispiel die entsprechenden Pufferberechnungen wieder.

3.3 Netzplantechnik

Ereignis j	FZ_j	SZ_j	$\min(FZ_{\bar{j}.k} - D_{j.\bar{j}.k})$	GP_j	FP_j
1	0	0	0	0	0
2	5	19	6	14	1
3	8	8	0	0	0
4	10	12	12	2	2
5	8	21	8	13	0
6	11	24	24	13	13
7	16	16	23	0	0
8	16	16	16	0	0
9	23	23	23	0	0
10	29	29	0	0	0

Tab. 3.3: Pufferberechnung für Ereignisse

Vorgang	von j	nach $\bar{j}.k$	$D_{j.\bar{j}.k}$	FZ_j	$FZ_{\bar{j}.k}$	$SZ_{\bar{j}.k}$	$GP_{j.\bar{j}.k}$	$FP_{j.\bar{j}.k}$
A	1	2	5	0	5	19	14	0
B	1	3	8	0	8	8	0	0
C	1	4	10	0	10	12	2	0
D	2	5	2	5	8	21	14	1
E	3	4	2	8	10	12	2	0
F	5	6	3	8	11	24	13	0
G	3	7	8	8	16	16	0	0
H	4	8	4	10	16	16	2	2
I	7	10	6	16	29	29	7	7
K	8	9	7	16	23	23	0	0
L	6	10	5	11	29	29	13	13
M	9	10	6	23	29	29	0	0

Tab. 3.4: Pufferberechnung für Vorgänge

Aufgabe 22: Vorgangspfeilnetze

a) Stellen Sie folgende Abhängigkeiten mit Hilfe von Vorgangspfeilnetzen dar:

aa) Ein Vorgang D hat drei Vorgänger A, B, C. Davon sind B und C auch Vorgänger von E. Vorgang C hat außer D und E auch noch den Nachfolger F.

ab) Der einzige Nachfolger von A ist B; B hat die Vorgänger A, D und G; D und G sind Vorgänger von E; G hat den Nachfolger H; C hat die Vorgänger B und E. Der einzige Nachfolger von C ist F; F hat die Vorgänger C, H und I; E hat die Nachfolger C und I; J hat nur die Vorgänger I und H. Der einzige Vorgänger von K ist H.

ac) Der einzige Nachfolger von A ist B; D und G haben die Nachfolger E, B und H; C hat die Vorgänger B, E und H; F hat nur die Vorgänger E und H. Der einzige Vorgänger von I ist H.

b) Nehmen Sie für den folgenden Netzplan die Vorwärts- und Rückwärtsrechnung vor und ermitteln Sie die Gesamtpuffer und die freien Puffer.

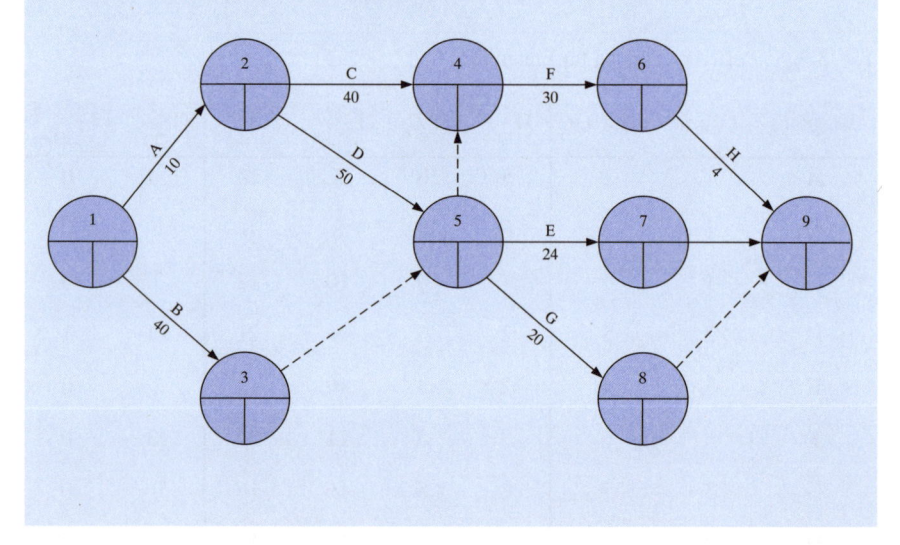

Demgegenüber sind **Ereignisknotennetzpläne** Grobpläne und dienen als Orientierungspläne. Sie werden auch als **Meilensteinnetzpläne** bezeichnet und sind folglich ein Informations- und Kontrollinstrument für die Führungsebene. Ausgehend von ihrem Erscheinungsbild stellen sie Vorgangspfeilnetze dar, wobei es für ihre Erstellung keine besonderen Regeln gibt. Die Ereignisknoten geben dabei konkrete Projektzustände wieder. Die Wahl der **Meilensteine** (check points) hängt vom jeweiligen Projekt und von der Einschätzung des Projektmanagement ab, welche Projektzustände von besonderer Bedeutung sind. Meilensteine sollen lediglich **markante Pro-**

jektzustände wiedergeben. Sie entstehen folglich durch eine hierarchische Informationsverdichtung detaillierter Netzpläne, d.h., von der untersten Ebene erfolgt eine mehrstufige Informationsaggregation (Informationspyramide) hin zu Projektmeilensteinen (vgl. z.B. Reinhardt 1993, S. 67). Meilensteine sind immer dann realisiert, wenn die definierten Ergebnisse vorliegen und nutzbar sind. Im Rahmen einer Meilensteinentscheidung ist damit eine sachlich-inhaltliche Überprüfung notwendig, die dann die Basis für die Freigabe der weiteren Projektarbeit bildet (vgl. z.B. Platz 1986a, S. 110 und S. 124). Auf Abbildung 3.32 bezogen könnte ein Meilensteinnetzplan dann wie folgt aussehen (vgl. Abbildung 3.34).

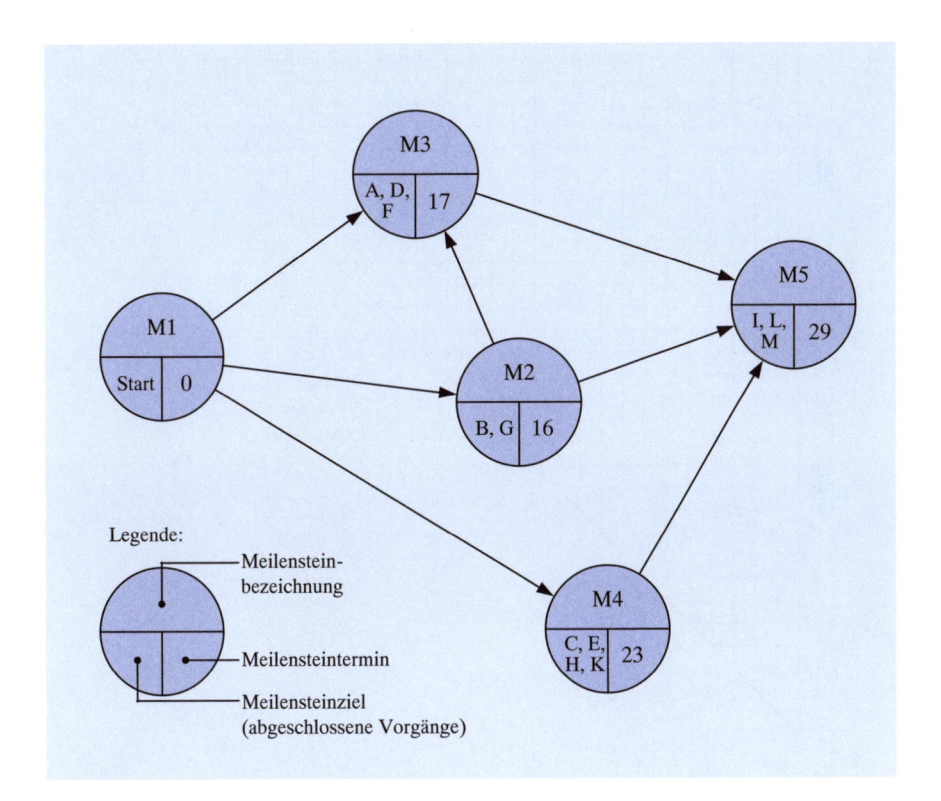

Abb. 3.34: Meilensteinnetzplan (Beispiel)

Die Pfeile geben dabei lediglich wieder, wie die Meilensteine in der konkreten Ablauflogik eines Projektes aufeinanderfolgen.

Diese Meilensteintechnik kann durch eine **Meilensteintrendanalyse** erweitert werden. Dabei werden auf

- der Ordinate die Kalenderzeit (Meilensteintermine) und auf
- der Abszisse die Berichtszeitpunkte

abgetragen, so daß sich die in Abbildung 3.35 dargestellte Struktur ergibt (vgl. z.B. Burghardt 2006, S. 343 f.).

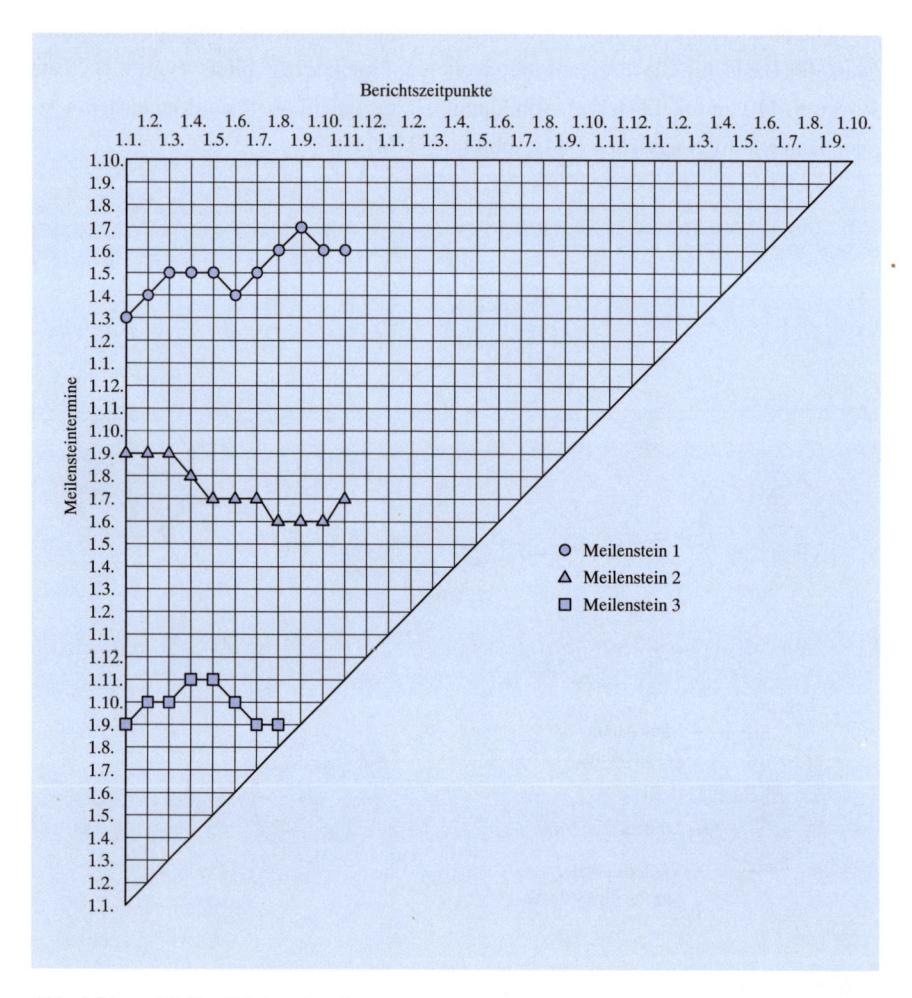

Abb. 3.35: Meilensteintrendanalyse

Die Abbildung zeigt, daß für jeden Meilenstein ein Verlaufsmuster entsteht, wobei folgende Fälle zu unterscheiden sind:

- **waagerecht**: der ursprüngliche Termin wird eingehalten,
- **ansteigend**: der ursprüngliche Termin wird überschritten, und
- **fallend**: der ursprüngliche Termin wird unterschritten.

Wird die 45°-Begrenzungslinie erreicht, dann ist der entsprechende Meilenstein realisiert. Die Meilensteintrendanalyse zeigt damit in sehr anschaulicher Weise, ob die wichtigsten Termine voraussichtlich eingehalten werden können.

Ebenfalls ist es bei umfangreichen Projekten üblich, den Gesamtnetzplan in Teilnetze zu zerlegen, wobei diese Teilnetze mit Hilfe von Anschlußereignissen (Interface) versehen werden (vgl. z.B. Schwarze 2006, S. 154), um eindeutige Übergänge zu schaffen (vgl. Abbildung 3.36).

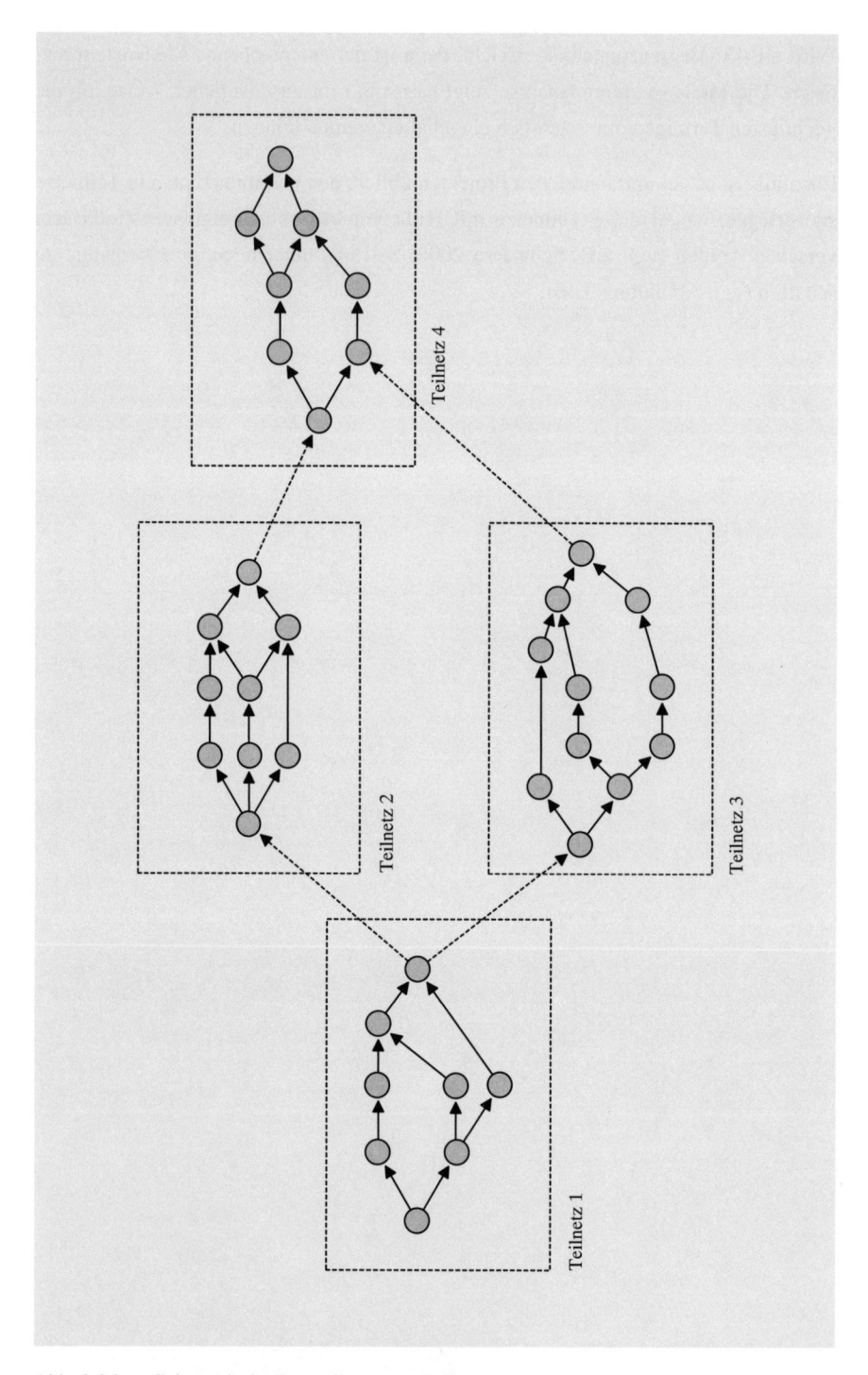

Abb. 3.36: Schematische Darstellung von Teilnetzen

Die Teilnetze sollten dabei so gebildet werden, daß es sich um möglichst geschlossene Teile eines Projektes handelt.

Damit stellt sich die Frage, wie im Rahmen einer Netzplanzerlegung und -verdichtung die Zeitplanung vorzunehmen ist (vgl. Thumb 1975b, S. 441 ff.). Wird ein **Gesamtnetzplan** in Teil- oder Unternetze zerlegt, dann treten Knoten auf, die für zwei oder mehr **Teilnetze** relevant und folglich auch entsprechend zu kennzeichnen sind (Verbundknoten). Dies ist etwa dann erforderlich, wenn das Gesamtprojekt auf unterschiedliche Unternehmungen aufgeteilt wird. Ausgangspunkt der weiteren Überlegungen bildet das in Abbildung 3.37 dargestellte Gesamtnetzwerk.

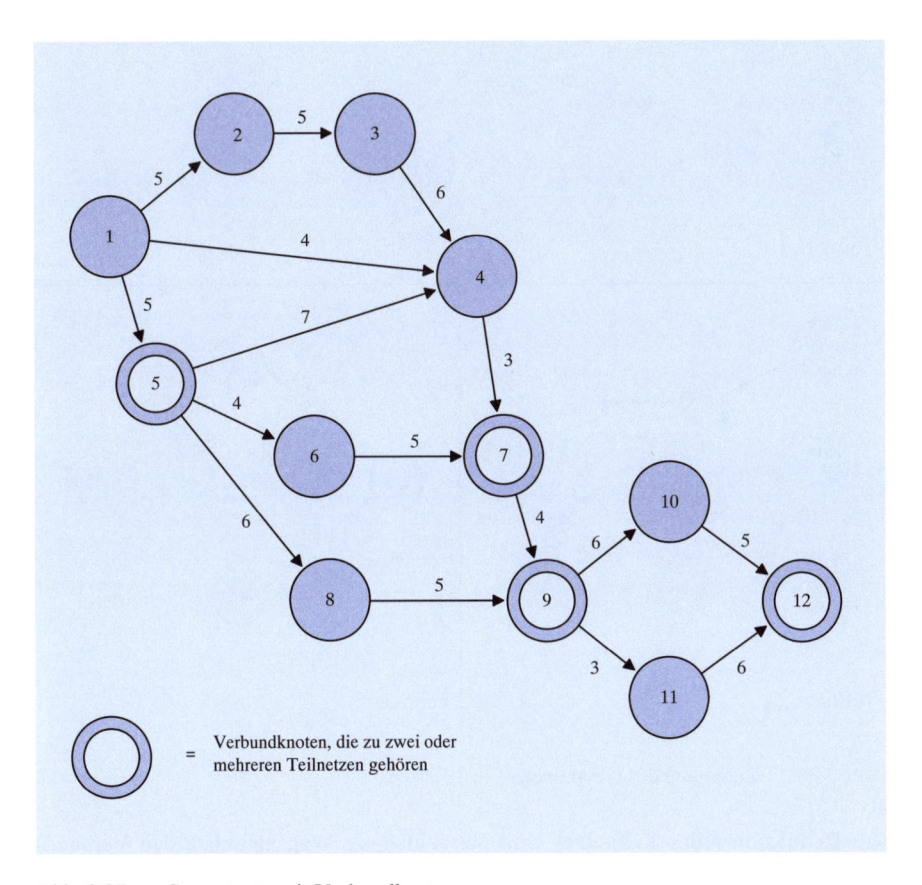

Abb. 3.37: Gesamtnetz mit Verbundknoten

Dabei sind als **Verbundknoten**

– der erste Knoten des Gesamtnetzes,
– Knoten, die Element mehrerer Teilnetze sind, und

– der letzte Knoten des Gesamtnetzes

zu kennzeichnen.

Dieses Gesamtnetz läßt sich in mehrere Teilnetze zerlegen, die dann getrennt berechnet werden können. Abbildung 3.38 gibt dies für das vorgestellte Gesamtnetz wieder.

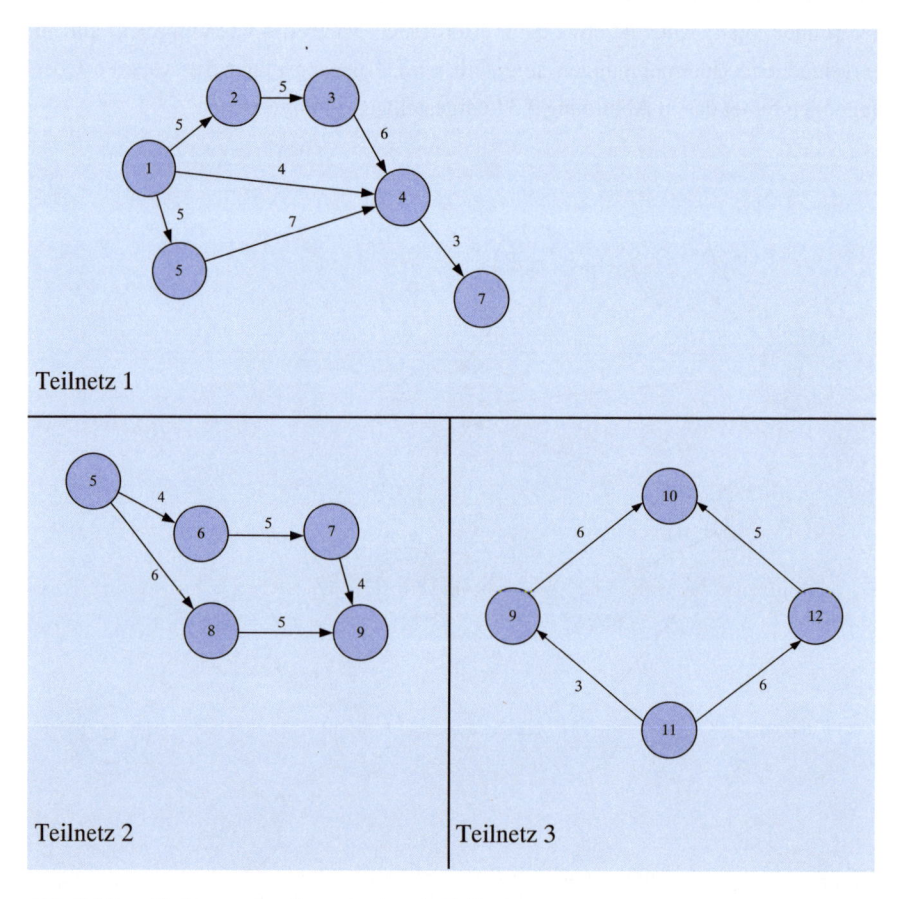

Teilnetz 1

Teilnetz 2

Teilnetz 3

Abb. 3.38: Zerlegung des Gesamtnetzes in Teilnetze

Zur **Reduktion eines Teilnetzes** wird der zeitlängste Weg zwischen den Verbundknoten ermittelt und dieser Verbindungsweg als ein Pfeil mit der zugehörigen längsten Gesamtdauer eingezeichnet. Abbildung 3.39 gibt diese Vorgehensweise für das vorliegende Beispiel wieder.

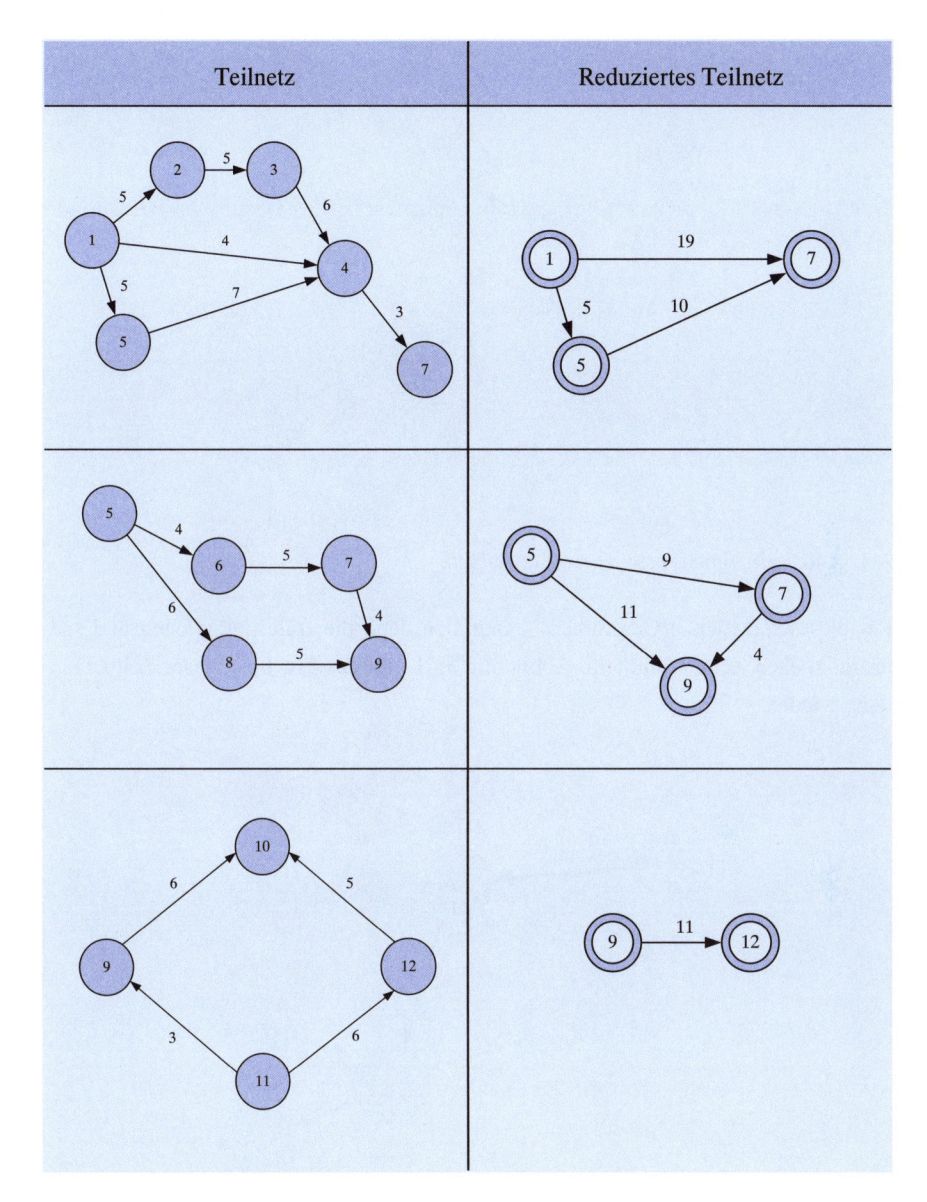

Abb. 3.39: Verdichtung von Teilnetzen

Diese reduzierten Teilnetze lassen sich zu einem verdichteten Gesamtnetz vereinigen. Dabei ist darauf zu achten, daß die Wege zwischen zwei Verbundknoten in den zusammenzufügenden Teilnetzen unterschiedliche Dauern aufweisen können. In diesem Fall ist die längste Dauer heranzuziehen, da diese auch für die Zeitrechnung relevant ist. Abbildung 3.40 gibt die **Integration zum reduzierten Gesamtnetz** wieder.

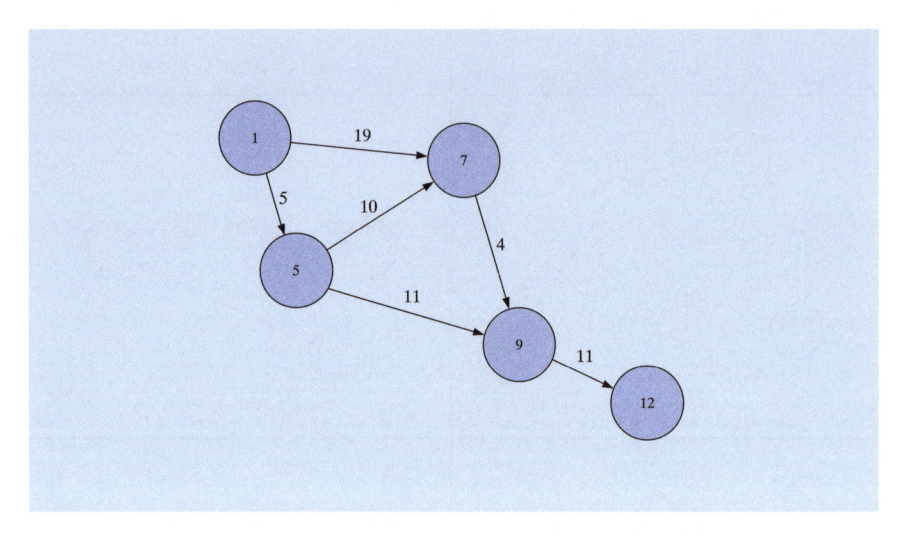

Abb. 3.40: Integriertes reduziertes Gesamtnetz

Für dieses reduziertes Gesamtnetz lassen sich dann die frühestmöglichen und spätestmöglichen Zeiten ermitteln. Abbildung 3.41 gibt das Ergebnis dieser Zeitberechnung wieder.

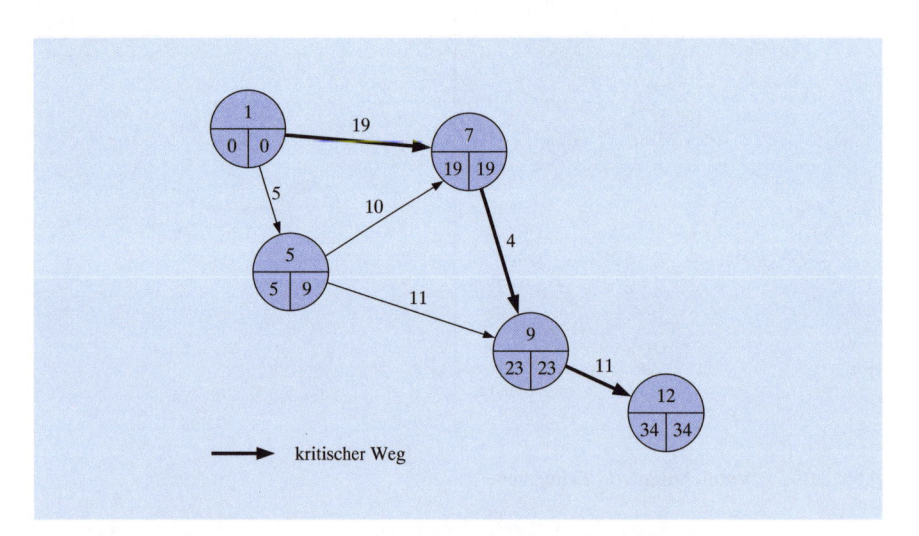

Abb. 3.41: Zeitberechnung im integrierten reduzierten Gesamtnetz

In den bisherigen Überlegungen wurde den einzelnen Vorgängen eine entsprechende Dauer zugeordnet, d.h., es lagen einwertige Erwartungen zugrunde. Die Problematik dieser deterministischen Vorgehensweise sei an einem einfachen Beispiel verdeutlicht (vgl. Clasen 1996, S. 24 f.). Es wird unterstellt, daß sich in einem Netzplan zwei parallel auszuführende Vorgänge befinden, die die gleiche FAZ aufweisen, und deren Vorgangsdauern jeweils einen Erwartungswert von 60 Tagen und eine Standardabweichung von 5 Tagen besitzen. Wird deterministisch vorgegangen, dann werden 60 Tage als Vorgangsdauer angesetzt. Unter der Voraussetzung einer Normalverteilung ergibt sich jedoch ein Erwartungswert von etwa 63 Tagen und eine Standardabweichung von 4 Tagen. Werden vier Vorgänge parallel ausgeführt, dann beträgt der Erwartungswert etwa 65 Tage und die Standardabweichung etwa 3,5 Tage. Die Wahrscheinlichkeit, daß im ersten Fall die Dauer von 60 Tagen eingehalten wird, beträgt 0,25 und im zweiten Fall nur noch 0,07. Dies bedeutet, daß durch die zeitliche Unsicherheit eine deterministische Vorgehensweise letztlich zu einer Unterschätzung der Projektdauer führt. Es ergibt sich damit die Notwendigkeit, mit mehrwertigen Erwartungen zu arbeiten.

Werden für jeden Vorgang mehrere Zeitschätzungen vollzogen, dann wird von **deterministischer Netzplantechnik mit stochastischem Parameter** gesprochen. Ein solches Verfahren stellt **PERT** (Program Evaluation and Review Technique) dar (vgl. Kern 1967, S. 164 ff.; Neumann 1992, S. 192 ff.; Thumb 1975a, S. 175 ff.). Damit ist es erforderlich, eine entsprechende Wahrscheinlichkeitsverteilung zu beachten, wobei PERT eine Beta-Verteilung zugrunde liegt (vgl. Abbildung 3.42).

mit:

m = häufigste (wahrscheinlichste) Dauer

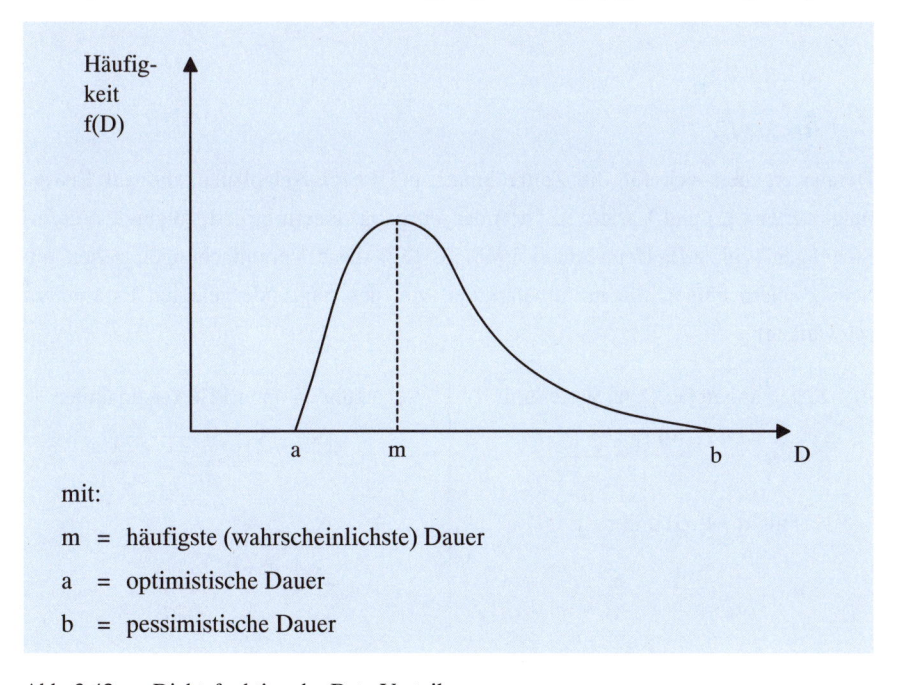

a = optimistische Dauer

b = pessimistische Dauer

Abb. 3.42: Dichtefunktion der Beta-Verteilung

Für die **Dichtefunktion der Beta-Verteilung** gilt (vgl. Küpper/Lüder/Streitferdt 1975, S. 118 ff.):

$$f(D) = \begin{cases} c \cdot (D-a)^{q-1} \cdot (b-D)^{r-1} & \text{, falls } a \leq D \leq b \\ 0 & \text{, sonst} \end{cases}$$

mit:

$$q > 0, \quad r > 0, \quad q+r-2 \neq 0$$

$$c = \frac{1}{\int\limits_a^b (D-a)^{q-1} \cdot (b-D)^{r-1} dD}$$

Dabei sind a, b, q und r a priori zu bestimmende Parameter. Während a und b die Extremwerte der Vorgangsdauer darstellen, wobei a die kürzeste (optimistische Schätzung) und b die längste Dauer (pessimistische Schätzung) angeben, lassen sich q und r sachlich nur schwierig interpretieren und infolgedessen auch schwierig schätzen (vgl. z.B. Küpper/Lüder/Streitferdt 1975, S. 120). Um ohne derartige Schätzungen auszukommen, wird beim PERT-Verfahren ein pragmatischer Weg beschritten, indem folgende, letztlich willkürliche Annahmen getroffen werden (vgl. Weber 1971, S. 624):

$$q = 3 + \sqrt{2}$$
$$r = 3 - \sqrt{2}$$

Daraus ergeben sich für die Zeitrechnung bei PERT-Netzplänen, die auf Erwartungswerten (μ) und Varianzen (σ^2) der Vorgangsdauern basiert, folgende Vereinfachungen (vgl. z.B. Henn/Künzi 1968, S. 182; diese Vereinfachungen gehen mit Schätzfehlern einher, die in Abhängigkeit von den zugrunde gelegten Parametern schwanken):

Schätzungen bei Beta-Verteilung	Schätzungen unter PERT-Annahmen
$m = \dfrac{(q-1) \cdot b + (r-1) \cdot a}{q+r-2}$	$m = \dfrac{(2+\sqrt{2}) \cdot b + (2-\sqrt{2}) \cdot a}{4}$
(falls $q-1 > 0$ und $r-1 > 0$)	
$\mu = \dfrac{a \cdot r + b \cdot q}{q+r}$	$\mu = \dfrac{a + 4 \cdot m + b}{6}$
$\sigma^2 = \dfrac{(b-a)^2 \cdot q \cdot r}{(q+r+1) \cdot (q+r)^2}$	$\sigma^2 = \left(\dfrac{b-a}{6}\right)^2$

Diese Verteilung hat den Vorteil, daß sich ihr Erwartungswert und ihre Varianz durch drei die Verteilung charakterisierenden Zeitangaben gut approximieren lassen. Die Gleichungen für μ und σ^2 bilden damit die Grundlage für die Zeitberechnung. Da die eintretenden Vorgangsdauern nicht mit den errechneten übereinstimmen müssen, sind die Zeitpunkte der Ereignisse mit Unsicherheiten behaftet, d.h., es liegt

– einerseits ein erwarteter kritischer Weg und
– andererseits eine erwartete Projektdauer

vor.

PERT-Netzpläne sind ereignisorientiert, d.h., die Pfeile symbolisieren die Vorgänge (die die Reihenfolgebeziehungen zwischen den Ereignissen erfassen) und die Knoten die Ereignisse. Aus der Ereignisorientierung resultiert unmittelbar das Erfordernis, ein zusätzliches Startereignis (Anfangsknoten) einzuführen. Wie bei anderen Vorgangspfeilnetzen existieren auch bei PERT Scheinvorgänge mit einer Zeitdauer und einer Varianz von null.

Zur Illustration der Zeitplanung sei der folgende PERT-Netzplan zugrunde gelegt (vgl. Abbildung 3.43).

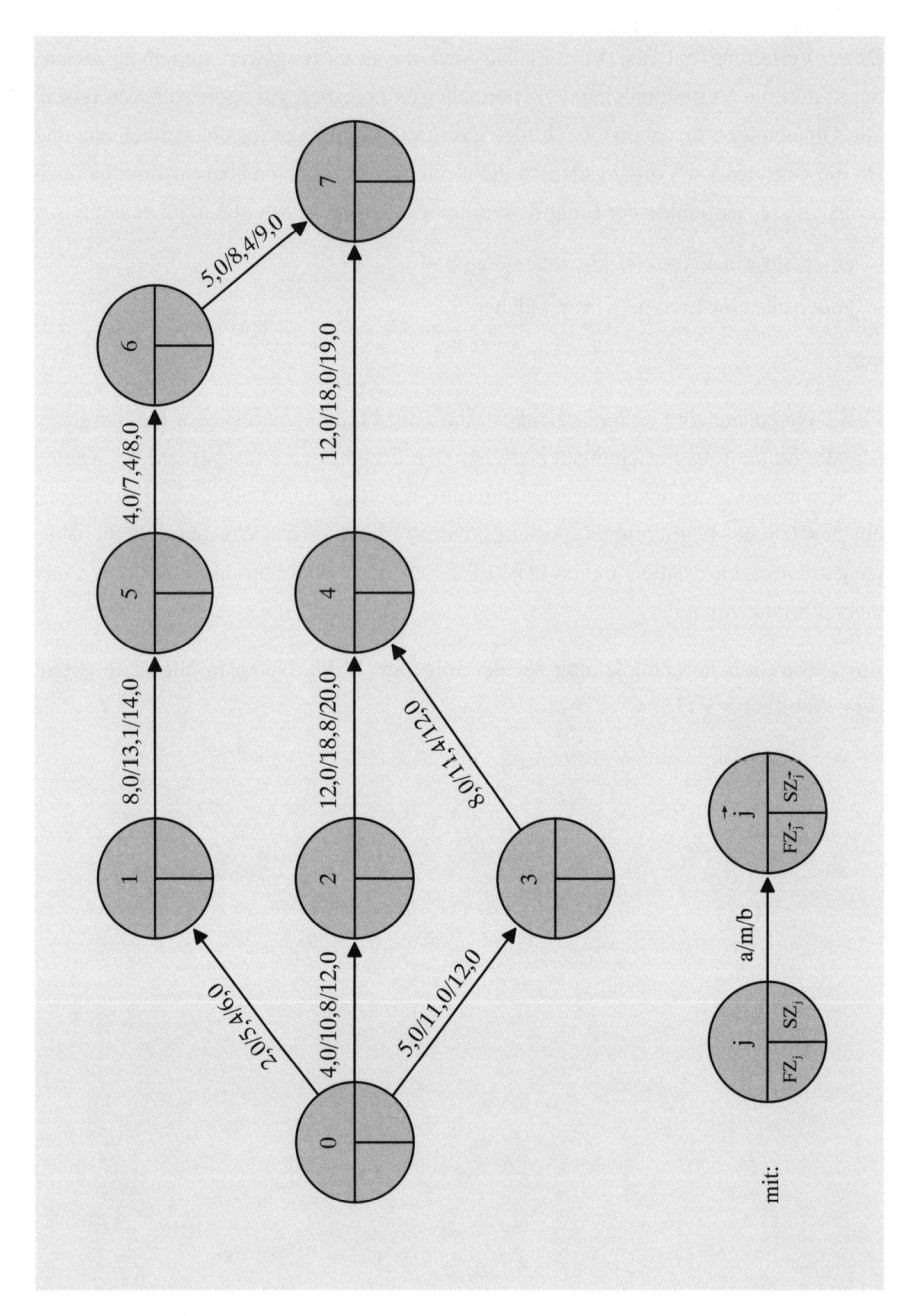

Abb. 3.43: PERT-Netzplan

In einem ersten Schritt sind aus diesen Angaben die Erwartungswerte der Vorgangsdauern zu berechnen und als Maß für die Unsicherheit der Zeitplanung die Varianzen.

Tabelle 3.5 gibt diese Berechnungen für das Beispiel aus Abbildung 3.43 wieder.

Ereignis		Geschätzte Dauern			Errechnete Werte			
j	$\bar{j}$	a	m	b	μ	b−a	σ_D	σ_D^2
0	1	2,0	5,4	6,0	4,9	4,0	0,7	0,4
0	2	4,0	10,8	12,0	9,9	8,0	1,3	1,8
0	3	5,0	11,0	12,0	10,2	7,0	1,2	1,4
1	5	8,0	13,1	14,0	12,4	6,0	1,0	1,0
2	4	12,0	18,8	20,0	17,9	8,0	1,3	1,8
3	4	8,0	11,4	12,0	10,9	4,0	0,7	0,4
4	7	12,0	18,0	19,0	17,2	7,0	1,2	1,4
5	6	4,0	7,4	8,0	6,9	4,0	0,7	0,4
6	7	5,0	8,4	9,0	7,9	4,0	0,7	0,4

mit: $\sigma_D = \dfrac{b-a}{6}$; $\mu = \dfrac{a+4m+b}{6}$

Tab. 3.5:   Berechnungen für einen PERT-Netzplan

Mit den ermittelten Werten lassen sich dann der FZ und der SZ für jeden Knoten errechnen. Dabei gilt (vgl. Thumb 1975a, S. 195 ff.):

− Der FZ_j des Ereignisses j ergibt sich aus der Summation der Erwartungswerte der Vorgangsdauern auf dem zeitlängsten Weg vom Startereignis 0 beginnend bis zum Ereignis j. Es gilt die Rekursionsformel:

$$FZ_j = \max_i \ (FZ_{i.\bar{j}} + \mu_{i.\bar{j}.j})$$

− Der SZ_j des Ereignisses j ergibt sich aus dem Erwartungswert der Dauer des zeitlängsten Weges ausgehend vom Zielereignis J hin zum Ereignis j, und zwar entgegen der Pfeilrichtung. Dabei gilt:

$$SZ_j = \min_k \ (SZ_{\bar{j}.k} - \mu_{j.\bar{j}.k})$$

− Da jeder dieser Wege mit Unsicherheit behaftet ist, die sich aus der Unsicherheit aller Summanden einer Wegedauer ergibt, und die Varianz einer Summe der Summe der Varianzen aller Summanden entspricht (zentraler Grenzwertsatz)[1], gilt für die Varianz des FZ_j eines Ereignisses j:

---

1) Die Addition setzt jedoch voraus, daß die Zufallsvariablen voneinander unabhängig sind.

$$\sigma_{FZ.j}^2 = \sigma_{FZ.i.\bar{j}}^2 + \sigma_{i.\bar{j}.j}^2$$

mit:

$$i = \{i \mid i = 1, \ldots, I_j \wedge FZ_{i.\bar{j}} + \mu_{i.\bar{j}.j} = \max_{i'} (FZ_{i'.\bar{j}} + \mu_{i'.\bar{j}.j})\}$$

- Für die Varianz des SZ_j eines Ereignisses j gilt dann analog:

$$\sigma_{SZ.j}^2 = \sigma_{SZ.\bar{j}.k}^2 + \sigma_{j.\bar{j}.k}^2$$

mit:

$$k = \{k \mid k = 1, \ldots, K_j \wedge SZ_{\bar{j}.k} - \mu_{j.\bar{j}.k} = \min_{k'} (SZ_{\bar{j}.k'} - \mu_{j.\bar{j}.k'})\}$$

Die Zeitberechnung erfolgt damit so, wie dies im Rahmen der Vorgangspfeilnetze durchgeführt wurde, jedoch mit dem Unterschied, daß als Zeitdauer die errechneten Mittelwerte herangezogen werden. Zusätzlich ist die Summe der Varianzen zu bilden. Für den Netzplan aus Abbildung 3.43 ergibt sich dann die in Abbildung 3.44 dargestellte Berechnung.

Auf dieser Grundlage läßt sich dann der gesamte Ereignispuffer GEP_j für das Ereignis j wie folgt berechnen:

$$GEP_j = SZ_j - FZ_j$$

Für die Berechnung der Unsicherheit des Ereignispuffers gilt:

$$\sigma_{GEP.j}^2 = \sigma_{SZ.j}^2 + \sigma_{FZ.j}^2$$

Diese Beziehung besagt letztlich, daß in dem Fall, wenn von einer unsicheren Größe eine andere unsichere Größe subtrahiert wird, das Ergebnis unsicherer ist als jede Größe allein. Aus diesem Grunde ist nicht die Differenz, sondern die Summe zu bilden.

3.3 Netzplantechnik

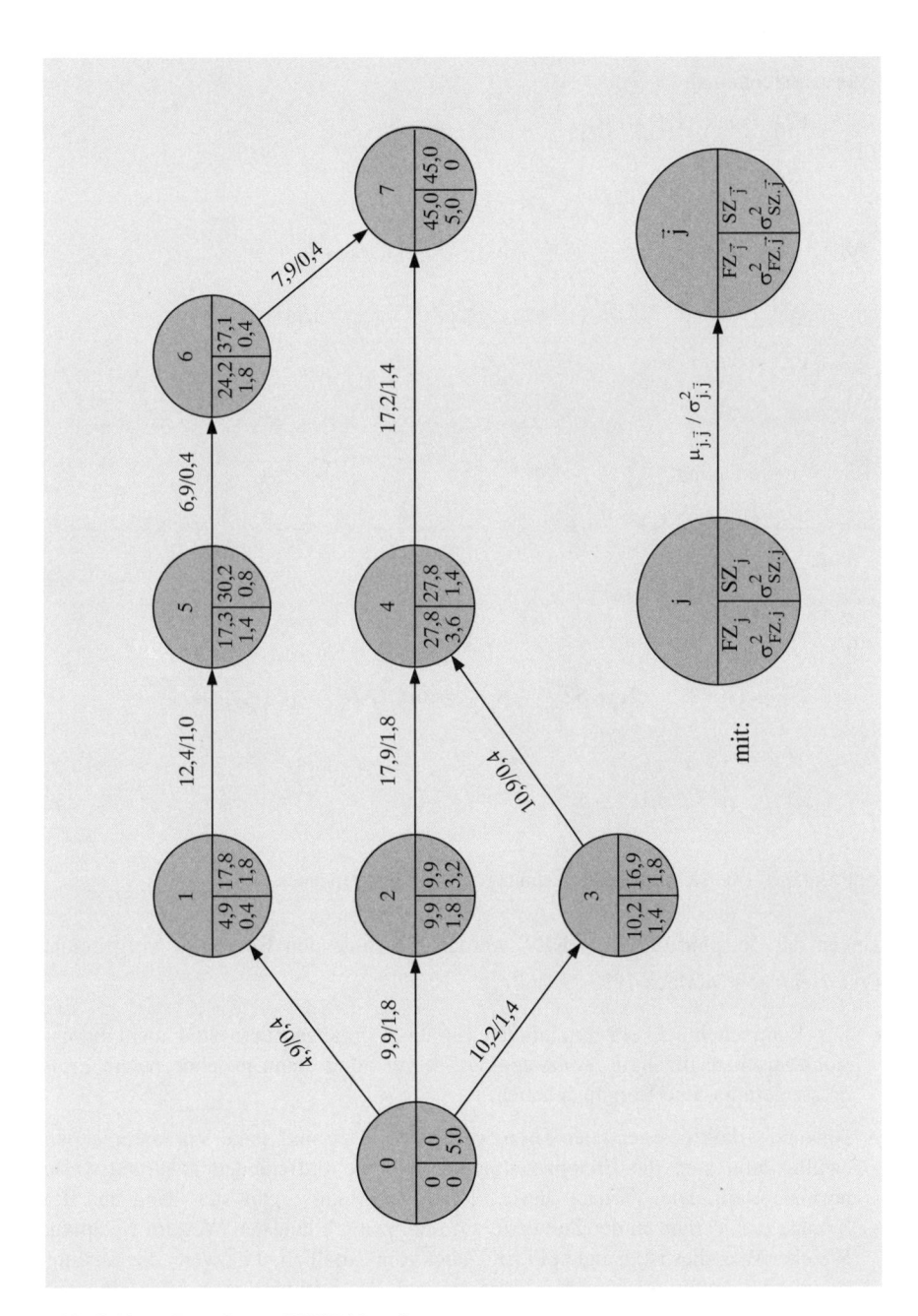

Abb. 3.44: Berechneter PERT-Netzplan

Abbildung 3.45 gibt noch einmal die Formeln zur Zeitberechnung bei PERT-Netzplänen wieder.

Vorwärtsrechnung

$$FZ_j = \max_i \ (FZ_{i.\bar{j}} + \mu_{i.\bar{j}.j})$$

$$\sigma^2_{FZ.j} = \sigma^2_{FZ.i.\bar{j}} + \sigma^2_{i.\bar{j}.j}$$

mit:

$$i = \{i \mid i = 1, \ldots, I_j \wedge FZ_{i.\bar{j}} + \mu_{i.\bar{j}.j} = \max_{i'} \ (FZ_{i'.\bar{j}} + \mu_{i'.\bar{j}.j})\}$$

$$FZ_0 = 0$$

$$\sigma^2_{FZ.0} = 0$$

Rückwärtsrechnung

$$SZ_j = \min_k \ (SZ_{\bar{j}.k} - \mu_{j.\bar{j}.k})$$

$$\sigma^2_{SZ.j} = \sigma^2_{SZ.\bar{j}.k} + \sigma^2_{j.\bar{j}.k}$$

mit:

$$k = \{k \mid k = 1, \ldots, K_j \wedge SZ_{\bar{j}.k} - \mu_{j.\bar{j}.k} = \min_{k'} \ (SZ_{\bar{j}.k'} - \mu_{j.\bar{j}.k'})\}$$

$$SZ_J = FZ_J$$

$$\sigma^2_{SZ.J} = 0$$

Abb. 3.45: Übersicht zur Zeitberechnung bei PERT-Netzplänen

Gegen die **Zeitplanung bei PERT** werden die folgenden **Einwände** vorgebracht (vgl. Neumann/Morlock 1993, S. 367 f.):

- Die Wahrscheinlichkeitsverteilungen für die Vorgangsdauern sind nicht immer stochastisch unabhängig. Abhängigkeit ist vor allem dann gegeben, wenn Ereignisse gemeinsame Vorgänge haben.
- Anwendbarkeit des zentralen Grenzwertsatzes, d.h., sind seine Voraussetzungen erfüllt, dann sind die Ereigniszeitpunkte und die Pufferzeiten näherungsweise normalverteilt. Die Varianz dieser Normalverteilung ergibt sich dann aus der Summe der Varianzen der Zeitwerte auf dem zeitlich längsten Weg im Netzplan. Welcher Weg dies ist, hängt bei PERT aber vom Zufall ab, d.h., wenn die Ausführungszeiten zufällig schwanken, dann ist auch der zeitlich längste Weg eine Zufallsvariable.
- In einzelnen Fällen kann eine andere Verteilung für das Merkmal Vorgangsdauer besser geeignet sein (z.B. Rechteck-, Dreieck-, Gleichverteilung).
- In der Regel weist der Punkt b der Zeitschätzung einen größeren Abstand von Punkt m auf als der Punkt a. Hieraus resultiert, daß die Normaldauer kleiner ist als

die mittlere Dauer. Letztlich wird der Erwartungswert der kürzesten Projektdauer systematisch unterschätzt und die Varianz i.d.R. überschätzt (vgl. Clasen 1996, S. 28 ff.). Hierdurch bedingt sind die Ergebnisse nur als Näherungslösungen zu interpretieren.

Aufgabe 23: Skizzieren Sie, auf welchen Vereinfachungen PERT-Netzpläne basieren.

Neben der Zeitplanung ist ein **Terminrückmeldewesen** zu beachten, das für jedes Arbeitspaket angibt, ob der Termin

- eingehalten wurde oder
- verlagert werden kann,

um so den Netzplan zu aktualisieren. Hierzu werden in der Praxis sogenannte Terminrückmeldeformulare eingesetzt, wobei Abbildung 3.46 ein derartiges Formular in vereinfachter Form wiedergibt (vgl. Schelle 2004, S. 143).

Vorgangs-nummer	Kurz-beschrei-bung	Dauer		Plantermin		Realisierter Termin	
		Abgear-beitet	Rest	Start	Ende	Start	Ende

Projektbezeichnung: _____   Absender: _____

Rückmeldetag: _____

Störungen: _____

Abb. 3.46: Beispiel eines Terminrückmeldeformulars

Dabei bietet es sich an, in regelmäßigen Abständen Terminbesprechungen durchzuführen, um Probleme und Konsequenzen zu besprechen und eventuell Korrekturen des Netzplanes vorzunehmen.

3.3.1.2 Kapazitätsplanung

Neben der Zeitplanung ist eine Kapazitätsplanung durchzuführen, da die einzelnen auszuführenden Vorgänge die Verfügbarkeit von Produktionsfaktoren wie Betriebsmittel und menschliche Arbeitsleistungen (Arbeitskräfte) bedingen, wobei diese Faktoren häufig gemeinsam zum Einsatz gelangen. Aufgaben der Kapazitätsplanung sind dabei:

„1) Ermittlung des Kapazitätsbedarfs im Hinblick auf Art, Menge und zeitliche Verteilung.

2) Ableitung der Unter- oder Überbeschäftigung der Potentiale durch Gegenüberstellung von Kapazitätsnachfrage und -angebot.

3) Anwendung von Optimierungsverfahren zur Einplanung der Aktionen unter Berücksichtigung der zu beachtenden Kapazitätsschranken.

4) Planung von Anpassungsmaßnahmen bei verbleibenden Überschreitungen oder Unterschreitungen von Kapazitätsschranken." (Alter 1991, S. 272 f.).

Auch wenn im Rahmen dieser Aufgabenspezifikation von Optimierungsverfahren gesprochen wird (vgl. Tobias 1991, S. 168 ff.), ist zu betonen, daß optimierende Verfahren nicht zum Einsatz gelangen, sondern vielmehr mit Heuristiken gearbeitet wird.

Ziel ist eine Nivellierung der Kapazitätsnachfrage, wobei eine terminliche Verschiebung einzelner Vorgänge, etwa innerhalb der existierenden Pufferzeiten, vorgenommen wird, um so die Kapazitätsrestriktionen nicht zu verletzen und die geplante Projektdauer einzuhalten. Im günstigsten Fall gleicht sich das Kapazitätsnachfrageprofil einer idealisierten Rechteckfunktion an, wie dies in Abbildung 3.47 schematisch dargestellt ist.

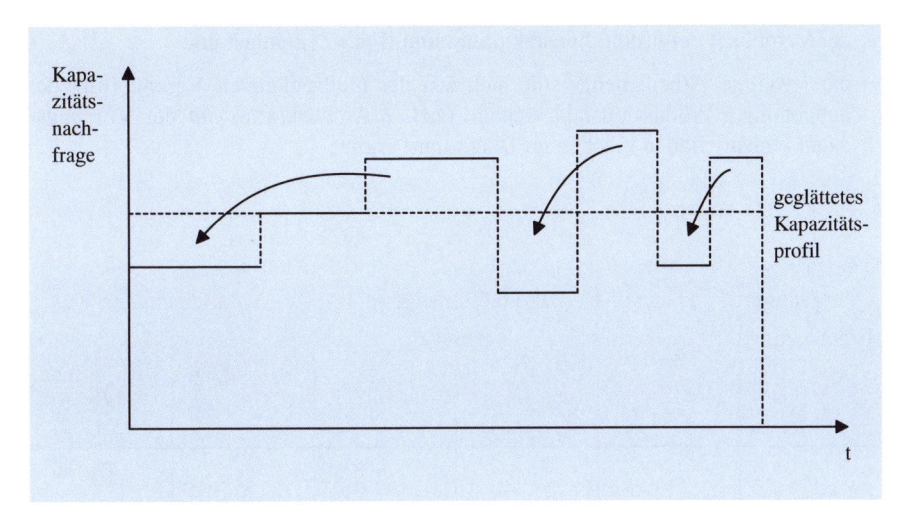

Abb. 3.47: Glättung der Kapazitätsnachfrage

Das sich aus dieser Beschreibung ergebende Problem erfordert aufwendige Gestaltungsüberlegungen, und zwar bedingt durch die kombinatorische Vielfalt, die sich

- einerseits aus der Reihung der Aktionen und
- anderseits aus der parallelen zeitlich gestuften Abfolge der Aktionen

ergibt. Dabei wird die Komplexität zusätzlich gesteigert, wenn unterschiedliche Kapazitätsarten existieren und Veränderungen einer Faktorart Auswirkungen auf das Kapazitätsprofil weiterer Kapazitätsarten haben. In diesem Zusammenhang existieren Vorschläge, eine Beschränkung der Kapazitätsglättungsmaßnahmen

- entweder auf kostenintensive
- oder auf besonders begrenzte Kapazitätsarten

vorzunehmen.

Für einen Ausgleich der Kapazitätsbelastung lassen sich dann in allgemeiner Form die folgenden **Handlungsoptionen** nennen (vgl. Clasen 1996, S. 148):

- Verschiebung nicht-kritischer Vorgänge im Rahmen ihrer Pufferzeiten,
- Streckung oder Stauchung von Vorgängen durch Veränderung der Ausführungsart und des Faktoreinsatzes sowie
- Unterbrechung von (unterbrechbaren) Vorgängen.

Ausgehend von dem in Tabelle 3.2 und Abbildung 3.13 dargestellten Beispiel werden in Tabelle 3.6 als zusätzliche Informationen

- der Verbrauch der Produktionsfaktoren I und II pro Zeiteinheit und
- die jeweilige Arbeitsmenge, die sich aus der multiplikativen Verknüpfung der notwendigen Produktionsfaktormenge (z.B. 2 Arbeitskräfte) mit der Vorgangsdauer (entspricht den Flächen im Diagramm) ergibt,

aufgenommen.

Vorgangs-bezeichnung	Dauer	Produktionsfaktor-verbrauch		Arbeitsmenge	
		I	II	I	II
A	5	3	2	15	10
B	6	2	2	12	12
C	4	1	2	4	8
D	3	3	2	9	6
E	4	2	2	8	8
F	2	1	1	2	2
G	4	4	1	16	4
H	5	2	2	10	10
I	8	3	0	24	0
K	7	1	1	7	7
L	3	2	1	6	3
M	4	2	2	8	8

Tab. 3.6: Ausgangsdaten für die Kapazitätsplanung

Auf der Grundlage der Zeitberechnung (vgl. Abbildung 3.13) läßt sich dann der Bedarf der zum Einsatz gelangenden Produktionsfaktoren hinsichtlich seiner frühesten und spätesten Lage ermitteln. Die Abbildungen 3.48a-d geben diesen Sachverhalt mit Hilfe von Kapazitätsprofilen anschaulich wieder.

a) Produktionsfaktor I (früheste Lage)

b) Produktionsfaktor I (späteste Lage)

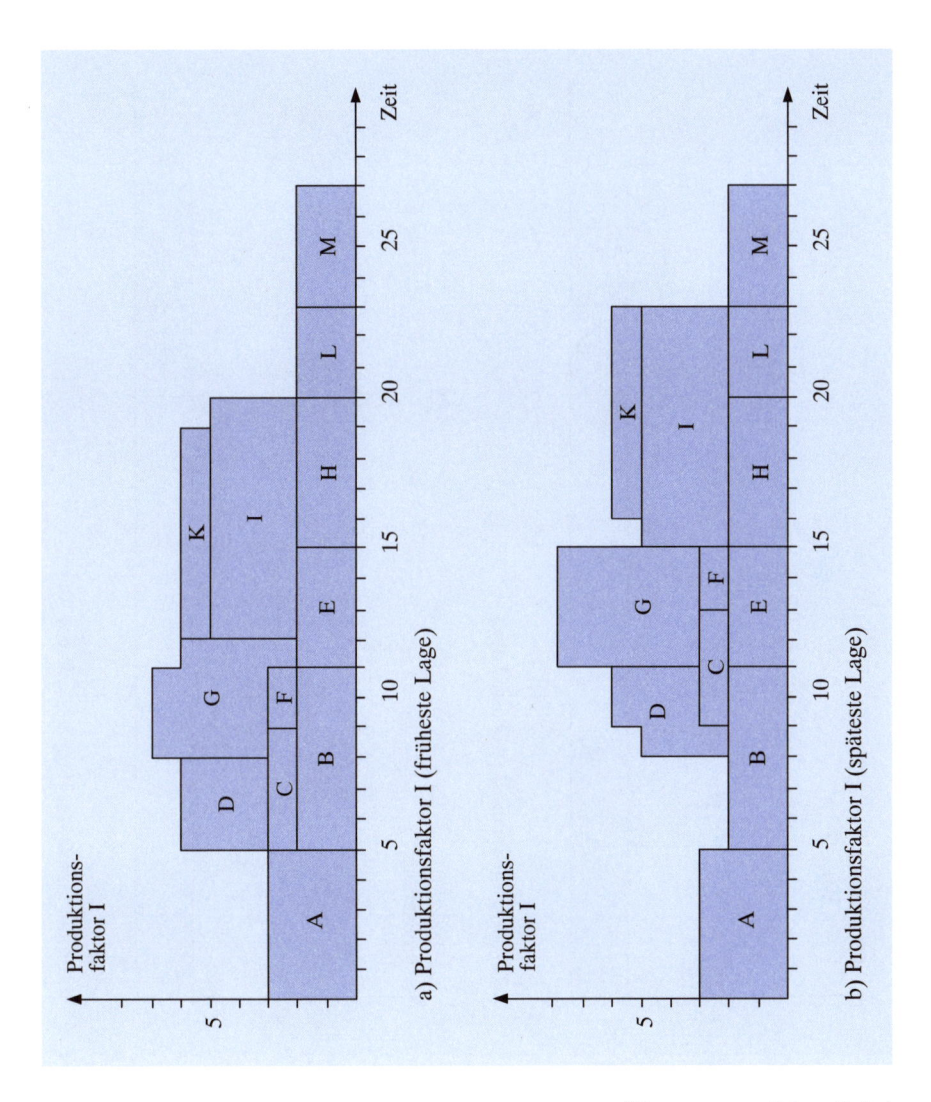

(Fortsetzung nächste Seite)

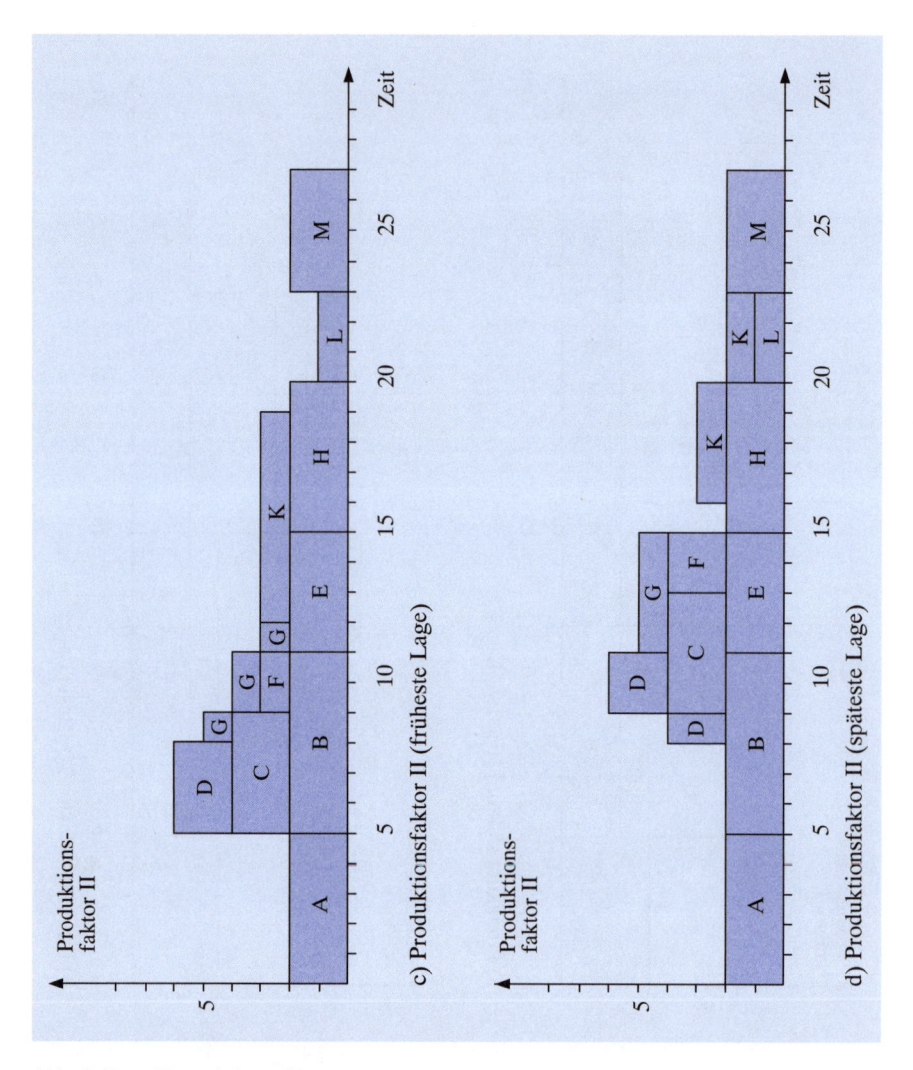

Abb. 3.48: Kapazitätsprofile

Zusätzlich sollen nun **Kapazitätsrestriktionen** berücksichtigt werden. Für die beiden Produktionsfaktoren seien im Beispiel folgende Begrenzungen relevant:

- Von Produktionsfaktor I stehen maximal 6 Einheiten und
- von Produktionsfaktor II maximal 5 Einheiten

zur Verfügung. Aus den Abbildungen 3.48a-d geht hervor, daß diese Restriktionen nicht über die gesamte Projektdauer eingehalten werden können. Um den Projektabschluß nach 27 Zeiteinheiten nicht zu gefährden, ist zu überprüfen, ob durch die Verschiebung von zeitlich nicht-kritischen Vorgängen im Rahmen der gegebenen Pufferzeiten diese Kapazitätsrestriktionen eingehalten werden können. Bei **isolierter Betrachtung** ergibt sich zunächst das folgende Bild:

– Bei Produktionsfaktor I wird die Restriktion durch das zeitliche Zusammentreffen der Vorgänge B, C, F und G im Zeitintervall 8 bis 11 (früheste Lage) oder durch das Zusammentreffen der Vorgänge C, E, F und G im Zeitintervall 11 bis 15 (späteste Lage) verletzt. Die Vorgänge C, D, F, G, I und K verfügen über einen Gesamtpuffer von 4, 3, 4, 3, 3 bzw. 4 Zeiteinheiten und können damit verschoben werden. Während ein von ihrer frühesten Lage ausgehendes Verschieben der Vorgänge C und D nicht mit einer Lösungsverbesserung einhergeht, ist es z.B. durch ein Verschieben der Vorgänge G, I und K um jeweils 3 Zeiteinheiten möglich, die gegebene Kapazitätsbegrenzung einzuhalten, ohne das Projektende zu gefährden.

– Bei Produktionsfaktor II wird die Restriktion durch das zeitliche Zusammentreffen der Vorgänge B, C und D im Zeitintervall 5 bis 8 (früheste Lage) oder im Zeitintervall 9 bis 11 (späteste Lage) verletzt. Zu den Gesamtpuffern der Vorgänge gilt das im Kontext von Produktionsfaktor I Gesagte. Wird Vorgang D nicht verschoben, aber die Vorgänge C und F um 3 Zeiteinheiten und K um 2 Zeiteinheiten verschoben, dann lassen sich die Kapazitätsrestriktionen und das geplante Projektende einhalten.

Es ergeben sich dann die in Abbildung 3.49 dargestellten modifizierten Kapazitätsprofile.

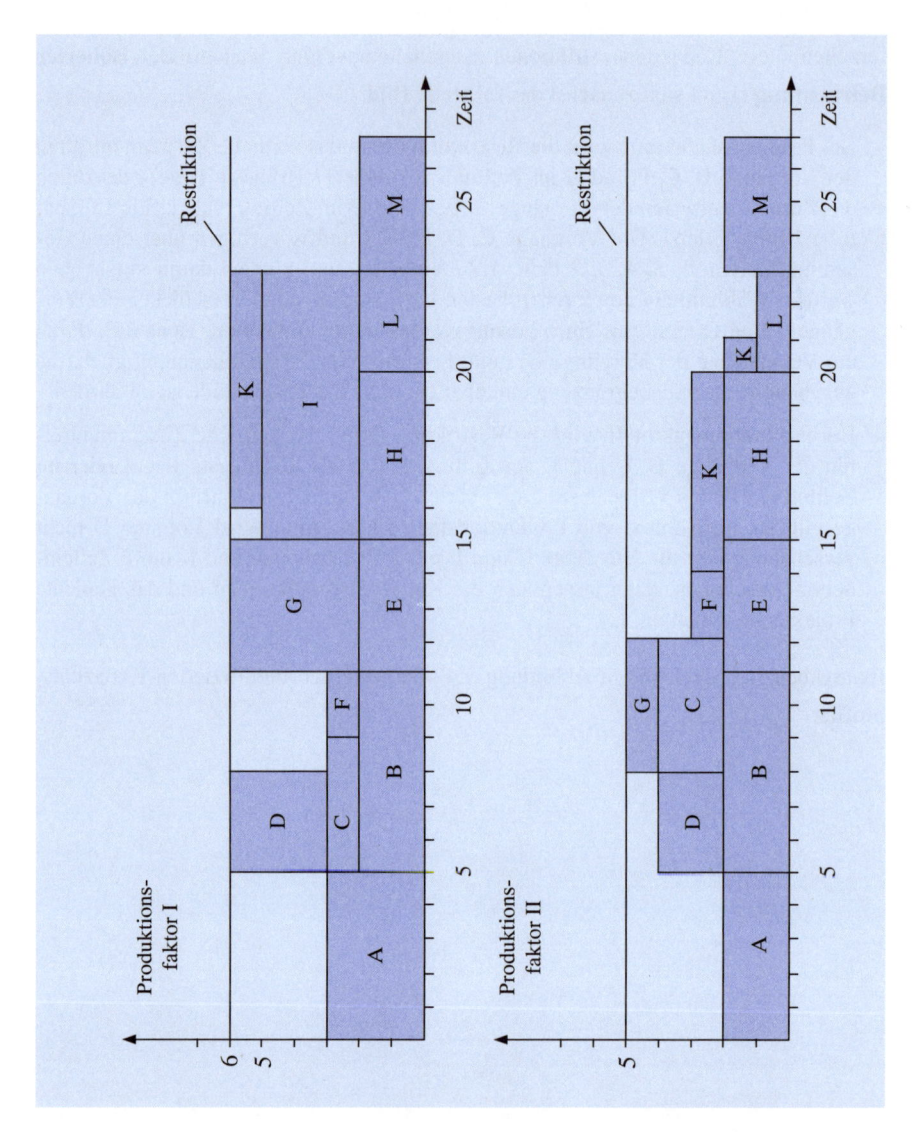

Abb. 3.49: Kapazitätsprofile bei isolierter Berücksichtigung von Restriktionen der Produktionsfaktoren

Darüber hinaus ist zu berücksichtigen, daß eine isolierte Betrachtung nicht zu konsistenten Lösungen führen muß, da sich die Verschiebung eines Vorganges nicht nur auf das Kapazitätsprofil eines Produktionsfaktors, sondern auf die Profile aller in diesem Vorgang zum Einsatz gelangenden Produktionsfaktoren auswirkt.

Grundlage einer **simultanen Berücksichtigung** der Auswirkungen von Vorgangsverschiebungen auf den Kapazitätsbedarf bildet ein formales Modell des **ressour-**

cenbeschränkten Projektablaufplanungsproblems (Resource-Constrained Project Scheduling Problem; RCPSP). Das Grundmodell weist die folgende Struktur auf (vgl. Patterson/Huber 1974, S. 990 ff.):

- Häufig wird die Minimierung der Projektdauer als Ziel der Projektablaufplanung zugrunde gelegt, d.h., der Abschlußzeitpunkt des letzten Vorganges J soll so früh wie möglich sein:

$$\min \sum_{t=FEZ_J}^{SEZ_J} t \cdot x_{J,t}$$

- Ein Vorgang hat genau einen Abschlußzeitpunkt:

$$\sum_{t=FEZ_j}^{SEZ_j} x_{j,t} = 1 \qquad \forall j$$

- Die Ausführung eines Vorganges darf erst gestartet werden, wenn die Ausführung seiner Vorgänger abgeschlossen ist:

$$\sum_{t=FEZ_{j'}}^{SEZ_{j'}} t \cdot x_{j',t} \leq \sum_{t=FEZ_j}^{SEZ_j} \left(t - D_j\right) \cdot x_{j,t} \qquad \forall j > 1, j' \in VG_j$$

- Die Kapazitätsnachfrage der Vorgänge übersteigt das Kapazitätsangebot nicht:

$$\sum_{j=1}^{J} \left(r_{j,q} \cdot \sum_{\tau=t}^{t+D_j - 1} x_{j,\tau} \right) \leq \overline{r}_q \qquad \forall q, t$$

- Die Zuordnung eines Abschlußzeitpunktes zu einem Vorgang ist binär:

$$x_{j,t} \in \{0; 1\} \qquad \forall j, t \in \left[FEZ_j, SEZ_j \right]$$

Symbole:

- Parameter, Mengen

D	...	Dauer eines Vorganges	$\overline{r}$ ...	Kapazitätsangebot einer Ressource
FEZ	...	Früheste Endzeit eines Vorganges	SEZ ...	Späteste Endzeit eines Vorganges
r	...	Kapazitätsnachfrage eines Vorganges	VG ...	Menge der Vorgänger eines Vorganges

- Indizes

    j   ...   Vorgang $(j = 1, ..., J)$

    q   ...   Ressource $(q = 1, ..., Q)$

    t, τ   ...   Zeitpunkt

- Entscheidungsvariablen

  x ... Zuordnung eines Abschlußzeitpunktes zu einem Vorgang

Um eine Lösung zu diesem Problem zu ermitteln, kann auf unterschiedliche Verfahren der ressourcenbeschränkten Projektablaufplanung zurückgegriffen werden. Dabei ist zwischen exakten und heuristischen Verfahren zu unterscheiden. Während im zuerst genannten Fall immer ein optimaler Ablaufplan generiert wird, sind Heuristiken Näherungsverfahren, die nicht immer zu einer Lösung führen, häufig aber gute Lösungen hervorbringen. Insbesondere bei Problemen mit hohem Lösungsaufwand, wie dies etwa bei RCPS-Problemen der Fall ist[1], wird der Optimalitätsanspruch aufgegeben, um eine gute zulässige Lösung in angemessener Zeit zu finden. Für kleinere Projekte können Ablaufplanungsprobleme mit exakten Verfahren, wie etwa dem Branch-and-Bound-Verfahren, gelöst werden[2]. Bei realen Problemstellungen mit größeren Problemabmessungen bietet es sich jedoch an, auf Heuristiken zurückzugreifen. Aus der Vielzahl der in der Literatur vorgestellten Heuristiken[3] wird im folgenden, dem Einführungscharakter des vorliegenden Buches entsprechend, das **Prioritätsregelverfahren** ausgewählt und einer genaueren Betrachtung unterzogen.

Beim Prioritätsregelverfahren werden die einzuplanenden Vorgänge auf der Grundlage vorgegebener Prioritätsregeln in eine Prioritätenliste eingeordnet und dann in dieser Reihenfolge den knappen Kapazitäten zugewiesen. Abbildung 3.50 gibt einen Überblick über mögliche Prioritätsregeln, die hierbei zur Anwendung gelangen können (vgl. Küpper/Lüder/Streitferdt 1975, S. 269).

---

1) Das RCPS-Problem ist NP-schwer. Vgl. Blazewicz/Lenstra/Rinnooy Kan (1983, S. 11 ff.).
2) Zu einer detaillierten Beschreibung dieses Verfahrens im Rahmen der Projektablaufplanung vgl. Zimmermann/Stark/Rieck (2006, S. 208 ff.).
3) Zu einem Überblick vgl. z.B. Kolisch (1995, S. 66 ff.).

1) Nachfolgebedingungen:
   - Min m_j (m_j = Rang des Vorganges j)[1]
   - Min j (j = Index des Vorganges j bei einer Rangindizierung der Vorgänge, d.h., $\bar{j} < j$, falls Vorgang $\bar{j}$ Vorgänger von Vorgang j ist)

2) Zeitberechnung ohne Berücksichtigung von Kapazitätsgrenzen:
   - Min FAZ_j
   - Min SAZ_j
   - Min FEZ_j
   - Min SEZ_j
   - Min GP_j

3) Dauer der Vorgänge:
   - Min D_j
   - Max D_j

4) Kapazitätsbedarf der Vorgänge:
   - Min $\sum_{q=1}^{Q} r_{j,q}$
   - Max $\sum_{q=1}^{Q} r_{j,q}$
   - Min $\sum_{q=1}^{Q} (\bar{r}_q - r_{j,q})$
   - Max $\sum_{q=1}^{Q} (\bar{r}_q - r_{j,q})$

mit: $\bar{r}_q$ = Anzahl der während der Projektdauer pro Zeiteinheit verfügbaren Einheiten der Kapazitätsart q (q = 1, ..., Q)

$r_{j,q}$ = Anzahl der Einheiten der Kapazitätsart q, die zur Durchführung des Vorganges j pro Zeiteinheit benötigt werden (j = 1, ..., J)

Abb. 3.50: Beispielhafte Prioritätsregeln

Im Rahmen der Verwendung von Prioritätsregeln können einerseits statische oder dynamische Verfahren und anderseits serielle oder parallele Verfahren zur Anwendung gelangen (vgl. Kolisch 1995, S. 83 ff.). Während bei einer **statischen Vorgehensweise** die einmal festgelegten Prioritäten solange beibehalten werden, bis alle Vorgänge eingeplant sind, erfolgt bei **dynamischer Vorgehensweise** eine Neuberechnung der Prioritäten nach Einplanung eines jeden Vorganges. Bei **seriellen Verfahren** werden die Vorgänge in der Reihenfolge der Prioritätenliste zu den bei Ein-

---

[1] Der Rang eines Vorganges gibt an, wieviele Pfeile ausgehend vom Startknoten eines Netzwerkes höchstens durchlaufen werden müssen, bis der betrachtete Knoten erreicht wird.

haltung der Kapazitätsbedingungen frühestmöglichen Zeitpunkten eingeplant. Hierbei ist darüber hinaus zu unterscheiden, ob mit oder ohne Warteliste gearbeitet wird. Liegt eine Warteliste vor, dann werden die Vorgänge mit noch nicht eingeplanten Vorgängern solange in der Warteliste geführt, bis alle Vorgänger eingeplant sind. Wird hingegen keine Warteliste geführt, dann werden die Nachfolgebedingungen als Hauptsortierkriterium oder bei dynamischer Vorgehensweise die Prioritätsregeln Min FAZ_j und Min FEZ_j verwendet. Bei **parallelen Verfahren** werden die aufgrund der Nachfrage- und Kapazitätsbedingungen einplanbaren Vorgänge für aufeinanderfolgende Zeitpunkte errechnet und dann in der Reihenfolge der Prioritätenliste eingeplant, bis die Kapazitätsbedingungen erfüllt sind.

Wird zur Lösung des Beispielproblems eine statische, serielle Vorgehensweise herangezogen, wobei die Prioritätsregel Min GP_j zugrunde liegt, dann ergibt sich die in Tabelle 3.7 und Abbildung 3.51 dargestellte Lösung.

3.3 Netzplantechnik

Vorgangs-bezeichnung	$GP_j^{1)}$	Priorität $\text{Min}\, GP_j^{1)}$	FZ_j	Eingeplant in Schritt
A	0 •	12 •	5	1
B	0 / 0 •	12 / 12 •	11	2
C	4 / 4 / 1 •	3 / 3 / 6 •	12	3
D	3 / 3 •	6 / 6 •	8	2
E	0 / 0 / 0 / 0 •	12 / 12 / 12 / 12 •	15	4
F	4 / 4 / 1 / 1 / 2 •	3 / 3 / 6 / 4 / 3 •	17	5
G	3 / 3 / 3 / 0 / 0 •	6 / 6 / 2 / 12 / 12 •	16	5
H	0 / 0 / 0 / 0 / 1 / 0	12 / 12 / 12 / 12 / 6 / 12	22	6
I	3 / 3 / 1 / 0 / 0 / 0	6 / 6 / 6 / 12 / 12 / 12	25	6
K	4 / 4 / 4 / 1 / 1 / 2	3 / 3 / 1 / 4 / 6 / 4	23	6
L	0 / 0 / 0 / 0 / 1 / 0	12 / 12 / 12 / 12 / 6 / 12	25	6
M	0 / 0 / 0 / 0 / 0 / 0	12 / 12 / 12 / 12 / 12 / 12	29	6

1) Ohne Berücksichtigung von Kapazitätsgrenzen und mit Aktualisierung nach jedem Planungsschritt.

Tab. 3.7: Simultane Berücksichtigung von Restriktionen der Produktionsfaktoren mit Hilfe des Prioritätsregelverfahrens

Es werden die folgenden Planungsschritte vollzogen:

1. Unter Berücksichtigung der gegebenen Reihenfolgebeziehungen wird zunächst Vorgang A mit einem Fertigstellungszeitpunkt $FZ_A = 5$ eingeplant.
2. Nach A können die Vorgänge B, C und D ausgeführt werden. Da ein Start dieser Vorgänge zum Zeitpunkt 5 die Kapazität des Produktionsfaktors II übersteigt, werden der Prioritätsregel entsprechend zunächst B und D eingeplant, so daß sich $FZ_B = 11$ und $FZ_D = 8$ ergeben. C kann damit kapazitätsbedingt erst nach Abschluß von D gestartet werden. Somit werden die Gesamtpuffer von C, F und I auf 1 reduziert, und die Prioritäten sind neu zu berechnen.
3. Zum Zeitpunkt 8 konkurrieren C und G gemeinsam mit dem bereits eingeplanten Vorgang B um die knappe Kapazität des Produktionsfaktors I, wobei C gemäß Prioritätsregel den Vorrang erhält ($FZ_C = 12$). Diese Entscheidung bewirkt, daß

G erst zum Zeitpunkt 11 gestartet werden kann. Damit ändern sich die Gesamtpuffer für G und I auf 0 und für K auf 1.

4. Da G und E (sowie der bereits eingeplante Vorgang C) zum Zeitpunkt 11 um die Kapazität des Produktionsfaktors I konkurrieren, gleichzeitig aber auch die höchste Priorität aufweise, wird aufgrund einer zusätzlichen Prioritätsregel (z.B. minimaler Kapazitätsbedarf) dem Vorgang E der Vorrang gegeben ($FZ_E = 15$). Damit kann G erst zum Zeitpunkt 12 gestartet werden. Die Gesamtpuffer von H und L ändern sich auf 1 und von F auf 2.

5. Zum Zeitpunkt 12 konkurrieren G und F (sowie der bereits eingeplante Vorgang E) um die Kapazität des Produktionsfaktors I. Aufgrund der höheren Priorität von G gilt $FZ_G = 16$, und F kann erst zum Zeitpunkt 15 gestartet werden ($FZ_F = 17$). Die Gesamtpuffer von H und L ändern sich auf 0 und von K auf 2.

6. Für die noch einzuplanenden Vorgänge bestehen keine Ressourcenkonflikte, so daß die folgende Einplanung vorgenommen werden kann: Der Vorgang K wird zum Zeitpunkt 16 gestartet ($FZ_K = 23$), die Vorgänge H und I zum Zeitpunkt 17 ($FZ_H = 22$; $FZ_I = 25$), der Vorgang L zum Zeitpunkt 22 ($FZ_L = 25$) und der Vorgang M zum Zeitpunkt 25 ($FZ_M = 29$).

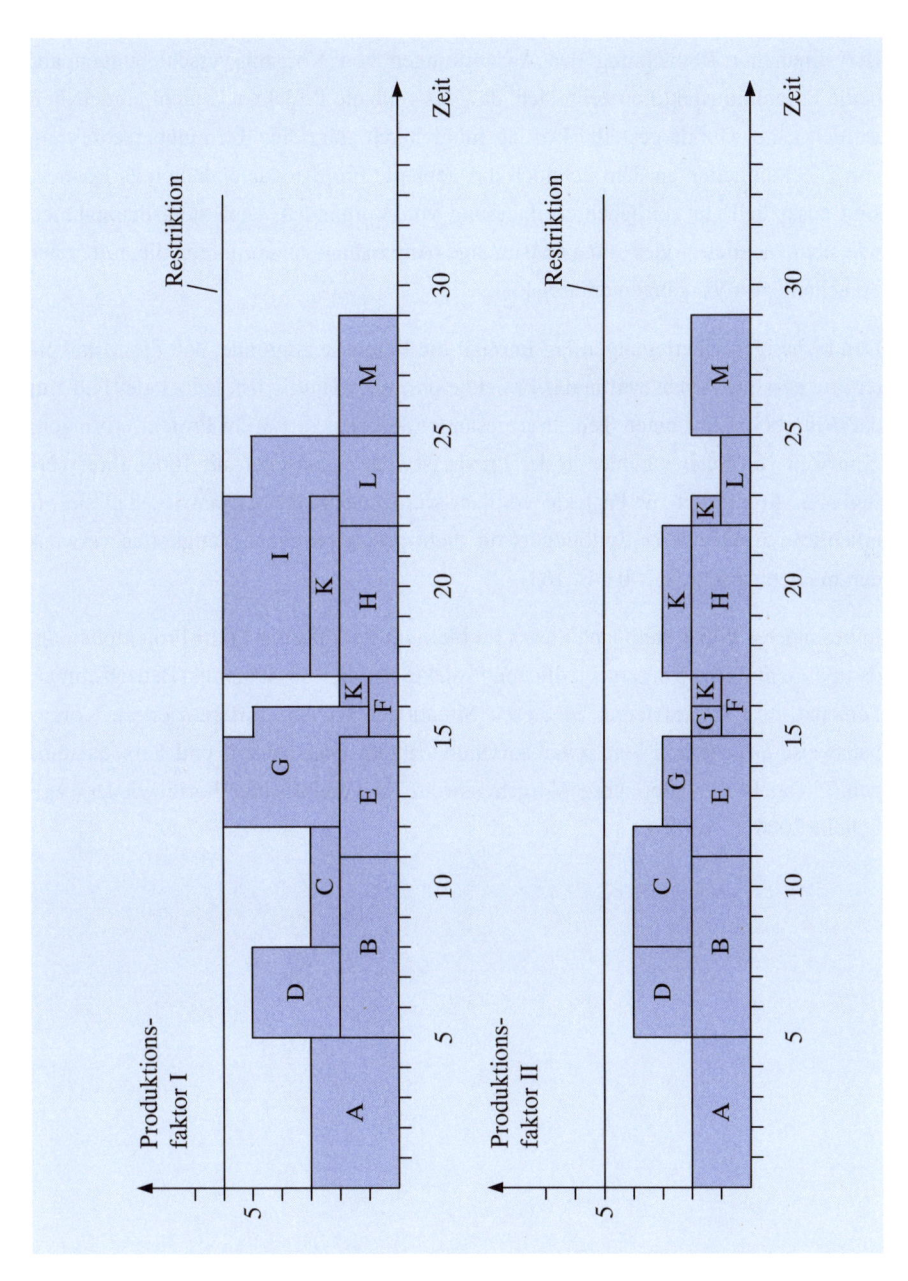

Abb. 3.51: Kapazitätsprofile bei simultaner Berücksichtigung von Restriktionen der Produktionsfaktoren

Bei simultaner Betrachtung der Auswirkungen von Vorgangsverschiebungen auf beide Produktionsfaktoren zeigt sich, daß das geplante Projektende nicht eingehalten werden kann. Die dargestellte Lösungsmöglichkeit zeigt eine Terminüberschreitung von 2 Zeiteinheiten an. Um dennoch das geplante Projektende einhalten zu können, sind zusätzlich zur zeitlichen Verlagerung von Vorgängen Anpassungsmaßnahmen wie etwa zeitliche oder intensitätsmäßige Anpassung zu ergreifen, die mit einer Stauchung von Vorgängen einhergehen.

Den bisherigen Überlegungen lag implizit die Prämisse zugrunde, daß die Mitarbeiter ihre gesamte Arbeitszeit in das Projekt einbringen. Häufig tritt jedoch der Fall ein, daß Mitarbeiter nur einen Teil ihrer gesamten Arbeitszeit für ein Projekt erbringen: „Ein weit verbreiteter Fehler in der Praxis ist, daß Mitarbeiter mit 100% ihrer verfügbaren Arbeitszeit für Projekte verplant werden, obwohl bekannt ist, daß sie oft erhebliche Anteile ihres Zeitbudgets für nicht projektbezogene Tätigkeiten verwenden müssen." (Schelle 2004, S. 163).

In besonderer Weise stellt sich dieses Problem im Rahmen der Multi-Projektplanung, da in diesem Fall die unterschiedlichen Projekte um die Einsatzmittel (Betriebsmittel, Personal etc.) konkurrieren. In diesen Situationen ist eine differenziertere Vorgehensweise erforderlich, und zwar auf Stundenbasis (Maschinen- und Personalstunden[1]). Tabelle 3.8 gibt diese Vorgehensweise in vereinfachter Form wieder (vgl. Schelle 2004, S. 166 f.).

---

1) Dies bedingt eine Stundenerfassung, die eine Kontierung der geleisteten Arbeitsstunden auf die jeweiligen Arbeitspakete ermöglicht. Eine Bewertung kann dann mit Kostensätzen pro Stunde erfolgen.

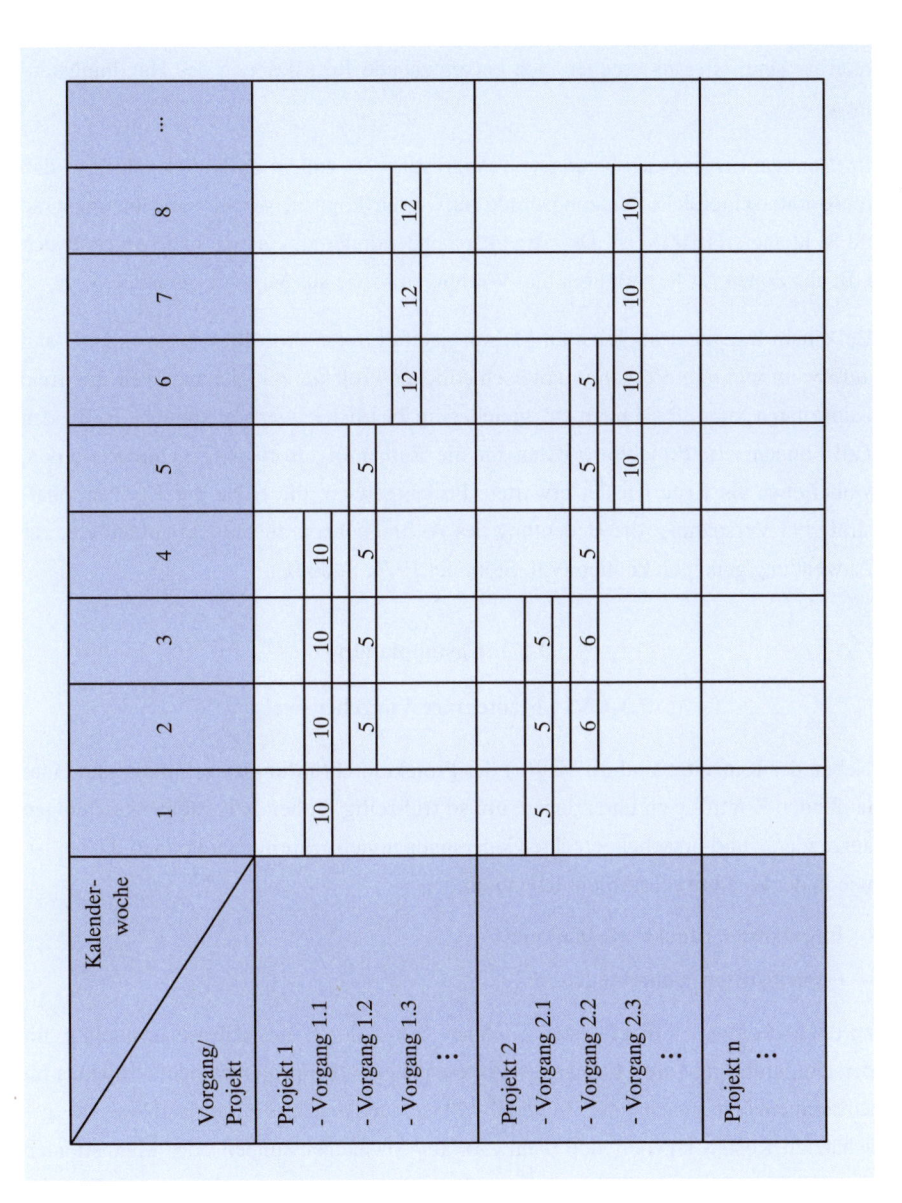

Vorgang/Projekt \ Kalenderwoche	1	2	3	4	5	6	7	8	...
Projekt 1									
- Vorgang 1.1	10	10	10	10					
- Vorgang 1.2		5	5	5	5	12	12	12	
- Vorgang 1.3									
...									
Projekt 2									
- Vorgang 2.1	5	5	5	5	5	5			
- Vorgang 2.2		6	6						
- Vorgang 2.3					10	10	10	10	
...									
Projekt n									

Tab. 3.8: Beispielhafte Belastungsplanung für einen Mitarbeiter in unterschiedlichen Projekten auf Wochenstundenbasis

Diese Belastungsplanung ist für alle Einsatzmittel vorzunehmen. Durch Summation ergeben sich dann die Gesamtbelastungen je Einsatzmittelart und eventuelle Über- bzw. Unterdeckungen.

Darüber hinaus sind neben dieser rein quantitativen Sicht die qualitativen Aspekte zu berücksichtigen, die letztlich dazu führen, daß die Einsatzmittel nicht beliebig substituierbar sind. Hieraus ergeben sich entsprechende Restriktionen des Handlungsraumes.

Im Rahmen der Einsatzplanung von Aggregaten ist zudem zu berücksichtigen, daß diese unterschiedliche Nutzungsgrade aufweisen können, wobei der Nutzungsgrad i.d.R. kleiner als 100% ist. Derartige kapazitätsmindernde Sachverhalte ergeben sich z.B. aus Zeiten für Reparaturen und Wartungen sowie aus Maschinenausfällen.

Bei einem Kapazitätsabgleich im Mehrprojektfall treten Probleme insbesondere dann auf, wenn mehrere Vorgänge unterschiedlicher Projekte zur gleichen Zeit auf freie Kapazitäten zugreifen und nicht gleichzeitig bearbeitet werden können. In diesem Fall können z.B. Projektprioritäten für die Reihenfolgefestlegung gebildet werden, wobei etwa als Kriterien der erwartete Projektgewinn, die Höhe der Konventionalstrafe bei Verspätung, die Bedeutung des Auftraggebers, die Projektlaufzeit etc. zur Anwendung gelangen können (vgl. Stommel 1976, S. 86 ff.).

3.3.1.3 Kostenplanung

3.3.1.3.1 Elementare Vorgehensweise

Neben der Kapazität sind die Kosten der Projektdurchführung zu ermitteln und einer laufenden Kontrolle zu unterziehen, um so frühzeitig drohende Kostenabweichungen aufzuzeigen und ursachengerechte Gegenmaßnahmen ergreifen zu können. Dabei ist, wie in der **Kostenrechnung** üblich, zwischen

– Einzelkosten (direkte Kosten) und
– Gemeinkosten (indirekte Kosten)

zu unterscheiden[1]. **Einzelkosten** zeichnen sich dadurch aus, daß sie ursächlich mit der Durchführung eines Vorganges, Arbeitspaketes, Teilprojektes oder Projektes im Zusammenhang stehen (z.B. Material-, Maschinenkosten, Fertigungslöhne; die geschätzten Kosten ergeben sich dann z.B. aus Maschinenstunden oder Mannstunden multipliziert mit den jeweiligen Kostensätzen). Sie entstehen somit ausschließlich für ein Projekt und können diesem oder Teilen davon unmittelbar zugeordnet werden.

---

1) Die Einteilung in „direkt zurechenbare und nicht direkt zurechenbare Kosten stimmt nicht mit der in variable und fixe Kosten überein. Die letztere Einteilung erfolgt unter dem Gesichtspunkt der Abhängigkeit von kurzfristigen Beschäftigungsschwankungen. Nicht direkt zurechenbare Kosten sind zwar stets auch fixe Kosten; die direkt zurechenbaren Kosten enthalten aber neben den variablen Kosten auch fixe Bestandteile." Alter (1991, S. 155).

Grundlage für die Aufstellung eines Kostenplans kann einerseits der Projektstrukturplan und anderseits der Netzplan sein. Beim Projektstrukturplan, der verrichtungs- oder objektorientiert sein kann, stellen die Arbeitspakete, die i.d.R. mehrere Vorgänge umfassen, den Bezugspunkt dar, wodurch der Erfassungsaufwand niedrig gehalten werden kann. Informationsgrundlage hierfür bilden die arbeitspaketbezogenen Stücklisten und Arbeitspläne (vgl. Alter 1991, S. 250). Demgegenüber wird bei einer Orientierung am Netzplan an den einzelnen Vorgängen angesetzt, wodurch sich ein hoher Erfassungsaufwand ergibt. Für jeden Vorgang wird dann auch ein entsprechender Soll-Ist-Vergleich durchgeführt. Es ist somit auf jeden Fall eine einzelprojektbezogene Rechnung in der Form einer Ergebnis- und Finanzrechnung erforderlich.

Neben den Einzelkosten sind die **Gemeinkosten** zu beachten, die mit Hilfe von Schlüsselgrößen anteilmäßig auf die Vorgänge, Arbeitspakete, Teilprojekte oder Projekte[1] verteilt werden.

Eine weitere Einteilung, die insbesondere dann relevant wird, wenn die Vorgangsdauer variiert, ist in der Unterscheidung zwischen

– zeitabhängigen und
– zeitunabhängigen Kosten

zu sehen. Dieser Aspekt wird vor allem im Rahmen der Kostenoptimierung relevant.

Auf das Beispiel in Abbildung 3.13 bezogen soll die **Kostenplanung** aufgezeigt werden. Dabei sei unterstellt, daß die projektbezogenen Gemeinkosten pro Zeiteinheit 40 Geldeinheiten (GE) betragen. Die Einzelkosten der Vorgänge sind in Tabelle 3.9 erfaßt.

---

1) Kosten, die nur dem Projekt als Ganzem zugeordnet werden können, sind z.B.: Kosten für die Organisation des Projektes, Verwaltungskosten etc.

Vorgang	Dauer	FAZ	SAZ	Einzelkosten pro Zeiteinheit	Gesamte Einzelkosten
A	5	0	0	30	150
B	6	5	5	20	120
C	4	5	9	10	40
D	3	5	8	25	75
E	4	11	11	40	160
F	2	9	13	15	30
G	4	8	11	20	80
H	5	15	15	30	150
I	8	12	15	20	160
K	7	12	16	10	70
L	3	20	20	60	180
M	4	23	23	30	120

Tab. 3.9: Kostentabelle

Die Einzelkosten belaufen sich damit auf 1.335 GE und die Gemeinkosten bei einer Gesamtdauer des Projektes auf 1.080 GE. In einem nächsten Schritt sind diese anfallenden Kosten mit der Zeitplanung zu verknüpfen, wobei wiederum nach der frühesten und spätesten Lage der Vorgänge zu unterscheiden ist. Dabei bleiben die im Rahmen der Kapazitätsplanung eingeführten Restriktionen unberücksichtigt. Abbildung 3.52 gibt diesen Sachverhalt wieder.

3.3 Netzplantechnik

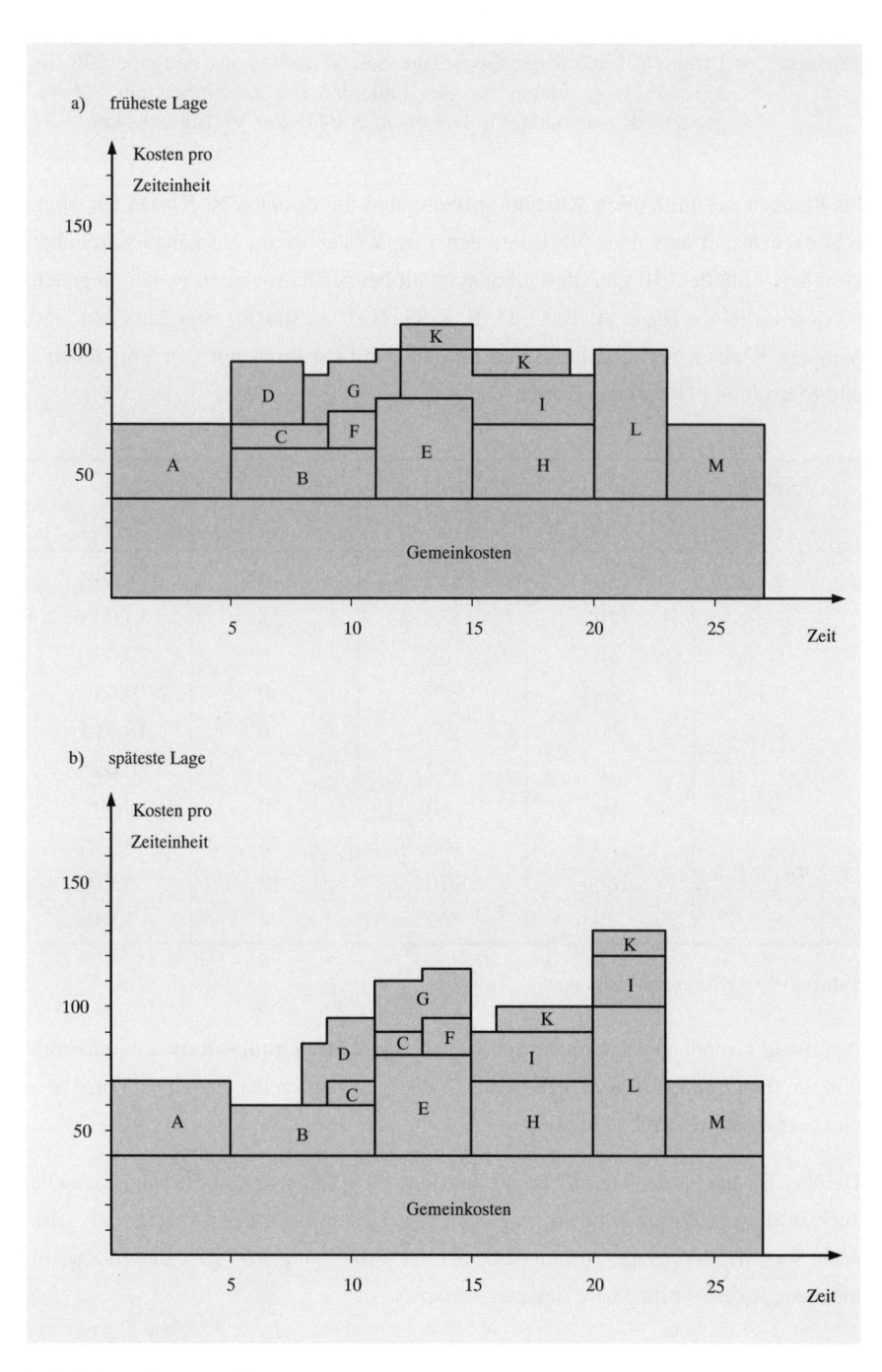

a) früheste Lage

b) späteste Lage

Abb. 3.52: Kostengebirge

> Aufgabe 24: Ermitteln Sie auf der Grundlage des Netzplans aus Aufgabe 20b die kürzeste Projektdauer für den Fall, daß pro Zeiteinheit nur ein begrenztes Kostenbudget in Höhe von 500 GE zur Verfügung steht.

Im Rahmen der **laufenden Kostenkontrolle** sind die direkten Ist-Kosten der abgeschlossenen und laufenden Vorgänge den Plan-Kosten dieser Vorgänge gegenüberzustellen. Tabelle 3.10 gibt diesen Sachverhalt beispielhaft wieder, wobei unterstellt wird, daß die Vorgänge A, B, C, D, E, F, G, H, I vollständig abgeschlossen sind, Vorgang K einen Fertigstellungsgrad von 80% aufweist und mit den Vorgängen L und M noch nicht begonnen wurde.

Vorgang	Gesamte Einzelkosten		Kostenabweichung	
	Plan	Ist	absolut	relativ
A	150	156	6	4,00%
B	120	138	18	15,00%
C	40	48	8	20,00%
D	75	75	0	0,00%
E	160	190	30	18,75%
F	30	42	12	40,00%
G	80	80	0	0,00%
H	150	155	5	3,33%
I	160	170	10	6,25%
K	56	60	4	7,14%

Tab. 3.10: Kostenabweichungen

Auf dieser Grundlage ist dann eine entsprechende **Abweichungsanalyse** durchzuführen, um die Gründe offenzulegen, weshalb die Plan-Kosten bei einzelnen Vorgängen nicht eingehalten werden konnten.

Darüber hinaus ist der kumulierte Verlauf der Projektkosten von Bedeutung, wobei auch in diesem Zusammenhang zwischen den Kosten bei frühestem und bei spätestem Start der Vorgänge zu unterscheiden ist. Abbildung 3.53 gibt diesen Zusammenhang für das vorliegende Beispiel wieder.

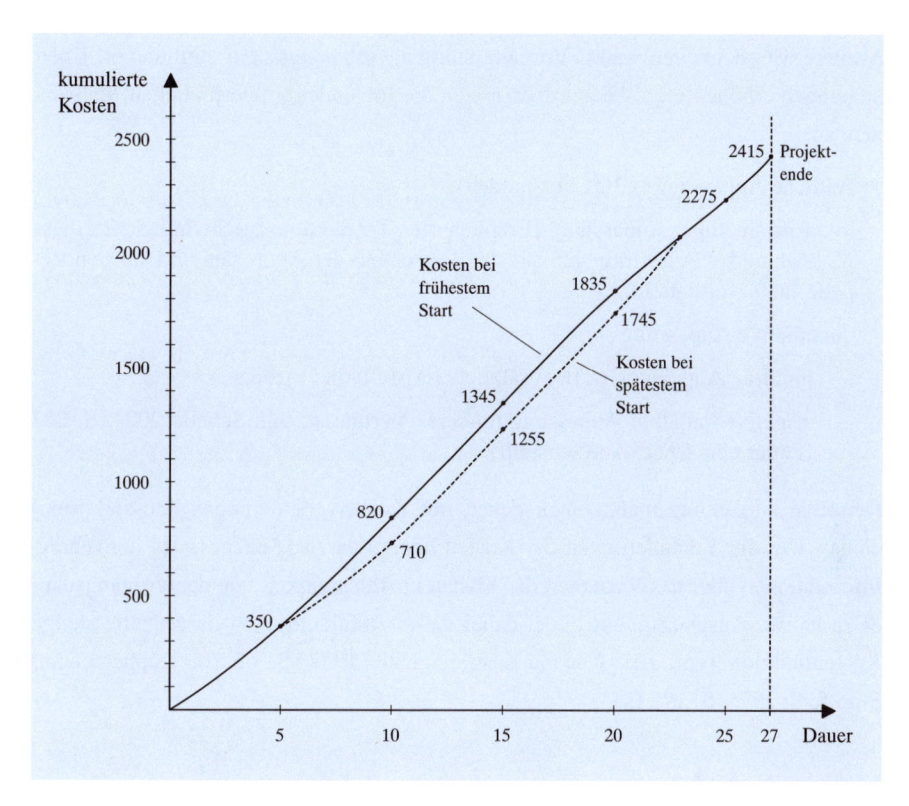

Abb. 3.53: Kumulierter Projektkostenverlauf

Die Summenfunktion gibt damit an, wieviele Kosten bis zu einem bestimmten Zeitpunkt angefallen sind.

Der zeitbezogene Kostenanfall ist insbesondere dann von Bedeutung, wenn, wie in der Betriebswirtschaftslehre üblich, zwischen Kosten und Ausgaben unterschieden wird, da letztere unmittelbare Auswirkungen auf die **Finanzplanung** haben. Anfallende Ausgaben erfordern liquide Mittel. Auch hierbei können die Pufferzeiten von Bedeutung sein, indem z.B. hohe Ausgaben eines Vorganges zeitlich verschoben werden.

Planabweichungen können z.B. durch

- Planungsfehler (z.B. falsche Schätzung der Vorgangsdauern) und
- Realisationsfehler (z.B. nicht sachgerechte Arbeiten im Projektablauf, Störungen)

verursacht werden. Gerät der Projektendtermin durch derartige Abweichungen in Gefahr und soll dieser möglichst eingehalten werden, dann sind entsprechende Anpassungsmaßnahmen erforderlich, um die Dauer einzelner Vorgänge zu verkürzen (weitere Möglichkeiten wären Vorgang splitten, Abhängigkeiten eliminieren, Überlappungen erhöhen etc.). Hierzu bieten sich die folgenden grundsätzlichen Maßnahmen an:

- zeitliche Anpassung (z.B. Überstunden),
- intensitätsmäßige Anpassung (Erhöhen der Produktionsgeschwindigkeit; diese Maßnahme hat Auswirkungen auf den Verschleiß der Aggregate und auf den Repetierfaktorverbrauch),
- quantitative Anpassung
    -- multiple Anpassung (z.B. zusätzliche(r) Maschine, Arbeiter)
    -- selektive/mutative Anpassung (anderes Verfahren; vgl. Schelle 2004, S. 227 ff., der eine Checkliste vorstellt).

Derartige Anpassungsmaßnahmen gehen mit Kostenveränderungen (Zusatzkosten) einher. Um die Veränderungen der Kosten beurteilen zu können, ist es notwendig, Informationen über das Verhalten der Kosten in Abhängigkeit von der Vorgangsdauer zu haben. Ausgangspunkt bildet dabei die in Abbildung 3.54 dargestellte stetige Kostenfunktion (vgl. z.B. Gewald/Kasper/Schelle 1972, S. 63 ff.; Küpper/Lüder/Streitferdt 1975, S. 195 ff.).

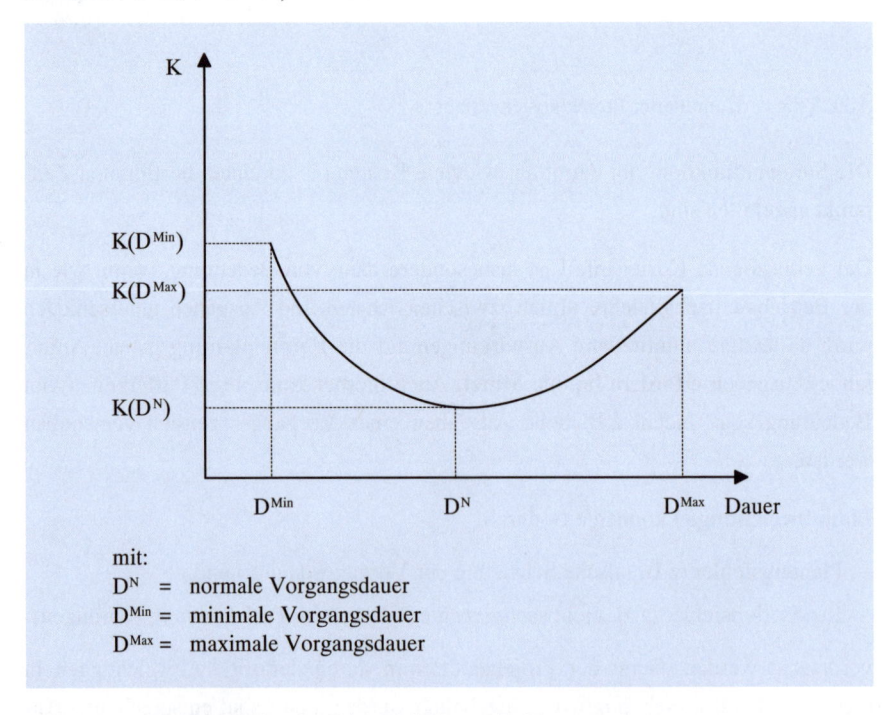

mit:
D^N = normale Vorgangsdauer
D^{Min} = minimale Vorgangsdauer
D^{Max} = maximale Vorgangsdauer

Abb. 3.54:   Kostenfunktion in Abhängigkeit von der Vorgangsdauer

Dabei wird unterstellt, daß die Kosten bei normaler Vorgangsdauer den niedrigsten Wert aufweisen. Häufig ist es jedoch der Fall, daß keine stetige **Kostenfunktion** gegeben ist, sondern nur einzelne Kostenpunkte für die Beziehung zwischen Kosten und Vorgangsdauer bestimmbar sind. In diesen Fällen ist es erforderlich, eine lineare Approximation der Kostenfunktion vorzunehmen, die entweder einfach linear oder stückweise linear erfolgen kann (vgl. z.B. Bröckerbaum 1975, S. 11 ff.), wobei lediglich der Anstieg der Funktion bei einer Zeitreduktion von Interesse ist (vgl. Abbildung 3.55)[1].

---

1) „In der Regel wird man sich mit diesem Teil der Aktivitätskostenkurve begnügen können, da es ökonomisch wenig sinnvoll ist, eine Aktivität über den Punkt minimaler Kosten zeitlich auszudehnen und dadurch einen Kostenanstieg hinzunehmen." Schwarze (1968, S. 433). Diese Aussage ist jedoch dann zu relativieren, wenn bei anderen Aktivitäten Engpässe auftreten. In diesem Fall kann es durchaus ökonomisch zweckmäßig sein, einen Vorgang zu verzögern, wenn der Kostenanstieg geringer ist als die Kostenwirkungen bei den Vorgängen, die zum Engpaß werden.

a) einfach linear

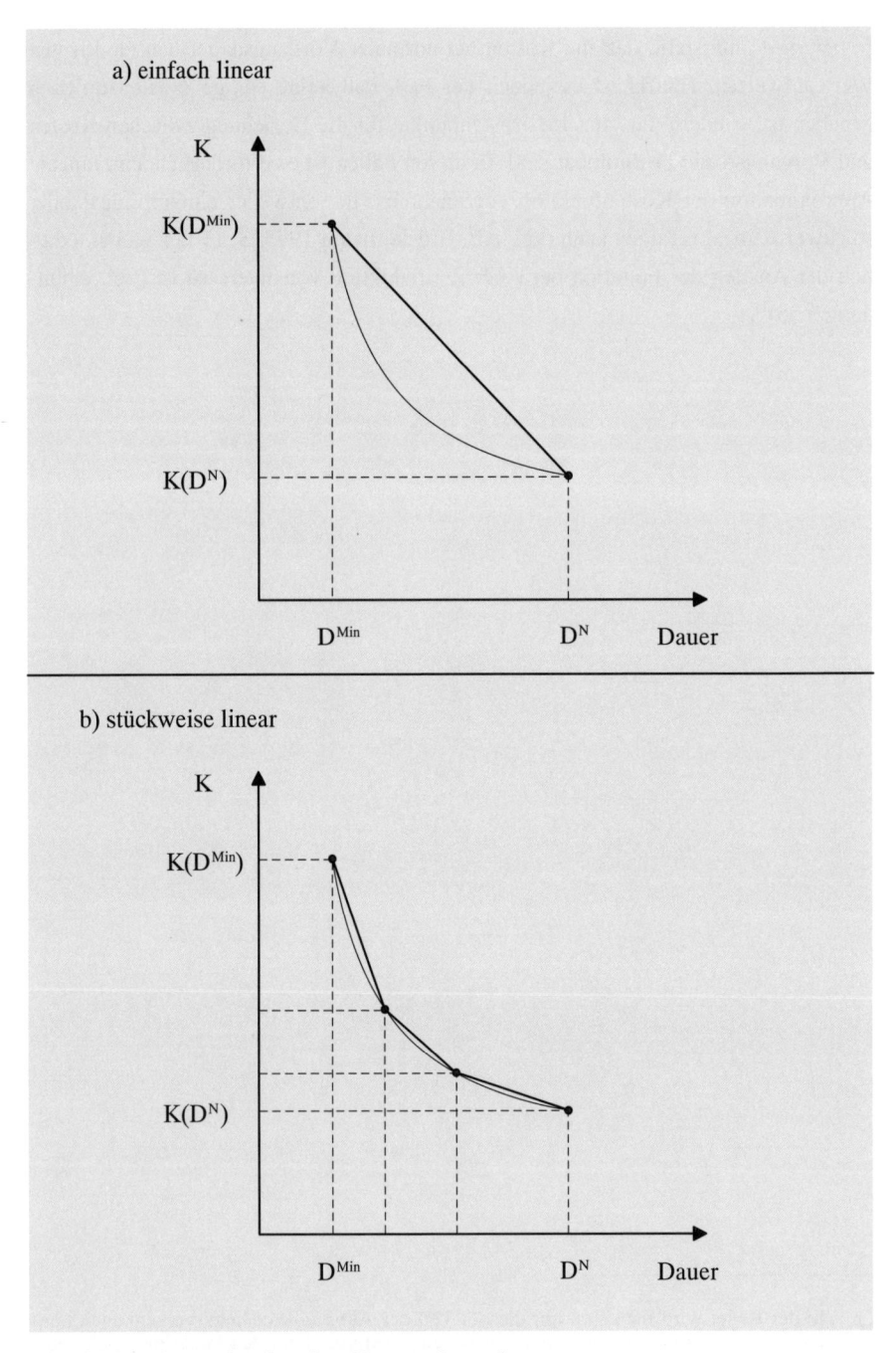

K
K(D^{Min})
K(D^N)
D^{Min} D^N Dauer

b) stückweise linear

K
K(D^{Min})
K(D^N)
D^{Min} D^N Dauer

Abb. 3.55:   Approximation einer Vorgangskostenkurve

Für die einfache lineare Approximation der Form:

$$K = b - c \cdot D$$

lassen sich der Kostenbetrag b bei Vorgangsdauer D = 0 und die Steigung mit Hilfe von Differenzenquotienten ermitteln (vgl. Zimmermann/Stark/Rieck 2006, S. 268):

$$b = \frac{D^N \cdot K(D^{Min}) - D^{Min} \cdot K(D^N)}{D^N - D^{Min}}$$

$$c = \frac{K(D^{Min}) - K(D^N)}{D^N - D^{Min}}$$

Der Quotient c gibt an, um wieviele Geldeinheiten sich die Kosten eines Vorganges erhöhen, wenn die Vorgangsdauer um eine Zeiteinheit reduziert wird (teilweise wird auch von Beschleunigungskosten gesprochen).

Bei einer stückweisen Approximation sind weitere Informationen heranzuziehen. So sind die Kosten jeder einzelnen Teilfunktion mit den dazugehörigen Intervallen notwendig, um differenziertere Berechnungen vornehmen zu können.

Liegt hingegen ein **Verfahrenswechsel** vor, dann können die Kostenfunktionen Sprünge aufweisen. Läßt sich jedes Verfahren nur mit einem **einzigen Zeit-Kosten-Verhältnis** realisieren, dann ergeben sich einzelne Kostenpunkte (vgl. Abbildung 3.56). Dabei werden ausschließlich die variablen Einzelkosten des betrachteten Vorganges in die Überlegungen einbezogen.

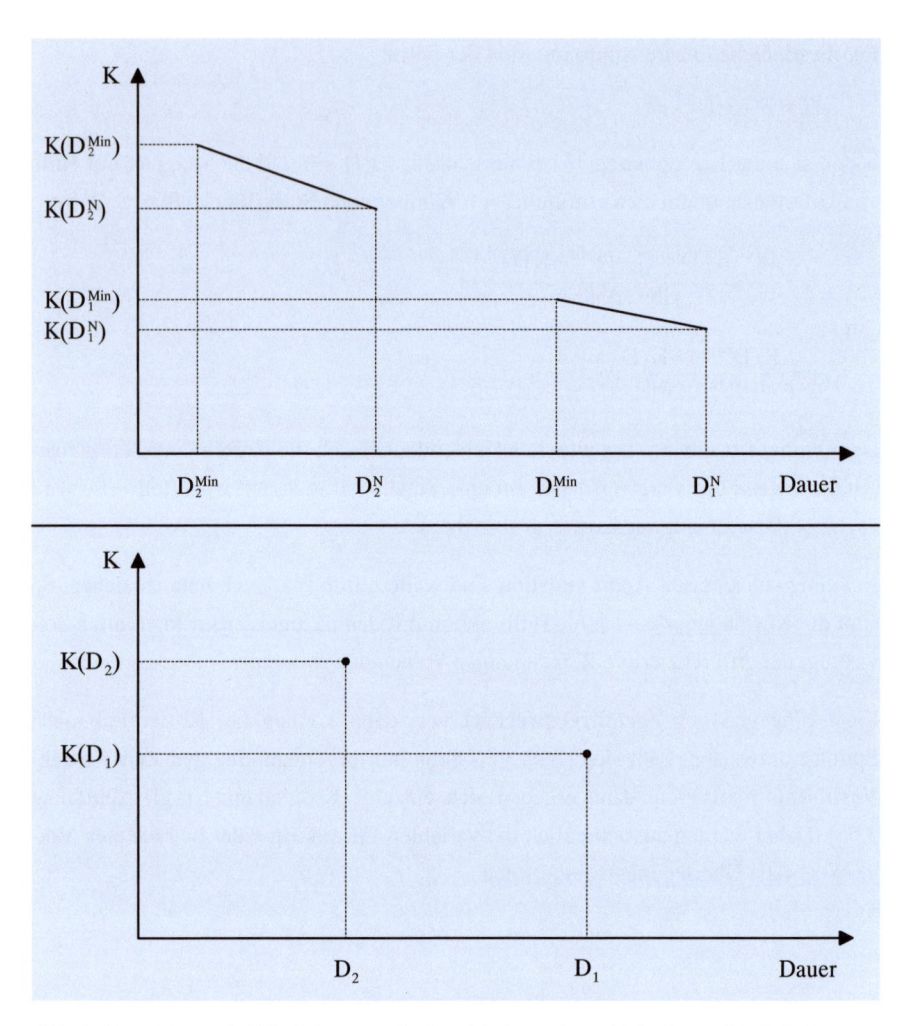

Abb. 3.56: Kosten bei Verfahrenswechsel und bei nur einem Zeit-Kosten-Verhältnis

Neben der Vorgangsdauer ist als weitere entscheidungsrelevante Kosteneinflußgröße die Projektdauer zu nennen. Bei den projektdauerabhängigen Kosten handelt es sich entweder um Kosten, die durch Einsatzmittel hervorgerufen werden, die während der gesamten Projektdauer zur Verfügung stehen müssen, oder um Kosten, die sich aus Konventionalstrafen und in Form entgangener Deckungsbeiträge oder Gewinne (Opportunitätskosten) ergeben.

Wie in den vorangegangenen Ausführungen dargestellt, existiert neben der normalen Vorgangsdauer (D^N) eine sogenannte minimale Vorgangsdauer (D^{Min}). Auf der Grundlage dieser minimalen Vorgangsdauern läßt sich dann die **Projektmindestdauer** berechnen, bei der die höchsten Zusatzkosten auftreten. Demgegenüber sind die Zusatzkosten bei D^N gleich null. In einer kostenorientierten Betrachtung sind dann für alle Projektdauern, die zwischen diesen beiden Grenzwerten liegen, die Reduzierungen der Vorgangsdauern unter der Maßgabe zu ermitteln, daß jeweils das Minimum der gesamten Zusatzkosten realisiert wird (vgl. Altrogge 1996, S. 227 ff.). Dabei sind natürlich ausschließlich Projektdauerverkürzungen zu betrachten, die sich aus Vorgängen ergeben, die auf dem kritischen Weg liegen, wobei zu beachten ist, daß sich hierdurch ein anderer kritischer Weg ergeben kann. Es ergibt sich damit die folgende Vorgehensweise:

- Ausgehend von der normalen Projektdauer werden auf dem kritischen Weg die Vorgänge um eine Zeiteinheit reduziert, die die geringsten Zusatzkosten (Beschleunigungskosten = Kostenveränderung, die bei einer Vorgangsdauerverkürzung um eine Zeiteinheit entsteht) verursachen.
- Auf dieser Grundlage ergeben sich dann die minimalen Zusatzkosten über alle Vorgänge, und zwar in Abhängigkeit von der Projektdauer.
- Darüber hinaus sind die Kosten zu berücksichtigen, die unmittelbar von der Projektdauer abhängig sind und mit sinkender Projektdauer abnehmen.

Damit ergibt sich eine **Gegenläufigkeit** zwischen den **Zusatzkosten**, die mit sinkender Projektdauer ansteigen und den **projektdauerabhängigen Kosten**. Um auf dieser Basis die kostenoptimale Projektdauer ermitteln zu können, ist es notwendig, die Summe über diese beiden Kosten zu ermitteln und das Minimum zu bestimmen, woraus sich dann, wie in Abbildung 3.57 dargestellt, die kostenoptimale Projektdauer ermitteln läßt.

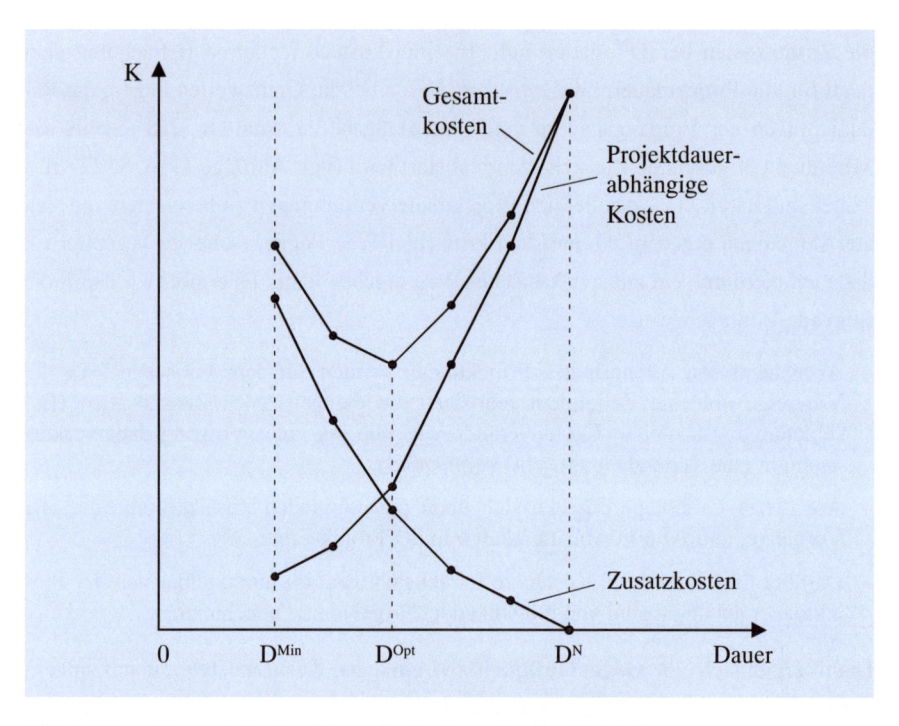

Abb. 3.57: Theoretische Ermittlung der kostenoptimalen Projektdauer

> Aufgabe 25: Erklären Sie die Idee der kostenoptimalen Projektdauer. Gehen Sie dabei auf einzelne Kostenfunktionen ein.

Derartige Kostenbetrachtungen setzen jedoch eine entsprechende **Projektkostenrechnung** voraus, da das periodenbezogene Rechnungswesen nicht in der Lage ist, die erforderlichen Kosteninformationen bereitzustellen, weil in der Projektkostenrechnung die Projekte zum zentralen Zurechnungsobjekt werden. Etwas pointiert gelangt Buch (1991, S. 6) in diesem Zusammenhang zu der folgenden Aussage: „Kennzeichnend für das Verhältnis zwischen Projektmanagement und betrieblichem Rechnungswesen erscheint gegenseitige Ignoranz". Um die Kosten den einzelnen Projekten, Teilprojekten und Arbeitspaketen zurechnen zu können, bedarf es letztlich einer zweiten Kostenträgerrechnung und einer anderen Kostenstellenbildung, als dies gemeinhin in der Kostenrechnung vorgenommen wird. Abbildung 3.58 gibt den grundsätzlichen Aufbau einer derartigen Kostenrechnung wieder (vgl. Hügler 1988, S. 198).

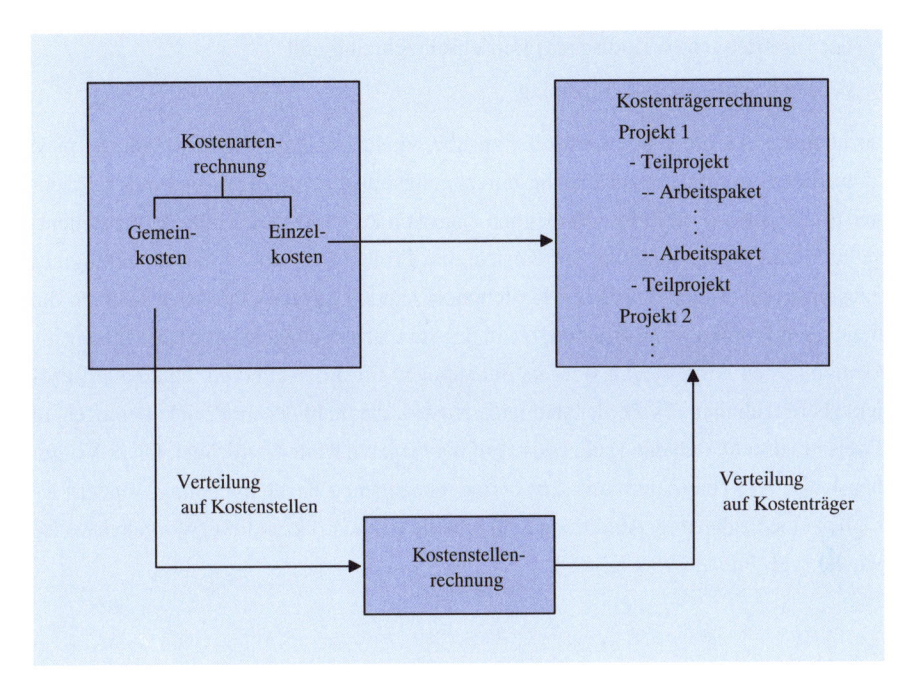

Abb. 3.58:   Grundstruktur einer Projektkostenrechnung

Diese elementare Darstellung zeigt, daß einfache Umrechnungen zwischen der generellen Kostenrechnung und der Projektkostenrechnung zur Ermittlung der Projektkosten nicht gegeben sind. So betont dann auch Schröder (1973, S. 96 f.): „Insbesondere die Zuordnung aller zunächst nur nach Stellen erfaßten Kosten auf Projekte oder Teilaufgaben von Projekten macht Schwierigkeiten ... Für die Projektkontrolle sind daher Einzelaufzeichnungen nötig." Es ergibt sich damit die Notwendigkeit, die Kosten entsprechend der Projektstruktur zu erfassen, wozu

– ein entsprechender Detaillierungsgrad und
– eine projektspezifische Codierung (Nummernsystem)

eine Voraussetzung für die Kostenerfassung darstellen (vgl. Schröder 1973, S. 97). Beim Detaillierungsgrad ist dabei zu beachten, daß der Erfassungsaufwand für eine detaillierte Kostenplanung teilweise sehr hoch sein kann, d.h., auch in diesem Zusammenhang ist dem Grundsatz der Wirtschaftlichkeit Rechnung zu tragen, mit der Konsequenz, daß der Kostenplan gröber sein kann als der Netzplan.

Als konzeptionelle Schwachstelle der in der Kostenrechnung vollzogenen Periodenrechnung ist letztlich das fehlende Bindeglied zwischen

- der kurzfristigen (periodischen) Betriebsabrechnung und
- der langfristigen Projektrechnung

zu nennen. Um diese Schwachstelle zu überwinden, schlägt Plinke (1986, S. 608) „künstlich" geschaffene zusätzliche Zurechnungsobjekte vor, die er als Pools bezeichnet. Sie sind das notwendige Bindeglied zwischen Zeitpunkt und Höhe der Kostenentstehung und der Zurechnung der Kosten zum Projekt und stellen damit ein Abgrenzungsinstrument dar. Bei diesen Kostenpools handelt es sich um fiktive Konten, die diejenigen Projektkosten erfassen, die in der kurzperiodischen Betriebsabrechnung als Gemeinkosten ausgewiesen werden, um sie dann für die Weiterverrechnung auf Projekte bereitzuhalten. Es werden damit die Kosten, die mehr als ein Projekt betreffen, in Pools gesammelt und dann sukzessive auf die Projekte weiterverrechnet. Diese Vorgehensweise ist keine Alternative zur periodenbezogenen Kostenrechnung, sondern lediglich eine Ergänzung. Abbildung 3.59 gibt die Grundstruktur dieser Vorgehensweise wieder (vgl. Plinke 1986, S. 609).

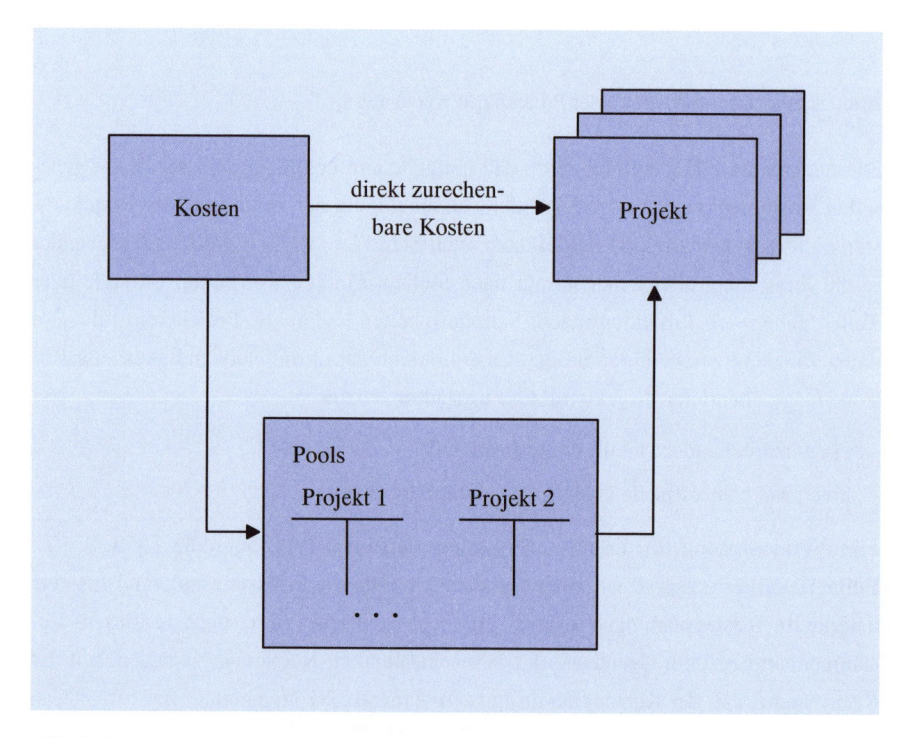

Abb. 3.59:   Kostenpools als Bindeglied in der Projektkostenrechnung

Die Anzahl der zu bildenden Kostenpools ist dabei aufgabenspezifisch zu bestimmen und entzieht sich einer allgemeinen Festlegung.

Grundsätzlich sollen die Einzelkosten auf der untersten Ebene der Projektstruktur erfaßt werden. Eine weitergehende Betrachtung zeigt jedoch, daß auch auf höheren Ebenen des Projektstrukturplans Kosten eindeutig einzelnen Projektbestandteilen als Einzelkosten zugeordnet werden können, wodurch die Trennung zwischen Einzel- und Gemeinkosten relativiert wird (vgl. Hügler 1988, S. 188). Unter **Projekteinzelkosten** sind dann die Kosten zu verstehen, die einem Projektbestandteil oder einem einzelnen Projekt direkt auf der Grundlage des Verursachungsprinzips zugerechnet werden können, d.h., Kosten, die auf einer niedrigeren Stufe der Projektstruktur als Gemeinkosten zu klassifizieren sind, lassen sich auf einer höheren Projektebene als Einzelkosten zurechnen (vgl. Schultz 1995, S. 18). Als **Projektgemeinkosten** sind dann diejenigen Kosten zu bezeichnen, die einem einzelnen Projekt, das den Hauptkostenträger darstellt, nicht verursachungsgerecht zugeordnet werden können (z.B. Beleuchtung, Heizung, Abschreibungen für Aggregate, die für mehrere Projekte gleichzeitig genutzt werden etc.).

Diese Überlegungen bilden den Ausgangspunkt der Gedanken von Buch (1991, S. 23 ff.), der auf die von Riebel (1994) entwickelte **relative Einzelkostenrechnung** zurückgreift, mit der es möglich wird, eine differenzierte Betrachtung der unterschiedlichen sachlichen und zeitlichen Reichweite von Entscheidungen vorzunehmen. Hieraus folgt unmittelbar ein Verzicht auf eine (willkürliche) Periodenabgrenzung. Ein zentrales Element bildet das Zurechnungsprinzip, das Riebel (1994, S. 418 ff.) für die Kosten- und Leistungsrechnung formuliert und als **Identitätsprinzip** bezeichnet. Dieses Prinzip besagt, daß nur solche Größen einander gegenübergestellt werden dürfen, die auf identische Entscheidungen zurückgeführt werden können; eine Kostenverrechnung im Sinne einer Gemeinkostenschlüsselung unterbleibt. Dementsprechend liegt ein **entscheidungsorientierter Kostenbegriff** zugrunde, d.h., Kosten sind durch eine Entscheidung zusätzlich ausgelöste Ausgaben einschließlich der Ausgabenverpflichtungen bzw. Auszahlungen (vgl. Riebel 1994, S. 427 und S. 765), eine Vorgehensweise, die insbesondere für projektbegleitende Auswertungsrechnungen notwendig ist: „Die Erfassung der Bestellobligos ist auch deshalb notwendig, da die eingegangenen Verbindlichkeiten im Falle eines kurzfristigen Projektabbruchs ausgabenwirksam werden." (Buch 1991, S. 41). Es sind somit neben den Ist-Kosten auch die disponierten Kosten in die Betrachtung aufzunehmen.

Da in einer Unternehmung nicht nur eine, sondern ein ganzes System von Entscheidungen vorliegt, die miteinander in Beziehung stehen, bildet Riebel (1994, S. 406) eine sogenannte **Bezugsgrößenhierarchie**. Je nach Entscheidungssituation werden dann unterschiedliche Objekte betrachtet. Hierdurch bedingt, werden die Kosten letztlich als Einzelkosten einer entsprechenden Bezugsgröße angesehen, weshalb von einer relativen Einzelkostenrechnung gesprochen wird. Durch die strenge Bindung des entscheidungsorientierten Kosten- bzw. Erlösbegriffs an die Ausgaben und Einnahmen wird darüber hinaus die Trennung zwischen der kurzfristigen Kosten- und Erlösrechnung und der langfristigen Investitionsrechnung überwunden (vgl. Buch 1991, S. 27).

Um eine kontinuierliche Projektüberwachung auf der Grundlage aktueller Informationen zu ermöglichen und die Schwächen der „klassischen" Kostenrechnung zu überwinden, die insbesondere aufgrund ihrer periodenbezogenen Konzeption keine ständige Auskunftsfähigkeit aufweist, schlägt Buch (1991, S. 86 f.), in Anlehnung an die Vorgehensweise von Riebel, eine Projektrechnung vor, die eine **Grundrechnung** als begleitendes Erfassungssystem aufweist. Diese Grundrechnung bildet dann die Grundlage für objektbezogene und zeitablaufbezogene Auswertungsrechnungen[1] zur Planung und Kontrolle der Projekte, d.h., es erfolgt eine situationsspezifische Aufbereitung der Informationen. Auswertungsrechnungen stellen folglich einzelfallbezogene Rechnungen dar. Abbildung 3.60 gibt die grundsätzliche Struktur dieser Vorgehensweise wieder.

An diese Grundrechnung werden die beiden folgenden Hauptanforderungen gestellt (vgl. Buch 1991, S. 88 ff.):

– **Zweckneutralität**, d.h., es wird kein Zweck bevorzugt, so daß vielfältige Auswertungsmöglichkeiten bestehen.
– **Abbildungstreue**, d.h., es geht um die zutreffende Wiedergabe von zu erfassenden Sachverhalten. Aus diesem Grunde werden nur nachvollziehbare Rechengrößen wie Ein- und Auszahlungen, Einnahmen und Ausgaben herangezogen.

---

1) Vgl. Riebel (1994, S. 430 ff.); Schmalenbach (1963, S. 280). „Zur Erhöhung der Flexibilität und zur Sicherstellung vielfältiger Auswertungsmöglichkeiten wird im Rahmen der Einzelkosten- und Deckungsbeitragsrechnung vorgeschlagen, die benötigten Daten mit einer Vielzahl charakterisierender Merkmale im Rahmen einer zweckneutralen Grundrechnung auszuweisen und diese mit Hilfe zweck- und fragestellungsbezogener Auswertungsrechnungen aufzubereiten." Buch (1991, S. 42).

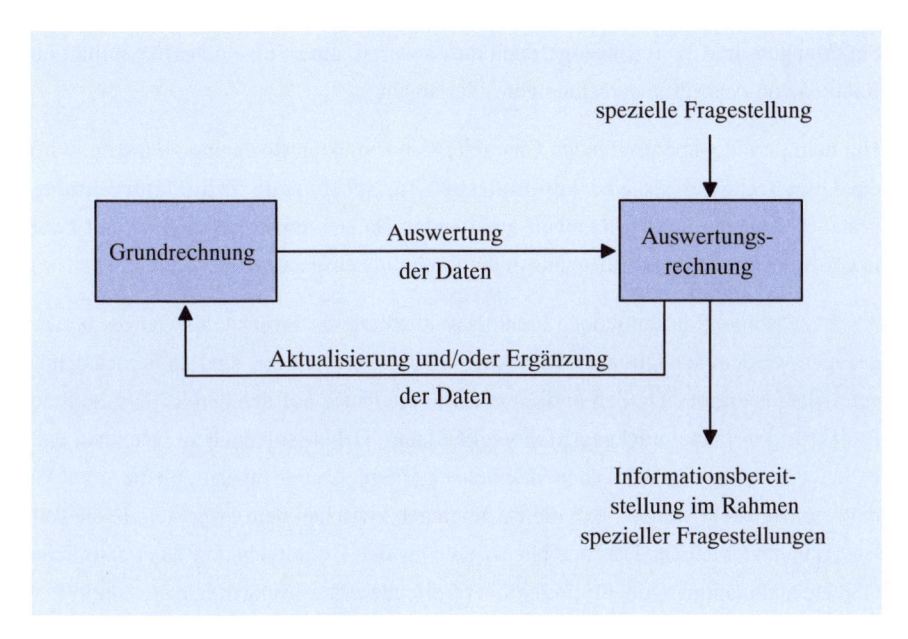

Abb. 3.60: Beziehungen zwischen Grund- und Auswertungsrechnung

Für die Projektrechnung ergeben sich aus deren Langfristigkeit und dem damit einhergehenden periodenübergreifenden Charakter der Projekte darüber hinausgehende spezielle Anforderungen. Daraus resultiert die Notwendigkeit, daß Projekte längere Zeit, d.h., i.d.R. mehrere Kalenderjahre als Bezugs- und Erfassungsobjekte fungieren müssen, ein Sachverhalt, der unmittelbare Auswirkungen auf die zeitliche Struktur der Grundrechnung hat (vgl. Ramsauer 1994, S. 216). Dies bedeutet, daß sich die Grundrechnung nicht nur auf vergangenheitsbezogene Daten konzentrieren darf, sondern zusätzlich Planungs- und Erwartungsgrößen aufzunehmen sind. Erst in Verbindung mit zukunftsorientierten Größen erlangen vergangenheitsbezogene Informationen Relevanz für Planungs- und Steuerungsmaßnahmen. „Im Verlauf der Projektabwicklung erfolgt eine zunehmende Konkretisierung der Rechengrößen: die Schätz- und Erwartungswerte der ersten Phasen werden im Zuge der Bestellungen vertraglich fixiert und konkretisieren sich schließlich in Form von Ein- und Auszahlungen. Dieses sukzessive, sich in mehreren Phasen vollziehende Übergehen der erwarteten Rechengrößen in die tatsächlichen Werte muß in der Grundrechnung abgebildet werden, so daß eine Erweiterung der vergangenheitsbezogenen Grundrechnung um zukunftsbezogene Rechengrößen notwendig wird." (Buch 1991, S. 91).

Es wird damit die Notwendigkeit deutlich, für eine kontinuierliche Aktualisierung der Datenerfassung und -aufbereitung Sorge zu tragen. Dabei erscheint es zweckmäßig, Mengen- und Wertgrößen getrennt auszuweisen, um so eine hohe Flexibilität im Rahmen von Auswertungsrechnungen zu erlangen.

Um dem periodenübergreifenden Charakter von Projekten Rechnung zu tragen, wird die Grundrechnung als eine **kontinuierlich fortschreitende Zeitablaufrechnung** gestaltet, d.h., die im Projektablauf anfallenden Daten werden sukzessive, und zwar in der Reihenfolge ihres Auftretens in die Rechnung aufgenommen.

Als Bezugsobjekt dürfen jedoch nicht ausschließlich die Projekte als Ganzes herangezogen werden, sondern auch Projektteile, Komponenten etc. sind zu berücksichtigen. Hieraus ergibt sich, daß in diesem Zusammenhang auf den bereits dargestellten Projektstrukturplan zurückgegriffen werden kann. Dabei ist jedoch zu beachten, daß es bei der Erfassung der Daten möglichst geringe Abgrenzungsprobleme gibt. Es muß sichergestellt werden, daß die Beziehungen zwischen dem Projekt und den Teilen erkennbar bleiben. Darüber hinaus sind in der Grundrechnung auch sämtliche Objekte aufzunehmen, die für projektübergreifende Auswertungen relevant sind.

Demgegenüber ist die Ermittlung der erwarteten Restkosten (cost to complete) nicht Aufgabe der Grundrechnung, sondern sie stellt eine spezifische Auswertungsrechnung dar. Um diese Restkosten, d.h. die noch zu erwartenden Kosten, zu beliebigen Zeitpunkten im Rahmen der Projektdurchführung ermitteln zu können, ist eine **mitlaufende Kalkulation** als Auswertungsrechnung durchzuführen (vgl. Buch 1991, S. 140 ff.). Die Grundstruktur einer mitlaufenden Kalkulation gibt Abbildung 3.61 wieder (vgl. Plinke 1985, S. 151).

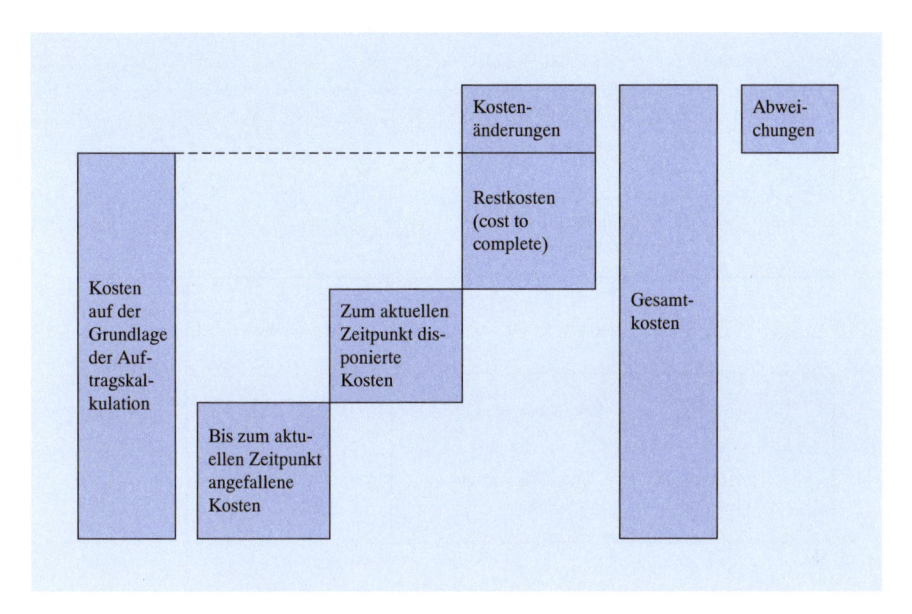

Abb. 3.61: Grundstruktur der mitlaufenden Kalkulation

Neben dieser beispielhaft angeführten Auswertungsrechnung sind projektspezifisch und situationsspezifisch weitere Auswertungsrechnungen möglich (vgl. Buch 1991, S. 115 ff.). Führt eine Unternehmung eine Vielzahl von Projekten durch, dann läßt sich eine Hierarchie für die Projektrechnung aufstellen, wie sie in Abbildung 3.62 dargestellt ist (vgl. Lachnit 1994, S. 55).

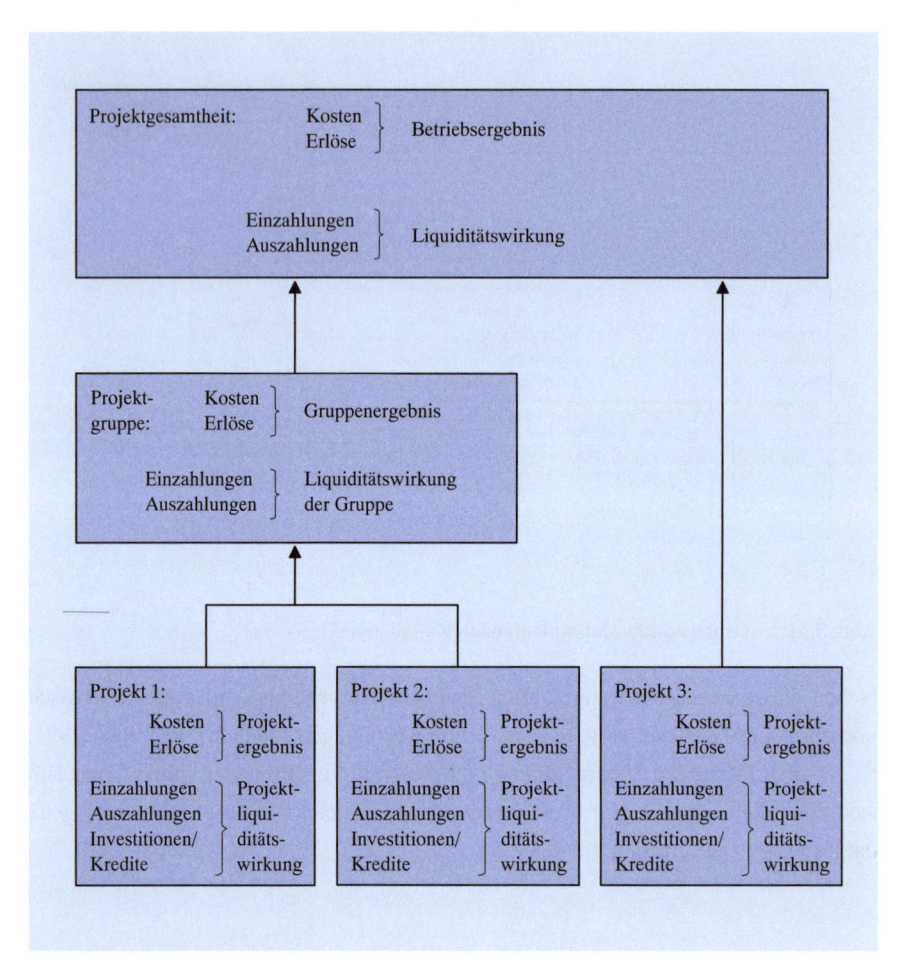

Abb. 3.62: Hierarchie einer Projektrechnung

Steven/Letmathe (2000, S. 8 ff.) schlagen in diesem Zusammenhang die sogenannte **objektorientierte Kostenrechnung** vor, deren Grundlage die objektorientierte Programmierung bildet. Im Zentrum dieser Überlegungen steht dabei der Begriff „Objekt", dem Attribute und Operationen zugeordnet werden, wobei Operationen Attributsausprägungen ändern können und damit den Zustand eines Objektes beeinflussen. Abbildung 3.63 verdeutlicht den Aufbau eines Objektes.

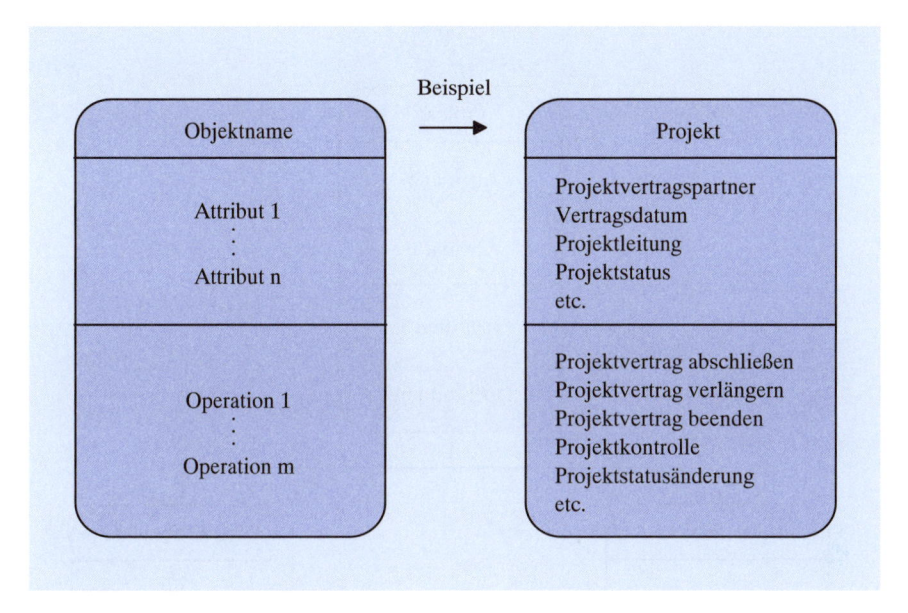

Abb. 3.63: Aufbau eines Objektes

Als Eigenschaften der objektorientierten Programmierung, die für eine objektorientierte Kostenrechnung von Bedeutung sind, lassen sich nennen:

- **Klassenbildung** (Zusammenfassung von Objekten mit gleichen Attributen); so läßt sich die Oberklasse „Projekt" in Unterklassen „Projekttypen" aufteilen, wodurch sich eine Hierarchie ergibt, die es ermöglicht, Attribute und Operationen mehrfach zu verwenden, ohne sie erneut zu implementieren.
- **Vererbung**, durch die Redundanzen vermieden werden können.
- **Polymorphismus**, d.h., die Möglichkeit der Veränderung und Hinzufügung von Attributen und Operationen von Objekten einer Unterklasse, obwohl diese von der Oberklasse vererbt wurden. Damit wird es möglich, trotz Vererbung eine Anpassung an spezifische Erfordernisse durchzuführen.
- **Kapselung**, die sicherstellt, daß Zustandsänderungen eines Objektes nur durch exakt definierte Operationen vorgenommen werden können.
- **Modularisierung**, die erreichen soll, daß die Bildung von Klassenhierarchien nachvollziehbar und verständlich ist, Schnittstellen eindeutig definiert werden und überschaubare Teilprobleme entstehen, die kombiniert werden können.

Die Grundidee einer objektorientierten Kostenrechnung läßt sich dann wie in Abbildung 3.64 dargestellt für die Projektkostenrechnung skizzieren.

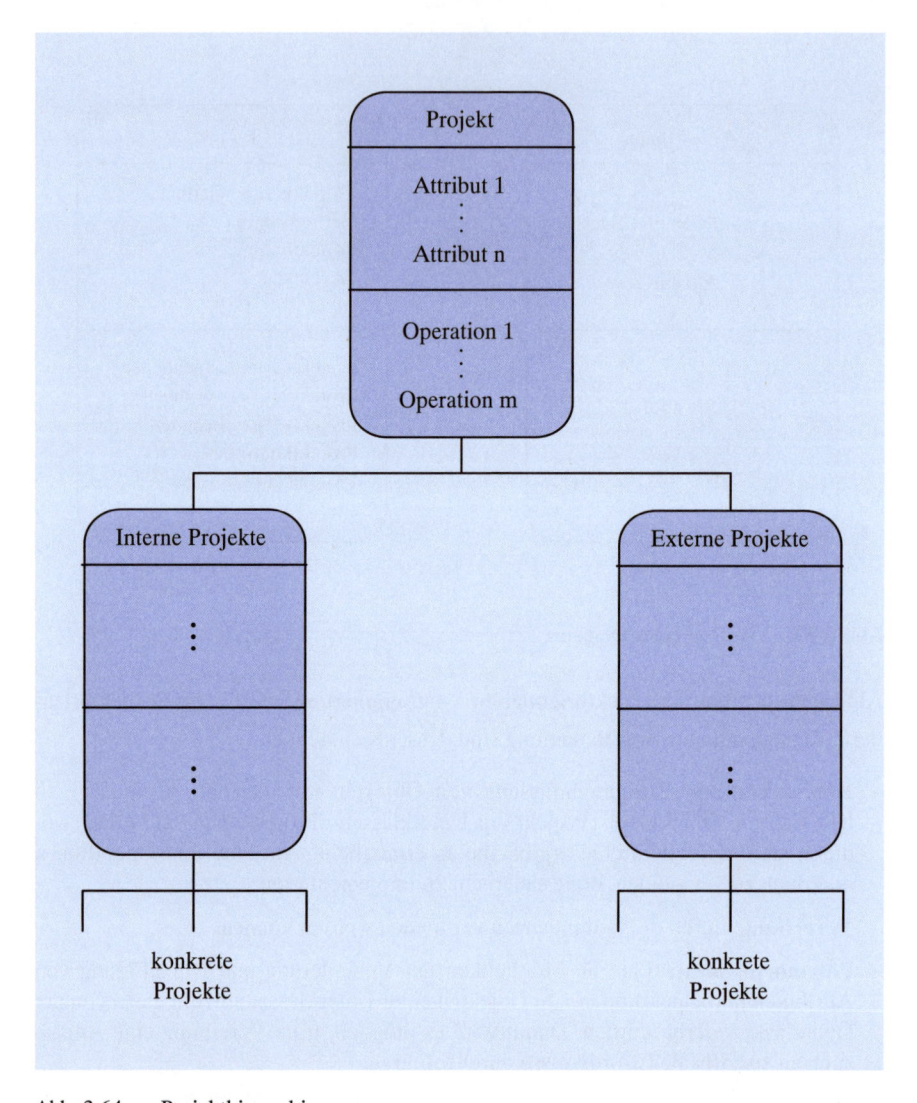

Abb. 3.64:   Projekthierarchie

Differenzierend ist die Erfassung der Kostenwirkungen notwendig, wobei zwischen

- faktorbezogenen,
- prozeßbezogenen und
- produktbezogenen Kostenwirkungen

unterschieden wird, eine Vorgehensweise, die sich am Wertefluß orientiert.

> Aufgabe 26: Welche Probleme treten im Rahmen der Projektkostenrechnung auf, und welche Möglichkeiten bestehen, um die Probleme zu lösen?

3.3.1.3.2 Integrative Vorgehensweise

Eine terminorientierte Kostenkontrolle kann auch auf der Grundlage von Meilensteinen vorgenommen werden, wie dies in Abbildung 3.65 dargestellt ist (vgl. z.B. Burghardt 2006, S. 364).

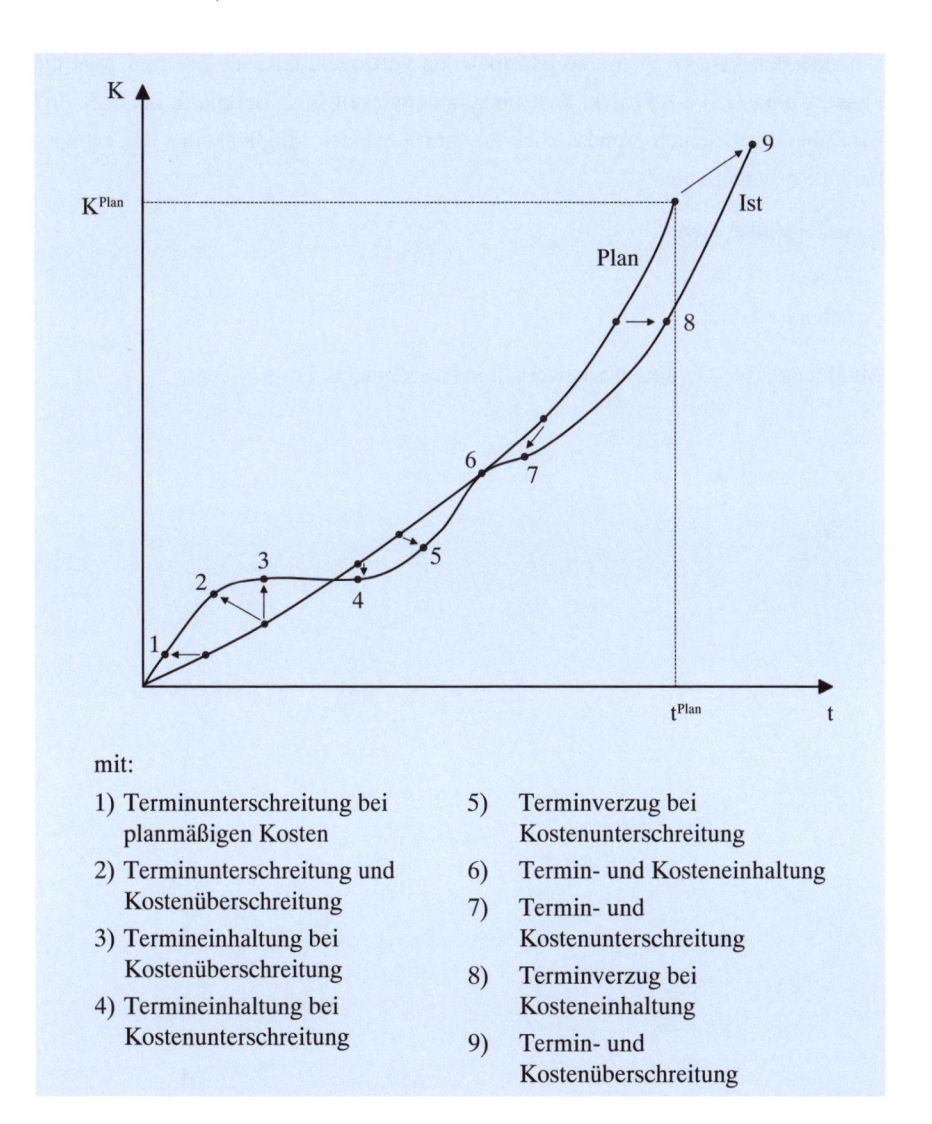

mit:
1) Terminunterschreitung bei planmäßigen Kosten
2) Terminunterschreitung und Kostenüberschreitung
3) Termineinhaltung bei Kostenüberschreitung
4) Termineinhaltung bei Kostenunterschreitung
5) Terminverzug bei Kostenunterschreitung
6) Termin- und Kosteneinhaltung
7) Termin- und Kostenunterschreitung
8) Terminverzug bei Kosteneinhaltung
9) Termin- und Kostenüberschreitung

Abb. 3.65: Terminkostendiagramm

Bei dieser zweidimensionalen Kosten-Termin-Betrachtung lassen sich dann die beiden folgenden Kennzahlen bestimmen (vgl. Gentner 1994, S. 65 f.).

$$\text{Kostenabweichung} = \frac{\text{Ist-Kosten} - \text{Soll-Kosten}}{\text{Soll-Kosten}} \cdot 100$$

$$\text{Terminabweichung} = \frac{\text{benötigte Zeit} - \text{geplante Zeit}}{\text{geplante Zeit}} \cdot 100$$

Demgegenüber liegt der Fokus der **Kostentrendanalyse** nicht auf den momentanen Ist-Größen. Vielmehr wird auf der Basis des wertmäßigen Verlaufs der regelmäßig aktualisierten Plan-Größen eine Extrapolation vollzogen, d.h., im Zentrum steht die Frage, wohin sich das Projekt kostenmäßig entwickelt (vgl. Burghardt 2006, S. 367 f.). Dabei ergeben sich grundsätzlich die drei folgenden Möglichkeiten der extrapolierten Kostenverläufe:

- ansteigender Trend,
- haltender Trend und
- fallender Trend.

Abbildung 3.66 gibt diesen Sachverhalt in anschaulicher Form wieder.

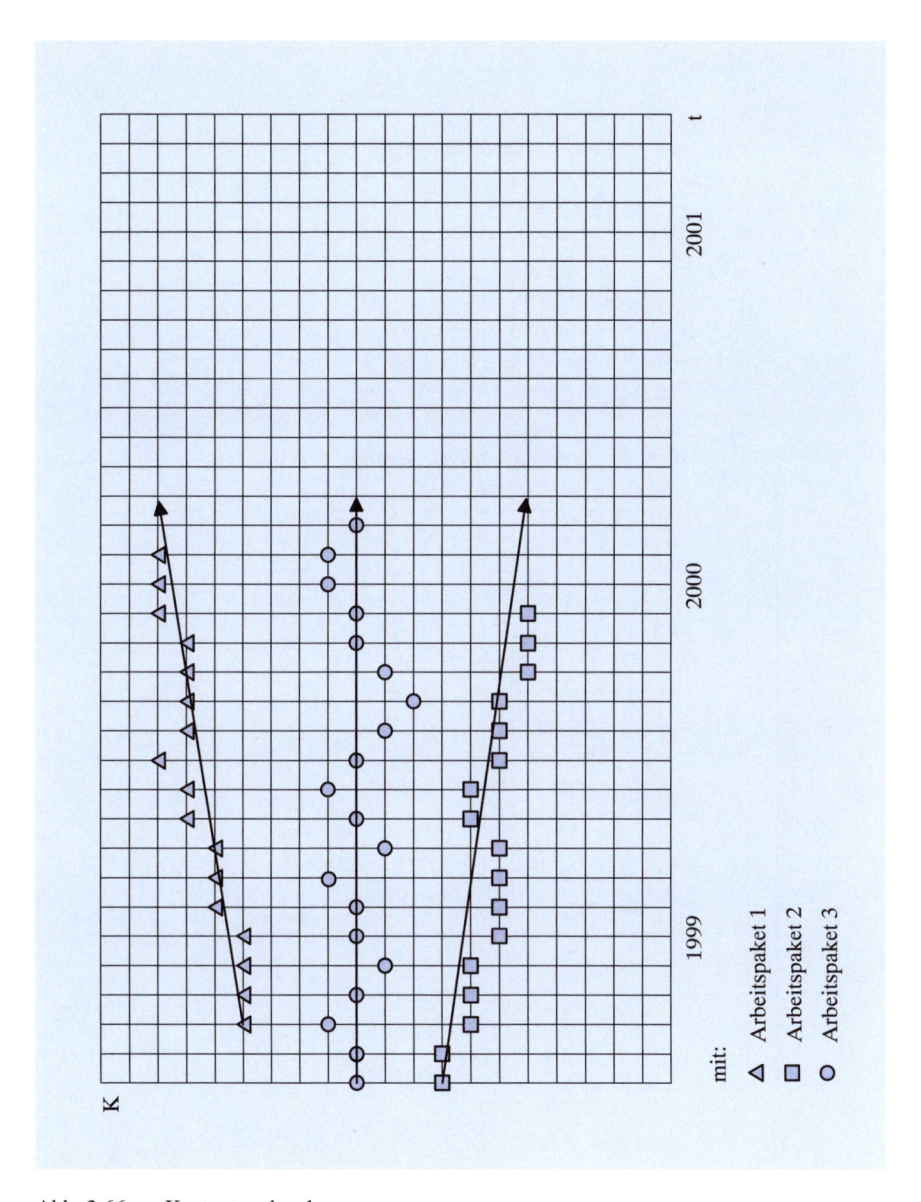

Abb. 3.66: Kostentrendanalyse

Grundlage für die Beurteilung bilden hierbei die **geplanten Kostenansätze** pro Arbeitspaket, die laufend aktualisiert werden.

Die Kostentrendanalyse läßt sich in einem weiteren Schritt mit der Meilensteintrendanalyse kombinieren, wodurch auch auf dieser Aggregationsebene eine **integrierte Kosten- und Terminkontrolle** ermöglicht wird. Abbildung 3.67 gibt diesen Ansatz wieder.

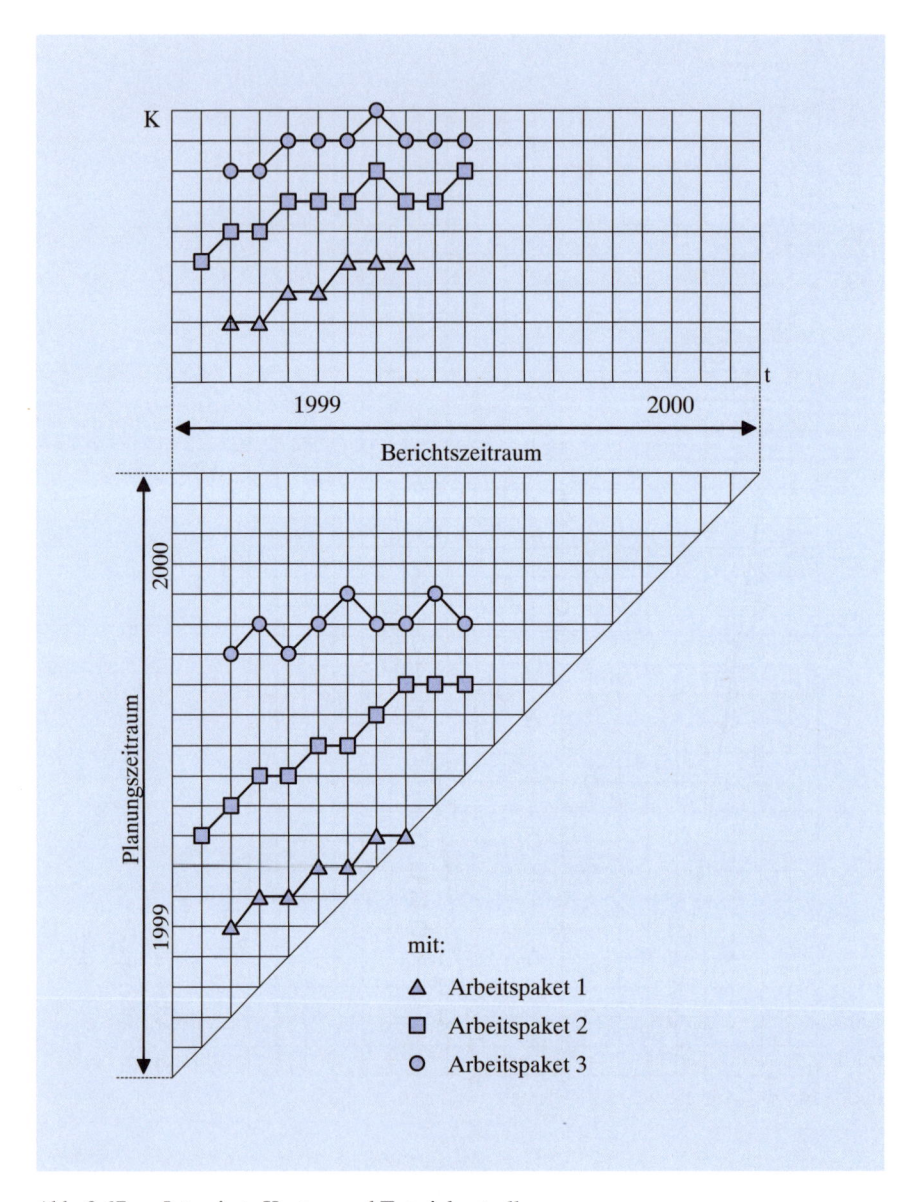

Abb. 3.67: Integrierte Kosten- und Terminkontrolle

Hierdurch wird es möglich, die Meilensteine sowohl hinsichtlich der veränderten Plan-Termine als auch hinsichtlich der Plan-Kosten zu verfolgen.

Ein einfaches Instrument zur Verdeutlichung der Termin- und Kostensituation stellt der in Abbildung 3.68 dargestellte **Kosten-Termin-Bericht** dar.

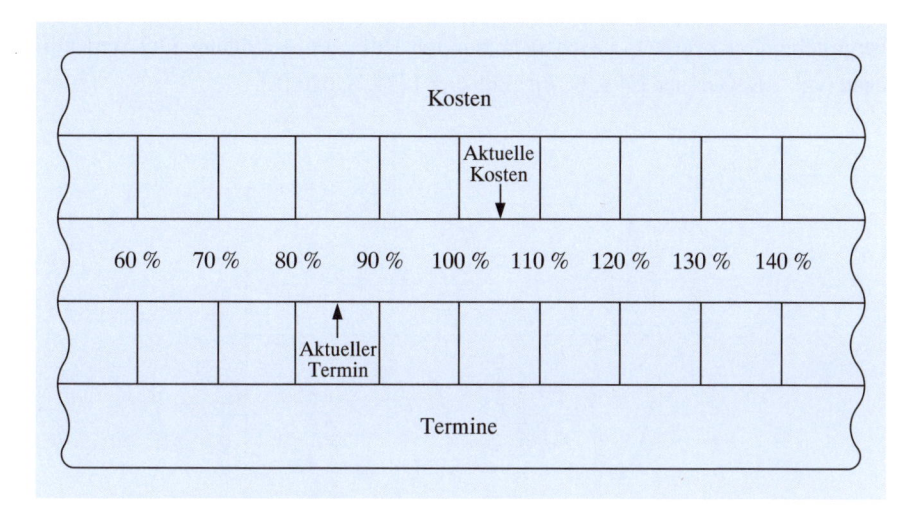

Abb. 3.68: Kosten-Termin-Bericht

Durch diese visualisierte Gegenüberstellung der Kennzahlen wird in einfacher Weise das Wechselspiel zwischen Kosten und Terminen erfaßt. Ein entscheidender Nachteil dieser Vorgehensweise ist jedoch in der mittelbaren Berücksichtigung der Leistungsdimension zu sehen, d.h., für eine fundierte Beurteilung des Projektstandes ist eine Projektfortschrittsmessung und -kontrolle erforderlich. Hierzu ist es notwendig, die Kosten- und Terminentwicklung in Beziehung zur erbrachten Projektleistung zu setzen, um so differenzierte Abweichungsanalysen durchführen zu können. Kosten, Termine und Leistung sind damit integrativ zu betrachten (vgl. z.B. Coenenberg/Raffel 1988, S. 200; Smith/Reinertsen 1991, S. 169 ff.).

Der Projektfortschritt (vgl. z.B. Brockhoff 1973, S. 58 und 1999, S. 453 ff.) wird im Rahmen der **integrierten Kosten-Zeit-Leistungsbetrachtung** (Arbeitswertmethode) mit Hilfe des Fertigstellungsgrades erfaßt. Unter dem **Fertigstellungsgrad** (FG) wird dabei die folgende Beziehung verstanden:

$$FG = \frac{\text{bisher erbrachte Leistung}}{\text{insgesamt zu erbringende Leistung}}$$

Durch die multiplikative Verknüpfung der Soll-Kosten mit dem Fertigstellungsgrad ergibt sich dann der **Fertigstellungswert** (FW):

$$FW = \text{Soll-Kosten der Soll-Leistung} \cdot FG$$

Dieser Wert entspricht somit den Kosten, die nach dem Stand der Projektarbeiten planmäßig angefallen sein müßten (vgl. z.B. Saynisch 1979b, S. 253). Der Fertigstellungswert wird auch als Arbeitswert bezeichnet (vgl. z.B. Stiasni 1994, S. 23). Die dargestellten Sachverhalte lassen sich dann mit Hilfe von Abbildung 3.69 verdeutlichen (vgl. z.B. Gentner 1994, S. 70; Withauer 1971, S. 620 ff.).

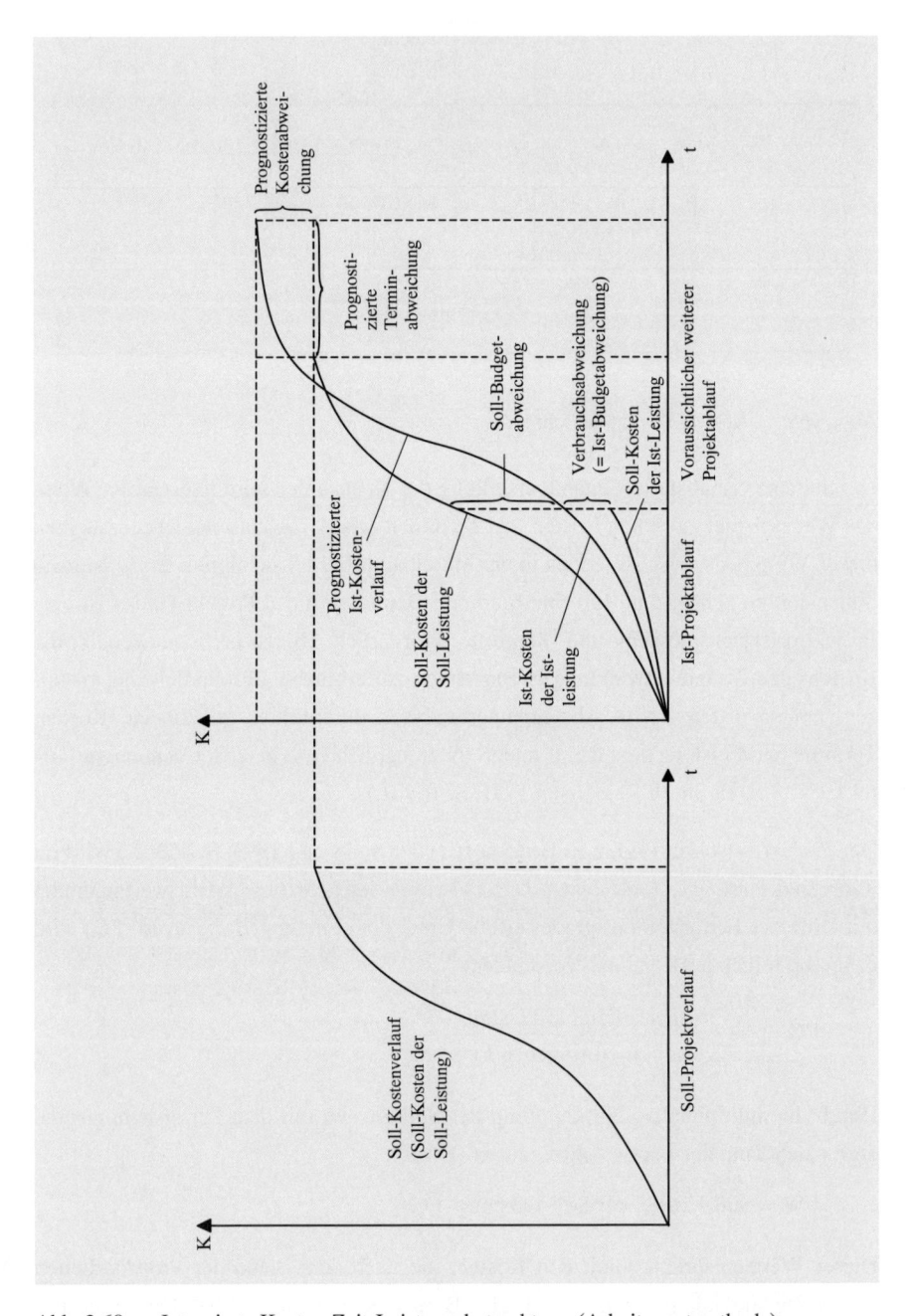

Abb. 3.69: Integrierte Kosten-Zeit-Leistungsbetrachtung (Arbeitswertmethode)

Die in Abbildung 3.69 dargestellte Vorgehensweise eröffnet die Möglichkeit, den Sachfortschritt der spezifizierten Leistung zu planen und zu überwachen. Es lassen sich ferner die beiden folgenden Kennzahlen aufstellen:

- Kosten-Leistungs-Index (KLI) = $\dfrac{\text{Soll-Kosten der Ist-Leistung}}{\text{Ist-Kosten der Ist-Leistung}}$

    mit:

    KLI = 1 $\Rightarrow$ Budgeteinhaltung

    KLI < 1 $\Rightarrow$ Budgetüberschreitung

    KLI > 1 $\Rightarrow$ Budgetunterschreitung

- Termin-Leistungs-Index (TLI) = $\dfrac{\text{Soll-Kosten der Ist-Leistung}}{\text{Soll-Kosten der Soll-Leistung}}$

    mit:

    TLI = 1 $\Rightarrow$ Leistungseinhaltung

    TLI < 1 $\Rightarrow$ Leistungsunterschreitung

    TLI > 1 $\Rightarrow$ Leistungsüberschreitung

Ein zentrales Problem bei dieser Vorgehensweise ist in der Erfassung und Messung des leistungsmäßigen Projektfortschritts zu sehen. Letztlich kann der Fertigstellungsgrad einer Aufgabe nur geschätzt werden[1]. Eindeutig ist dieser nur

- wenn die Aufgabe erledigt ist oder
- noch nicht mit der Aufgabe begonnen wurde.

Ebenfalls sind Prognosen hinsichtlich der zu erwartenden Abweichungen zum Projektende notwendig.

Eine Prognose der Endtermine kann sich dabei an den Zeitplanungen der aktualisierten Netzpläne orientieren, wobei bei bereits eingetretenen zeitlichen Verzögerungen auch Überlegungen hinsichtlich zukünftiger Verzögerungen zu berücksichtigen sind. Bei der Prognose der Kosten geht es um die voraussichtlichen Gesamtkosten zum Projektende, um so in Verbindung mit dem geschätzten Endtermin und den Leistungsgrößen Aussagen über eventuell notwendig werdende Anpassungsmaßnahmen

---

1) Neben dem Problem der Ungenauigkeit des Schätzens ist als weiterer Unsicherheitsfaktor zu nennen, daß ein Projektleiter bei der Leistungsmeldung entweder „stille Reserven" bildet oder Leistungsvorgriffe vornimmt, um so das Ergebnis zu verbessern. Vgl. Buch (1991, S. 161); ferner Milling (1984, S. 78). Riezler (1996, S. 55) betont, daß Aufspaltungen von Abweichungen nur dann zweckmäßig sind, wenn eine Detaillierung auf Arbeitspaketebene gegeben und deren Fertigstellungsgrad hinreichend genau feststellbar ist.

formulieren zu können. Die Gesamtkosten zum Projektende ergeben sich dabei aus der Summe

- der Ist-Kosten der Ist-Leistung, d.h. den bereits angefallenen Kosten, und
- der bereits eingegangenen Verpflichtungen sowie
- der noch bis zum Projektende voraussichtlich anfallenden Kosten.

Bedingt durch den Sachverhalt, daß sich diese Überlegungen auf die Ebene des Gesamtprojektes beziehen, können etwa kompensatorische Effekte auf der Ebene von Teilprojekten oder Komponenten nicht transparent gemacht werden. So kann z.B. die Situation eintreten, daß etwa erhöhte Kosten in einem Teilprojekt durch geringere Kosten beim Bezug von Fremdleistungen ausgeglichen werden. Dies bedeutet, daß es letztlich erforderlich ist, das Projekt zu strukturieren und damit Planung und Kontrolle auf Teilprojekt- und Komponentenebene durchzuführen.

Diese Vorgehensweise im Rahmen der Fortschrittskontrolle ermöglicht ferner einen Soll-Wird-Vergleich, der ein Feed-Forward-Denken erforderlich macht. Wird-Aussagen stellen dabei Voraussagen über eine zukünftige Planrealisierung dar (vgl. Wild 1974, S. 44).

Aufbauend auf der Arbeitswertmethode und in Ergänzung der Meilenstein- und Kostentrendanalyse entwickeln Wünnenberg/Stadler (1992, S. 14 ff.) auf der Grundlage der Portfolioanalyse ein anschauliches Instrument der **Projektstatusanalyse**, wobei sie

- einerseits die relative Kostenabweichung ($\Delta K / K$) und
- anderseits die relative Terminabweichung ($\Delta T / T$)

als Merkmale heranziehen. Abbildung 3.70 gibt eine beispielhafte Positionierung von Projekten in einer derartigen Portfoliomatrix wieder.

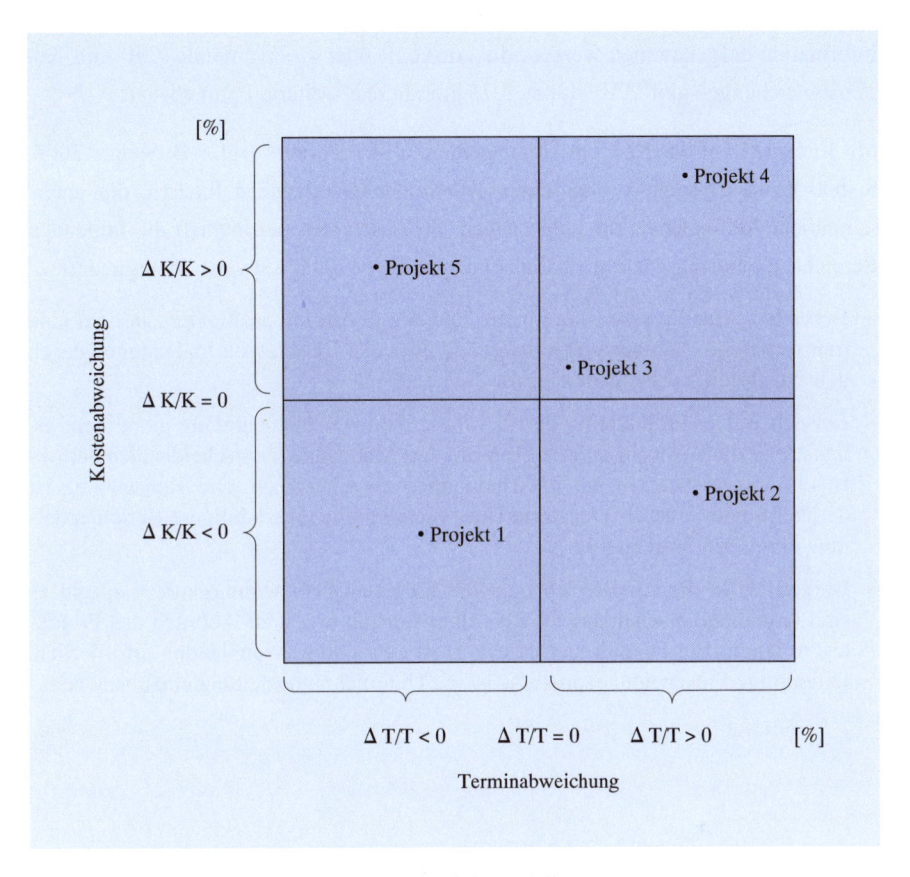

Abb. 3.70: Termin-/Kostenabweichungsprojektportfolio

Auf der Grundlage der Positionierung der Projekte mit den Dimensionen ihrer relativen Termin- und Kostenabweichungen und der Festlegung von $\Delta K / K = 0$ und $\Delta T / T = 0$ lassen sich sowohl positive als auch negative Abweichungen feststellen. Dabei sollten beide Abweichungsrichtungen einer entsprechenden Ursachenanalyse unterzogen werden. So können etwa Situationen, die durch $\Delta K / K < 0$ und/oder $\Delta T / T < 0$ charakterisiert sind, etwa ein Indiz für fehlerhafte Planungen sein. Darüber hinaus kann in dieser Darstellung, in Analogie zur klassischen Portfolioanalyse, die Projektgröße (wertmäßiges Projektvolumen) durch entsprechende Kreise erfaßt werden[1]. Bedingt durch diese flächenmäßige Darstellung ergibt sich die Möglichkeit, den jeweiligen Fertigstellungsgrad als Kreissegment in die Abbildung aufzunehmen. Ferner kann durch die Einzeichnung sogenannter Trendpfeile eine weitere

---

1) Teilweise wird mit dieser Darstellungsform auch die Unsicherheit erfaßt und von einer sogenannten Unschärfepositionierung gesprochen, die dann der Punkthypothese gegenübergestellt wird. Vgl. z.B. Ansoff/Kirsch/Roventa (1983, S. 237 ff.).

Information aufgenommen werden, die Auskunft über zu erwartende Zeit- und Kostenabweichungen gibt[1]. Abbildung 3.71 gibt diese erweiterte Form wieder.

Mit Rückgriff auf das Konzept „Management by Exception" (vgl. z.B. Steinle 2000, S. 600 f.) lassen sich darüber hinaus Abweichungstoleranzen fixieren, die unterschiedliche Maßnahmen zur Folge haben. So lassen sich beispielhaft die folgenden Bereiche, deren Abgrenzung letztlich eine gewisse Willkür aufweist, untergliedern:

- **Bereich 1**: Das Projekt ist in einem Feld des Portfolios positioniert, in dem eine routinemäßige Überwachung erfolgt und über den Einsatz von Maßnahmen durch den Projektleiter entschieden wird.

- **Bereich 2**: Der Projektleiter darf bei diesem Abweichungsumfang nicht mehr alleine über die Auswahl und den Einsatz von Maßnahmen entscheiden, sondern es ist ein Vorgesetzter in die Entscheidungen einzubeziehen. Die Konsequenz ist darüber hinaus eine differenzierte Überwachung und eine häufigere Berichterstattung durch den Projektleiter.

- **Bereich 3**: In diesem Bereich liegt die höchste Überwachungsstufe vor, und es sind Grundsatzentscheidungen, etwa über Fortführung oder Abbruch des Projektes zu fällen. Bei Fortführung ist eventuell eine völlige Neuplanung erforderlich. In derartige Entscheidungsprozesse ist die Unternehmungsleitung einzubeziehen.

---

1) Weitere Differenzierungen (vgl. Wünnenberg/Stadler 1992, S. 13), wie die Länge der Trendpfeile als Maß für noch vorhandene Entscheidungsspielräume oder die Erfassung von Risiken durch zusätzliche Kennzeichnung der Trendpfeile, erscheinen hingegen wenig fundiert und gehen eher mit der Gefahr einer zu starken Informationsverdichtung oder gar -reduktion einher, zumal derartige Informationen i.d.R. auf subjektiven Schätzungen basieren und damit entsprechende Unsicherheiten aufweisen. Darüber hinaus erscheint auch die Aufnahme des Fertigstellungsgrades problematisch, wenn die bereits betonten Probleme seiner Erfassung berücksichtigt werden.

3.3 Netzplantechnik 219

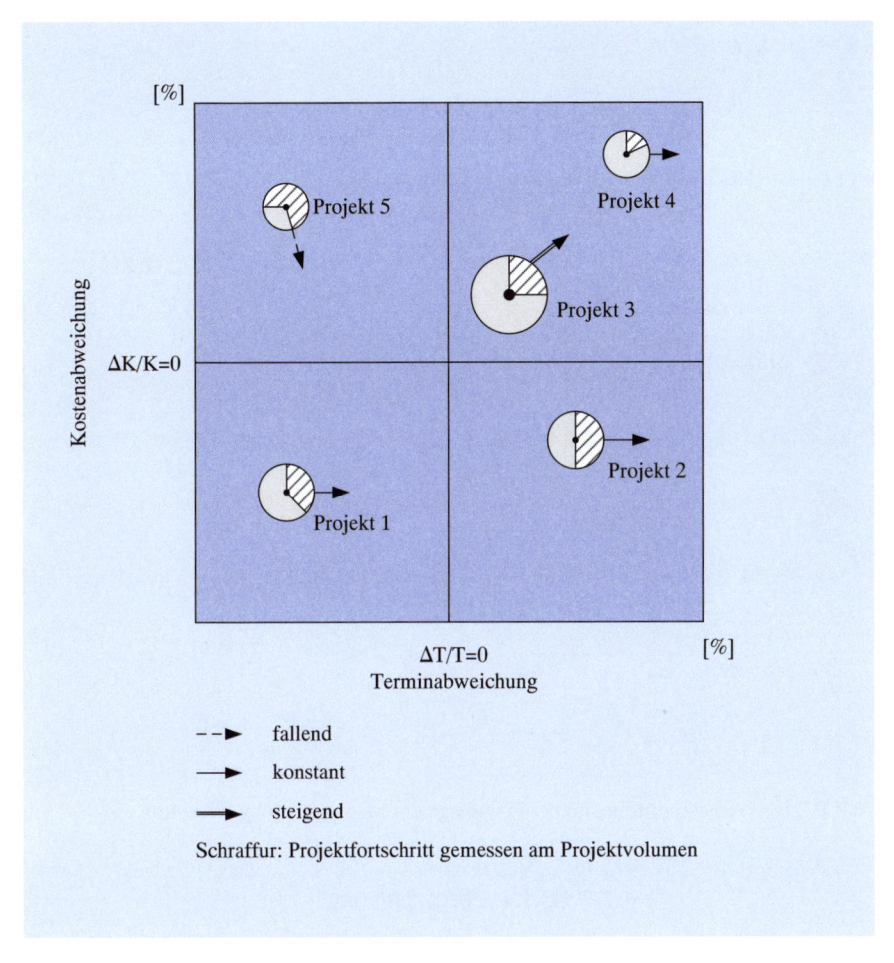

Abb. 3.71: Projektportfolio zur Projektstatusanalyse

Abbildung 3.72 gibt ein Portfolio mit einer beispielhaften Einteilung wieder (vgl. Wünnenberg/Stadler 1992, S. 19 f.).

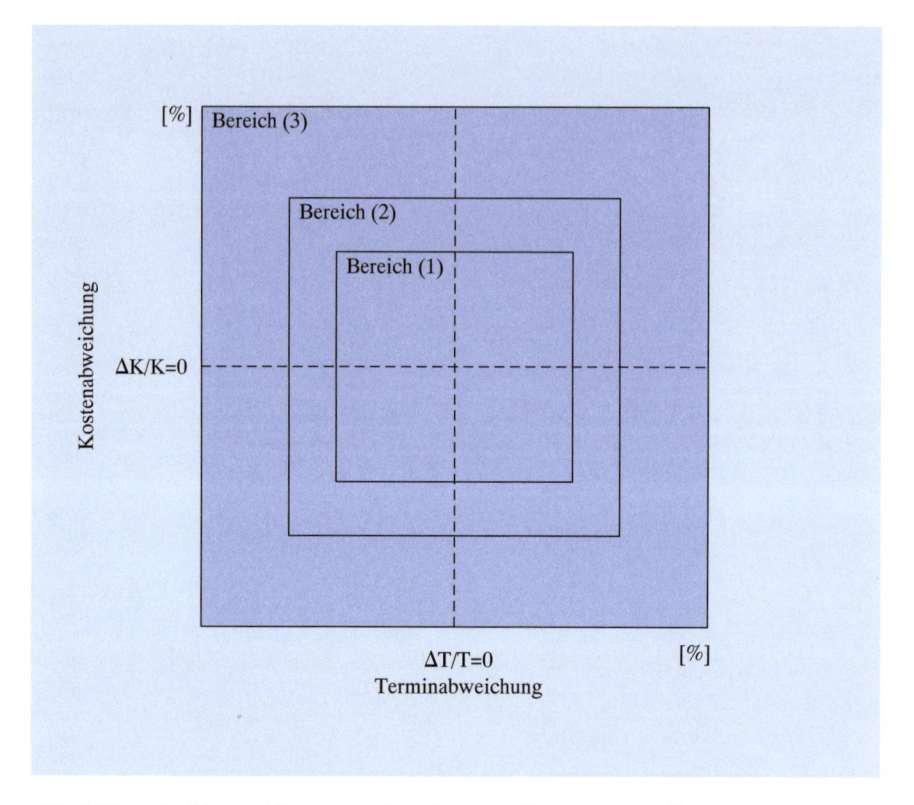

Abb. 3.72: Projektportfolio auf der Grundlage des Management by Exception

3.3.1.4 Finanzplanung

Darüber hinaus ist im Rahmen der Projektrealisation die finanzielle und liquiditätsmäßige Situation von erheblicher Bedeutung, wobei die Beurteilung der **Liquiditätssituation** auf der Basis von Ein- und Auszahlungen vorzunehmen ist, d.h., es sind phasenbegleitende Liquiditätsrechnungen durchzuführen[1]. Ein zentrales Problem aus liquiditätsmäßiger Sicht ist im zeitlichen Anfall der Auszahlungen und Einzahlungen zu sehen, weil die Auszahlungen zeitlich vorgelagert anfallen. So fallen etwa im Rahmen der Projektrealisation ständig Auszahlungen für zu beschaffende Produktionsfaktoren etc. an, denen nicht zwangsläufig entsprechende Einzahlungen gegenü-

---

[1] Vgl. Buch (1991, S. 80). Lachnit (1994, S. 47) weist darauf hin, daß die Finanzentwicklung durch einen regelmäßigen Soll-Ist-Vergleich zu beachten sei, „da projektbezogene Zahlungsunfähigkeit oder -schwierigkeit aufgrund des hohen Wertes einzelner Projekte auf weite Sicht zum Zusammenbruch der gesamten Unternehmung führen kann ... Zu Zahlungsschwierigkeiten kommt es leicht dann, wenn die geplanten Anzahlungen neuer Projekte ausbleiben."

berstehen (vgl. Buttler 1970, S. 183). Die konkrete liquiditätsmäßige Situation wird dabei insbesondere durch den Zeitpunkt der Entgeltleistung bestimmt, wobei die drei folgenden grundsätzlichen Fälle zu unterscheiden sind:

– Vorausleistung, d.h., der Auftraggeber zahlt den geforderten Betrag im voraus, so daß der Anbieter aus dieser Zahlung die projektinduzierten Auszahlungen finanzieren kann. Dieser Fall ist damit unproblematisch.

– Zug um Zug, d.h., der Auftraggeber zahlt Teile des Entgeltes zu definierten Leistungsabschnitten (vgl. Backhaus 1980, S. 69).

– Der Auftraggeber bezahlt das gesamte Entgelt nach Erbringung der Leistung. Diese Situation dürfte unter liquiditätsmäßigen Gesichtspunkten für den Auftragnehmer die problematischste sein.

Differenzierend ist im Rahmen einer Liquiditätsrechnung zwischen einer

– **projektbegleitenden Liquiditätskontrolle** (ex-post-Betrachtung) und einer

– **vorausschauenden Liquiditätsplanung** (ex-ante-Betrachtung)

zu unterscheiden. Ziel dieser Aktivitäten ist es letztlich, **Liquiditätsengpässe** zu vermeiden, wobei letztlich die Liquidität der Gesamtunternehmung relevant ist. Dies liegt darin begründet, daß der Finanzmittelbedarf, z.B. bei der parallelen Durchführung mehrerer Projekte, unterschiedlich ist und sich damit ausgleichen oder kumuliert auftreten kann. Dies bedeutet jedoch keineswegs, daß auf eine projektbezogene Liquiditätsrechnung verzichtet werden sollte. Hierfür sprechen insbesondere die beiden folgenden Gründe:

– Eine projektbezogene Liquiditätsrechnung liefert konkrete Anhaltspunkte für die Terminierung und die Höhe von zu leistenden Abschlagszahlungen seitens des Auftraggebers, und

– sie liefert Informationen darüber, welche liquiditätsmäßigen Konsequenzen bei Annahme eines weiteren Projektes auftreten können (vgl. Buch 1991, S. 215 ff.).

Ausgangspunkt einer projektbezogenen Liquiditätsrechnung bildet ein für das Projekt aufzustellender **Finanzplan** (vgl. Dellmann 1993, Sp. 636 ff.), der sämtliche Zahlungen erfaßt, die mit dem Projekt verbunden sind. Er ergänzt damit den Finanzplan der gesamten Unternehmung.

Zentrales Anliegen ist zunächst die Ermittlung des **Kapitalbedarfs** für die Projektrealisierung, wobei es sich um Erwartungswerte handelt, die dann im Laufe der Projektabwicklung zu aktualisieren sind, d.h., im Projektverlauf ergibt sich eine sukzessive Verfeinerung der Liquiditätsplanung. Dabei sind insbesondere die tatsächlich angefallenen Auszahlungen mit den Planansätzen zu vergleichen. Abbildung 3.73

gibt diese Gegenüberstellung bezogen auf einzelne Auszahlungszeitpunkte und als Summenfunktion wieder (vgl. Buch 1991, S. 221 ff.).

Während die zeitliche Verteilung die Auszahlungen ausweist, die zu einem bestimmten Zeitpunkt anfallen, gibt die Summenfunktion die Auszahlungen an, die bis zu einem bestimmten Zeitpunkt im Rahmen der Projektrealisierung insgesamt angefallen sind.

Abbildung 3.74 gibt die Gegenüberstellung der projektbezogenen Einzahlungen und Auszahlungen sowie die sich hieraus ergebenden Differenzen wieder.

3.3 Netzplantechnik 223

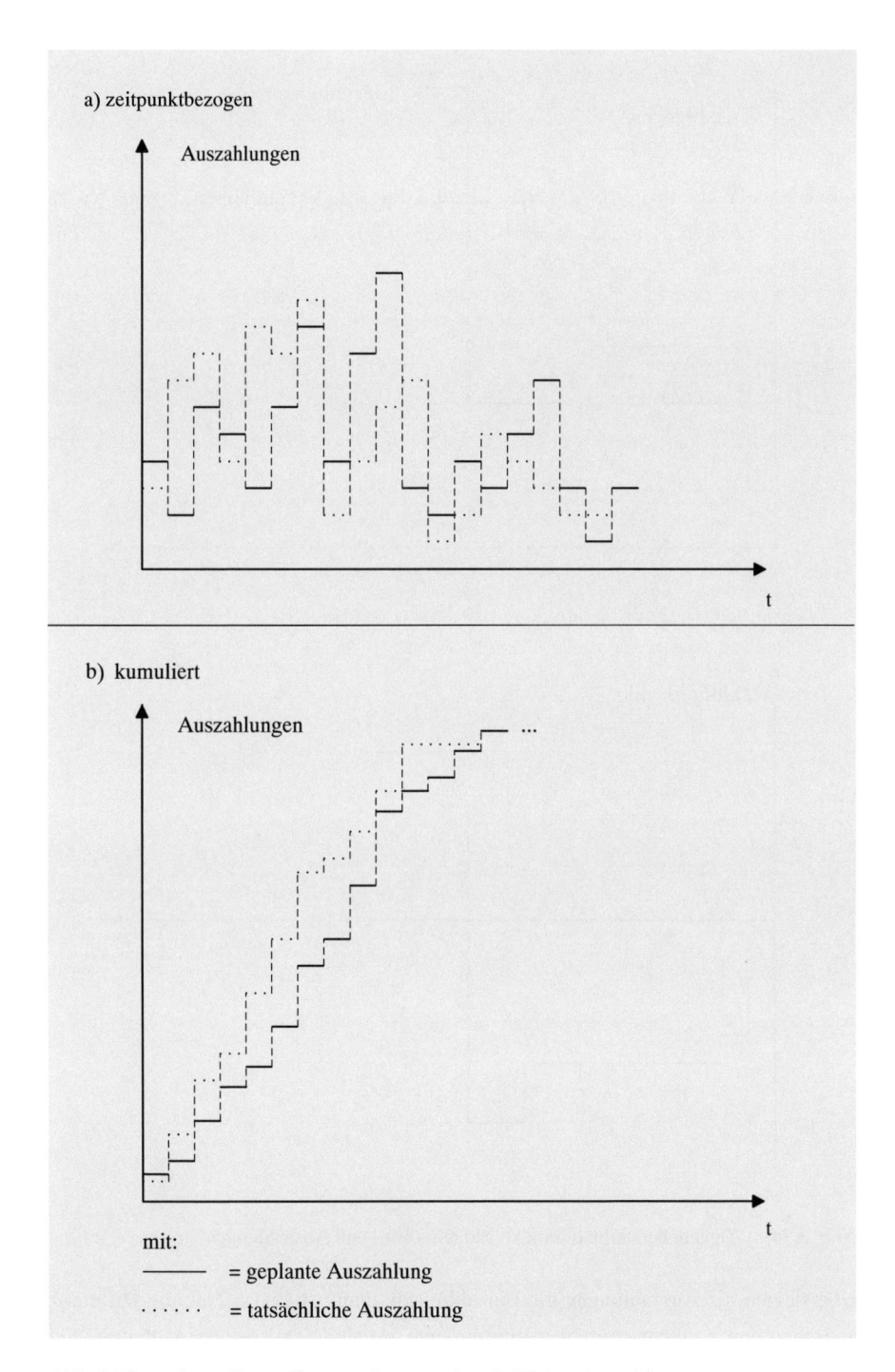

a) zeitpunktbezogen

b) kumuliert

mit:
———— = geplante Auszahlung
······ = tatsächliche Auszahlung

Abb. 3.73: Gegenüberstellung geplanter und tatsächlicher Auszahlungen

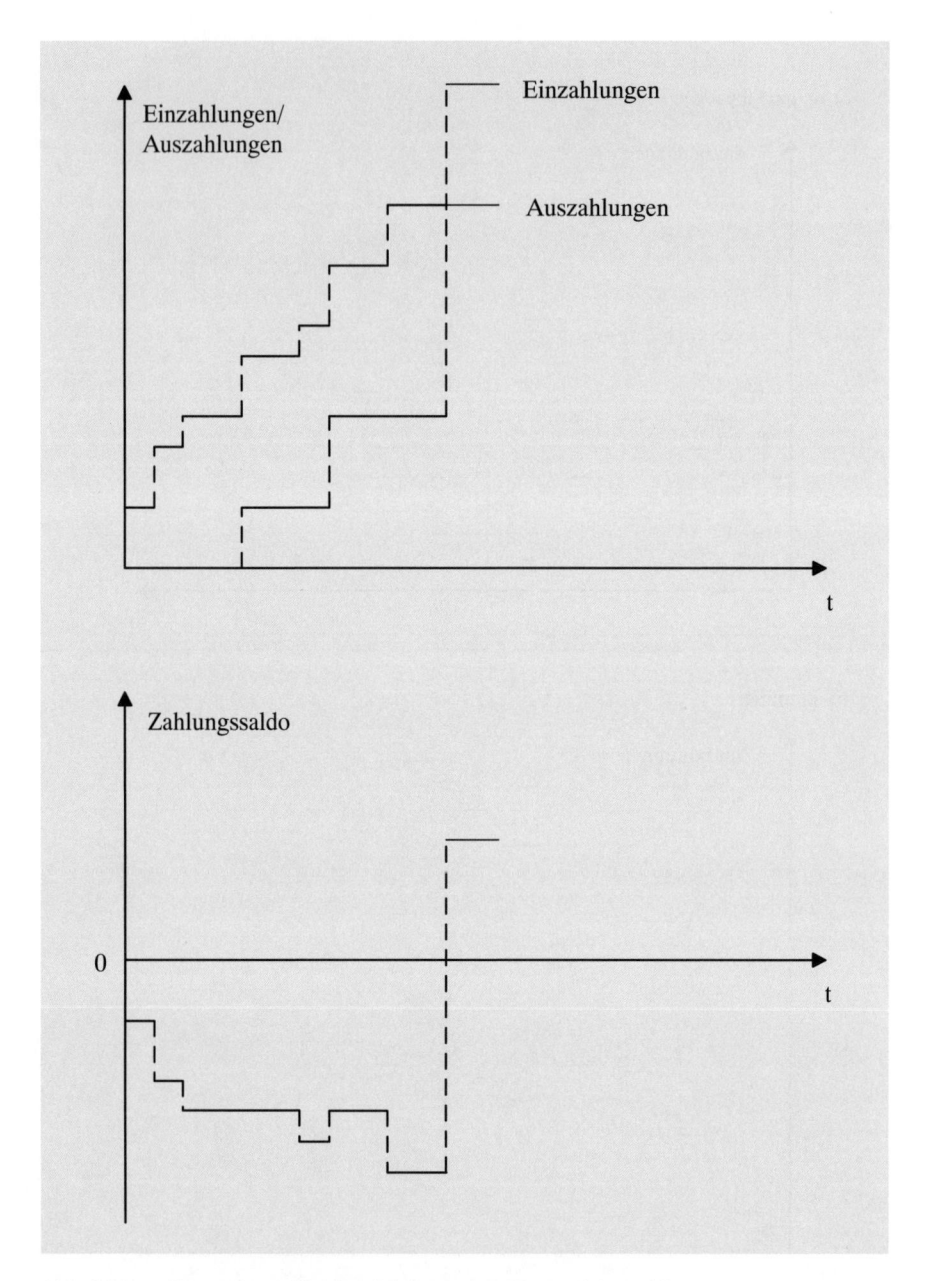

Abb. 3.74: Gegenüberstellung projektbezogener Ein- und Auszahlungen

Übersteigen die Auszahlungen die Einzahlungen, dann ist es das Ziel, die Differenz zwischen den Zahlungsströmen zu minimieren. Analog zur Kostenbetrachtung sind auch die kumulierten Auszahlungen sowohl zum frühesten als auch zum spätesten

Start der Aktivitäten zu betrachten, so daß sich die in Abbildung 3.75 dargestellten Verläufe ergeben (vgl. Spickhoff 1966, S. 601).

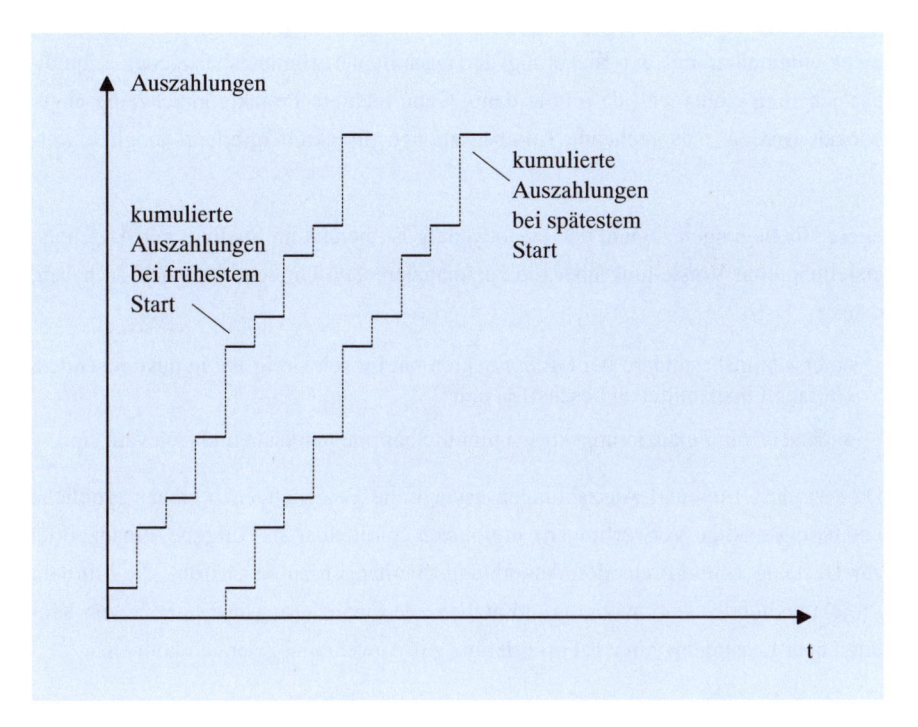

Abb. 3.75: Kumulierte Auszahlungen bei frühestem und spätestem Start der Aktivitäten

Eine derartige Betrachtung ist deshalb von Bedeutung, weil hierdurch kurzfristige Gefährdungen der projektbezogenen Liquidität reduziert oder vermieden werden können, wenn z.B. durch die Ausnutzung bestehender Pufferzeiten eine günstigere Verteilung der Ein- und Auszahlungen möglich ist.

Buch (1991, S. 226) weist jedoch in diesem Zusammenhang darauf hin, daß die Zahlungsdispositionen für die benötigten Produktionsfaktoren i.d.R. unabhängig von der zeitlichen Lage der einzelnen Vorgänge sind. Dies ist immer dann der Fall, wenn die Produktionsfaktoren in einer Bestellphase bestellt werden und dann unabhängig von dem konkreten Starttermin einzelner Vorgänge geliefert und bezahlt werden. In dieser Situation sind die Zahlungstermine nicht vom Startzeitpunkt einzelner Vorgänge, sondern vom Bestelltermin und den vereinbarten Zahlungskonditionen abhängig.

Der Vorschlag, sämtliche Vorgänge zum spätesten Zeitpunkt beginnen zu lassen, ist insofern problematisch, als dann auf sämtliche Pufferzeiten unter liquiditätsmäßigen

Gesichtspunkten verzichtet wird und folglich ausschließlich kritische Aktivitäten im Netzplan existieren (vgl. Buttler 1970, S. 198).

Relativierend ist jedoch zu beachten, daß die projektbezogene Liquiditätssicherung nicht unmittelbar mit der Sicherung der gesamtunternehmungsbezogenen Liquiditätssicherung einhergeht, da immer dann, wenn mehrere Projekte gleichzeitig abgewickelt werden, entsprechende Kompensationen projektübergreifend möglich werden.

Diese Überlegungen zeigen, daß es notwendig ist, bereits im Stadium der Angebotserstellung eine Vorstellung über die zu finanzierenden Größenordnungen zu haben, da es

- einerseits insbesondere bei Großprojekten häufig schwierig ist, in ausreichendem Umfang Finanzmittel zu beschaffen und
- anderseits die Finanzierungskosten unmittelbar preiswirksam und -relevant sind.

Da zwischen Ein- und Auszahlungen asynchrone Beziehungen bestehen (zeitliche und betragsmäßige Verwerfungen), ergibt sich unmittelbar als Aufgabe, Finanzmittel zur Deckung von auftretenden Auszahlungsüberhängen zu beschaffen, die mit dem Projekt verbunden sind, wobei grundsätzlich alle Finanzierungsinstrumente von Krediten über Leasing bis hin zur Forfaitierung zur Anwendung gelangen können.

3.3.2 Stochastische Netzplantechnik

In den bisherigen Ausführungen zur Netzplantechnik wurde davon ausgegangen, daß sämtliche Vorgänge eines Projektes in der entsprechenden Reihenfolge durchzuführen sind. Teilweise existieren jedoch Situationen, wie etwa bei

- F&E-Projekten,
- Produktgestaltungs-,
- Markteinführungsprojekten etc.,

in denen Unsicherheiten darüber bestehen, ob einzelne Vorgänge überhaupt oder erst zu einem späteren Zeitpunkt durchgeführt werden. Hierdurch bedingt werden stochastische Vorgangsfolgen relevant. Für Netzpläne mit derartigen stochastischen Vorgangsfolgen wurden

- GERT (**G**raphical **E**valuation and **R**eview **T**echnique; vgl. Pritsker/Happ 1966, S. 267 ff.; Pritsker/Whitehouse 1966, S. 293 ff.; Whitehouse/Pritsker 1969, S. 45 ff.) und
- GAN (**G**eneralized **A**ctivity **N**etworks; vgl. Elmaghraby 1964, S. 494 ff.)

3.3 Netzplantechnik

entwickelt, wobei im folgenden eine Konzentration auf das GERT-Verfahren erfolgt, um die Erstellung eines stochastischen Netzplanes zu verdeutlichen.

Bei diesem Verfahren werden die einzelnen Knoten in eine

– Eingangs- und eine
– Ausgangsseite

untergliedert, wobei die folgenden Verknüpfungen zu unterscheiden sind (vgl. Abbildung 3.76; vgl. z.B. Brockhoff 1999, S. 220 ff.; Kern/Schröder 1977, S. 282 ff.).

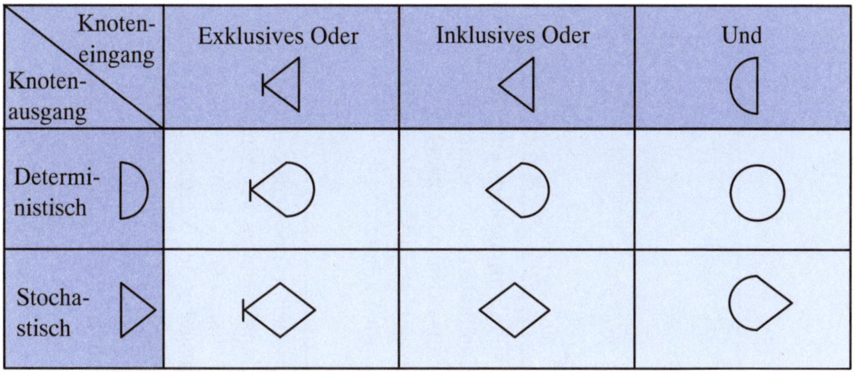

Knoten- eingang Knoten- ausgang	Exklusives Oder	Inklusives Oder	Und
Determi- nistisch			
Stocha- stisch			

Abb. 3.76:   Verknüpfungen beim GERT-Verfahren

Abbildung 3.77 gibt in verbaler Weise die Eigenschaften möglicher Kombinationen von Knoteneingängen und -ausgängen wieder.

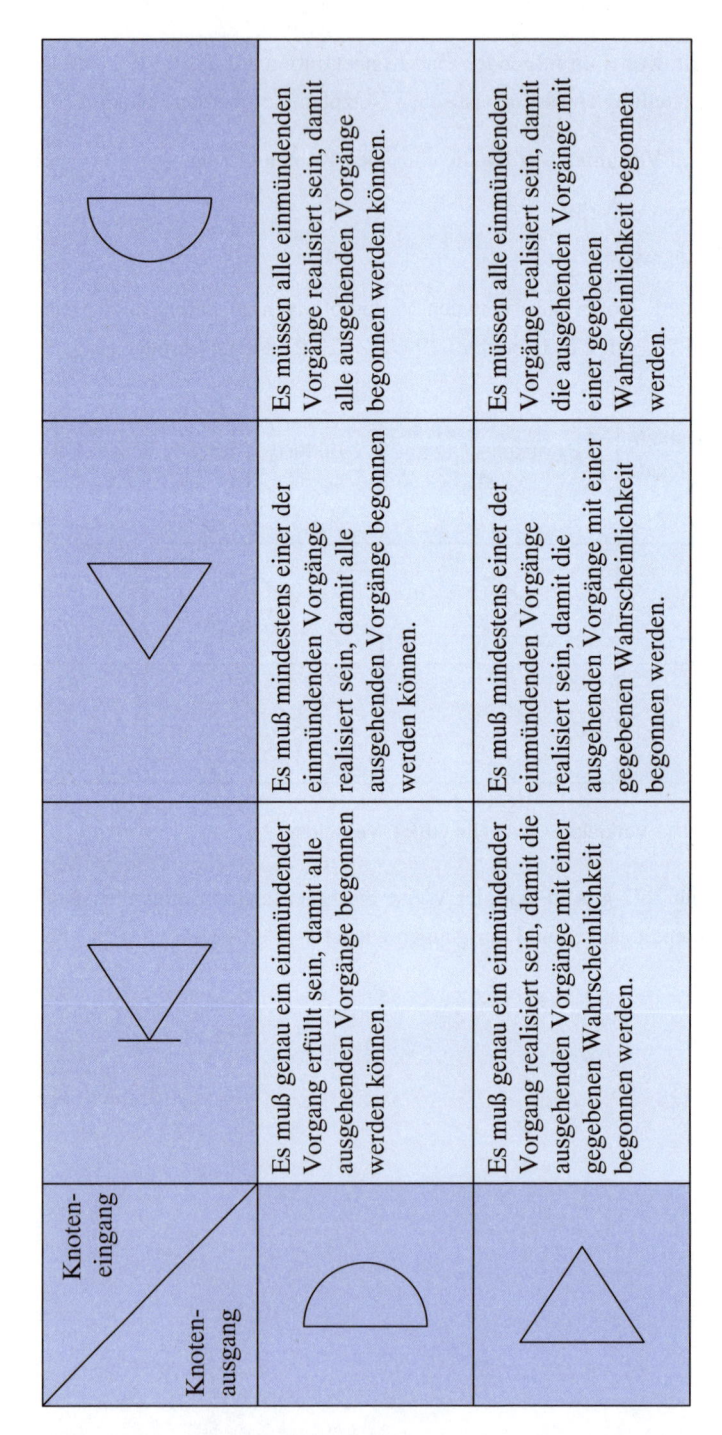

Knoten- eingang / Knoten- ausgang	▽	▽	⌒
⌒	Es muß genau ein einmündender Vorgang erfüllt sein, damit alle ausgehenden Vorgänge begonnen werden können.	Es muß mindestens einer der einmündenden Vorgänge realisiert sein, damit alle ausgehenden Vorgänge begonnen werden können.	Es müssen alle einmündenden Vorgänge realisiert sein, damit alle ausgehenden Vorgänge begonnen werden können.
△	Es muß genau ein einmündender Vorgang realisiert sein, damit die ausgehenden Vorgänge mit einer gegebenen Wahrscheinlichkeit begonnen werden.	Es muß mindestens einer der einmündenden Vorgänge realisiert sein, damit die ausgehenden Vorgänge mit einer gegebenen Wahrscheinlichkeit begonnen werden.	Es müssen alle einmündenden Vorgänge realisiert sein, damit die ausgehenden Vorgänge mit einer gegebenen Wahrscheinlichkeit begonnen werden.

Abb. 3.77: Darstellung der beim GERT-Verfahren möglichen Knoteneingang- und Knotenausgangkombinationen

Um die grundsätzlichen Möglichkeiten und Besonderheiten eines GERT-Netzplanes aufzuzeigen, sei der in Abbildung 3.78 beispielhaft erfaßte stochastische Netzplan, der ein Vorgangspfeilnetz darstellt, herangezogen.

Es lassen sich damit die folgenden Besonderheiten des GERT-Verfahrens herausstellen (vgl. z.B. Neumann/Morlock 1993, S. 369):

- Die Pfeile $(j;\bar{j})$ repräsentieren Vorgänge, die Knoten j Ereignisse.
- Es wird parallel mit drei Vorgängen (1;2), (1;4) und (1;8) begonnen.
- Die Knoten 3, 4, 7, 8 und 12 haben einen stochastischen Ausgang. Dabei gibt $p_{j.\bar{j}.k}$ die Wahrscheinlichkeit dafür an, daß der k-te Ausgang des Knotens j dann aktiviert wird, wenn der Knoten j realisiert wird. $p_{j.\bar{j}.k}$ ist somit die Übergangswahrscheinlichkeit von Knoten j zu seinem unmittelbaren Nachfolger k. Für einen Knoten mit stochastischem Ausgang gilt:

$$0 \leq p_{j.\bar{j}.k} \leq 1 \quad \forall k$$

$$\sum_{k=1}^{K_j} p_{j.\bar{j}.k} = 1$$

- Für die Knoten 1, 5, 6, 9, 10 und 11 mit deterministischem Ausgang gilt:

$$p_{j.\bar{j}.k} = 1 \quad \forall k$$

- Da stochastische Knotenausgänge vorliegen, können auch die Knoteneingänge durch unterschiedliche Bedingungen charakterisiert sein. So wird z.B. der Knoten 13 dann realisiert, wenn mindestens einer der Pfeile (3;13), (7;13) und (12;13) realisiert wird.
- Vorgänge und Vorgangsfolgen können mehrfach durchlaufen werden wie etwa (2;3), d.h., Vorgangszyklen sind zulässig, um mögliche Rücksprünge modellieren zu können. Die Darstellung ist immer dann eindeutig, wenn die beiden folgenden Bedingungen erfüllt sind:
  -- Die Übergangswahrscheinlichkeiten der von den Knoten des Zyklus ausgehenden Pfeile sind unabhängig von der Anzahl der Wiederholungen.
  -- Die Parameter der Vorgänge (Dauer, Kosten etc.) sind unabhängig von der Anzahl der Wiederholungen.
- Der Knoten 14 wird erst dann realisiert, wenn A, B und C mißlingen (Und-Eingang).

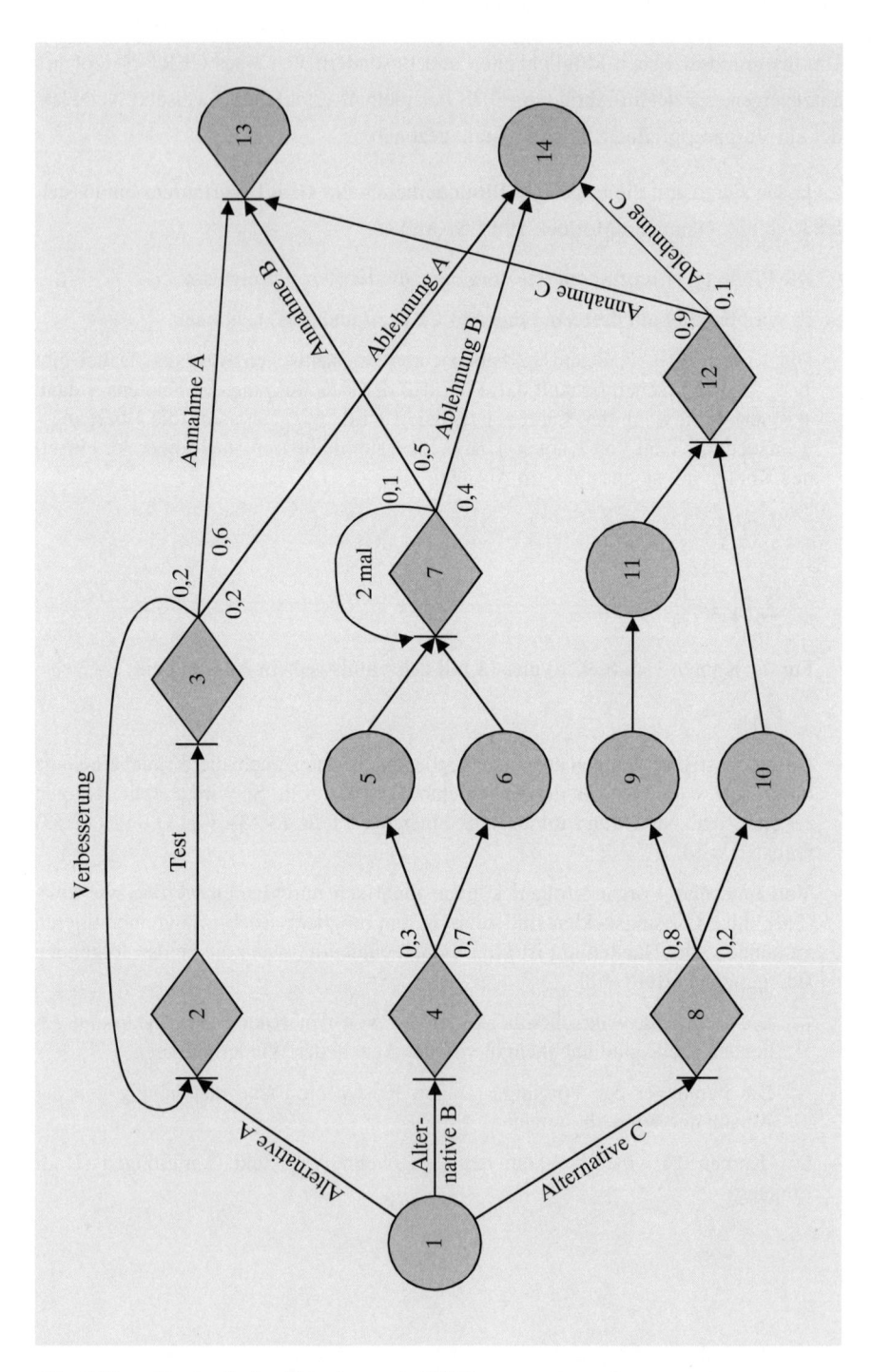

Abb. 3.78: Stochastischer Netzplan nach GERT

Die mit den Knotentypen verbundenen logischen Operationen schließen bestimmte Knotenkombinationen aus. Um widerspruchsfreie GERT-Netzpläne aufstellen zu können, sind folgende **Regeln** zu berücksichtigen (vgl. Neumann 1975, S. 326 ff.):

1. Ein GERT-Netzplan besitzt genau ein Startereignis und mindestens ein Zielereignis.
2. Von jedem Knoten muß mindestens ein Zielereignis erreichbar sein.
3. Bevor ein Vorgang abgeschlossen ist, darf nicht erneut mit seiner Ausführung begonnen werden.
4. Die Ausführung eines GERT-Netzplanes muß zum Erreichen mindestens eines Zielereignisses führen.
5. Die Ausführung eines GERT-Netzplanes führt zum Erreichen höchstens eines Zielereignisses.

Bei zyklenfreien Netzen sind die Regeln 3, 4 und 5 dann erfüllt, wenn für die innerhalb des Netzplanes beschreitbaren Wege die in Abbildung 3.79 getroffenen Aussagen gelten.

Treten in einem GERT-Netzplan **Zyklen** auf, dann sind diese Forderungen um die folgenden Aussagen zu ergänzen (vgl. Abbildung 3.80):

– Jeder Eingangsknoten eines Zyklus weist einen ausschließenden Oder-Eingang auf.
– Jeder Ausgangsknoten eines Zyklus ist durch einen stochastischen Ausgang gekennzeichnet.

Die Berechnung von GERT-Netzplänen soll an einem einfachen Beispiel verdeutlicht werden, wobei zunächst von deterministischen Dauern[1] der Aktivitäten ausgegangen wird. Hierzu wird eine **Reduktion** der GERT-Netzpläne so vorgenommen, daß nur noch die Verbindungen zwischen dem Start- und den möglichen Endereignissen zu betrachten sind, d.h., Teilnetze werden in vereinfachter komprimierter Form dargestellt. Das Erfordernis einer derartigen Graphenreduktion resultiert aus dem Sachverhalt, daß zur Ermittlung der Dauer eines Weges oder des gesamten Projektes in einem stochastischen Netzplan die Dauern der einzelnen Vorgänge nicht einfach addiert werden können, weil die Vorgangsrealisationen nur mit bestimmten Wahrscheinlichkeiten eintreten (vgl. Thumb 1975a, S. 311 f.).

---

1) Liegen keine deterministischen Vorgangsdauern, sondern Wahrscheinlichkeitsverteilungen (Verteilungsfunktion bzw. stochastische Dauern) vor, dann ist es erforderlich die Netzpläne, etwa mit Hilfe von Simulationsprogrammen, die als Standardsoftware verfügbar sind, zu reduzieren.

Wege, die sich in einem stochastischen Knotenausgang trennen, treffen sich erstmalig in einem Knoten mit ausschließender Oder-Beziehung:
z.B.

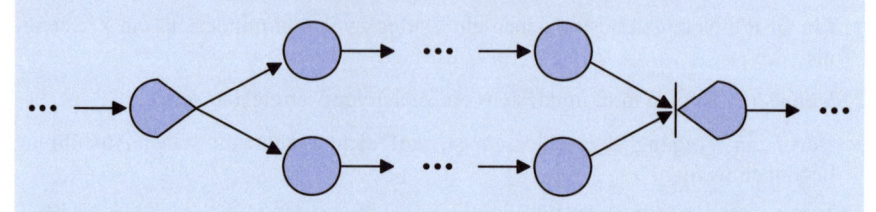

Wege, die sich in einem deterministischen Kontenausgang trennen, treffen sich erstmalig in einem Knoten mit Und- oder einschließender Oder-Beziehung:
z.B.

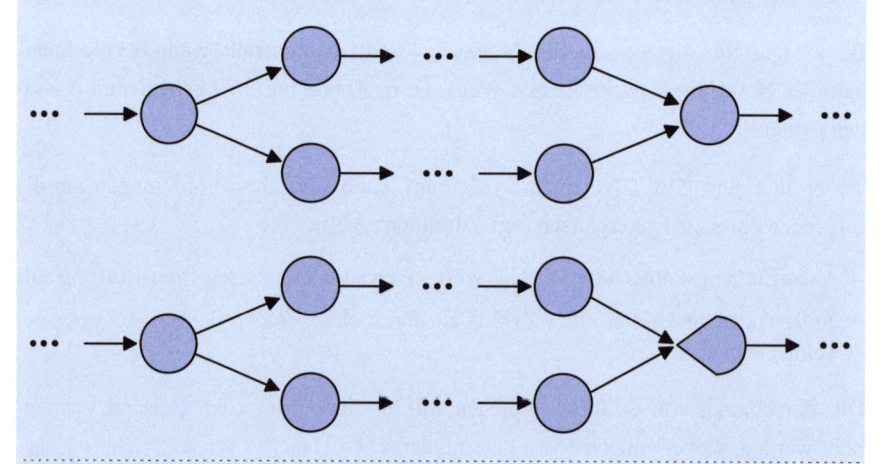

Wege trennen sich zuletzt in einem stochastischen Knoten:
z.B.

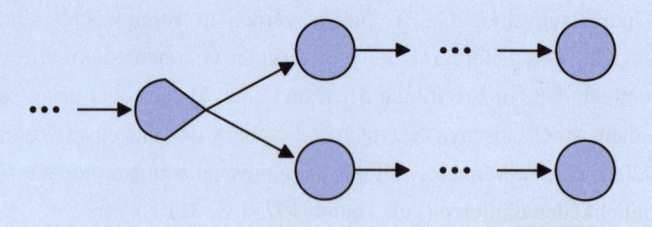

Abb. 3.79: Anforderungen an Verknüpfungen von Knoten in zyklenfreien GERT-Netzplänen

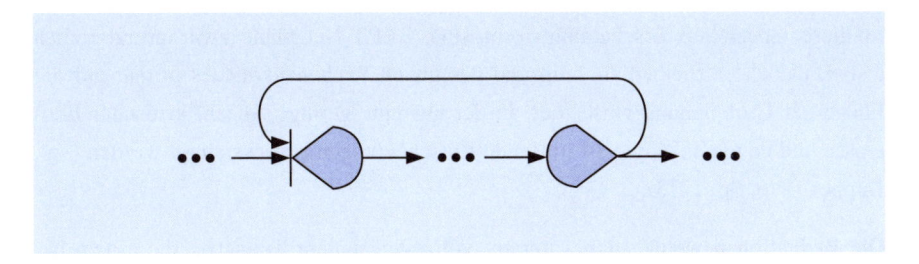

Abb. 3.80: Zusätzliche Forderungen für GERT-Netzpläne mit Zyklen

Aufgabe 27: Überprüfen Sie auf der Grundlage der Regeln zur Erstellung eines GERT-Netzplanes, an welchen Stellen der folgende Netzplan Inkonsistenzen aufweist, und begründen Sie diese.

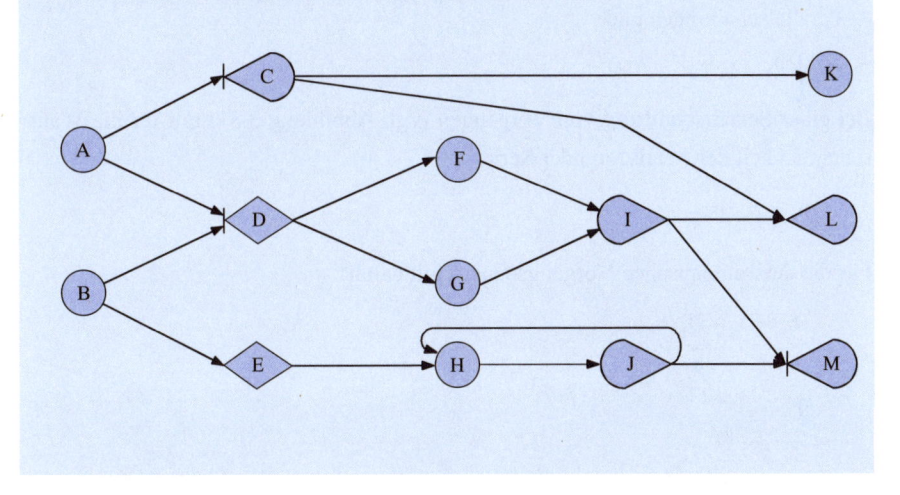

Um die Grundüberlegungen zur **Reduktion von GERT-Netzplänen** zu verdeutlichen, werden die weiteren Betrachtungen auf Netzpläne fokussiert, deren Knoten Eingänge mit ausschließender Oder-Beziehung aufweisen[1]. Hierfür sprechen die folgenden Gründe:

- Für die hierdurch entstehenden **Exclusive-OR**-Netzpläne (EOR-Netzpläne) ergibt sich eine relativ einfache mathematische Analyse (vgl. Küpper/Lüder/Streitferdt 1975, S. 306; Völzgen 1971, S. 27).
- Es mangelt an praktikablen Verfahren, die die Vielzahl der möglichen Abhängigkeiten innerhalb eines allgemeinen GERT-Netzplanes zu erfassen vermögen (vgl. Neumann 1975, S. 347).

---

[1] Treten dabei nur ausschließende Oder-Eingänge und stochastische Ausgänge auf, dann besitzt dieser Projektablauf die Eigenschaften eines stochastischen Prozesses, d.h., es ergibt sich ein spezielles Markow-Entscheidungsmodell. Vgl. Neumann (1975, S. 332 ff. und 1990, S. 56 ff.); Serfozo (1999, S. 102 ff.).

In dieser speziellen Erscheinungsform sind GERT-Netzpläne zwar grundsätzlich lösbar, jedoch erscheinen sie aufgrund des hohen Rechenaufwandes primär auf der Ebene der Grobplanung einsetzbar, in der nur eine geringe Anzahl kritischer Ereignisse und davon abhängig zu treffende Entscheidungen berücksichtigt werden (vgl. Küpper 1996, Sp. 1273).

Die Reduktionen werden dabei iterativ vollzogen, indem Teilnetze, die einem bestimmten Grundtyp entsprechen, in eine vereinfachte Struktur mit äquivalenten Eigenschaften überführt werden. Grundtypen von Vorgangsanordnungen sind dabei (vgl. Brockhoff 1999, S. 381; Minieka 1978, S. 347; Neumann 1990, S. 95 ff.):

– Serienschaltungen,
– Parallelschaltungen und
– Zyklen.

Bei einer **Serienschaltung** von Vorgängen (vgl. Abbildung 3.81) gilt für die Wahrscheinlichkeit der Realisation der Serie:

$$p_e = p_a \cdot p_b$$

Für die deterministischen Vorgangsdauern gilt damit:

$$D_e = D_a + D_b$$

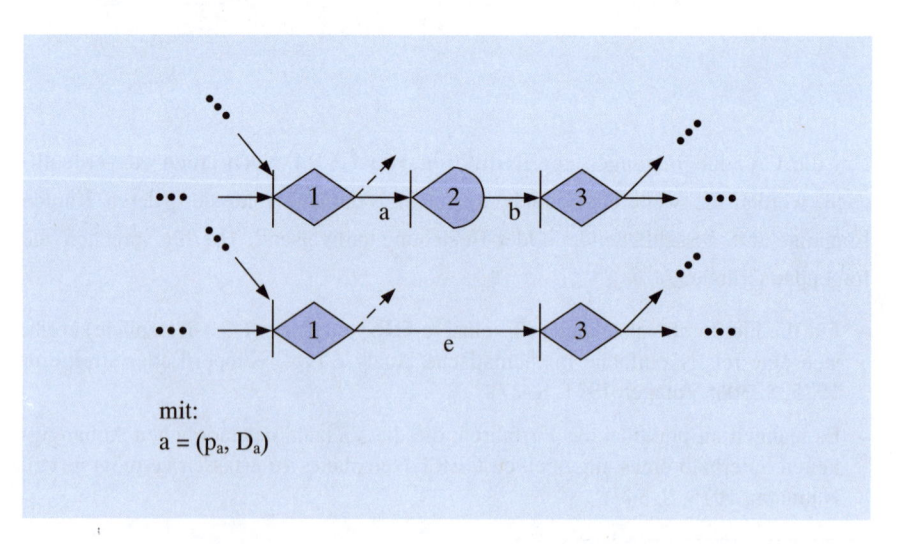

Abb. 3.81: Reduktion einer Serienschaltung von Vorgängen

3.3 Netzplantechnik

Bei der Reduktion einer **Parallelschaltung** von Vorgängen (vgl. Abbildung 3.82) sind in einem EOR-Netzplan die Realisationswahrscheinlichkeiten der Vorgänge zu addieren:

$$p_e = p_a + p_b$$

Für die Vorgangsdauer eines Teilnetzes mit Parallelschaltung gilt:

$$D_e = \frac{p_a \cdot D_a + p_b \cdot D_b}{p_a + p_b}$$

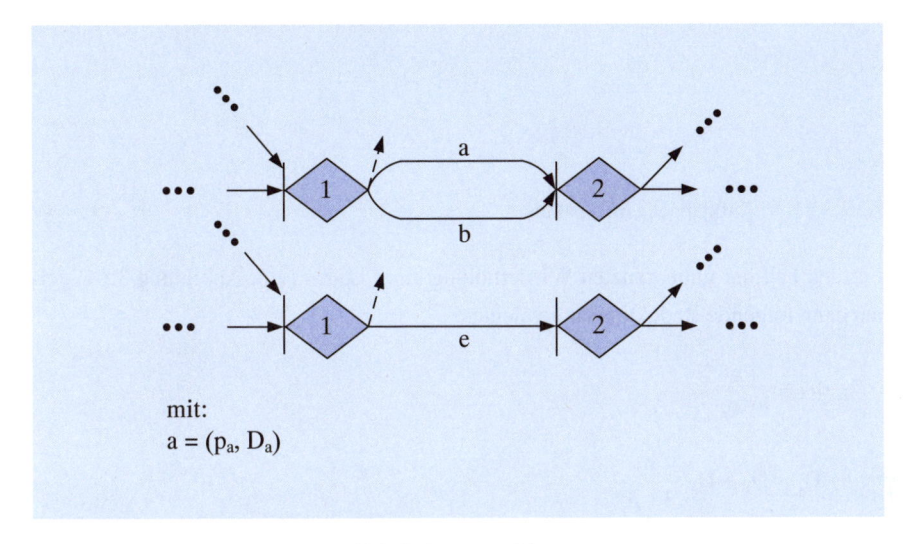

Abb. 3.82: Reduktion einer Parallelschaltung von Vorgängen

Mit **Zyklen** werden Rückkoppelungen im Projektablauf erfaßt. Ein Zyklus ist dabei eine geschlossene Folge von S Pfeilen mit den Knoten j_s, wobei Start- und Zielknoten der Pfeilfolge zusammenfallen. Es gilt:

$$j = \{j_s \mid 0 \leq s \leq S \wedge (S > 1 \wedge j_s \neq j_{s'} \wedge 1 \leq s' \leq S - 1 \wedge s' \neq s \vee S = 1) \wedge j_0 = j_S\}$$

Die **Locke** umfaßt nur einen Pfeil ($S = 1$), so daß dessen Start- und Zielknoten zusammenfallen und stellt somit einen Spezialfall der Zyklen dar.

Zur Analyse der Reduktionsmöglichkeiten bietet es sich an, den Zyklus „aufzuklappen" und als eine Kombination von Serien- und Parallelschaltung zu erfassen (vgl. Abbildung 3.83; vgl. Neumann 1975, S. 329 f.).

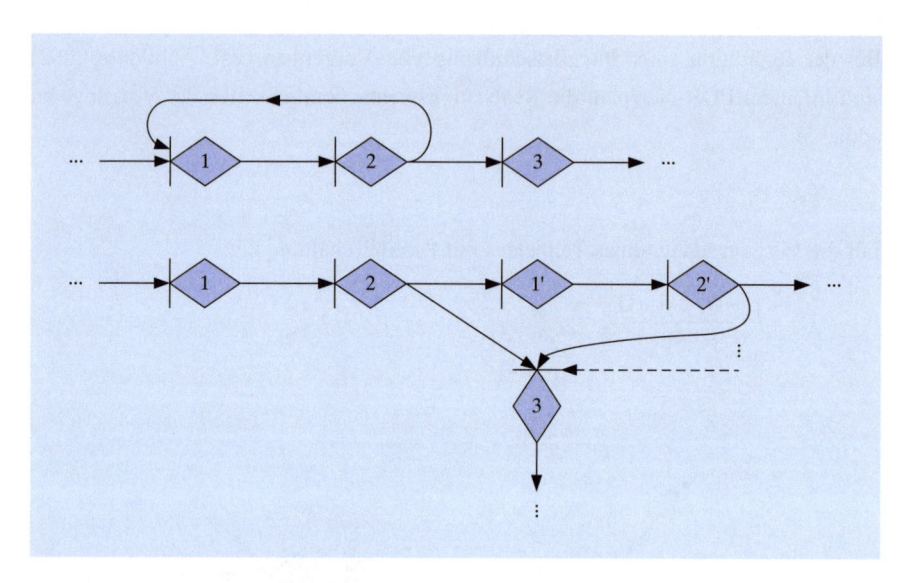

Abb. 3.83: Aufklappen eines Zyklus

Für den Fall der unbegrenzten Wiederholung einer Locke (vgl. Abbildung 3.84) gelten dann folgende Reduktionsäquivalente:

$$p_e = \frac{p_b}{1-p_a}$$

$$D_e = D_b + D_a \cdot \frac{p_a}{1-p_a}$$

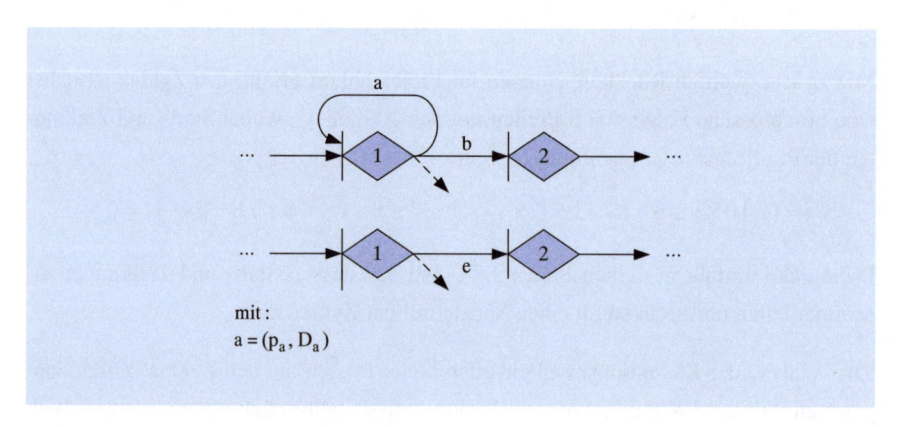

mit:
$a = (p_a, D_a)$

Abb. 3.84: Reduktion einer Locke

Beim Übergang vom Spezialfall der Locke zum **allgemeinen Fall eines Zyklus** sind die Parameter weiterer Pfeile der geschlossenen Pfeilfolge zu berücksichtigen (vgl. Abbildung 3.85). Da die Pfeilfolge eine Serienschaltung ist, gilt:

$$p_e = \frac{p_b \cdot p_c}{1 - p_a \cdot p_c}$$

$$D_e = D_b + \frac{D_c + p_a \cdot p_c \cdot D_a}{1 - p_a \cdot p_c}$$

mit:
$a = (p_a, D_a)$

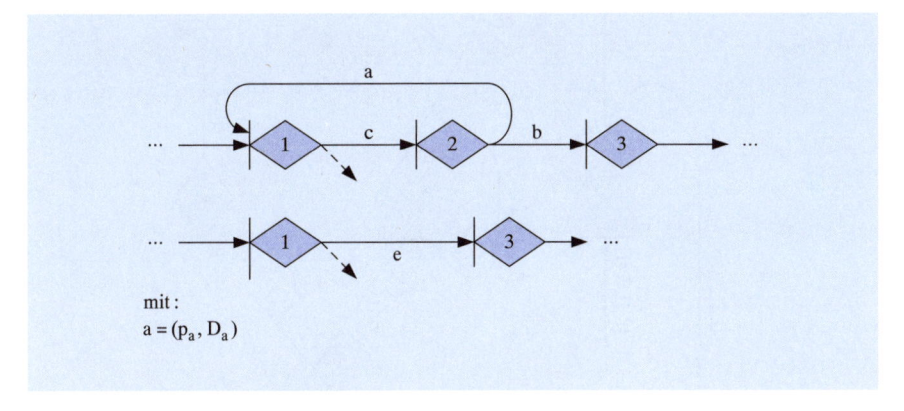

Abb. 3.85: Reduktion eines Zyklus, der keine Locke ist

Diese allgemein gehaltene Vorgehensweise zur Reduktion von EOR-Netzplänen soll im folgenden zur Berechnung eines Beispiels herangezogen werden. Abbildung 3.86 gibt einen EOR-Netzplan wieder, mit dessen Hilfe ein Projekt beschrieben wird. Die beiden Zielknoten stellen dabei die alternativen Ereignisse Projekterfolg (Knoten 8) oder -mißerfolg (Knoten 9) dar. An den Pfeilen sind die jeweiligen Vorgangsdauern und Eintrittswahrscheinlichkeiten angegeben.

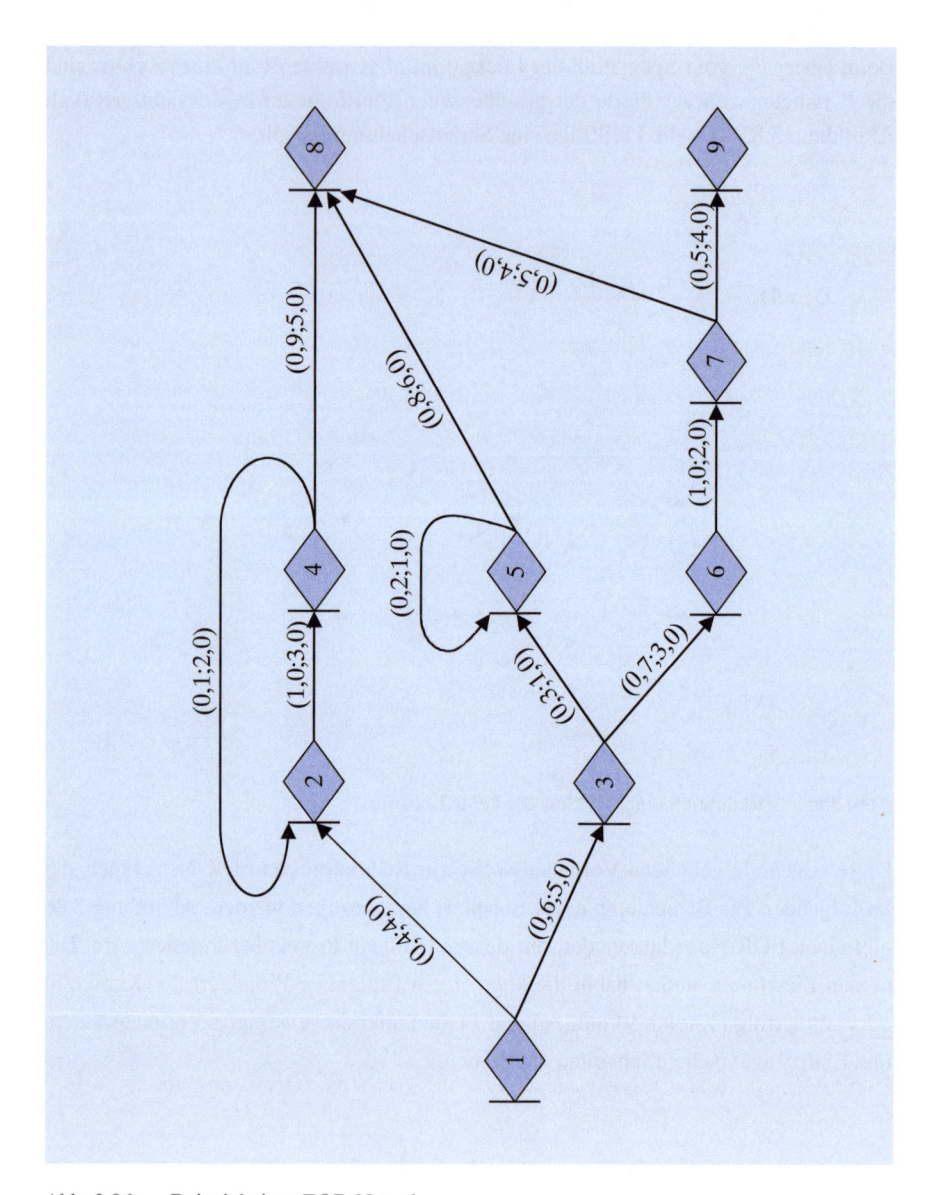

Abb. 3.86: Beispiel eines EOR-Netzplanes

In einem ersten Schritt sollen die folgenden Grundelemente einer Reduktion unterzogen werden:

- Zyklus mit den Pfeilen (2;4), (4;2) und (4;8),
- Locke des Knotens 5 (Pfeile (5;5) und (5;8)) und
- Serie der Pfeile (3;6) und (6;7).

Nach diesen Schritten ergibt sich der in Abbildung 3.87 dargestellte reduzierte Netzplan.

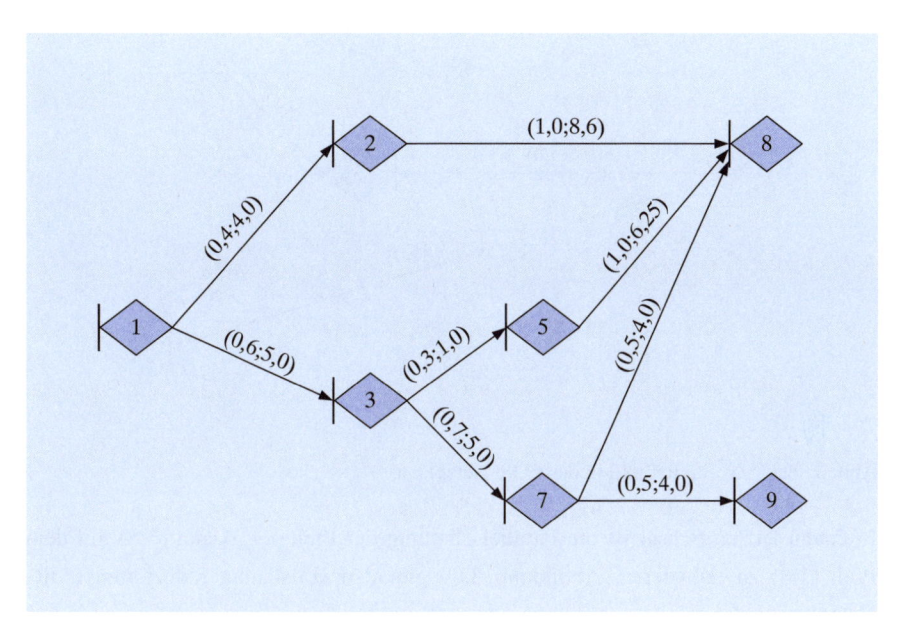

Abb. 3.87: Erste Reduktion des EOR-Netzplanes

In diesem reduzierten Netzplan lassen sich in einem nächsten Schritt die folgenden Reduktionen durchführen:

– Serie der Pfeile (1;2) und (2;8),
– Parallelschaltung der Pfeile (3;7) und (7;8) mit den Pfeilen (3;5) und (5;8) und
– Serie der Pfeile (1;3), (3;7) und (7;9).

Hieraus ergibt sich der folgende reduzierte Netzplan (vgl. Abbildung 3.88).

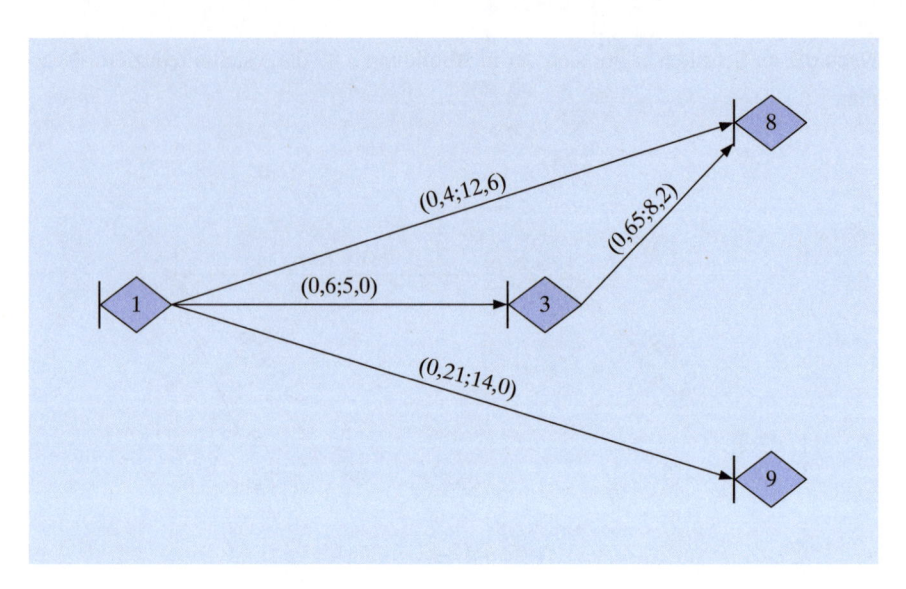

Abb. 3.88: Zweite Reduktion des EOR-Netzplanes

In einem letzten Schritt ist die Parallelschaltung der Pfeile (1;3) und (3;8) mit dem Pfeil (1;8) zu reduzieren. Abbildung 3.89 gibt den vollständig reduzierten EOR-Netzplan wieder.

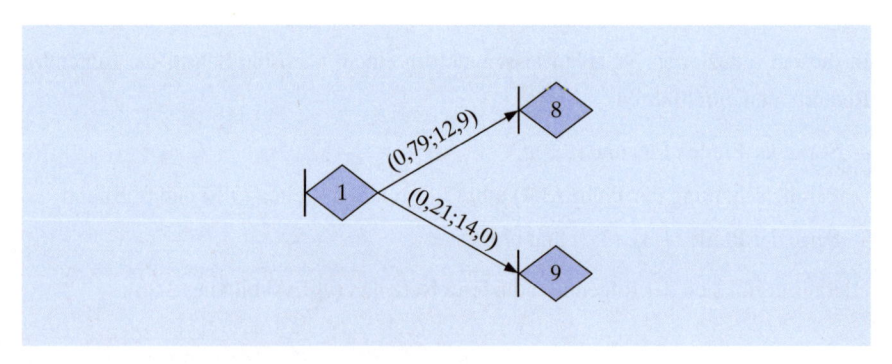

Abb. 3.89: Vollständig reduzierter EOR-Netzplan

Aufgabe 28: Für ein Projekt zur Entwicklung einer neuen Produktgeneration wurden die folgenden Möglichkeiten des Projektablaufs ermittelt (Vorgänge werden mit eckigen Klammern [...] und Wahrscheinlichkeiten in runden Klammern (...) angegeben). Nach dem Projektstart wird zunächst ein Produktkonzept entworfen und mit der Unternehmungsleitung besprochen [V01]. Wird dem Produktkonzept nicht zugestimmt (0,6), dann wird überprüft, ob die gewünschten Änderungen umgesetzt werden können [V02]. Lassen sich die Anforderungen umsetzen (0,5), dann erfolgt die Nachbesserung des Konzeptes [V03]. Ist dies nicht möglich, dann wird das Projekt abgebrochen (0,5), [V04]. Nach der erfolgten Nachbesserung wird entschieden, ob das Projekt erneut der Unternehmungsleitung zur Begutachtung vorgestellt wird (0,5), [V06] oder ob es abgebrochen wird (0,5), [V05]. Wird dem Projekt hingegen zugestimmt (0,4), dann wird mit der Konstruktion begonnen [V07], es wird ein Prototyp gebaut [V08] und dieser getestet [V09]. Verläuft dieser Test erfolgreich (0,8), dann liegt ein erfolgreicher Abschluß des Projektes vor [V10], andernfalls erfolgt der Projektabbruch (0,2), [V11].

a) Erstellen Sie einen stochastischen Netzplan auf der Grundlage von GERT.

b) Berechnen Sie die Wahrscheinlichkeiten der beiden Möglichkeiten des Projektabschlusses.

Zur Reduktion von **GERT-Netzplänen mit stochastischen Vorgangsdauern** kann die sogenannte „Mason-Formel" (vgl. Mason 1953, S. 1144 ff.), die ein Analogon zur Cramerschen Regel darstellt, herangezogen werden (vgl. z.B. Völzgen 1971, S. 18 ff.). Voraussetzung hierfür ist es, daß die Parameter eines Pfeiles (z.B. Dauer und Eintrittswahrscheinlichkeit) zu einer einzigen multiplikativen Größe zusammengefaßt werden, die als **w-Funktion** bezeichnet wird. Für diese Hilfsfunktion gilt (vgl. Neumann 1975, S. 340 ff.):

$$w_{j,\bar{j}}(s) = p_{j,\bar{j}} \cdot M_{j,\bar{j}}(s)$$

mit:

p = Übergangswahrscheinlichkeit

M = momenterzeugende Funktion

s = nicht-negative Hilfsvariable

Dabei stellt die momenterzeugende Funktion den Erwartungswert der Zufallsvariablen e^{sD} dar:

$$M(s) = \int_0^\infty e^{sD} \, dF(D)$$

mit:

e = Basis des natürlichen Logarithmus (Eulersche Zahl)
D = Vorgangsdauer
F = Verteilungsfunktion

Wird eine Normalverteilung unterstellt, dann gilt:

$$M(s) = e^{\mu s + \frac{\sigma^2 \cdot s^2}{2}}$$

Bei Exponentialverteilung lautet die momenterzeugende Funktion:

$$M(s) = \left(1 - \frac{s}{\lambda}\right)^{-1}$$

Liegt eine Poissonverteilung vor, gilt:

$$M(s) = e^{\lambda \cdot (e^s - 1)}$$

Für die **Grundtypen** lassen sich dann die folgenden Beziehungen aufstellen:

– Serienschaltung:
$$w_e(s) = w_a(s) \cdot w_b(s)$$

– Parallelschaltung:
$$w_e(s) = w_a(s) + w_b(s)$$

– Locke:
$$w_e(s) = \frac{w_b(s)}{1 - w_a(s)}$$

– Zyklus:
$$w_e(s) = \frac{w_b(s) \cdot w_c(s)}{1 - w_a(s) \cdot w_c(s)}$$

Die Realisationswahrscheinlichkeiten der Äquivalente entsprechen dem Wert der jeweiligen w-Funktion an der Stelle $s = 0$:

$$p_e = [w_e(s)]_{s=0}$$

Für die momenterzeugende Funktion gilt:

$$M_e(s) = \frac{w_e(s)}{p_e}$$

Der Erwartungswert μ_e und die Varianz σ_e^2 der Dauer ergeben sich aus:

$$\mu_e = \frac{\partial}{\partial s}[M_e(s)]_{s=0} \quad \text{(erstes gewöhnliches Moment)}$$

$$\sigma_e^2 = \frac{\partial^2}{\partial s^2}[M_e(s)]_{s=0} - \left(\frac{\partial}{\partial s}[M_e(s)]_{s=0}\right)^2$$

Aufgabe 29: In einer Prüfungsordnung wird der Ablauf einer Prüfung in folgender Weise geregelt: Die Prüfung besteht aus einem vorgeschalteten Test, einer Klausur, ggf. mit Wiederholung und ggf. mit einer mündlichen Ergänzungsprüfung. In Abhängigkeit von seinem Ergebnis ergeben sich für einen Studenten die folgenden Möglichkeiten:

1. Wurde der Test mit 1,3 und besser bestanden, dann ist eine im Umfang reduzierte Klausur zu schreiben. Die Klausur kann beliebig oft wiederholt werden.

2. Der Test wurde bestanden, jedoch schlechter als mit 1,3: In diesem Fall muß der Student die Normalklausur schreiben, wobei er eine einmalige Wiederholungsmöglichkeit hat und im Falle des wiederholten Nichtbestehens eine mündliche Ergänzungsprüfung wahrnehmen muß.

3. Hat der Student den Test nicht bestanden, muß er eine erweiterte Klausur schreiben (ohne Wiederholungsmöglichkeit), und er hat im Falle des Nichtbestehens dieser Klausur die Möglichkeit einer mündlichen Ergänzungsprüfung.

4. Eine nicht bestandene mündliche Ergänzungsprüfung führt zur Exmatrikulation. Es sind die folgenden Daten zu berücksichtigen:

Prüfungsteil	Eintritts-wahrschein-lichkeit	Dauer
Test		45 Minuten
- mit mindestens 1,3 bestanden	0,05	
- schlechter als 1,3 bestanden	0,75	
- nicht bestanden	0,20	
reduzierte Klausur		45 Minuten
- bestanden	0,70	
- nicht bestanden	0,30	
normale Klausur		90 Minuten
- bestanden	0,50	
- nicht bestanden	0,50	
erweiterte Klausur		120 Minuten
- bestanden	0,40	
- nicht bestanden	0,60	
mündliche Ergänzungsprüfung		30 Minuten
- bestanden	0,50	
- nicht bestanden	0,50	

a) Erstellen Sie einen stochastischen Netzplan auf der Grundlage von GERT.

b) Berechnen Sie für die drei Möglichkeiten die Wahrscheinlichkeiten der Exmatrikulation sowie die jeweils erwartete Prüfungsdauer eines Studenten im Falle des Bestehens.

c) Berechnen Sie die gesamte Wahrscheinlichkeit der Exmatrikulation sowie die erwartete Prüfungsdauer eines Studenten im Falle des Bestehens.

Bei aller Komplexität derartiger Netzpläne gehen sie jedoch mit den folgenden Vorteilen einher:

– Sie zwingen die Beteiligten zu einem detaillierten Durchdenken aller voraussehbaren Möglichkeiten und deren Eintrittswahrscheinlichkeiten.

– Durch die Zeitplanung zu den möglichen Endknoten läßt sich die Bandbreite der Gesamtprojektdauer erkennen.

– Die Kostenplanung für die unterschiedlichen Wege erleichtert eine Budgetierung, da die Wahrscheinlichkeiten explizit aufgenommen werden.

Im Rahmen einer Analyse der Eignung von GERT-Netzplänen für F&E-Projekte gelangen Kern/Schröder (1977, S. 282) zu dem Ergebnis, daß diese Netzpläne in ihrer ursprünglichen Form „die Ungewißheit über die Realisierung der Aktivitäten allein aus der Unsicherheit über die Handlungsergebnisse" beziehen und die Berücksichtigung von Entscheidungsalternativen vernachlässigen. Da sich Entscheidungsalternativen durch die logische Verknüpfung des ausschließenden Oder erfassen lassen und die stochastischen Knotenausgänge der GERT-Netzpläne letztlich eine ausschließende Oder-Beziehung darstellen, schlagen sie vor, die Knotentypen so zu erweitern, daß auch der Knotenausgang logische Beziehungen wiedergibt. Folglich

– entspricht ein deterministischer Ausgang einer Und-Verknüpfung und es
– erfolgt eine Erweiterung um das einschließende Oder der Knotenausgänge,

so daß sich neun Knotentypen ergeben (vgl. Kern/Schröder 1977, S. 286).

Aufgabe 30: Für GERT-Netzpläne wurde ursprünglich von sechs Knotentypen ausgegangen. Begründen Sie eine Erweiterung auf neun Knotentypen.

3.4 Rechnergestützte Projektmanagementsysteme

3.4.1 Überblick

In den weiteren Ausführungen werden nur solche Softwarepakete betrachtet, die originär für das Projektmanagement entwickelt wurden. Seibt (1989, Sp. 1672 f.) unterscheidet in diesem Zusammenhang die drei folgenden Typen:

– Typ 1: Einfache Projektverfolgungssysteme mit den Hauptfunktionen Eingabe, Aufbereiten und Ausgabe von Ressourcenverbräuchen, Kosten, Zeitpunkten und -dauern etc. als Ist-, Plan- und Prognosedaten sowie entsprechender Abweichungsanalysen.
– Typ 2: Projektverfolgungssysteme, die zur Erzeugung von Netzplänen dienen, sowie Möglichkeiten der Ablaufsimulation und Ad-hoc-Veränderungen mit dem Ziel der Netzplananpassung.
– Typ 3: Umfassende Projektmanagementsysteme, die zusätzlich die Möglichkeiten der flexiblen Erzeugung von Berichten, Datenbank- und Projektverfolgungsfunktionen bieten.

Bei den Systemen, die den weiteren Überlegungen zugrunde liegen, handelt es sich cum grano salis ausschließlich um Systeme des Typs 3. Daneben existiert eine Fülle weiterer Programmpakete, die zwar ebenfalls im Rahmen des Projektmanagement zum Einsatz gelangen können (z.B. Tabellenkalkulations-, Präsentationsgraphik- und Datenbanksoftware), jedoch nicht als Projektmanagementsoftwaresysteme zu bezeichnen sind. Dabei ist zu beachten, daß Projektsoftware lediglich eine Hilfe für den Projektleiter darstellt und die persönliche Kommunikation im Rahmen der Projektdurchführung nach wie vor eine wesentliche Erfolgsgröße darstellt (vgl. Dworatschek 1994, S. 22).

Ein Blick in die Literatur zeigt, daß es eine kaum noch zu überblickende Vielzahl an Projektmanagementsoftware gibt[1]. Dabei ist zu betonen, daß es nicht das „beste" Projektmanagementsoftwarepaket gibt, sondern vielmehr „bietet der Markt dem potentiellen Software-Nutzer für seine spezifischen Anwendungen eher passende und eher ungeeignete Pakete an." (Dworatschek 1994, S. 18 f.). Deshalb sollte zunächst überlegt werden, welche Projekte in einer Unternehmung anfallen, zu deren Planung die Projektmanagementsoftware zum Einsatz gelangen soll. Hierzu können die folgenden Kriterien herangezogen werden (vgl. Dworatschek/Hayek 1992, S. 57 f.):

– Projektgröße (z.B. Budget, Anzahl der Vorgänger, Teamgröße),
– Risikoklasse (z.B. Innovationsgrad, Wiederholungsgrad, Folgerisiken),
– Komplexität der Vernetzung (z.B. Anordnungsbeziehungen, Sub- und Multi-Projekte)
– Ressourcenvielfalt (personelle, maschinelle, finanzielle),
– Art der Projektbetreuung (zentral, lokal),
– Kreis der Beteiligten (Personengruppen, Unternehmungen) etc.

In einer empirischen Erhebung hat Noack 78 Systemanbieter befragt und von 21 Anbietern eine Antwort erhalten. Tabelle 3.11 gibt eine beispielhafte Übersicht über Systemanbieter und Projektmanagementsysteme (vgl. Noack 1999, S. 51 ff.; ferner Burghardt 2006, S. 528 ff.; Kolisch/Hempel 1996, S. 401 ff.).

Bei allen Unterschieden im Detail unterstützen rechnergestützte Projektmanagementsysteme, wenn auch mit unterschiedlichem Umfang und jeweiligen Schwerpunkten, die folgenden Aufgaben (vgl. Noack 1999, S. 49; Schelle 2007, S. 247 ff.):

– Die **Aufgabenstrukturierung** mit Hilfe von Projektstrukturplänen, d.h. Zerlegung in Teilprojekte und Arbeitspakete. Je nach System wird dann eine hierarchisch angeordnete Liste und zusätzlich eine graphische Darstellung erzeugt.
– Die **Termin- und Reihenfolgeplanung** auf der untersten Ebene mit geschätzten Zeiten, unter Berücksichtigung von Anordnungsbeziehungen.

---

1) Schelle (2007, S. 253) betont, daß etwa 350 Softwarepakete am Markt erhältlich sind, wobei unternehmungsindividuell entwickelte Systeme nicht berücksichtigt sind.

- Die **Kapazitätsplanung** ohne Beachtung von Ressourcenrestriktionen, d.h., die zum Einsatz gelangenden Personen und Sachmittel werden termingerecht disponiert. Erst in einem darauf aufbauenden Schritt erfolgt ein Vergleich von Kapazitätsangebot und -nachfrage mit einem sich eventuell ergebenden Kapazitätsabgleich[1]. Dieser kann entweder ressourcentreu (d.h. Änderungen des Plans werden so vorgenommen, daß keine Ressourcen überlastet werden) oder termintreu (d.h. Änderungen des Plans werden so vorgenommen, daß der Projektendtermin eingehalten wird) erfolgen.
- Die **Kostenplanung** für die einzelnen Arbeitspakete und für das Gesamtprojekt.
- Das **Projektcontrolling** unterstützt die Kapazitätsauslastung, Terminkontrolle, Kostenkontrolle und bietet auf der Grundlage von „Was-wäre-wenn-Szenarien" die Möglichkeit, Auswirkungen unterschiedlicher Parameterkonstellationen zu überprüfen.

Anbieter	Systembezeichnung
Scheuring Project Management AG	ResSolution 4.2
MARINGO Computers GmbH	Project Management
BBL-Software GmbH	Projekta
ThekraSoft Software GmbH	ACOS PLUS.1
IFS Deutschland GmbH	IFS-iV
IFS Deutschland GmbH	IFS Applications Project Management
OfficeWare Information Systems GmbH	OfficeWare Easy
PLANTA Projektmanagement-Systeme GmbH	PPMS
CA Computer Associates GmbH	SuperProject 5.0/SuperProject Net 1.1
Crest Management Systems	CS Project Professional 3.4
PAVONE Informationssysteme GmbH	PAVONE Project Management 9
NETRONIC Software GmbH	GRANEDA 4.1
ASTA Development GmbH	PowerProject V10
	(Fortsetzung nächste Seite)

---

[1] Dabei gelangen insbesondere heuristische Verfahren zum Einsatz, wobei es sich i.d.R. um prioritätsregelbasierte Verfahren handelt. Vgl. Kolisch/Hempel (1996, S. 400); Tobias (1991). Johnson (1992, S. 39 ff.) gelangt auf der Grundlage ausgewählter Softwarepakete zu dem Ergebnis, daß die untersuchten Systeme nicht zu optimalen Plänen führen.

Scitor GmbH	PS Next 2.5
Scitor GmbH	Project Scheduler 8
BRainTool Software GmbH	A-Plan 2009
Gedys IntraWare GmbH	PONTE.Project 6
Microsoft Corporation	Microsoft Project 2007

Tab. 3.11: Projektmanagementsoftwaresysteme (Auswahl)

Im Rahmen der Auswahl eines rechnergestützten Projektmanagementsystems empfiehlt Dworatschek (1994, S. 19 f.) die folgende fünfstufige Vorgehensweise, wie sie in Abbildung 3.90 dargestellt ist.

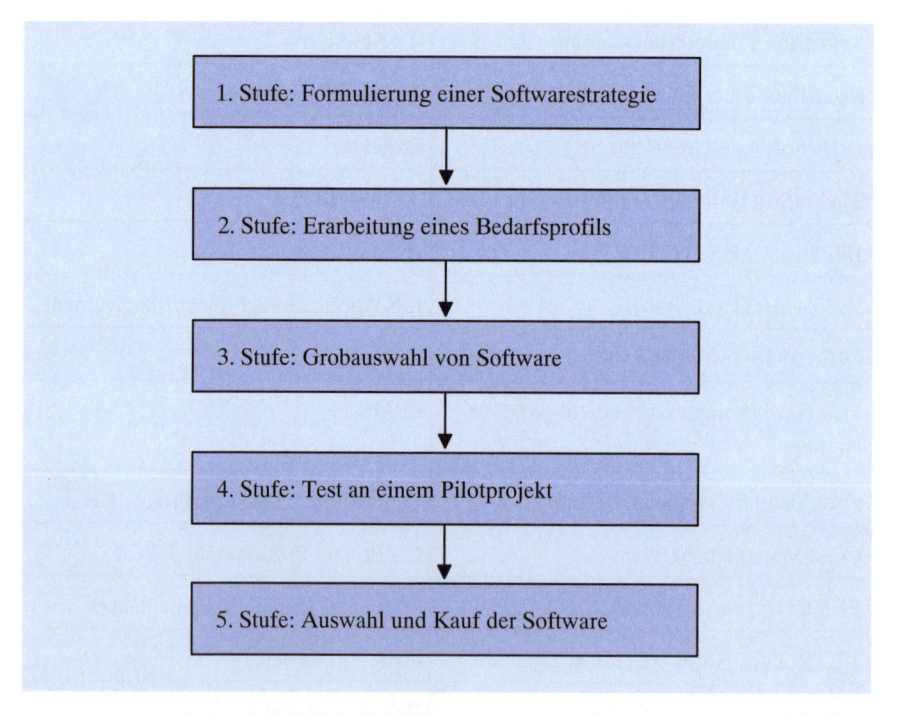

```
1. Stufe: Formulierung einer Softwarestrategie
            ↓
2. Stufe: Erarbeitung eines Bedarfsprofils
            ↓
3. Stufe: Grobauswahl von Software
            ↓
4. Stufe: Test an einem Pilotprojekt
            ↓
5. Stufe: Auswahl und Kauf der Software
```

Abb. 3.90: Stufenmodell zur Softwareauswahl

Diese, auch aus anderen Bereichen bekannte und weithin übliche Vorgehensweise sei im folgenden spezifiziert:

– Im Rahmen der **Softwarestrategie** ist zu klären, für welche Projekttypen die Software eingesetzt werden soll, welche Hardwareausstattung notwendig und bereits vorhanden ist sowie welcher Informationsbedarf der Beteiligten gegeben ist.

- Bei der **Erstellung des Bedarfsprofils** sind zunächst unternehmungsspezifische Kriterien aufzustellen (z.B. Anzahl der zu verarbeitenden Vorgänge, Anzahl der Ebenen des Projektstrukturplans etc.), wobei sogenannte K.-o.-Kriterien zu beachten sind. Als Kriterien sind zu nennen: Daten zu den Softwareherstellern/Lieferanten, Daten zur Hardware (z.B. notwendige Geräteausstattung), allgemeine Produktinformationen, Projektstrukturierung und Vorgänge, Terminplanung und –kontrolle, Kostenplanung und -kontrolle, Kapazitätsplanung und -kontrolle, Dateneingabe- und -ausgabemöglichkeiten, Dokumentation und Training sowie Wirtschaftlichkeit[1].

- Neben dem Bedarfsprofil sind die Leistungsprofile der unterschiedlichen Programmpakete zu berücksichtigen. Auf dieser Stufe erfolgt dann eine **Grobauswahl**, in die einige Programmpakete (z.B. 2-3 Programmpakete) einbezogen werden [2].

- Die in die engere Auswahl gelangenden Systeme sind dann von den jeweiligen Anbietern an einem nicht zu umfangreichen **Pilotprojekt** vorzuführen. Eventuell läßt sich auch eine Probeinstallation mit den Anbietern vereinbaren.

- Beim **Kauf** eines Programmpaketes ist darauf zu achten, daß eine Unterstützung und Schulung angeboten wird, die auch bei neuen Programmversionen in Anspruch genommen werden kann.

3.4.2 Grundlagen der Projektplanung mit Microsoft® Office Project

Im vorliegenden Kapitel wird exemplarisch aufgezeigt, wie mit Hilfe der Projektmanagementsoftware Microsoft® Office Project[3] Projekte geplant werden können. Ziel ist es dabei, dem Leser an einem durchgängigen Beispiel einen ersten Überblick über die Bedienung der Software zu geben[4].

Die graphische Benutzeroberfläche der Projektmanagementsoftware *Project* ist in der Startansicht zweigeteilt (vgl. Abbildung 3.91). Der **Menübereich** besteht in der Startansicht aus einem Drop-down-Menü und Symbolleisten. Das Drop-down-Menü umfaßt einerseits allgemeine Rubriken von Programmbefehlen (z.B. Datei, Bearbei-

---

1) Diese elf Kriterien splitten Dworatschek/Hayek (1992, S. 63 ff.) in 607 Einzelkriterien weiter auf, um so eine differenzierte Basis für die Beurteilung von etwa 320 Projektsoftwarepaketen zu erhalten.
2) Zu einem entscheidungstheoretisch fundierten Bewertungsverfahren, das auf der Grundlage einer Zielhierarchie die Güte der Projektmanagementsoftware zu beurteilen versucht, vgl. Kolisch/Hempel (1996, S. 401 ff.). Dabei werden die Komponenten Software, unterteilt in allgemeine Programmfunktionen, Projektplanung unter Kapazitätsrestriktionen und Benutzerhandbuch zugrunde gelegt, die dann mit Hilfe weiterer Merkmale spezifiziert werden.
3) Microsoft ist das eingetragene Markenzeichen der Microsoft Corporation, die das Copyright an der Software Office Project hält. Im folgenden wird die Projektmanagementsoftware Microsoft® Office Project als *Project* bezeichnet.
4) Detaillierte Benutzerhandbücher sind z.B. Schwab (2008) und TEIA (2002).

ten, Ansicht, Einfügen, Format, Extras, Fenster und Hilfe), die jedoch teilweise auch *Project*-spezifische Befehle enthalten. Anderseits kann die *Project*-spezifische Rubrik „Projekt" gewählt werden, die Programmbefehle zur Analyse von Projekten enthält. Des weiteren werden in der Startansicht die Symbolleisten „Standard" und „Format" angezeigt, über die der Nutzer einen unmittelbaren Zugriff auf häufig genutzte Programmbefehle (z.B. Neue Datei anlegen, Drucken) erhält. Im **Arbeitsbereich**, der unterhalb des Menübereichs angeordnet ist, werden Informationen zu dem zu planenden Projekt ein- und ausgegeben. Je nach gewählter Ansicht beziehen sich die Informationen auf Vorgänge (z.B. die Ansichten Bakendiagramm (Gantt), Balkendiagramm (Überwachung), Vorgang: Einsatz), auf die eingesetzten Ressourcen (z.B. die Ansichten Ressource: Einsatz, Ressource: Tabelle) oder auf Vorgänge und Ressourcen (z.B. die Ansicht Netzplandiagramm).

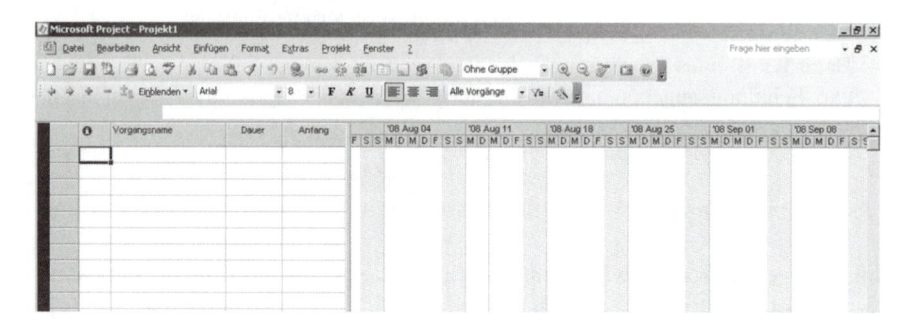

Abb. 3.91: Startansicht

Zur Erfassung der planungsrelevanten Informationen bietet sich die folgende Vorgehensweise an:

1. Projektplan einrichten
2. Vorgänge erfassen
3. Besondere Termine setzen
4. Ressourcen erfassen und zuordnen
5. Ressourcen abgleichen

Um einen **Projektplan einzurichten**, wird zunächst eine neue **Projektdatei** erzeugt. Dies erfolgt entweder automatisch nach dem Öffnen von *Project* oder zu einem selbstgewählten Zeitpunkt nach dem Öffnen von *Project* z.B. über das Drop-down-Menü (Datei/Neu/Leeres Projekt). Die Projektdatei wird automatisch mit „Projekt" und einer laufenden Nummer (z.B. „Projekt1") benannt und kann beim Speichern umbenannt werden. In einem nächsten Schritt ist der **Projektkalender** zu definieren, indem in der Maske „Arbeitszeit ändern" (Drop-down-Menü: Extras/Arbeitszeit ändern) die entsprechenden Informationen hinterlegt werden (vgl. Abbildung 3.92).

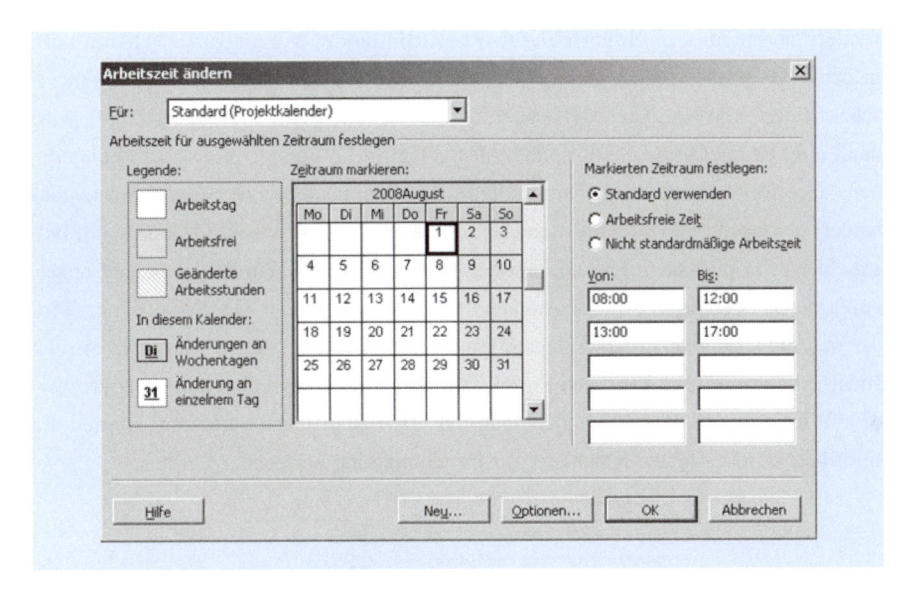

Abb. 3.92:   Maske „Arbeitszeit ändern"

Werden die voreingestellten Angaben nicht verändert, dann wird bei den Berechnungen auf den Standardprojektkalender zurückgegriffen, der eine Arbeitswoche von Montag bis Freitag mit den Arbeitszeiten von 8.00 Uhr bis 12.00 Uhr und 13.00 Uhr bis 17.00 Uhr vorsieht, ohne dabei Feiertage zu berücksichtigen. Bei abweichenden Projektarbeitszeiten müssen diese Angaben angepaßt werden:

– Für Änderungen an einem einzelnen oder mehreren aufeinanderfolgenden Tagen (z.B. bei Feiertagen) werden die entsprechenden Tage im Untermenü „Zeitraum markieren" gewählt. Sollen Änderungen für einen Wochentag vorgenommen werden (z.B. bei Projekten ohne Wochenendunterbrechungen), dann sind im Untermenü die betreffenden Wochentage zu markieren.

– Für die gewählten (Wochen-)Tage wird dann im Untermenü „Markierten Zeitraum festlegen" angegeben, ob die gewählten (Wochen-)Tage arbeitsfrei sind (Option „Arbeitsfreie Zeit") oder ob für diese Tage geänderte Arbeitszeiten gelten (Option „Nicht standardmäßige Arbeitszeit" mit entsprechenden Angaben in den Feldern „Von" und „Bis").

Sobald die Änderungen eingegeben sind, werden die gewählten (Wochen-)Tage im Untermenü „Markierten Zeitraum festlegen" durch *Project* mit einer den Einstellungen entsprechenden Markierung versehen.

Wird der Standardprojektkalender zur Planung mehrerer Projekte verwendet und sind die abweichenden Projektarbeitszeiten nicht für alle Projekte relevant, dann erweist es sich als vorteilhaft, die Anpassungen nicht direkt am Standardprojektkalender, sondern an einem **neu eingerichteten Projektkalender** vorzunehmen. Hierzu wird in der Maske „Arbeitszeit ändern" die Schaltfläche „Neu" betätigt. In der nun erscheinenden Maske „Neuen Basiskalender erstellen" (vgl. Abbildung 3.93) wird dann eine Bezeichnung des Kalenders festgelegt (z.B. Beispielprojekt) und angegeben, ob Informationen aus einem anderen Projektkalender (z.B. Standardprojektkalender) übernommen werden sollen (Option „Kopie erstellen von Kalender" mit Angabe des zu kopierenden Kalenders) oder nicht (Option „Neuen Basiskalender erstellen"). Nach Bestätigung dieser Angaben durch Betätigen der OK-Schaltfläche wird der neu eingerichtete Projektkalender im Untermenü „Für" der Maske „Arbeitszeit ändern" angezeigt und kann den Projekterfordernissen entsprechend modifiziert werden. Wird diese Maske durch Betätigen der OK-Schaltfläche verlassen, können die Informationen des neuen Kalenders zur Projektplanung verwendet werden.

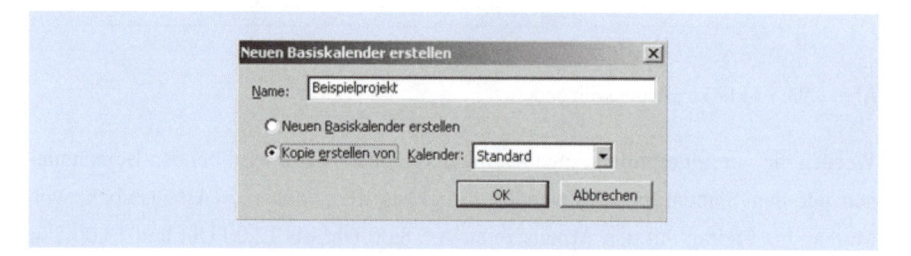

Abb. 3.93:   Maske „Neuen Basiskalender erstellen"

Der nächste Schritt besteht in der **Zuweisung des Kalenders** zum Projektplan und der Festlegung der grundsätzlichen Vorgehensweise bei der projektbezogenen Zeitrechnung in der Maske „Projektinfo für" (vgl. Abbildung 3.94), die über das Dropdown-Menü (Projekt/Projektinfo) aufgerufen wird.

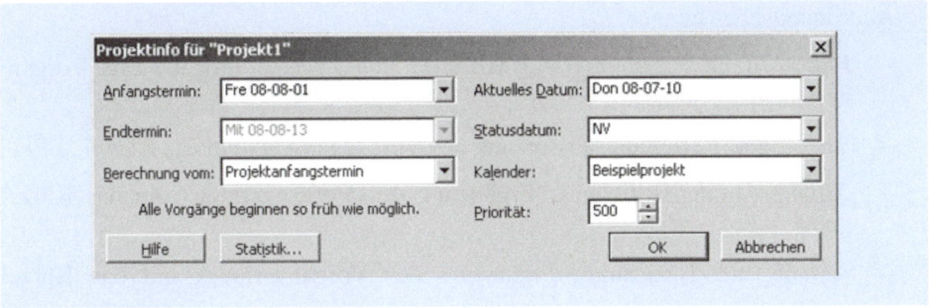

Abb. 3.94: Maske „Projektinfo für"

Die Zuweisung des Kalenders erfolgt im Untermenü „Kalender", in dem alle aktuell verfügbaren Kalender aufgelistet sind. Mit Hilfe des Untermenüs „Berechnung vom" wird eingestellt, in welcher Richtung die Zeitrechnung durchgeführt und wie die später einzugebenden Vorgänge des Projekts eingeplant werden:

- Die Option „Projektanfangstermin" bedeutet, daß die Zeitrechnung in der Form einer Vorwärtsrechnung durchgeführt wird und die Vorgänge so früh wie möglich eingeplant werden.

- Wird die Option „Projektendtermin" gewählt, dann erfolgt die Zeitrechnung als Rückwärtsrechnung, und die Vorgänge werden so spät wie möglich eingeplant.

Bei der Eingabe von Projektinformationen über Vorgänge erweist es sich i.d.R. als übersichtlicher, wenn vom Projektanfangstermin ausgehend geplant wird. Bei Bedarf kann jederzeit auf Rückwärtsrechnung umgeschaltet werden. Je nachdem, welche Option gewählt wird, ist entweder ein konkreter Projektanfangstermin im Untermenü „Anfangstermin" oder ein konkreter Projektendtermin im Untermenü „Endtermin" zu spezifizieren.

Zur **Erfassung der Vorgänge** ist für den Arbeitsbereich die zweigeteilte Ansicht „Balkendiagramm (Gantt)" zu wählen. Dabei wird im linken Teil des Arbeitsbereiches eine Tabelle mit den Spalten „Vorgangsname" und „Dauer" und im rechten Teil ein (zunächst leeres) Gantt-Chart angezeigt, das fortlaufend bei der Eingabe der Vorgänge aktualisiert wird. Durch Verschieben des Trennbalkens zwischen beiden Teilen des Arbeitsbereiches nach rechts, können weitere Spalten der Vorgangstabelle (z.B. „Anfang", „Ende", „Vorgänger", „Ressourcennamen") eingeblendet werden. Die Felder dieser Tabelle werden zur Definition der einzelnen Projektvorgänge mit dem Mauszeiger angewählt und durch Tastatureingabe um die jeweiligen Informationen ergänzt. Zur Erfassung der Reihenfolgebeziehungen werden im Feld Vorgänger die Indizes der direkten Vorgänger des betrachteten Vorgangs eingetragen, wobei folgende Optionen genutzt werden können:

- Anordnungsbeziehungen:
  - -- Ende-Anfang-Beziehung (Normalfolge): keine weitere Angabe zum Vorgängerindex,
  - -- Ende-Ende-Beziehung: Ergänzung des Vorgängerindex um das Kürzel „EE“,
  - -- Anfang-Anfang-Beziehung: Ergänzung des Vorgängerindex um das Kürzel „AA“.
  - -- Anfang-Ende-Beziehung: Ergänzung des Vorgängerindex um das Kürzel „AE“.
- Mindestabstände: Ergänzung der Angaben zum Vorgängerindex und ggf. zur Anordnungsbeziehung um den positiven oder negativen Wert des Mindestabstands (z.B. 5 Tage).

Abbildung 3.95 gibt die Vorgangstabelle und den Gantt-Chart für das Beispielprojekt aus Tabelle 3.2 wieder. Die Ergebnisse der Zeitberechnung durch *Project* werden angezeigt, wenn im Drop-down-Menü (Ansicht/Tabelle: ...) die Option „Berechnete Termine“ gewählt wird (vgl. Abbildung 3.96)

	Vorgangsname	Dauer	Vorgänger
1	A	5 Tage	
2	B	6 Tage	1
3	C	4 Tage	1
4	D	3 Tage	1
5	E	4 Tage	2
6	F	2 Tage	3
7	G	4 Tage	4
8	H	5 Tage	5;6
9	I	8 Tage	6;7
10	K	7 Tage	7
11	L	3 Tage	8
12	M	4 Tage	9;10;11

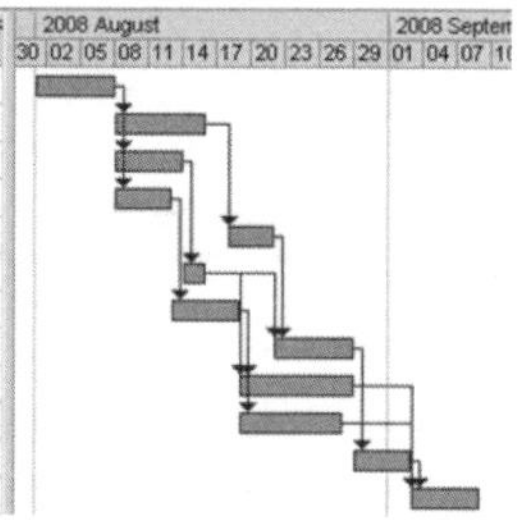

Abb. 3.95: Vorgangstabelle und Gantt-Chart zum Beispielprojekt

	Vorgangsname	Anfang	Ende	Spätester Anfang	Spätestes Ende	Freie Pufferzeit	Gesamte Pufferzeit
1	A	Fre 08-08-01	Don 08-08-07	Fre 08-08-01	Don 08-08-07	0 Tage	0 Tage
2	B	Fre 08-08-08	Fre 08-08-15	Fre 08-08-08	Fre 08-08-15	0 Tage	0 Tage
3	C	Fre 08-08-08	Mit 08-08-13	Don 08-08-14	Die 08-08-19	0 Tage	4 Tage
4	D	Fre 08-08-08	Die 08-08-12	Mit 08-08-13	Fre 08-08-15	0 Tage	3 Tage
5	E	Mon 08-08-18	Don 08-08-21	Mon 08-08-18	Don 08-08-21	0 Tage	0 Tage
6	F	Don 08-08-14	Fre 08-08-15	Mit 08-08-20	Don 08-08-21	1 Tag	4 Tage
7	G	Mit 08-08-13	Mon 08-08-18	Mon 08-08-18	Don 08-08-21	0 Tage	3 Tage
8	H	Fre 08-08-22	Don 08-08-28	Fre 08-08-22	Don 08-08-28	0 Tage	0 Tage
9	I	Die 08-08-19	Don 08-08-28	Fre 08-08-22	Die 08-09-02	3 Tage	3 Tage
10	K	Die 08-08-19	Mit 08-08-27	Mon 08-08-25	Die 08-09-02	4 Tage	4 Tage
11	L	Fre 08-08-29	Die 08-09-02	Fre 08-08-29	Die 08-09-02	0 Tage	0 Tage
12	M	Mit 08-09-03	Mon 08-09-08	Mit 08-09-03	Mon 08-09-08	0 Tage	0 Tage

Abb. 3.96: Tabelle „Berechnete Termine“

Die Eingabe dieser und weiterer Informationen zu den einzelnen Vorgängen kann alternativ auch in der Maske „Informationen zum Vorgang“ erfolgen, was vor allem dann empfehlenswert ist, wenn das Projekt eine große Anzahl von Vorgängen umfaßt und viele vorgangsspezifische Informationen gegeben sind. Die Maske umfaßt dabei 6 Untermenüs (Allgemein, Vorgänger, Ressourcen, Spezial, Notizen und Felder (benutzerdef.)), die durch einen Mausklick auf den entsprechenden Reiter aktiviert werden (vgl. Abbildung 3.97).

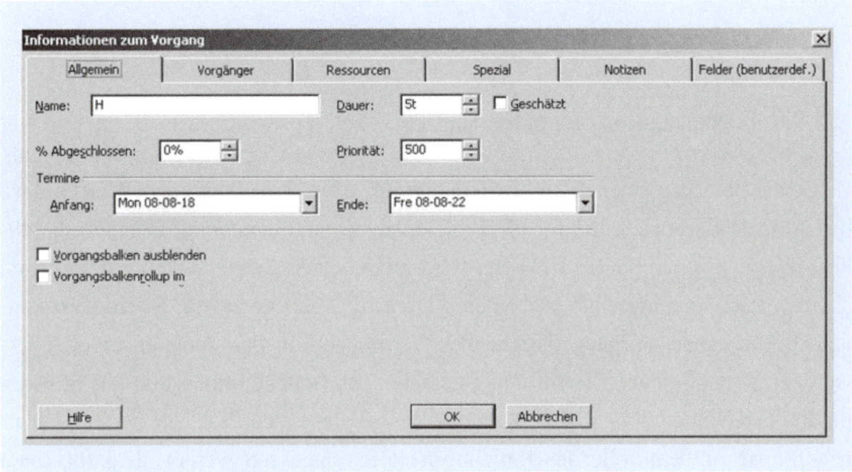

Abb. 3.97:   Maske „Informationen zum Vorgang"

Bei Projekten mit einer großen Anzahl von Vorgängen bietet es sich an, den Projektablauf durch Zusammenfassen von Vorgängen zu **Projektphasen** zu strukturieren. In einem ersten Schritt wird vor den zusammenzufassenden Vorgängen jeweils ein Vorgang mit der Bezeichnung der Phase eingefügt. Hierzu wird zunächst der erste der zusammenzufassenden Vorgänge durch Anklicken mit dem Mauszeiger markiert und dann über das Drop-down-Menü (Einfügen/Neuer Vorgang) eine neue Zeile in der Vorgangstabelle erzeugt. Dort wird dann unter „Vorgangsname" die Bezeichnung der Phase eingetragen. Der nächste Schritt besteht dann darin, die Vorgänge der jeweiligen Phase zuzuordnen, indem die relevanten Vorgänge markiert und über das Drop-down-Menü (Projekt/Gliederung/Tiefer stufen) dem Phasenvorgang untergeordnet werden. Abbildung 3.98 gibt das Ergebnis dieser Strukturierung für das Beispielprojekt wieder, bei dem die Vorgänge A bis G die Phase I und die Vorgänge H bis M die Phase II bilden.

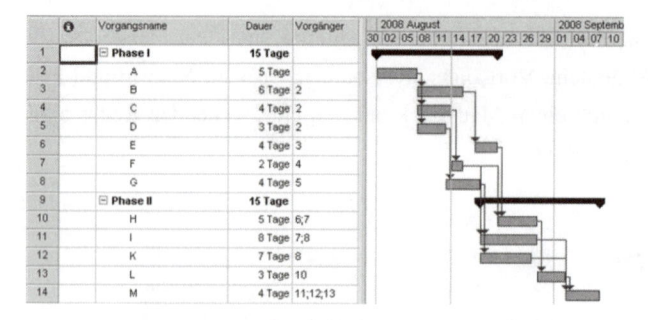

	❶	Vorgangsname	Dauer	Vorgänger
1		⊟ Phase I	15 Tage	
2		A	5 Tage	
3		B	6 Tage	2
4		C	4 Tage	2
5		D	3 Tage	2
6		E	4 Tage	3
7		F	2 Tage	4
8		G	4 Tage	5
9		⊟ Phase II	15 Tage	
10		H	5 Tage	6;7
11		I	8 Tage	7;8
12		K	7 Tage	8
13		L	3 Tage	10
14		M	4 Tage	11;12;13

Abb. 3.98:   Strukturierung des Beispielprojekts

Zwischen dem geplanten Start- und Endtermin eines Projektes können **besondere Termine** definiert sein, die für die Projektplanung und -steuerung in unterschiedlicher Weise relevant sind. In *Project* wird zwischen Stichtagen, Meilensteinen und Termineinschränkungen unterschieden. Durch die Festlegung von **Stichtagen** können die für einen Vorgang bestehenden Terminziele in den Projektplan integriert werden. Stichtage haben somit den Charakter von Soll-Terminen und beeinflussen die Zeitberechnung der anderen Vorgänge des zu planenden Projektes nicht; sie können primär zur Kontrolle des Projektfortschritts eingesetzt werden. Um für einen Vorgang einen Stichtag zu definieren, werden die Maske „Informationen zum Vorgang" durch Anklicken des Vorgangs in der Vorgangsliste mit dem Mauszeiger geöffnet und die Rubrik „Spezial" ausgewählt. Dort kann dann im Untermenü „Stichtag" das vorgesehene Datum eingetragen werden. Im Arbeitsbereich wird ein Stichtag an zwei Stellen angezeigt:

– im Gantt-Chart in der Zeile des Vorgangs durch einen senkrechten dicken Pfeil und

– bei Überschreitung des Stichtages in der Indikatorspalte (Vorspalte der Vorgangsliste) als Ausrufezeichen.

Abbildung 3.99 verdeutlicht die Visualisierung von Stichtagen am Beispiel, wobei für Vorgang E der 15.08.2008 und für Vorgang H der 01.09.2008 als Stichtag gewählt wurden. Da der früheste Anfangstermin von Vorgang E auf dem 18.08.2008 liegt, kann der Stichtag nicht realisiert werden, und in der Indikatorspalte erscheint zur Warnung das Ausrufezeichen.

3.4 Rechnergestützte Projektmanagementsysteme

Abb. 3.99: Visualisierung von Stichtagen

Mit **Meilensteinen** werden besondere Zustände des Projektes gekennzeichnet, die nach Abschluß einer Vorgangsfolge einer Überprüfung unterzogen werden, um im Falle der Erreichung des gewünschten Zustandes die nachfolgenden Vorgänge freizugeben (z.B. Projektstart, Auslieferung). In *Project* werden Meilensteine als Vorgänge eingegeben, und zwar entweder durch die Festlegung einer Dauer von null oder durch Aktivierung der Option „Vorgang als Meilenstein darstellen" im Untermenü „Spezial" der Maske „Informationen zum Vorgang". Die Darstellung erfolgt im Gantt-Chart durch ein schwarzes Karo mit angefügtem Meilensteintermin. Zur Verdeutlichung dieses Sachverhalts werden für das Beispiel drei Meilensteine, die sich an den Phasen orientieren (Start, Ende Phase I und Ende Phase II), und ein Meilenstein, der sich auf einen Vorgang bezieht (Ende H) definiert (vgl. Abbildung 3.100).

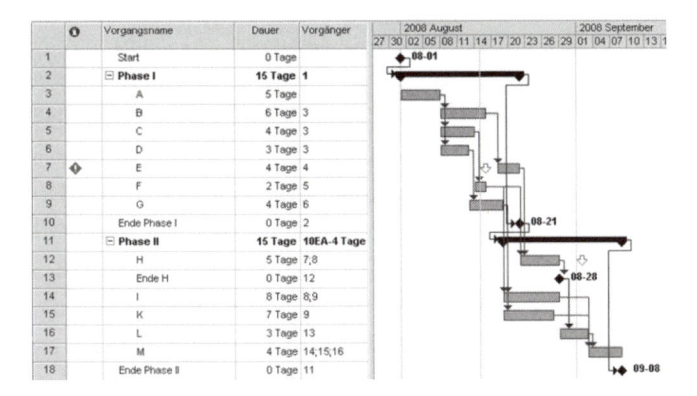

Abb. 3.100: Visualisierung von Meilensteinen

Bestehen für Vorgänge zusätzlich zu den Reihenfolgenbeziehungen Restriktionen hinsichtlich ihrer zeitlichen Lage, dann kann dies in *Project* mit Hilfe von **Termineinschränkungen** erfaßt werden. Hierzu sind in der Maske „Informationen zum

Vorgang", die durch Anklicken des Vorgangs in der Vorgangsliste aufgerufen wird, in der Rubrik „Spezial" die Einschränkungsart und der Einschränkungstermin festzulegen. Bei der Einschränkungsart kann zwischen den folgenden Optionen gewählt werden:

- **Anfang nicht früher als**: Der Vorgang kann frühestens zum angegebenen Termin gestartet werden.
- **Anfang nicht später als**: Mit der Ausführung des Vorgangs muß spätestens zum angegebenen Termin begonnen werden.
- **Ende nicht früher als**: Die Vorgangsausführung kann frühestens zum angegebenen Termin beendet werden.
- **Ende nicht später als**: Der Vorgang muß spätestens zum angegebenen Termin beendet werden.
- **Muß anfangen am**: Die Ausführung des Vorgangs beginnt am angegebenen Termin.
- **Muß enden am**: Die Vorgangsausführung wird am angegebenen Termin beendet.
- **So früh wie möglich**: Mit der Ausführung des Vorgangs wird immer an seinem frühesten Starttermin begonnen; es wird kein Einschränkungstermin vorgegeben.
- **So spät wie möglich**: Der Vorgang wird immer an seinem spätesten Anfangstermin gestartet; es wird kein Einschränkungstermin vorgegeben.

Wird im Beispiel für den Vorgang F eine Einschränkung des spätesten Fertigstellungstermins auf den 22.08.2008 vorgenommen (vgl. Abbildung 3.101) dann warnt *Project* davor, daß durch diese Festlegung Probleme (Konflikte) in der Terminplanung auftreten können, z.B. wenn Ressourcenbeschränkungen eine zeitliche Verschiebung der Vorgänge erfordern (vgl. Abbildung 3.102). Führt die Termineinschränkung bereits im aktuellen Projektplan zu Terminkonflikten (z.B. bei einer Einschränkung des spätesten Fertigstellungstermins auf den 15.08.2008), dann warnt *Project* vor einem bestehenden Terminkonflikt (vgl. Abbildung 3.103). Bei beiden Warnungen werden Möglichkeiten angeboten, wie mit der eingegeben Termineinschränkung umgegangen werden soll. Die Option „Abbrechen" bedeutet, daß die Eingabe verworfen wird, und die Option „Fortfahren", daß die Eingabe bestätigt wird. Wird „Fortfahren, jedoch dem Konflikt ausweichen" bei der Warnung vor einem möglichen Konflikt gewählt, dann wird die dazu angegebene alternative Termineinschränkung bestätigt. Sobald eine Termineinschränkung definiert ist, erscheint in der Indikatorspalte der Vorgangsliste das Symbol ▦.

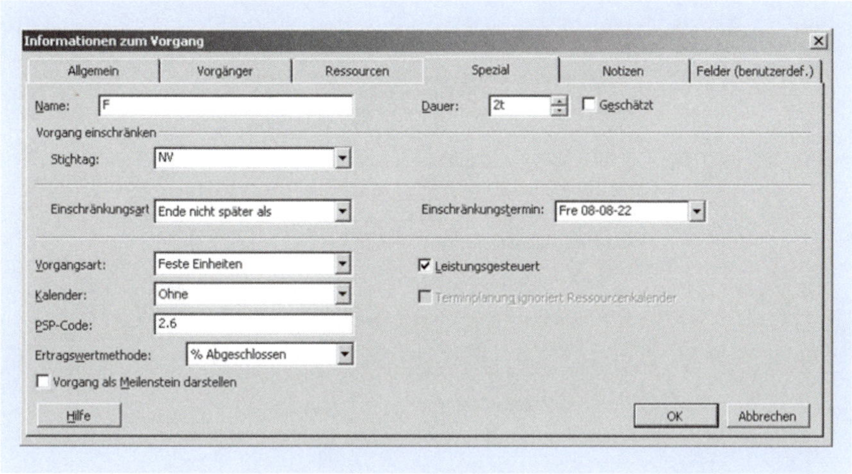

3.4 Rechnergestützte Projektmanagementsysteme 259

Abb. 3.101: Festlegung einer Termineinschränkung

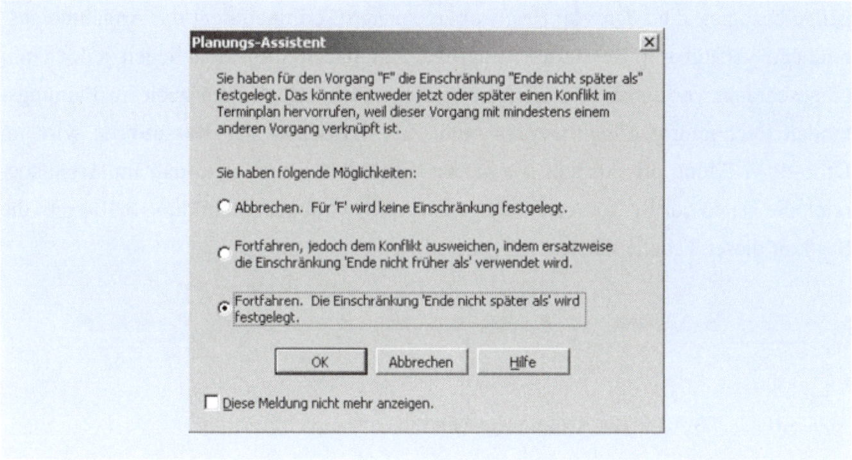

Abb. 3.102: *Project*-Warnung bei der Festlegung von Termineinschränkungen

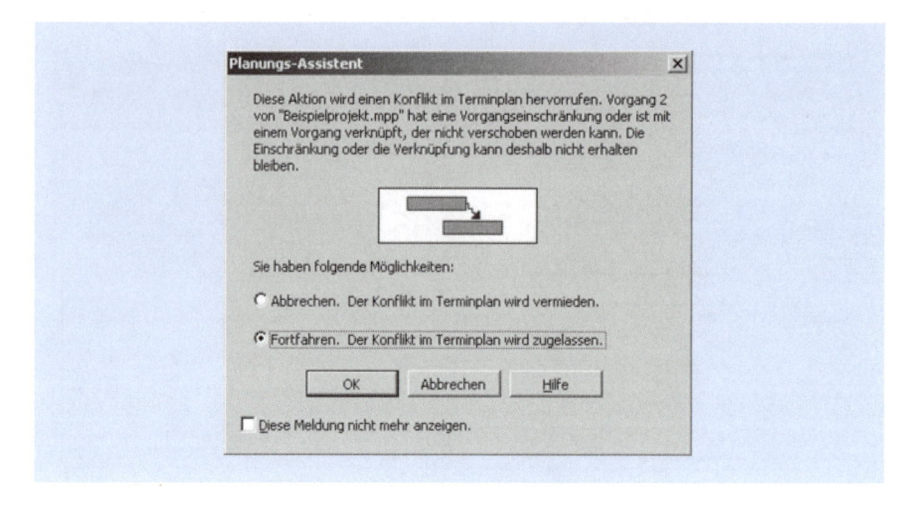

Abb. 3.103: *Project*-Warnung vor Konflikten im Terminplan

Die bislang berücksichtigten Planungsinformationen waren ausschließlich auf Vorgänge bezogen, d.h., den von *Project* berechneten Terminen liegt die Annahme ausreichend verfügbarer Ressourcen zugrunde. In realen Projekten liegen jedoch nur eingeschränkt verfügbare Ressourcen vor, ein Sachverhalt, dem auch im Planungsmodell Rechnung getragen werden muß. Zur **Erfassung der Ressourcen** wird im Drop-down-Menü die Ansicht „Ressource: Tabelle" gewählt, so daß im Arbeitsbereich die Daten der Ressourcen eingegeben werden können. Abbildung 3.104 gibt die Struktur dieser Tabelle wieder.

Abb. 3.104: Struktur der Ressourcentabelle

Um Ressourcen in die Terminplanung einzubeziehen, ist es notwendig, die Angaben zu den Spalten „Ressourcenname", „Art", „Max. Einh." und „Basiskalender" zu spezifizieren. Bei der „**Art**" der Ressource wird zwischen „Arbeit" (Voreinstellung) und „Material" unterschieden, um bei der Planung berücksichtigen zu können, ob die Ressource durch ihren Einsatz gebraucht (Potentialfaktor) oder verbraucht (Repetierfaktor) wird. In der Spalte „**Max. Einh.**" sind 100% voreingestellt, was bedeutet, daß die Ressource in der geplanten Arbeitszeit mit einer Einheit zur Verfügung steht. Umfaßt die Ressource mehrere Einheiten (z.B. mehrere gleichqualifizierte Mitarbeiter) ist dieser Wert zu erhöhen; besteht die Ressource aus einer Einheit, die in der geplanten Arbeitszeit nur teilweise verfügbar ist, dann ist dieser Wert zu reduzieren.

Unterschiedliche Zeiten der Ressourcenverfügbarkeit werden in der Spalte „**Basiskalender**" durch Zuweisung eines der im Projektplan verfügbaren Kalender spezifiziert. Voreinstellung ist der Standardprojektkalender. Alle anderen Spalten der Ressourcentabelle besitzen fakultativen Charakter, d.h., sie können bei Bedarf, z.B. zur Kostenplanung, genutzt werden. Alternativ zu Ressourcentabelle kann zur Eingabe der Ressourceninformationen die Maske „Informationen zur Ressource" genutzt werden, die durch einen Doppelklick in die Zeile der entsprechenden Ressource geöffnet wird. Die Maske umfaßt fünf Untermenüs („Allgemein", „Arbeitszeit", „Kosten", „Notizen" und „Felder (benutzerdef.)") mit Feldern zur Eingabe der genannten notwendigen und weiteren Ressourceninformationen (vgl. Abbildung 3.105).

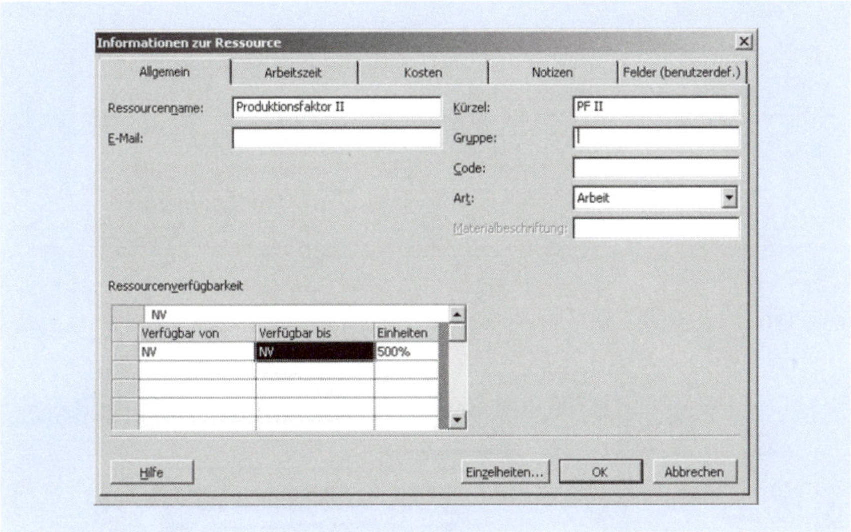

Abb. 3.105:   Maske „Informationen zur Ressource"

Sind die Ressourcen definiert, dann kann die **Ressourcenzuordnung** zu den Vorgängen in der Vorgangstabelle (Ansicht „Balkendiagramm (Gantt)") oder in detaillierterer Form in der Rubrik „Ressourcen" der Maske „Informationen zum Vorgang" vorgenommen werden. In der Spalte „Ressourcenname" werden zeilenweise aus der Liste der definierten Ressourcen diejenigen ausgewählt, die zur Ausführung des Vorgangs erforderlich sind. Das Ausmaß der Ressourcennutzung wird in der Spalte „Einheiten" angegeben, wobei 100% bedeutet, daß von den vorhandenen Ressourceneinheiten bei der Vorgangsausführung genau eine zur Anwendung gelangt.

Nach erstmalig erfolgter Eingabe der benötigten Ressourceneinheiten wird durch *Project* intern die Arbeitsmenge des Vorgangs als Produkt aus Vorgangsdauer und

Ressourceneinheiten berechnet. Um diesen Wert in der Vorgangstabelle anzeigen zu lassen, wird über das Drop-down-Menü (Einfügen/Spalte) eine Spalte mit dem Feldnamen und dem Spaltentitel „Arbeit" eingefügt. Abbildung 3.107 gibt die ergänzte Vorgangsliste und den Gantt-Chart (ohne Kapazitätsabgleich) für die Ressourcenzuordnung im Beispielprojekt gemäß Tabelle 3.6 wieder.

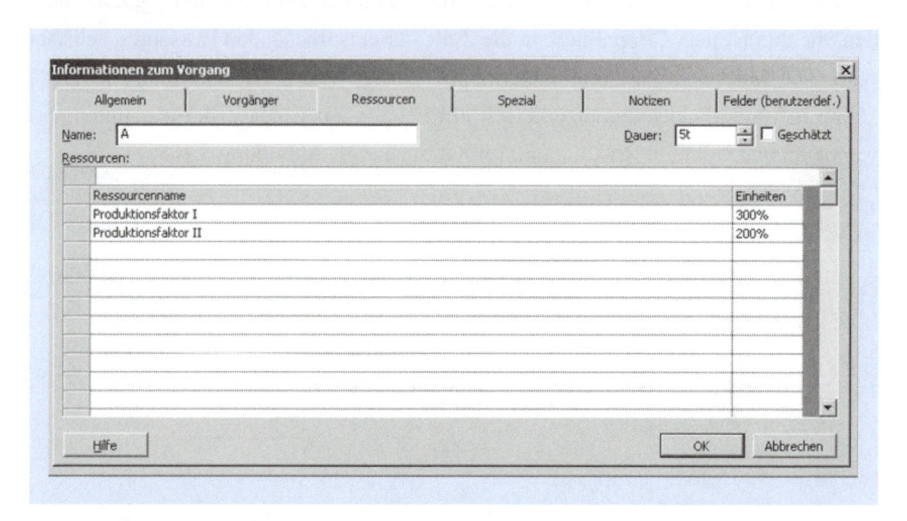

Abb. 3.106:   Ressourcenzuordnung in der Maske „Informationen zum Vorgang"

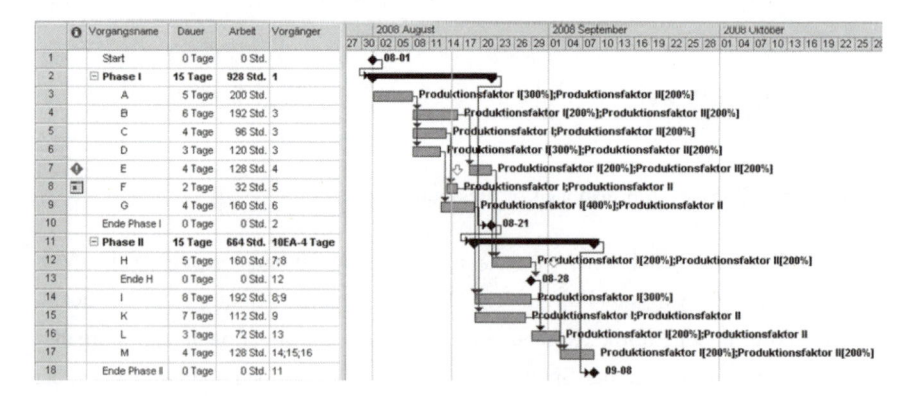

Abb. 3.107:   Vorgangstabelle und Gantt-Chart zum Beispielprojekt nach der Ressourcenzuordnung

Nach der **erstmaligen Ressourcenzuordnung** liegt *Project*-intern das Verhältnis zwischen den Größen Dauer, Arbeit und Ressourceneinheiten in der Form

$$\text{Dauer} = \frac{\text{Arbeit}}{\text{Ressourceneinheiten}}$$

fest. **Nachträgliche Änderungen** an dieser Relation können in der Maske „Informationen zum Vorgang" unter den Rubriken „Spezial" und „Ressourcen" vorgenommen werden. Die Konsequenzen der Änderung sind dabei grundsätzlich davon abhängig, ob in der Rubrik „Spezial" für den Vorgang die **Option „Leistungsgesteuert"** aktiviert wurde oder nicht. Bei **leistungsgesteuerten Vorgängen** wird davon ausgegangen, daß die einzelnen Ressourcenarten gegenseitig substituiert werden können, d.h. eine reduzierte Verfügbarkeit einer Ressourcenart kann durch einen erhöhten Einsatz der anderen Ressourcenart kompensiert werden. Unter diesen Bedingungen kann in der Rubrik „Spezial" im Menü „Vorgangsart" angegeben werden, welche der drei Größen von der Änderung nicht betroffen ist:

– **Feste Einheiten**: Der Ressourceneinsatz wird konstant gehalten, und eine Änderung der Dauer (Arbeit) bewirkt eine Änderung der Arbeit (Dauer).
– **Feste Arbeit**: Bei konstanter Arbeitsmenge wird durch eine Änderung an der Dauer (am Ressourceneinsatz) eine Änderung am Ressourceneinsatz (an der Dauer) hervorgerufen.
– **Feste Dauer**: Die Vorgangsdauer bleibt unverändert, wenn eine Änderung an der Arbeitsmenge oder am Ressourceneinsatz vorgenommen wird und sich damit der Ressourceneinsatz bzw. die Arbeitsmenge ändern.

Liegen **nicht-leistungsgesteuerte** Vorgänge vor, dann bleibt bei der Zuordnung weiterer Ressourcenarten die Vorgangsdauer unverändert. Dabei ist es irrelevant, ob im Menü „Vorgangsart" die Option „Feste Einheiten" oder „Feste Dauer" gewählt wurde (die Option „Feste Arbeit" ist nur bei leistungsgesteuerten Vorgängen verfügbar).

Im letzten Planungsschritt erfolgt der **Abgleich von Ressourcen**. Den Ausgangspunkt bildet eine **Analyse der Ressourcenauslastung**, die in den Ansichten „Ressource : Tabelle : Einsatz" und „Ressource : Grafik" vorgenommen werden kann. Die **tabellarische Ansicht** ist zweigeteilt: Im linken Teil der Tabelle werden die Ressourcen jeweils mit den Vorgängern aufgelistet, in denen sie genutzt werden. Vorgänge, denen keine Ressourcen zugeordnet sind, werden in der Rubrik „Nicht zugeordnet" aufgelistet und können durch einen Mausklick auf das Minuszeichen ausgeblendet werden. Die Belastung der Ressourcen (Arbeitsmenge) wird im rechten Teil der Abbildung für das gewählte Zeitraster sowohl detailliert nach Vorgängen als auch aggregiert über alle Vorgänge mit Zahlen wiedergegeben. Perioden, in denen eine Ressourcenüberlastung vorliegt, werden dabei durch rote Zahlen gekennzeichnet. Ist dies der Fall, dann erscheint im linken Teil der Tabelle in der Indikatorspalte ein Ausrufezeichen. Abbildung 3.108 gib die tabellarische Ansicht mit den Werten des Beispielprojekts wieder.

Ressourcenname	Einzelheiten	2008 August										2008 September		
		30	02	05	08	11	14	17	20	23	26	29	01	04	07
⊞ Nicht zugeordnet	Arbeit														
⊟ Produktionsfaktor I	Arbeit	24h	24h	72h	48h	152h	112h	96h	144h	48h	136h	16h	48h	32h	16h
A	Arbeit	24h	24h	72h											
B	Arbeit				16h	48h	32h								
C	Arbeit					8h	24h								
D	Arbeit					24h	48h								
E	Arbeit							32h	32h						
F	Arbeit						16h								
G	Arbeit					32h	64h	32h							
H	Arbeit									16h	16h	48h			
I	Arbeit							24h	72h	24h	72h				
K	Arbeit							8h	24h	8h	16h				
L	Arbeit											16h	32h		
M	Arbeit												16h	32h	16h
⊟ Produktionsfaktor II	Arbeit	16h	16h	48h	48h	136h	64h	48h	72h	24h	64h	8h	32h	32h	16h
A	Arbeit	16h	16h	48h											
B	Arbeit				16h	48h	32h								
C	Arbeit				16h	48h									
D	Arbeit				16h	32h									
E	Arbeit							32h	32h						
F	Arbeit						16h								
G	Arbeit					8h	16h	8h							
H	Arbeit									16h	16h	48h			
K	Arbeit							8h	24h	8h	16h				
L	Arbeit											8h	16h		
M	Arbeit												16h	32h	16h

Abb. 3.108: Ansicht „Ressource : Tabelle : Einsatz" für das Beispielprojekt

In der **graphischen Ansicht** wird für jede Ressource ein Diagramm angezeigt, das die verfügbaren Ressourceneinheiten den benötigten Ressourceneinheiten gegenübergestellt (Voreinstellung). Über das Kontextmenü (mit der rechten Maustaste in das Diagramm klicken) lassen sich aber auch andere Größen, wie Arbeitsmengen, kumulierte Arbeitsmengen, Überlastung, Restverfügbarkeit etc. zur graphischen Darstellung wählen. Die voreingestellte Ansicht mit den Werten des Beispielprojekts ist in Abbildung 3.109 dargestellt.

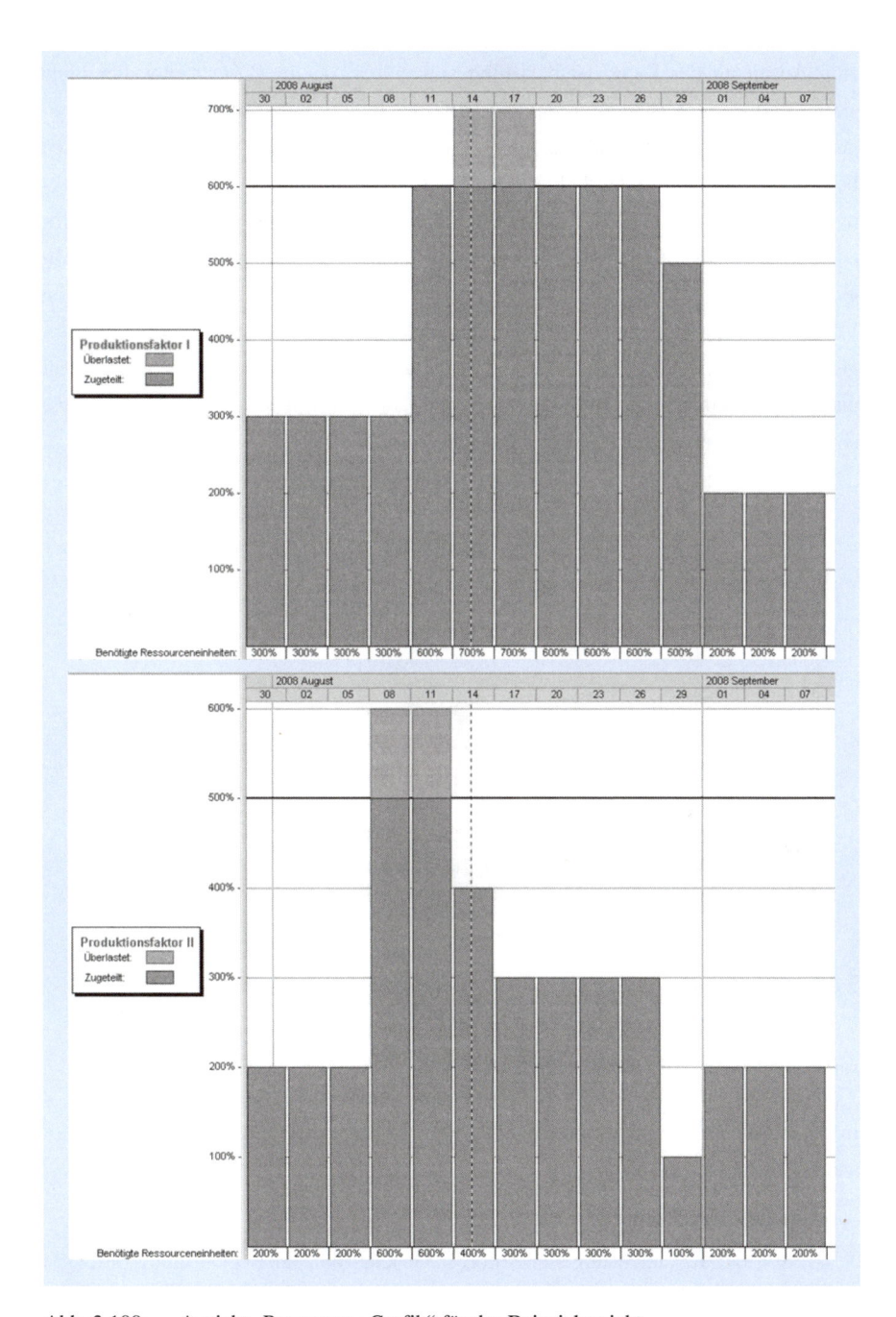

Abb. 3.109: Ansicht „Ressource : Grafik" für das Beispielprojekt

Ein **Ressourcenabgleich** sollte dann vorgenommen werden, wenn eine Überlastung vorliegt. Grundsätzlich sind dabei die in Abschnitt 3.3.1.2 genannten Möglichkeiten zum Ausgleich der Kapazitätsbelastung anwendbar, der in *Project* entweder ohne aktive Softwareunterstützung oder mit Hilfe der Funktion Kapazitätsabgleich vorgenommen werden kann. Während die Qualität des Ergebnisses im zuerst genannten Fall ausschließlich von den Fähigkeiten des Planers abhängig ist, wird durch die aktiv softwareunterstützte Vorgehensweise zumindest eine zulässige Lösung des Projektablaufplanungsproblems mit Ressourcenrestriktionen erzeugt, die auf drei Abgleichsmöglichkeiten basiert: (1) Verzögern von Vorgängen, (2) Unterbrechen von Vorgängen und (3) Verzögern der Ressourcenzuordnung. Die Maske „Kapazitätsabgleich", in der die Vorgehensweise der Software beim Ressourcenabgleich festgelegt und der Ressourcenabgleich gestartet werden kann, wird über das Drop-down-Menü (Extras/Kapazitätsabgleich) aufgerufen (vgl. Abbildung 3.110).

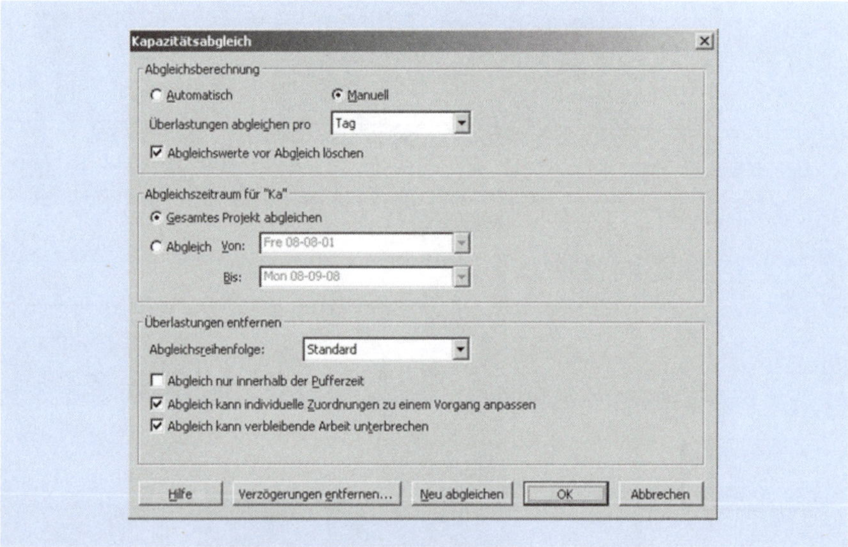

Abb. 3.110: Maske „Kapazitätsabgleich"

In der Maske kann in den einzelnen Untermenüs zwischen folgenden Optionen gewählt werden:

– **Abgleichsberechnung**:
  -- Soll der Kapazitätsabgleich sofort nach jeder einzelnen Zuordnung durchgeführt werden, dann ist „Automatisch" und andernfalls „Manuell" zu wählen. Der Vorteil des automatischen Abgleichs, sofort nach der Eingabe der Projektinformationen einen zulässigen Projektablaufplan zu erhalten, geht mit dem Nachteil einer tendenziell schlechten Planqualität einher, weil bei dieser grundsätzlich sukzessiven Vorgehensweise die einzelnen Ressourcenüberlastungen isoliert betrachtet werden, obwohl zwischen ihnen Interdependenzen

bestehen. Es empfiehlt sich also „Manuell" zu wählen und nach der Eingabe der Projektinformationen den Ressourcenabgleich mit der Schaltfläche „Neu abgleichen" zu starten.

-- Die Sensibilität des Ressourcenabgleichs wird mit dem Untermenü „Überlastungen abgleichen pro" eingestellt. Dabei stehen die Optionen „Minute", „Stunde", „Tag", „Woche" und „Monat" zur Auswahl, die angeben, über welchen Zeitraum die Überlastung einer Ressource vorliegen muß, damit diese in der Abgleichsrechnung berücksichtigt wird.

-- Wird gewünscht, daß eine Abgleichsrechnung auf den Werten bereits durchgeführter Abgleichsrechnung aufbaut, dann ist die Option „Abgleichswerte vor dem Abgleich löschen" zu aktivieren. Eine Deaktivierung ist vor allem dann erforderlich, wenn der Ressourcenabgleich in mehreren Teilschritten für unterschiedliche Zeiträume des Projektes vollzogen werden soll.

– **Abgleichszeitraum für**: In diesem Untermenü wird festgelegt, ob sich der Ressourcenabgleich auf das gesamte Projekt beziehen soll oder auf den Zeitraum, der in den Feldern „Von" und „Bis" spezifiziert wird.

– **Überlastungen entfernen**:

-- Abgleichsreihenfolge: Wird die Option „Standard" gewählt, dann wird der *Project*-interne Algorithmus angewendet, ohne daß der Anwender einen Einfluß auf die Reihenfolge hat, in der die Vorgänge dem Abgleich unterzogen werden. Bei der Option „Nur Nr." wird der Ressourcenabgleich in absteigender Reihenfolge der Vorgangsnummern vollzogen. Eine Beeinflussung der Abgleichsreihenfolge ist unter der Option „Priorität, Standard" möglich; der *Project*-interne Algorithmus bezieht dann die Vorgänge in der Reihenfolge der vom Nutzer vorgegebenen Prioritäten in den Ressourcenabgleich ein. Die Prioritäten sind dabei vorab für die einzelnen Vorgänge in der Maske „Informationen zum Vorgang", Rubrik „Allgemein", im Feld „Priorität" durch einen Wert zwischen 1 und 1000 zu spezifizieren, wobei der Wert 1000 die Einbeziehung des Vorgangs in den Abgleichsprozeß unterbindet.

-- Abgleich nur innerhalb der Pufferzeit: Nur Vorgänge, die nicht auf dem kritischen Pfad liegen, können verzögert werden, wobei durch die Verzögerung der Termin des Projektabschlusses nicht verschoben wird.

-- Abgleich kann individuelle Zuordnungen zu einem Vorgang anpassen: wird diese Option gewählt, dann wird dem *Project*-internen Abgleichalgorithmus erlaubt, den Vorgängen Ressourcen verzögert zuzuweisen.

-- Abgleich kann verbleibende Arbeit unterbrechen: Durch Aktivierung dieser Option wird es dem *Project*-internen Algorithmus erlaubt, Vorgänge zu unterbrechen, um die dabei verwendeten Ressourcen anderen Vorgängen kurzfristig zur Verfügung stellen zu können.

Durch die Anwendung der Kapazitätsabgleichfunktion mit den Optionen

– Abgleichsberechnung: Manuell, Tag, Abgleichswerte vor Abgleich löschen,
– Abgleichszeitraum für: Gesamtes Projekt abgleichen,

– Überlastungen entfernen: Nur Nr., Abgleich **nicht** nur innerhalb der Pufferzeit, Abgleich kann individuelle Zuordnungen zu einem Vorgang **nicht** anpassen, Abgleich kann verbleibende Arbeit **nicht** unterbrechen

auf das Beispielprojekt ergibt sich der in Abbildung 3.111 dargestellte zulässige Projektablaufplan, der mit einer Verschiebung des Projektendes um einen Tag einhergeht.

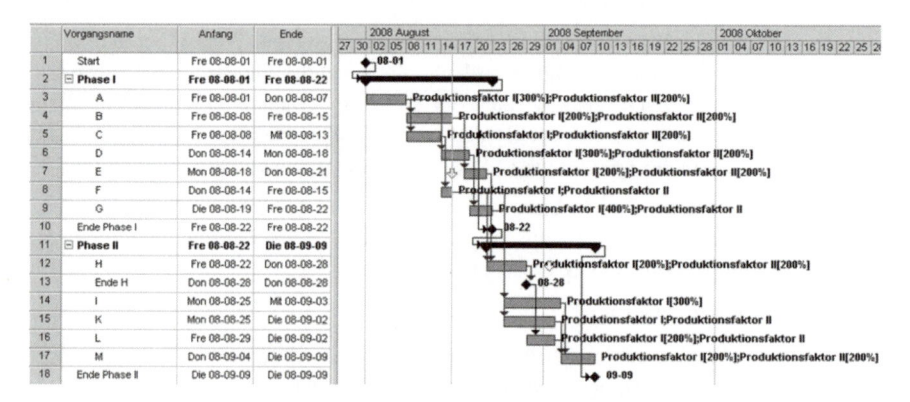

Abb. 3.111: Zulässiger Ablaufplan für das Beispielprojekt

Lösungen

Aufgabe 1: Projektbegriff

Für eine differenzierte Abgrenzung des Projektbegriffs ist es notwendig, Merkmale herauszustellen, mit deren Hilfe ein Projekt hinreichend spezifiziert werden kann. In der Literatur werden in diesem Zusammenhang häufig die Merkmale zeitliche Befristung (zeitliche Abgeschlossenheit), Komplexität und relative Neuartigkeit (Singularität, Einmaligkeit) genannt, die aber differenzierter zu betrachten sind:

– Die zeitliche Befristung resultiert aus der Singularität des Projektes, wobei die Eigenständigkeit dieses Kriteriums aus normativen Bedingungen resultiert. Die zeitliche Befristung muß aber ex ante gegeben sein.

– Die Komplexität wird zwar unterschiedlich in der Literatur definiert, jedoch wird häufig in einer systemorientierten Sicht die Anzahl und Vielfalt der Elemente sowie deren Beziehungen untereinander in einem System herangezogen. Wesentlich ist, daß es „die" Komplexität eines Projektes nicht gibt, sondern daß die Komplexität als Kriterium zur Differenzierung unterschiedlicher Projekttypen herangezogen werden kann.

– Die Einmaligkeit oder Singularität wird dadurch relativiert, daß sich bei Projekten häufig ähnliche Aufgaben und Parallelen ergeben (z.B. Erstellung eines Bürohauses). Die Neuartigkeit ist folglich nicht auf die Aufgaben, sondern auf die bei einem Projekt gegebenen situativen Bedingungen zu beziehen.

Damit wird deutlich, daß keines der in der Literatur diskutierten Merkmale zu einer eindeutigen Abgrenzung führt. Projekte lassen sich vor diesem Hintergrund als bereichsübergreifende, zeitlich ex ante begrenzte Aufgaben mit relativer Neuartigkeit definieren.

Aufgabe 2: Projekt nach DIN 69901

Der Zweck einer begrifflichen Abgrenzung ist darin zu sehen, daß Merkmale herausgestellt werden, durch die auch ohne ein begriffliches Vorverständnis der Zugang zu einer einheitlichen semantischen Basis eröffnet wird, auch wenn die Merkmalsausprägungen nur situativ interpretiert werden können. Die Projektdefinition nach DIN 69901 ist aus folgenden Gründen wissenschaftlich problematisch:

– Mit der Betonung der Einmaligkeit wird auf einen Aspekt der Neuartigkeit fokussiert, wohingegen andere Merkmale, wie bereichsübergreifende Aufgabe, zeitliche ex ante Befristung und die relative Neuartigkeit, vernachlässigt werden.

– Durch die beispielhafte Aufzählung weist die Abgrenzung einen enumerativen Charakter auf. Zentrale Schwachstelle dieser enumerativen Vorgehensweise ist es,

daß keine Merkmale herangezogen werden, auf deren Grundlage entschieden werden kann, ob ein Projekt vorliegt oder nicht.
– Mit dem Merkmal „Abgrenzung gegenüber anderen Vorhaben" wird stillschweigend ein Konsens darüber vorausgesetzt, was ein Projekt ist.

Aufgabe 3: Ziel und Inhalt von Feasibility-Studien

Feasibility-Studien sind interdisziplinäre Machbarkeitsstudien, bei denen technische, ökonomische und soziale Aspekte eines Investitionsvorhabens unter Einbeziehung von Alternativen in systematischer Weise dargestellt werden. Die folgenden inhaltlichen Schwerpunkte werden dabei berücksichtigt:

– Beschreibung des Projektes durch Angaben zu Zielen, Vorgehensweisen, Technologieeinsatz etc.
– Analyse der projektspezifischen Umwelt hinsichtlich
  -- der Auftraggeber, Lieferanten, Konkurrenten etc. der projektdurchführenden Unternehmung
  -- der wertmäßigen und mengenmäßigen Konsequenzen der Projektdurchführung für den Absatz- und den Beschaffungsmarkt
– Analyse der generellen Umwelt, d.h. rechtlich-politischer, technologischer und physisch-ökologischer Einflüsse auf die und Konsequenzen der Projektdurchführung.

Bei internationalen Projekten wird der Risikoanalyse eine besondere Bedeutung beigemessen. Während durch den Kunden induzierte Risiken relativ gut beurteilt werden können, gestaltet sich die Einschätzung von Länderrisiken schwieriger. Relevante Quellen hierfür sind Länderberichte von Experten und Risikoindizes (z.B. BERI-Index).

Aufgabe 4: Projektkontrolle und Projektcontrolling

Projektkontrolle ist ein parallel zur Projektabwicklung verlaufender Prozeß der Informationsgewinnung über den Erfolg der durchgeführten Handlungen und über Orientierungsgrößen für zukünftige Aktivitäten auf der Grundlage von Soll-Ist-Vergleichen. Dabei wird das Ziel verfolgt, Fehler in der Planung und/oder Realisation zu erkennen, um adäquate Maßnahmen zur Fehlerbeseitigung ergreifen zu können.

Zentrale Funktionen des Controlling sind die Informationsversorgung des Management und die Koordination von Führungsentscheidungen. Besonderheit des Projektcontrolling bildet dabei die Vielzahl von Schnittstellen zwischen den in das Projekt involvierten Unternehmungsbereichen, zwischen zeitgleich durchgeführten Projekten sowie zwischen Projekten (im Sinne von Sonderaufgaben) und Routineaufgaben.

Projektkontrolle und -controlling bilden somit eigenständige Subsysteme des Führungssystems, denen jeweils ein Informationsgewinnungsprozeß zugrunde liegt. Während Projektkontrolle der Abstimmung zwischen Planung und Realisation von Projekten dient, obliegt dem Projektcontrolling diese Kontrollkompetenz nicht. Vielmehr hat das Controlling die Aufgabe, die Entscheidungen der anderen Führungsteilsysteme, etwa von Projektplanung und -kontrolle, zu koordinieren.

Aufgabe 5:   Preiskalkulation bei öffentlichen Aufträgen

a) Zentrale Intention der Verordnung über die Preise bei öffentlichen Aufträgen ist es, im Rahmen der öffentlichen Auftragsvergabe Marktpreise anzusetzen (Primat des Marktpreises), um das öffentliche Auftragswesen an marktwirtschaftlichen Grundsätzen auszurichten.

b) Treten öffentliche Betriebe als Nachfrager auf und existieren für die nachgefragte Leistung keine Marktpreise, dann bildet das öffentliche Preisrecht, v.a. die VPöA und die Leitsätze für die Preisermittlung aufgrund von Selbstkosten (LSP), die Basis der Angebote. Nach §§ 4 und 5 VPöA dürfen aber Selbstkostenpreise nur in den folgenden Ausnahmefällen vereinbart werden:

   – Es liegt eine nicht marktgängige Leistung vor.
   – Es ist eine Mangellage gegeben.
   – Der Wettbewerb ist beschränkt, und die Preisbildung wird hierdurch nicht unerheblich beeinflußt.

c) Der Selbstkostenpreis gelangt dann zur Anwendung, wenn kein Marktpreis, modifizierter Marktpreis oder abgeleiteter Marktpreis feststellbar ist, jedoch eine Vorkalkulation durchgeführt werden kann.

   Ist keine Vorkalkulation möglich, dann bildet der Selbstkostenrichtpreis eine Interimslösung, die so lange gilt, bis durch eine Zwischenkalkulation eine Anpassung an die aktuellen Gegebenheiten vorgenommen werden kann.

Der Selbstkostenerstattungspreis in der Form einer Nachkalkulation darf nur dann angesetzt werden, wenn auch eine Zwischenkalkulation nicht möglich ist.

Aufgabe 6: Projektkalkulation

Vorphase	Projektdefinitionsphase	Projektabwicklungsphase	Projektrealisationsphase
Angebotskalkulation	Auftragskalkulation	Mitlaufende Kalkulation	Nachkalkulation
Angebotspreise vor Vertragsabschluß	Kostenbudgets nach Vertragsabschluß	Bereits angefallene Kosten und noch zu erwartende Restkosten	Bei Projektrealisation angefallene Kosten
Preisverhandlungen	Steuerung und Überwachung des Projekts	Projektbegleitende zeitnahe Kostenüberwachung	Abweichungsanalysen; Akquisition und Kalkulation zukünftiger Aufträge

Aufgabe 7: Problemstruktur der Messung des Projekterfolges

Aussagen zum Projekterfolg sind wertende Aussagen über das realisierte Projektergebnis, das i.d.R. in mehreren Dimensionen gemessen wird. Die Beurteilung wird durch Meßsubjekte, d.h. am Projekt beteiligte Interessengruppen, vorgenommen. Die Urteile bauen dabei auf einen Soll-Ist-Vergleich auf, sind aber subjektiver Natur. Für das Meßobjekt „Projekt", dessen Gegenstandsbereich eindeutig definiert ist, werden auf der Basis der Ziele der Meßsubjekte Soll-Zustände (Referenzgrößen) festgelegt. Zur Beschreibung des Ist-Zustandes werden den Referenzgrößen entsprechende Meßgrößen gewählt. Da Ist- und Soll-Größen dynamische Größen sind, baut eine Beurteilung auf mehreren Meßzeitpunkten auf.

Die Empirie zeigt, daß es eine Vielzahl von Bestimmungsgrößen des Projekterfolgs gibt und daß es problematisch ist, allgemeingültige Aussagen zu formulieren. Als Einflußblöcke auf den Projekterfolg werden aber genannt:

– Merkmale des Auftragnehmers, insbesondere Ressourcen (einschließlich Knowhow), Unterstützung durch das Top-Management, Schnittstellenmanagement, Zusammenarbeit der Abteilungen und das Verhältnis Projekt und Linie.

– Projektsystem, insbesondere die Beziehungen zwischen Projektleiter und Projektteam, Information und Kommunikation sowie die Definitionsphase des Projekts.

Insgesamt zeigt sich, daß es nicht „den" Erfolgsfaktor gibt, sondern stets ein Faktorenbündel relevant ist. Tendenziell gilt dabei:

– Personalen Faktoren kommt ein höheres Gewicht zu als technokratischen Instrumenten.
– Die Projektorganisation ist von überdurchschnittlicher Bedeutung.

Aufgabe 8:   Linienintegrierte Projektorganisation

Bei der linienintegrierten Projektorganisation wird bewußt auf die Einrichtung projektbezogener organisatorischer Einheiten verzichtet. Das Projekt wird im Rahmen der existierenden Linienstruktur durchgeführt, so daß die Koordination der Aktivitäten in den Aufgabenbereich der entsprechenden Stelle/Abteilung in der Linie fällt. Die Primärorganisation bleibt somit unverändert. Diese Organisationsform eignet sich aber nur für Projekte mit geringer Komplexität.

Aufgabe 9:   Stab-Projektorganisation

Bei der Stab-Projektorganisation bleibt die Primärorganisation zwar erhalten, sie wird aber durch einen Stab ergänzt. Diesem obliegen die Aufgaben der Informationssammlung und der Entscheidungsvorbereitung, mit dem Ziel, die Instanzen zu entlasten. Die eigentliche Entscheidung bleibt aber der Instanz vorbehalten. Damit sind die Einflußmöglichkeiten des Projektleiters begrenzt, da er auf die Entscheidungsprozesse nur durch Informations- und Überzeugungsarbeit einwirken kann, so daß für ihn die Rolle des sogenannten Fachpromotors relevant ist. Häufig ist aber in der Realität der Einfluß der Stäbe stärker als dies aufgrund ihrer formalen Position den Anschein hat.

Aufgabe 10:   Matrix-Projektorganisation

Bei der Matrix-Projektorganisation werden zwei Strukturierungsprinzipien parallel angewandt und damit das Prinzip der Einheit der Auftragserteilung aufgegeben. Es entsteht so eine gewollte Kompetenzüberschneidung zwischen den Funktionen und der projektorientierten Organisation. Während dem Funktionsbereichsleiter die effiziente Aufgabenabwicklung und die vertikale Integration innerhalb der Funktion obliegen, betreibt der Projektleiter ein funktionsübergreifendes Projektmanagement, wobei ihm nur ein Teil der für das Projekt notwendigen Ressourcen zugeordnet wird. Bedingt durch die Überschneidung von Entscheidungsbefugnissen liegt eine bewußte Institutionalisierung von Konflikten vor, wobei produktive Konflikte die Voraussetzung für den Erfolg bilden. Für eine idealtypische Matrix-Projektorganisation lassen sich folgende Vorteile und Nachteile (Gefahren) nennen:

– Vorteile:
  -- Unterstützung einer ganzheitlichen Betrachtungsweise.
  -- Aufdeckung von Unstimmigkeiten als erster Schritt zu einer geordneten Konfliktlösung.
  -- Nutzung der Ressourcen mit Blick auf das Gesamtoptimum.
– Gefahren:
  -- Mögliche Verzögerungen von Entscheidungen durch aufwendige Abstimmungen.
  -- Mögliche Intransparenz.
  -- Belastung der Betroffenen durch hohe Konfliktdichte.
  -- Auftreten möglicher Matrix-Pathologien.

Aufgabe 11: Unterschiede zwischen Reifer Matrix, Traversal-Matrix und unvollständiger Matrix

Reife Matrix, Traversal-Matrix und unvollständige Matrix sind Erscheinungsformen der Matrixorganisation, die sich hinsichtlich der Entscheidungs- und Weisungsbefugnisse der Matrix-Stellen und der Institutionalisierung der Schnitt-Stelle zwischen den Matrix-Stellen unterscheidet. Liegt eine gleichwertige Verteilung von Entscheidungs- und Weisungsbefugnissen vor und stellt die Schnitt-Stelle eine organisatorische Stelle dar, dann liegt eine reife Matrix vor. Sind hingegen die Schnitt-Stellen entlang einer Matrixdimension zu einer organisatorischen Einheit zusammengefaßt und wird diese Einheit von einer Matrix-Stelle geführt, während die andere Matrix-Stelle direkten Einfluß auf die Schnitt-Stellen hat, wird von einer Traversal-Matrix gesprochen. Nicht institutionalisierte Schnitt-Stellen, die lediglich Problemfelder darstellen, über die sich die Matrix-Stellen abstimmen, sind die Kennzeichen einer unvollständigen Matrix.

Aufgabe 12: Reine Projektorganisation

Im Rahmen der reinen Projektorganisation wird ein gesonderter Projektbereich geschaffen, wobei der Projektleiter volle Weisungsbefugnis gegenüber den Projektmitarbeitern erhält. Die Mitarbeiter der Projektgruppe werden für die Dauer des Projekts aus ihren angestammten Bereichen ausgegliedert. Nach Projektende übernehmen die Projektmitarbeiter wieder ihre Linienaufgaben und die Projektorganisation löst sich auf. Problembereiche stellen die Wiedereingliederung der Projektmitarbeiter und die Motivationsprobleme der Projektmitarbeiter aufgrund der Unsicherheit über den Status nach Projektende dar.

Aufgabe 13: Erscheinungsformen der Multi-Projektorganisation

Als organisatorische Ausgestaltungsformen zur Unterstützung des Multi-Projektmanagement auf der operativ-taktischen Ebene sind zu nennen:

1. Zur Koordination mehrerer parallel ablaufender Projekte wird eine zusätzliche Hierarchieebene oberhalb der Ebene der Projektleiter und der Funktionsbereichsleiter eingerichtet. Die Koordination kann dabei in Form einer projektbezogenen Grobplanung und einer multiprojektbezogenen Feinplanung der Prozesse innerhalb der Funktionsbereiche erfolgen.

2. Lenkungsausschüsse werden eingerichtet, um eine Ressourcenzuteilung auf die einzelnen Projekte vorzunehmen, die Kompetenzen der Projektleiter abzugrenzen und Kompetenzkonflikte zwischen Projektleitern und Linienmanagern zu lösen. Aus diesem Grunde gehören ihnen Mitglieder der Unternehmungsleitung und des oberen Managements an. Die Projektleiter sind Nichtmitglied der Lenkungsausschüsse, berichten aber im Rahmen der Lenkungsausschußsitzungen regelmäßig über den Projektfortschritt und verantworten ihre Ergebnisse.

3. Mit einem Lenkungskreis wird ein Gremium eingerichtet, dem alle Projektmanager einer Unternehmung angehören. Ziel ist es, den Informationsaustausch, den Aufbau einer Projektkultur, die Diskussion fachlicher Fragen und die Abstimmung von Sachinterdependenzen zwischen den Projekten etc. zu fördern.

4. Planungsgruppen sind Gremien, die sich aus Experten der Linienorganisation zusammensetzen und dann aktiv werden, wenn zur Lösung von Problemen des Multi-Projektmanagement zusätzliches Fachwissen aus der Linienorganisation benötigt wird.

5. Informationsgruppen werden aus Meinungsführern der vom Projekt betroffenen Organisationsbereiche gebildet, um diese über das Projekt und dessen Fortschritt zu informieren und damit Widerstände frühzeitig abzuschwächen sowie Umstellungsschwierigkeiten zu verhindern.

Aufgabe 14: Betreibermodelle

Im Rahmen eines Betreibermodells verpflichtet sich ein Anlagenlieferant, neben seiner Eigenkapitalbeteiligung während der Projektlaufzeit für einen ordnungsmäßigen wirtschaftlichen Anlagenbetrieb zu sorgen. Betreibermodelle sind durch ein Netzwerk von langfristigen Verträgen gekennzeichnet. Im Zentrum dieses Netzwerkes steht der Projektvertrag zwischen der Projektgesellschaft und dem Staat, der der Gesellschaft die Konzession erteilt. Damit verpflichtet sich der Staat, die notwendigen Grundstücke, Entwicklungsmöglichkeiten sowie sämtliche für das Projekt erforderlichen Bau- und Betriebsgenehmigungen zur Verfügung zu stellen. Auf der anderen Seite werden durch den Staat Rahmenbedingungen (z.B. sicherheitstechnische Anforderungen, Kapazität der zu errichtenden Anlage, Tarifregelungen für die Projektgesellschaft) fixiert. Erscheinungsformen sind z.B.:

- BOT (build, operate, transfer): Eine Projektgesellschaft baut und betreibt eine Anlage und überträgt sie nach abgelaufener Konzessionszeit an den Kunden.
- BOOT (build, own, operate, transfer): Eine Projektgesellschaft baut und betreibt eine Anlage, wobei die Eigentumsrechte während der Projektlaufzeit auf die Projektgesellschaft übertragen werden und erst danach auf den Kunden übergehen.
- BOO (build, own, operate): Eine Projektgesellschaft baut und betreibt eine Anlage, wobei die Eigentumsrechte uneingeschränkt auf die Projektgesellschaft übertragen werden.

Aufgabe 15: Projektfinanzierung

Unter Projektfinanzierung wird die Finanzierung eines sich selbst tragenden Projektes verstanden. Der Kreditgeber soll dabei aus dem sich ergebenden Cash Flow eines Projektes bedient werden. Als Sicherheit zur Kreditvergabe dienen die Aktiva des Projektes, d.h., die Kreditwürdigkeitsprüfung basiert auf dem zukünftigen Gewinnpotential des Projektes.

Der Unterschied zur konventionellen Kreditfinanzierung ergibt sich aus den folgenden Überlegungen: Bei der konventionellen Kreditfinanzierung ermittelt der Kreditgeber aus einer Vielzahl von Aktivitäten, die nicht separat zu bewerten sind, eine Unternehmungsbonität als eine Risikoposition. Aus der unternehmungsinternen Ergebniskompensation resultiert ein Globalrisiko, das in seiner Zusammensetzung wenig transparent ist. Im Falle der Projektfinanzierung entfällt dieser ausgleichende Effekt, so daß eine Verlustfinanzierung vermieden werden kann. Dem Cash Flow kommt dabei eine Schuldendienstdeckungsfähigkeit zu. Für differenziertere Aussagen lassen sich Deckungsrelationen, wie etwa Debt Service Coverage Ratio und Net Present Value Coverage Ratio bilden.

Aufgabe 16: Projektstrukturplan

Ein Projektstrukturplan dient der Erfassung und Wiedergabe der sachlogischen Gliederung eines Projektes durch Teilaufgaben/Arbeitspakete und den Über-/Unterordnungsbeziehungen. Er stellt eine wesentliche Voraussetzung für das Projektmanagement dar, weil er die zentrale Grundlage für die weiteren Planungen (Ablauf-, Termin-, Kostenplanung etc.) und die Projektdokumentation bildet. Bei der Erstellung von Projektstrukturplänen ist den Besonderheiten von Projekten Rechnung zu tragen:

– Die Projektstruktur ist selten bereits zu Projektbeginn vollständig detailliert.
– Die Projektstruktur ist von den individuellen Projektgegebenheiten abhängig, auch wenn häufig ähnliche Aufgabenstellungen vorliegen.

Damit ist es zweckmäßig, für Projekte

– anfänglich eine grobe Struktur zu entwerfen und diese im Zeitablauf weiter auszudifferenzieren sowie
– bei ähnlichen Aufgabenstellungen die Möglichkeiten zur Standardisierung zu nutzen und auf Standardstrukturpläne zurückzugreifen.

Aufgabe 17: Gantt-Charts

Gantt-Charts sind ein Instrument zur Visualisierung einer Vorgangsabfolge. Für jeden Vorgang wird ein Balken gezeichnet, dessen Anfang den Beginn und dessen Ende den Abschluß eines Vorganges auf der Zeitachse markieren. Bei der Anwendung dieser Darstellungsform sind die Anordnungsbeziehungen zwischen den Vorgängen nicht immer eindeutig bestimmbar. So kann das folgende Beispiel unterschiedlich interpretiert werden.

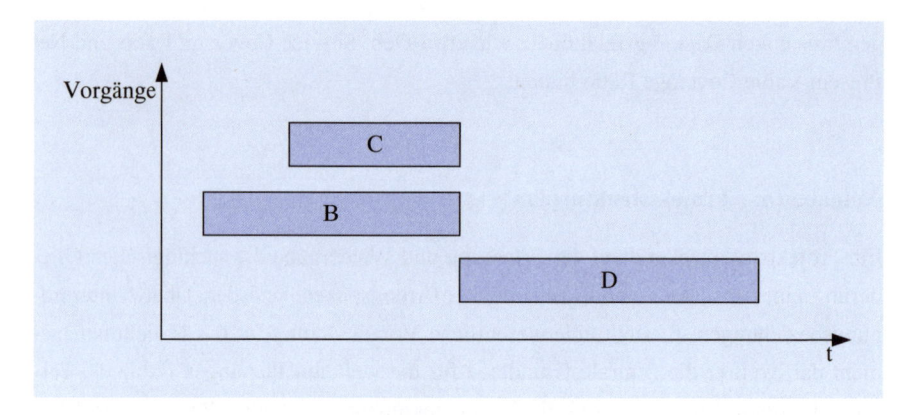

[Diagramm: Vorgänge B, C, D auf Zeitachse t. B und C überlappen sich zeitlich, D beginnt während B und C und reicht darüber hinaus.]

– Vorgang D ist nur von Vorgang C abhängig;
– Vorgang D ist nur von Vorgang B abhängig;
– Vorgang D ist von Vorgang B und C abhängig;
– Vorgang D ist von den Vorgängen B und C unabhängig.

Damit lassen sich auch eventuell vorhandene Zeitreserven nicht unmittelbar erkennen.

Aufgabe 18:   Vorgangsknotennetze

a) Pufferarten

Der Gesamtpuffer $GP_j = SAZ_j - FAZ_j$

– zeigt an, ob sich ein Vorgang auf dem kritischen Weg eines Netzplanes befindet $(GP = 0)$;
– gibt die Zeitspanne an, um die ein Vorgang maximal verschoben oder ausgedehnt werden kann, wenn sich alle seine Vorgänger in ihrer frühesten und alle seine Nachfolger in ihrer spätesten Lage befinden.

Der Freie Puffer $FP_j = \min_k \left(FAZ_{jk} \right) - FEZ_j$

– gibt die Zeitspanne an, um die ein Vorgang maximal verschoben oder ausgedehnt werden kann, wenn er und seine Nachfolger sich in der frühesten Lage befinden.
– Eine Ausnutzung des Freien Puffers beeinflußt die zeitliche Lage nachfolgender Vorgänge nicht.

Der Freie Rückwärtspuffer $FRP_j = SAZ_j - \max_i \left(SEZ_{i\bar{j}} \right)$

– gibt die Zeitspanne an, um die ein Vorgang maximal verschoben oder ausgedehnt werden kann, wenn er und seine Vorgänger sich in der spätesten Lage befinden.

- Eine Ausnutzung des Freien Rückwärtspuffers beeinflußt die zeitliche Lage vorausgehender Vorgänger nicht.

Der Unabhängige Puffer $UP_j = \max\left(0, \min_k (FAZ_{\bar{j}k}) - \max_i \left(SEZ_{i\bar{j}}\right) - D_j\right)$

- gibt die Zeitspanne an, um die ein Vorgang maximal verschoben oder ausgedehnt werden kann, wenn sich seine Vorgänger in der spätesten und seine Nachfolger in der frühesten Lage befinden.
- Eine Ausnutzung des Unabhängigen Puffers beeinflußt die zeitliche Lage der Vorgänger und Nachfolger nicht.

b) Berechnung eines Netzplans

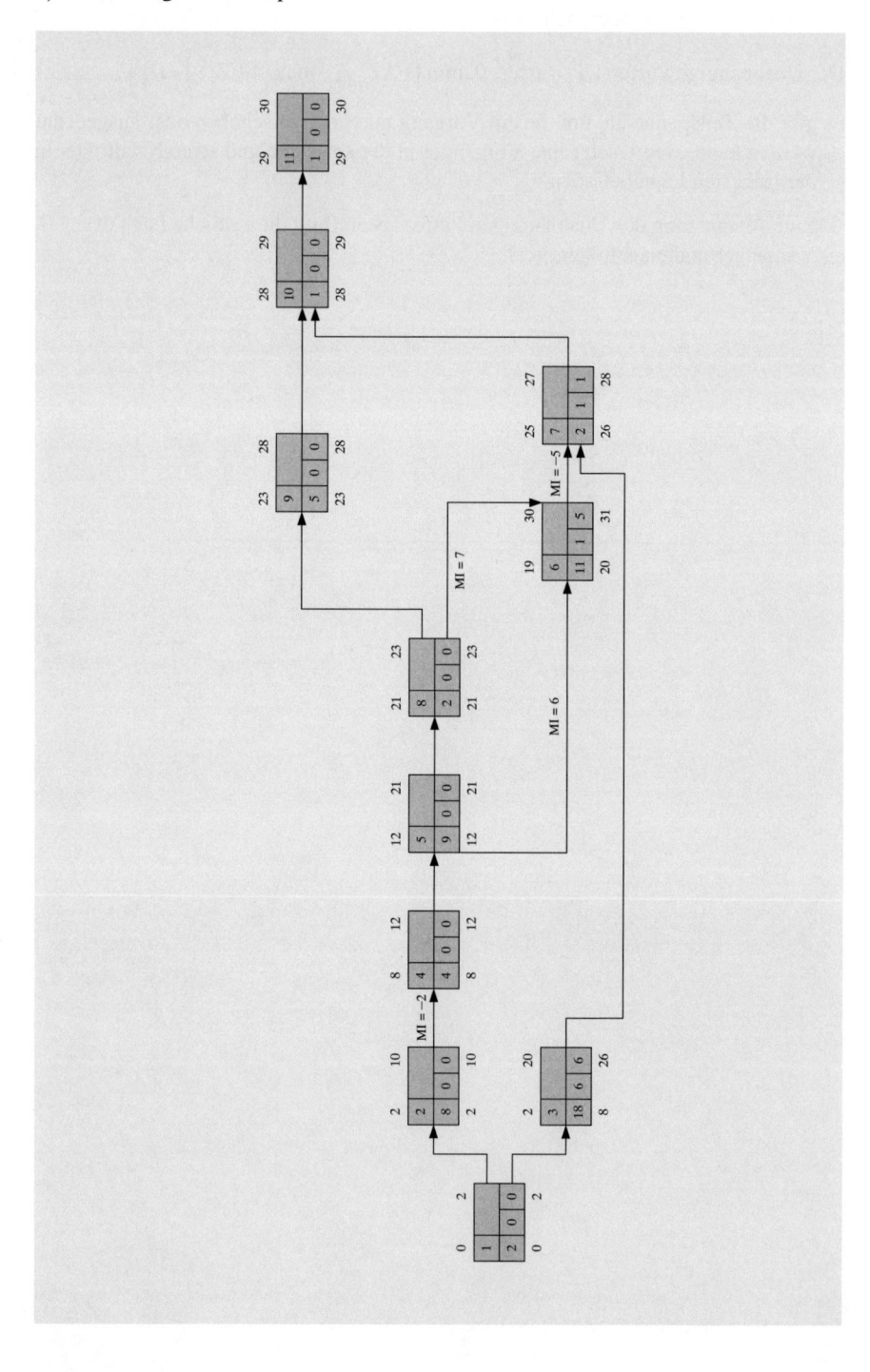

Aufgabe 19: Minimal- und Maximalabstände in Vorgangsknotennetzen

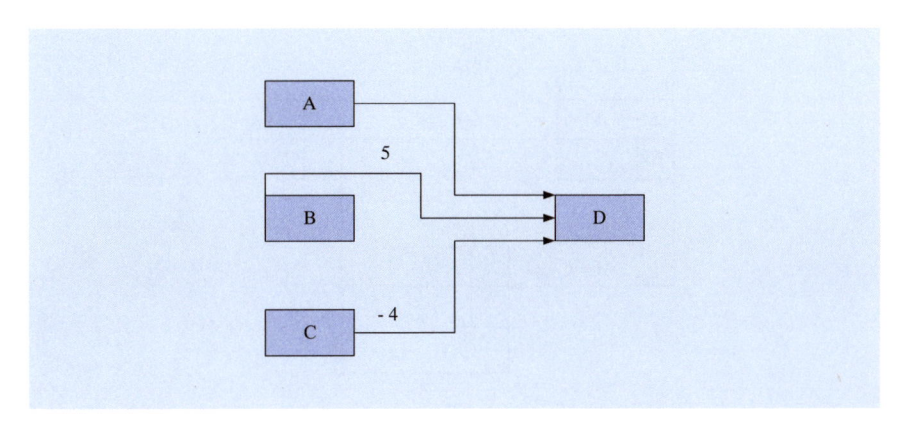

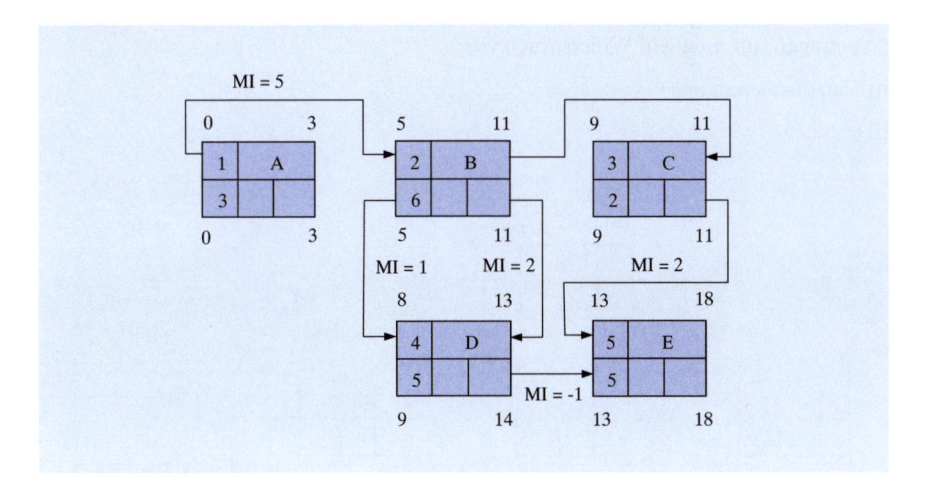

a)

b)

Aufgabe 20: Vorgangsknotennetze

a) Verträglichkeit von Abständen

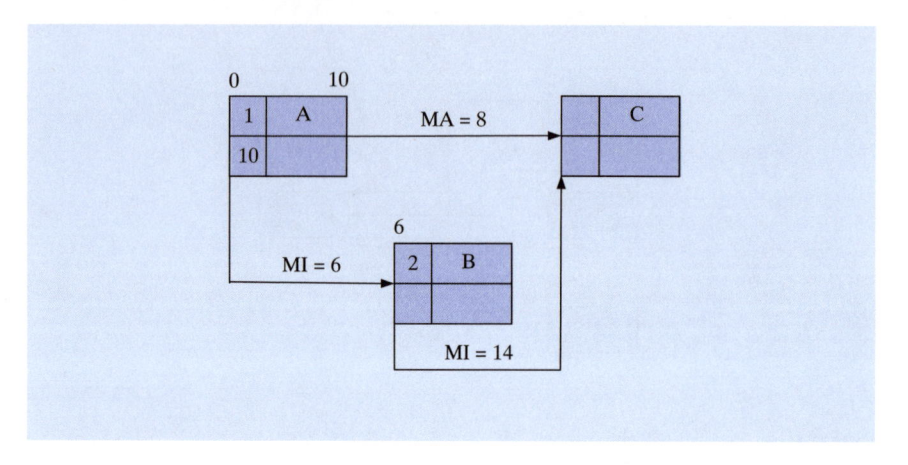

Da bei Vorgang C die früheste Anfangszeit mindestens 20 und höchstens 18 betragen soll, liegt ein Widerspruch vor.

b) Netzplanberechnung

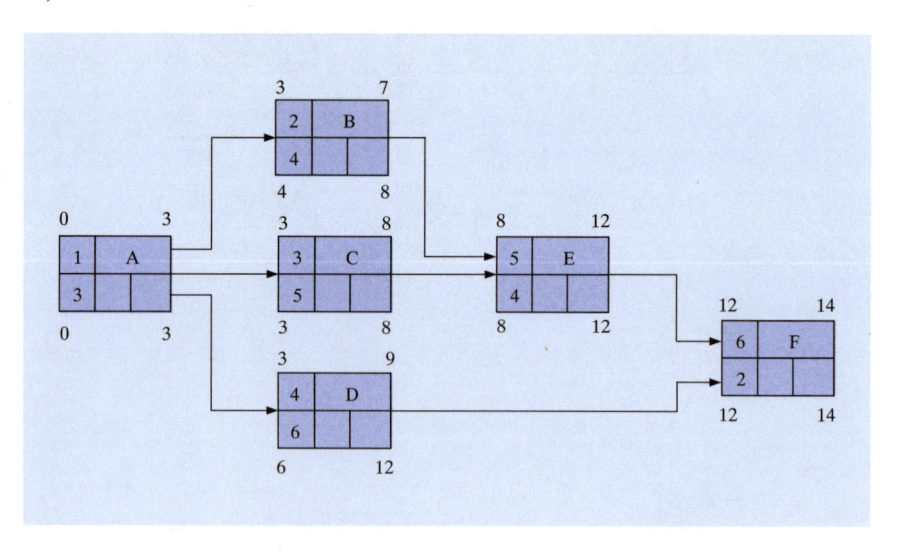

b1)

b2) Für die Faktoren 1 und 2 sind Kapazitätsdiagramme zu erstellen, und zwar unter Berücksichtigung ihrer maximalen Verfügbarkeiten.

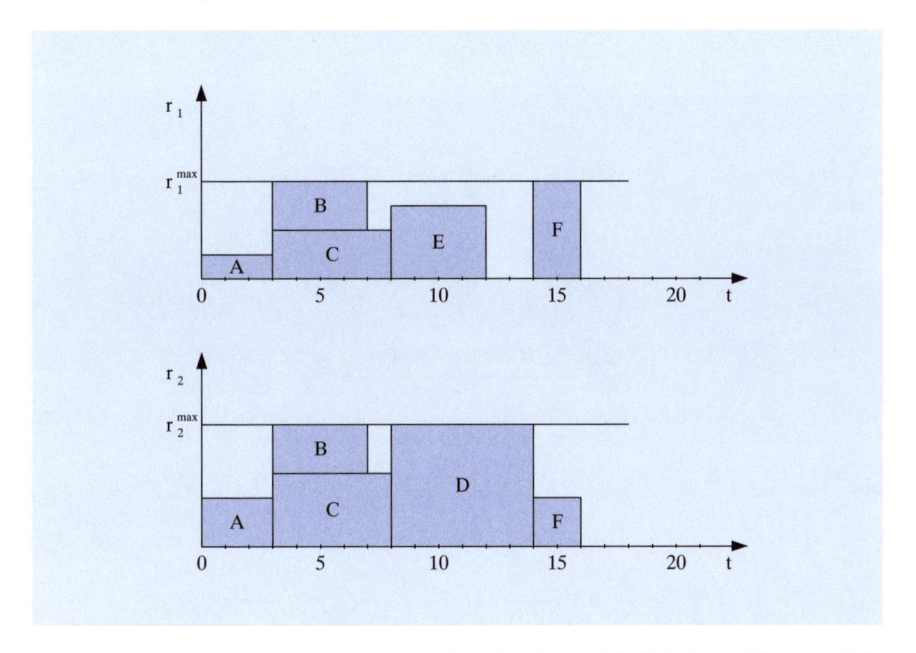

Als kürzeste Projektdauer ergeben sich damit 16 Zeiteinheiten: Eine parallele Ausführung der Vorgänge B, C und D würde die Restriktion verletzen, ebenso die parallele Ausführung der Vorgänge C und D. Damit kann Vorgang D erst nach Abschluß von B und C, aber parallel zu E ausgeführt werden.

Aufgabe 21: Berechnung eines Vorgangsknotennetzes

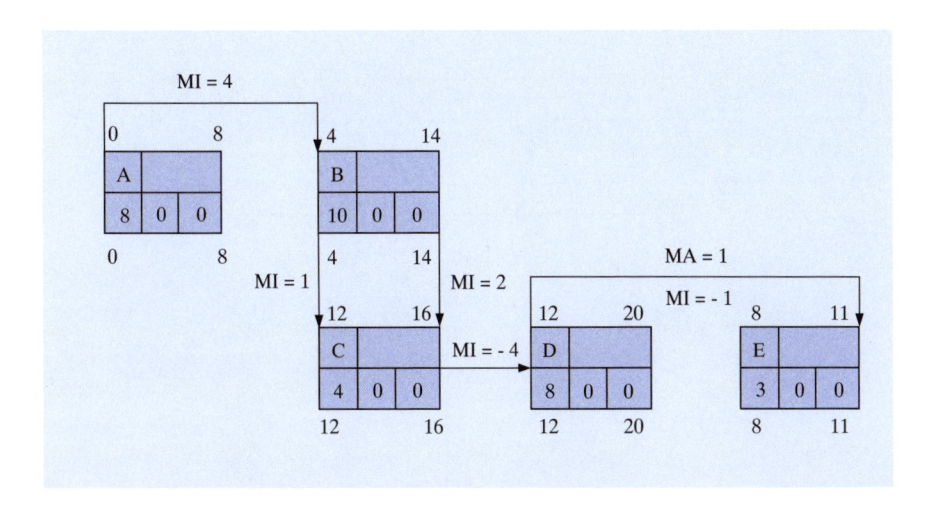

Aufgabe 22: Vorgangspfeilnetze

a) Abhängigkeiten in Vorgangspfeilnetzen

aa)

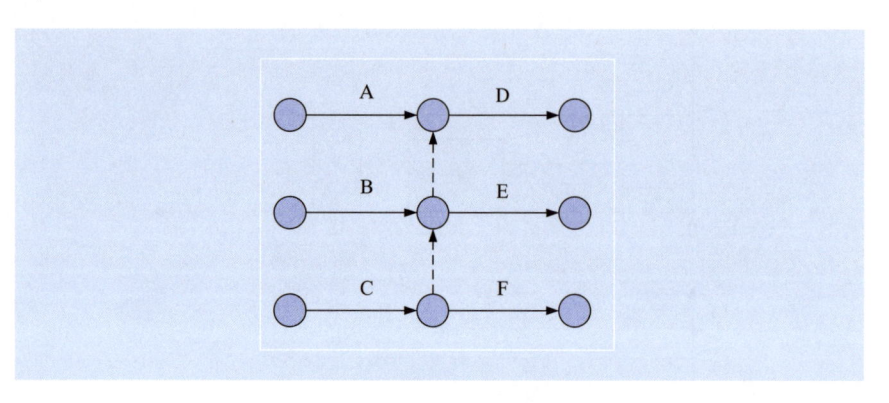

ab)

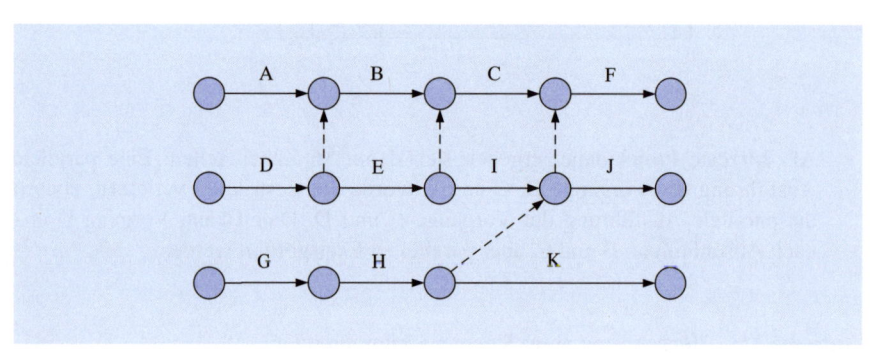

ac)

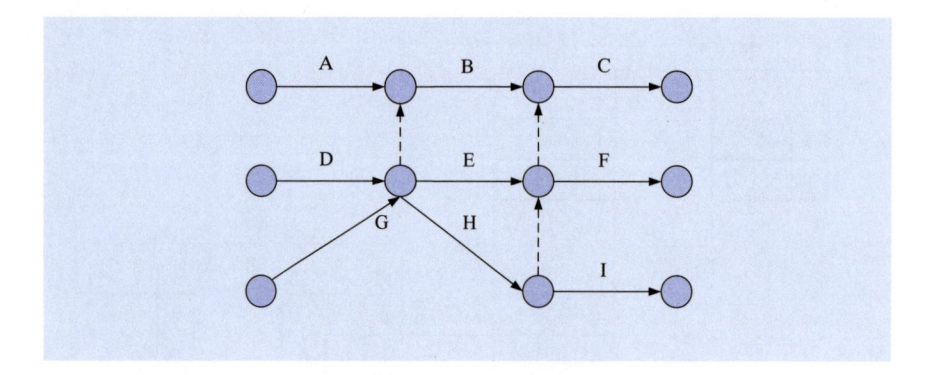

b) Für die Vorwärts- und Rückwärtsrechnung ergeben sich die folgenden Werte:

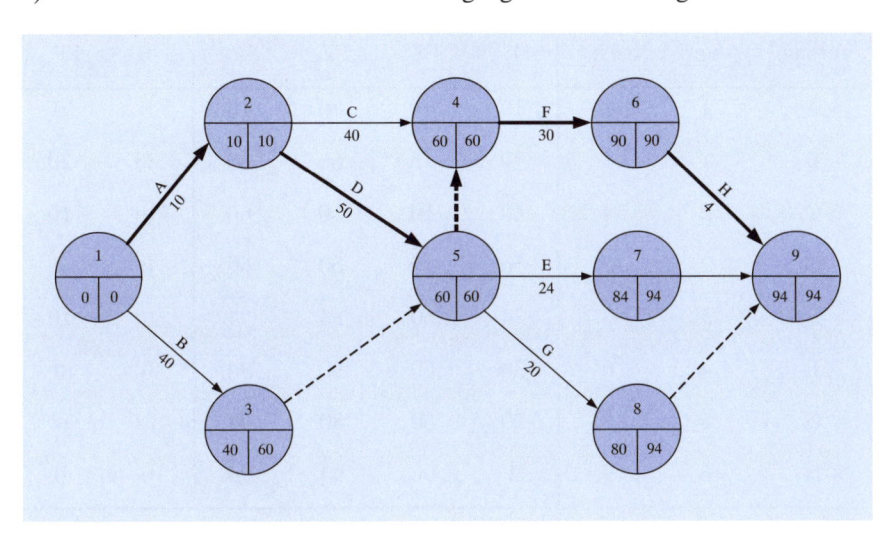

Pufferberechnung für die Ereignisse

Ereignis j	FZ_j	SZ_j	$\min(FZ_{\overline{j},k} - D_{j,\overline{j},k})$	GP_j	FP_j
1	0	0	0	0	0
2	10	10	0	0	0
3	40	60	20	20	20
4	60	60	0	0	0
5	60	60	0	0	0
6	90	90	0	0	0
7	84	94	94	10	10
8	80	94	94	14	14
9	94	94	0	0	0

Pufferberechnung für die Vorgänge

Vorgang	von j	nach $\bar{j}$	$D_{j,\bar{j}}$	FZ_j	$FZ_{\bar{j}}$	$SZ_{\bar{j}}$	$GP_{j,\bar{j}}$	$FP_{j,\bar{j}}$
A	1	2	10	0	10	10	0	0
B	1	3	40	0	60	60	20	20
C	2	4	40	10	60	60	10	10
D	2	5	50	10	60	60	0	0
E	5	7	24	60	84	94	10	10
F	4	6	30	60	90	90	0	0
G	5	8	20	60	80	94	14	14
H	6	9	4	90	94	94	0	0

Aufgabe 23: PERT

PERT ist ein Verfahren der deterministischen Netzplantechnik mit stochastischen Parametern, wobei die Vorgangsdauern als stochastische Größen (mehrwertige Erwartungen über die Dauer) angenommen werden, die einer Beta-Verteilung folgen. Parameter der Beta-Verteilung sind

– a (optimistische Schätzung der Vorgangsdauer; kürzeste Vorgangsdauer) und
– b (pessimistische Schätzung; längste Dauer) sowie die

sachlich schwierig zu interpretierenden und somit schwierig zu schätzenden Parameter q und r. Um eine Schätzung von q und r zu umgehen, wird ein pragmatischer Weg beschritten, in dem folgende willkürliche Annahmen getroffen werden:

$$q = 3 + \sqrt{2}$$
$$r = 3 - \sqrt{2}$$

Aus diesen Annahmen ergeben sich im Vergleich zur Anwendung der allgemeinen Beta-Verteilung folgende Vereinfachungen für die Berechnung von Erwartungswerten und Varianzen der Vorgangsdauern.

Beta-Verteilung	PERT
$m = \dfrac{(q-1)\cdot b + (r-1)\cdot a}{q+r-2}$	$m = \dfrac{(2+\sqrt{2})\cdot b + (2-\sqrt{2})\cdot a}{4}$
(falls: $q-1>0$ und $r-1>0$)	
$\mu = \dfrac{a\cdot r + b\cdot q}{q+r}$	$\mu = \dfrac{a + 4\cdot m + b}{6}$
$\sigma^2 = \dfrac{(b-a)^2 \cdot q \cdot r}{(q+r+1)\cdot (q+r)^2}$	$\sigma^2 = \left(\dfrac{b-a}{6}\right)^2$

Aufgabe 24: Projektplanung mit Kostenbudget

Aus den gegebenen Daten (Einzelkosten pro ZE) läßt sich das folgende Kostengebirge aufstellen:

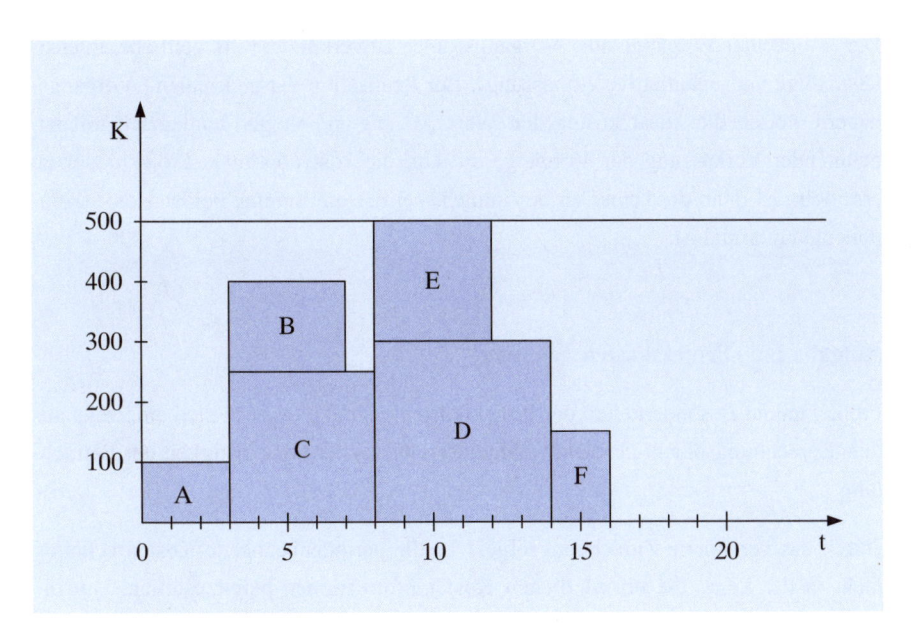

Als kürzeste Projektdauer ergibt sich 16 ZE:

– Eine parallele Ausführung der Vorgänge B, C und D würde die Budgetrestriktion mißachten, ein Sachverhalt, der auch für
– die parallele Realisation von C und D gilt.

Dies geht mit der Konsequenz einher, daß D erst nach Abschluß von B und C, jedoch parallel mit E durchgeführt werden kann.

Aufgabe 25: Kostenoptimale Projektdauer

Das Problem der Bestimmung einer kostenoptimalen Projektdauer ergibt sich aus der Gegenläufigkeit von projektdauerabhängigen Kosten und den Zusatzkosten. Bei den projektdauerabhängigen Kosten handelt es sich entweder

– um Kosten, die durch Einsatzmittel hervorgerufen werden, die während der gesamten Projektdauer zur Verfügung stehen müssen, oder

– um Kosten, die sich aus Konventionalstrafen und in Form entgangener Deckungsbeiträge ergeben.

Die projektdauerabhängigen Kosten steigen tendenziell mit zunehmender Projektdauer an.

Zusatzkosten entstehen durch die Durchführung von Anpassungsmaßnahmen, um die Dauer einzelner Vorgänge oder Vorgangsfolgen zu verkürzen (z.B. zeitliche, intensitätsmäßige und quantitative Anpassung). Bei Realisation der „normalen" Vorgangsdauern weisen die Zusatzkosten den Wert „0" auf und steigen tendenziell mit zunehmender Verkürzung der Vorgänge an. Um die kostenoptimale Projektdauer zu ermitteln, ist dann die Dauer zu bestimmen, bei der die Summe beider Kostenkomponenten minimal ist.

Aufgabe 26: Projektkostenrechnung

Probleme und Besonderheiten der Projektkostenrechnung ergeben sich einerseits aus dem Zurechnungsobjekt „Projekt" und anderseits aus der Langfristigkeit der Betrachtung.

Durch das veränderte Zurechnungsobjekt ist die periodenbezogene Kostenrechnung nicht in der Lage, die erforderlichen Kosteninformationen bereitzustellen. Um die Kosten den einzelnen Projekten zurechnen zu können, bedarf es einer zweiten Kostenträgerrechnung und einer anderen Kostenstellenbildung. Als Möglichkeiten zur Lösung dieses Problems werden folgende Wege diskutiert:

– Es werden künstliche Zurechnungsobjekte, sogenannte Kostenpools, gebildet, denen dann die Aufgabe obliegt, die projektbezogenen Kosten zu erfassen und deren Weiterverrechnung vorzunehmen.

– Es wird der Einsatz der relativen Einzelkostenrechnung vorgeschlagen, in der mit Hilfe der Grundrechnung die relativen Projekteinzelkosten erfaßt werden und auf der Grundlage von Auswertungsrechnungen objektbezogene und zeitablaufbezogene Analysen zur Planung und Kontrolle der Projekte vorgenommen werden können.

Als konzeptionelle Schwachstelle ist das fehlende Bindeglied zwischen der kurzfristigen Betriebsabrechnung und der langfristigen Projektrechnung zu nennen. Bei Anwendung der relativen Einzelkostenrechnung darf sich die Grundrechnung nicht nur auf vergangenheitsorientierte Daten konzentrieren, sondern es sind Plangrößen aufzunehmen, die im Laufe der Projektabwicklung zunehmend konkretisiert werden. Dies setzt eine kontinuierliche Aktualisierung der Datenerfassung und -aufbereitung voraus.

Aufgabe 27: Regeln zur Erstellung von GERT-Netzplänen

1) Ein GERT-Netzplan besitzt genau ein Startereignis und mindestens ein Zielereignis → im vorliegenden Netzplan verletzt, da zwei Startereignisse A und B vorliegen.
2) Von jedem Knoten muß mindestens ein Zielereignis erreichbar sein → erfüllt.
3) Bevor ein Vorgang abgeschlossen ist, darf nicht erneut mit seiner Ausführung begonnen werden → vgl. a), b), c).
4) Die Ausführung eines GERT-Netzplans muß zum Erreichen mindestens eines Zielereignisses führen → vgl. a), b), c).
5) Die Ausführung eines GERT-Netzplans führt zum Erreichen höchstens eines Zielereignisses → vgl. a), b), c).

Die Regeln 3), 4) und 5) sind dann erfüllt, wenn die folgenden Anforderungen erfüllt sind:

a) Wege, die sich in einem stochastischen Knotenausgang trennen, treffen sich erstmalig in einem Knoten mit ausschließlicher Oder-Beziehung → verletzt durch die Kombination D und I.
b) Wege, die sich in einem deterministischen Knotenausgang trennen, treffen sich erstmalig in einem Knoten mit Und- oder einschließender Oder-Beziehung → verletzt durch die Kombination B und M.
c) Wege trennen sich zuletzt in einem stochastischen Knoten → verletzt durch C.
d) Jeder Eingangsknoten eines Zyklus weist einen ausschließenden Oder-Eingang auf → verletzt durch H.
e) Jeder Ausgangsknoten eines Zyklus ist durch einen stochastischen Ausgang gekennzeichnet → erfüllt.

Aufgabe 28: GERT-Netzplan zur Produktentwicklung

a) Aus der Projektbeschreibung läßt sich der folgende GERT-Netzplan erstellen:

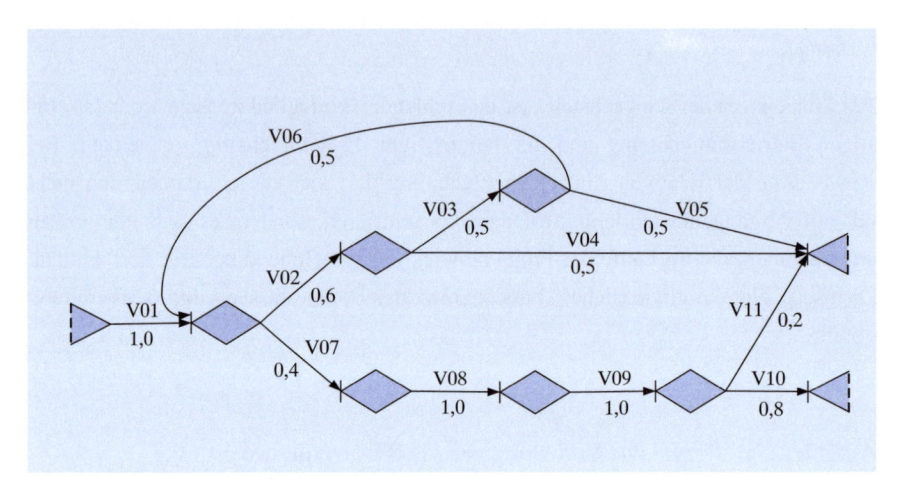

b) Zunächst werden die beiden folgenden Serien reduziert:

1. Reduktion: V02/V03 → V03'/V04'
2. Reduktion: V07/V08/V09 → V09'

Es ergibt sich dann der folgende reduzierte Netzplan:

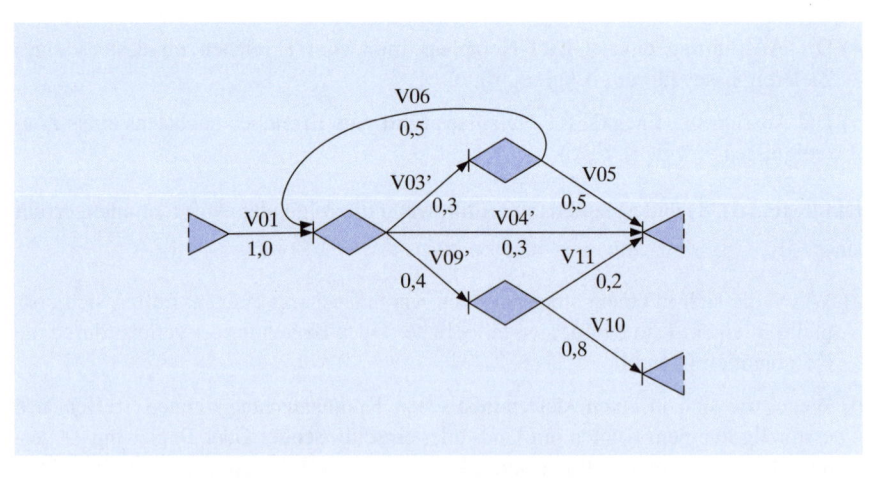

Als nächster Reduktionsschritt soll der Zyklus aufgelöst werden. Dabei ist zu beachten, daß der Zyklus auch Auswirkungen auf V04' und V09' hat.

3. Reduktion: V03'/V06/V05 → V05'

$$\frac{0{,}5 \cdot 0{,}3}{1 - 0{,}5 \cdot 0{,}3} = \frac{3}{17} \approx 0{,}176$$

4. Reduktion: V04'/V03'/V06 → V04'' (Locke)

$$\frac{0,3}{1-0,3\cdot 0,5} = \frac{6}{17} \approx 0,353$$

5. Reduktion: V09'/V03'/V06 → V09'' (Locke)

$$\frac{0,4}{1-0,3\cdot 0,5} = \frac{8}{17} \approx 0,471$$

Damit ergibt sich als neuer reduzierter Netzplan:

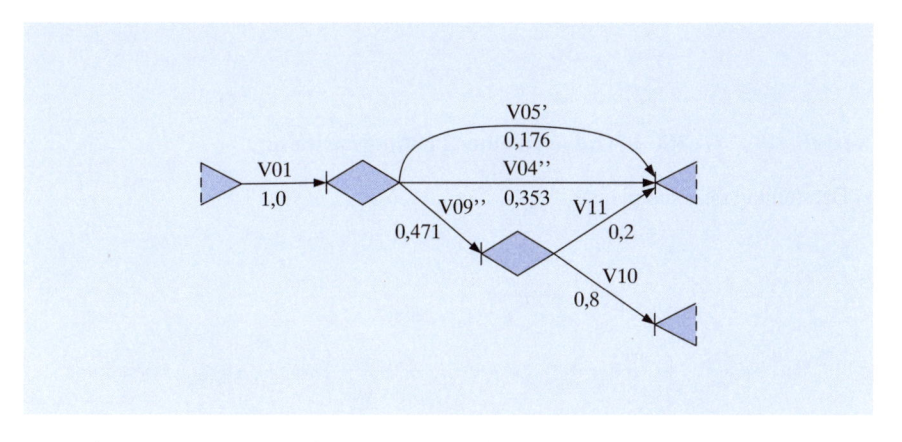

In einem letzten Schritt sind dann noch die folgenden Reduktionen durchzuführen:

6. Reduktion: V04''/V09''/V11 → V04'''

$$\frac{6}{17} + \frac{8}{17}\cdot\frac{1}{5} = \frac{38}{85} \approx 0,447$$

7. Reduktion: V04'''/V05'/V01 → V05''

$$1\cdot\left(\frac{38}{85} + \frac{3}{17}\right) = \frac{53}{85} \approx 0,624$$

8. Reduktion: V01/V09''/V10 → V10'

$$1\cdot\frac{8}{17}\cdot\frac{4}{5} = \frac{32}{85} \approx 0,376$$

Damit ergibt sich der folgende vollständig reduzierte Netzplan:

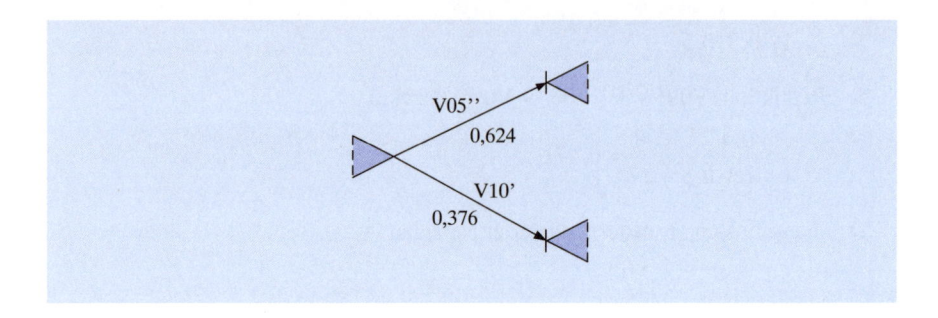

Aufgabe 29: GERT-Netzplan zu einer Prüfungsordnung

a) Darstellung des Netzplans:

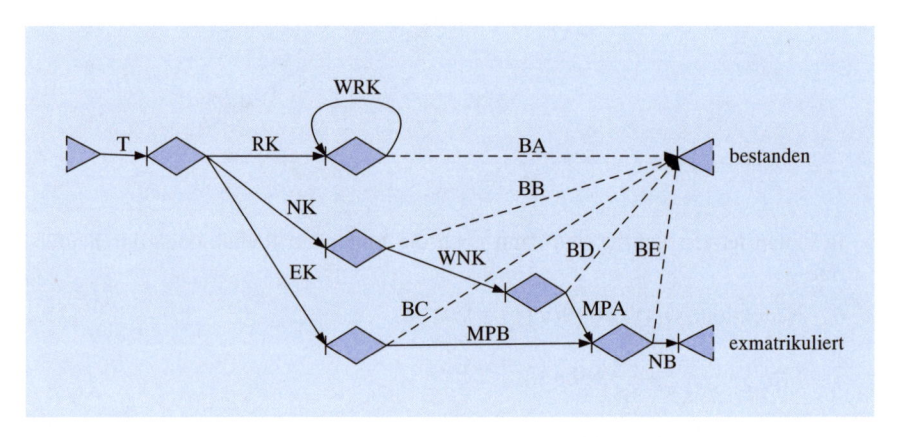

Vorgang	Parameter	
	p_i	D_i
T	1,00	45
RK	0,05	45
NK	0,75	90
EK	0,20	120
WRK	0,30	45
WNK	0,50	90
MPA	0,50	30
MPB	0,60	30
BA	0,70	0
BB	0,50	0
BC	0,40	0
BD	0,50	0
BE	0,50	0
NB	0,50	0

b) Ermittlung der Exmatrikulationswahrscheinlichkeit und der erwarteten Prüfungsdauern für die einzelnen Fälle:

Exmatrikulationswahrscheinlichkeiten:

– reduzierte Klausur: $\hat{p}_{RK} = 0$

– normale Klausur:

$$\hat{p}_{NK} = p_{NK} \cdot p_{WNK} \cdot p_{MPA} \cdot p_{NB}$$

$$\hat{p}_{NK} = 0,75 \cdot 0,5 \cdot 0,5 \cdot 0,5 = 0,0937$$

– erweiterte Klausur:

$$\hat{p}_{EK} = p_{EK} \cdot p_{MPB} \cdot p_{NB}$$

$$\hat{p}_{EK} = 0,2 \cdot 0,6 \cdot 0,5 = 0,06$$

Dauern im Bestehensfall:

– reduzierte Klausur:

$$\hat{D}^+_{RK} = D_T + D_{RK} + D_{BA} + \hat{D}_{WRK}$$

$$\hat{D}^+_{WRK} = D_{WRK} \cdot \frac{p_{WRK}}{1 - p_{WRK}}$$

$$\hat{D}^+_{WRK} = 45 \cdot \frac{0,3}{1 - 0,3} = 19,29$$

$$\hat{D}_{RK}^+ = 45 + 45 + 0 + 19,29 = 109,20$$

- normale Klausur:

$$\hat{D}_{NK}^+ = D_T + D_{NK} + \hat{D}_{WNK}^+$$

$$\hat{D}_{WNK}^+ = \frac{p_{WNK} \cdot \hat{p}_{MPA}^+ \cdot (D_{WNK} + \hat{D}_{MPA}^+) + p_{BB} \cdot D_{BB}}{p_{WNK} \cdot \hat{p}_{MPA}^+ + p_{BB}}$$

$$\hat{D}_{MPA}^+ = \frac{p_{MPA} \cdot p_{BE} \cdot (D_{MPA} + D_{BE}) + p_{BD} \cdot D_{BD}}{p_{MPA} \cdot p_{BE} + p_{BD}} = 10$$

$$\hat{p}_{MPA}^+ = p_{MPA} \cdot p_{BE} + p_{BD} = 0,75$$

$$\hat{D}_{WNK}^+ = 42,86$$

$$\hat{D}_{NK}^+ = 45 + 90 + 42,86 = 177,86$$

- erweiterte Klausur:

$$\hat{D}_{EK}^+ = D_T + D_{EK} + \hat{D}_{MPB}^+$$

$$\hat{D}_{MPB}^+ = \frac{p_{MPB} \cdot p_{BE} \cdot (D_{MPB} + D_{BE}) + p_{BC} \cdot D_{BC}}{p_{MPB} \cdot p_{BE} + p_{BC}}$$
$$= 12,86$$

$$\hat{D}_{EK}^+ = 45 + 120 + 12,86 = 177,86$$

c) Ermittlung der gesamten Exmatrikulationswahrscheinlichkeit und der erwarteten Prüfungsdauer im Bestehensfall:

$$\hat{p}^- = (p_{EK} \cdot p_{MPB} + p_{NK} \cdot p_{WNK} \cdot p_{MPA}) \cdot p_{NB} = 0,1537$$

$$\hat{D}^+ = D_T + \frac{p_{RK} \cdot \hat{p}_{WRK}^+ \cdot (D_{RK} + \hat{D}_{WRK}^+) + p_{NK} \cdot \hat{p}_{WNK}^+ \cdot (D_{NK} + \hat{D}_{WNK}^+)}{p_{RK} \cdot \hat{p}_{WRK}^+ + p_{NK} \cdot \hat{p}_{WNK}^+ + p_{EK} \cdot \hat{p}_{MPB}^+} +$$

$$\frac{p_{EK} \cdot \hat{p}_{MPB}^+ \cdot (D_{EK} + \hat{D}_{MPB}^+)}{p_{RK} \cdot \hat{p}_{WRK}^+ + p_{NK} \cdot \hat{p}_{WNK}^+ + p_{EK} \cdot \hat{p}_{MPB}^+}$$

$$\hat{p}_{WRK}^+ = 1$$

$$\hat{p}_{WNK}^+ = p_{WNK} \cdot (p_{MPA} \cdot p_{BE} + p_{BD}) + p_{BB} = 0,875$$

$$\hat{p}_{MPB}^+ = p_{MPB} \cdot p_{BE} + p_{BC} = 0,7$$

$$\hat{D}^+ = 124,39$$

Aufgabe 30: Knotentypen erweiterter GERT-Netzpläne

In ihrer ursprünglichen Form beziehen GERT-Netzpläne die Ungewißheit über die Realisierung der Aktivitäten allein aus der Unsicherheit über die Handlungsergebnisse. Eine Berücksichtigung von Entscheidungsalternativen, wie dies etwa bei F & E-Projekten angezeigt erscheint, wird vernachlässigt. Um zu entscheidungsorientierten GERT-Netzplänen zu gelangen, ist es erforderlich, die Knotenausgänge so zu gestalten, daß sie logische Verknüpfungen wiedergeben. Ein ursprünglich deterministischer Ausgang entspricht dann einer Und-Verknüpfung, ein stochastischer Ausgang einer ausschließlichen Oder-Verknüpfung. Ein Knotenausgang, der einschließende Oder-Verknüpfungen erfaßt, ist noch hinzuzufügen, so daß sich insgesamt neun Knotentypen ergeben:

Knoteneingang / Knotenausgang	XOR	OR	AND
Alt: deterministisch Neu: AND			
Alt: nicht vorhanden Neu: OR			
Alt: stochastisch Neu: XOR			

Literaturverzeichnis

Adam, D.: Investitionscontrolling, 2. Aufl., München/Wien 1997

Adam, D.: Produktions-Management, 9. Aufl., Wiesbaden 1998

Aggteleky, B.; Bajna, N.: Projektplanung. Ein Handbuch für Führungskräfte, München/Wien 1992

Ahn, H.: Optimierung von Produktentwicklungsprozessen. Entscheidungsunterstützung bei der Umsetzung des Simultaneous Engineering, Wiesbaden 1997

Akao, Y.: Quality Function Deployment: Integrating Customer Requirements into Product Design, Cambridge (MA) 1990

Albach, H.: Informationsgewinnung durch strukturierte Gruppenbefragung, in: Zeitschrift für Betriebswirtschaft, 40. Jg. (1970), Ergänzungsheft, S. 11-26

Alsène, É.: Internal Changes and Project Management Structures within Enterprises, in: International Journal of Project Management, Vol. 17 (1999), S. 367-376

Alter, R.: Integriertes Projektcontrolling. Ein ganzheitlicher Ansatz auf der Grundlage des Lebenszyklus von Systemen, Diss. Gießen 1991

Altrogge, G.: Netzplantechnik, 3. Aufl., München/Wien 1996

Andreas, D.; Rademacher, G.; Sauter, B.: Projekt-Controlling bei Anlagengeschäften, in: Handbuch Projektmanagement, Bd. 2, hrsg. v. H. Resche, H. Schelle und R. Schnopp, Köln 1989, S. 683-704

Andreas, D.; Rademacher, G.; Sauter, B.: Projekt-Controlling und Projekt-Management im Anlagen- und Systemgeschäft, 5. Aufl., Frankfurt a.M. 1992

Ansoff, J.H.; Kirsch, W.; Roventa, P.: Unschärfenpositionierung in der Strategischen Portfolio-Analyse, in: Bausteine eines strategischen Managements, hrsg. v. W. Kirsch und P. Roventa, Berlin 1983, S. 237-264

Archer, N.P.; Ghasemzadeh, F.: An Integrated Framework for Project Portfolio Selection, in: International Journal of Project Management, Vol. 17 (1999), S. 207-216

Ashby, W.R.: An Introduction to Cybernetics, London 1961

Ayas, K.: Professional Project Management: A Shift Towards Learning and a Knowledge Creating Structure, in: International Journal of Project Management, Vol. 14 (1996), S. 131-136

Baaken, T.: Technologie-Marketing, in: Investitionsgütermarketing. Positionsbestimmung und Perspektiven, hrsg. v. M. Kliche, Wiesbaden 1990, S. 291-309

Backhaus, K.: Auftragsplanung im industriellen Anlagengeschäft, Stuttgart 1980

Backhaus, K.: Projektfinanzierung, internationale, in: Handwörterbuch Export und Internationale Unternehmung, hrsg. v. K. Macharzina und M.K. Welge, Stuttgart 1989, Sp. 1728-1736

Backhaus, K.: Industriegütermarketing, 5. Aufl., München 1997

Backhaus, K.; Voeth, M.: Industriegütermarketing, 8. Aufl., München 2007

Backhaus, K.; Molter, W.: Finanzierungskosten im Anlagengeschäft - Kalkulation mit Hilfe von Standardformeln?, in: Zeitschrift für betriebswirtschaftliche Forschung, 35. Jg. (1983), S. 1078-1093

Backhaus, K.; Uekermann, H.: Projektfinanzierung, in: Handwörterbuch des Bank- und Finanzwesens, hrsg. v. W. Gerke und M. Steiner, 2. Aufl., Stuttgart 1995, Sp. 1574-1589

Back-Hock, A.: Lebenszyklusorientiertes Produktcontrolling. Ansätze zur computergestützten Realisierung mit einer Rechnungswesen-Daten- und Methodenbank, Berlin u.a. 1988

Barcelos Vieira, S.R.: Um Sistema de Gerenciamento da Qualidade Para Fábricas Montadoras com Ênfase no Metodo Taguchi e QFD, Dissertacão submetida à Universidade federal de Santa Catarina para obtenção do grau de mestre em Engenharia de Produção, Diss. Florianópolis 1996 (http://www.eps.ufsc.br/disserta96/vieira/index/index.htm)

Barnes, M.: The Fundamentals of Project Management, in: Dimension of Project Management, hrsg. v. H. Reschke und H. Schelle, Berlin u.a. 1990, S. 3-11

Baumgartner, J.S.: C/SCSC: Alive and Well, in: Systems Management, hrsg. v. J.S. Baumgartner, Washington D.C. 1979, S. 262-270

Bay, C.F.: Möglichkeiten von Zeitverkürzungen im Produktentstehungsprozeß, Diss. ETH Zürich 1993

Beck, C.: Interorganisationales Projekt-Management, eine alternative Kooperationsform. Ein Beitrag unter Berücksichtigung des integrativen Informations-Managements als Basis für die projektbezogene Kooperation, Diss. Universität der Bundeswehr Hamburg 1994

Beck, T.: Die Projektorganisation und ihre Gestaltung, Berlin 1996

Bednarek, E.; Derlien, T.: Durch Teamentwicklung zum Simultaneous Engineering mit den Lieferanten, in: Projektmanagement-Forum '92. Dokumentation, hrsg. v. D. Lange und H. Schelle, München 1992, S. 28-32

Bendixen, P.: Kreativität und Unternehmensorganisation, Köln 1976

Bendixen, P.; Kemmler, H.W.: Planung. Organisation und Methodik innovativer Entscheidungsprozesse, Berlin/New York 1972

Bieg, H.; Kußmaul, H.: Externes Rechnungswesen, 4. Aufl., München/Wien 2006

Bisdorf, W.: Anforderungen an ein projektorientiertes Informationssystem im Anlagenbau, in: Projektorganisation. Theoretische Grundlagen und praktische Gestaltung, hrsg. v. E. Frese, K.-H. Rüsberg und W. Bisdorf, Dortmund 1980, S. 39-62

Blazewicz, J.; Lenstra, J.K.; Rinnooy Kan, A.H.G.: Scheduling Subject to Resource Constraints: Classification and Complexity, in: Discrete Applied Mathematics, Vol. 5 (1983), S. 11-24

Blecker, T.: Unternehmung ohne Grenzen. Konzepte, Strategien und Gestaltungsempfehlungen für das strategische Management, Wiesbaden 1999

Bock, T.: Projektmanagement, Organisation und Menschenführung in Japan, in: Projektmanagement-Forum '92. Dokumentation, hrsg. v. D. Lange und H. Schelle, München 1992, S. 40-54

Bode, J.: Betriebliche Produktion von Information, Wiesbaden 1993

Böcker, F.: Marketing, 6. Aufl., Stuttgart 1996

Börsig, C.; Baumgarten, C.: Grundlagen des internationalen Kooperationsmanagements, in: Handbuch Internationales Management, hrsg. v. K. Macharzina und M.-J. Oesterle, Wiesbaden 1997, S. 475-496

Bokranz, R.; Kasten, L.: Organisations-Management in Dienstleistung und Verwaltung. Gestaltungsfelder, Instrumente und Konzepte, Wiesbaden 1999

Bono, E. de: Laterales Denken für Führungskräfte, Reinbek bei Hamburg 1972

Boos, F.: Projektmanagement, in: Das systemisch-evolutionäre Management: der neue Horizont für Unternehmer, hrsg. v. R. Königswieser und C. Lutz, 2. Aufl., Wien 1992, S. 69-77

Brand, M.: Projektmanagement, Diss. St. Gallen, Winterthur 1974

Brandstätter, G.; Synek, H.: Fehler im Projektmanagement. Planung - Kontrolle - Organisation, in: Zeitschrift Führung + Organisation, 57. Jg. (1988), S. 394-398

Brecht, W.: Effiziente F&E-Organisation. Strukturelle Aspekte zur F&E-Organisation als Modul eines integrierten Innovationsmanagement-Konzeptes, in: Integriertes Technologie- und Innovationsmanagement. Konzepte zur Stärkung der Wettbewerbskraft von High-Tech-Unternehmen, hrsg. v. Booz • Allen & Hamilton, Berlin 1991, S. 75-91

Breisig, T.; Kubicek, H.: Hierarchie und Führung, in: Handwörterbuch der Führung, hrsg. v. A. Kieser, G. Reber und R. Wunderer, Stuttgart 1987, Sp. 1064-1077

Brockhoff, K.: Forschungsprojekte und Forschungsprogramme, ihre Bewertung und Auswahl, 2. Aufl., Wiesbaden 1973

Brockhoff, K.: Prognoseverfahren für die Unternehmensplanung, Wiesbaden 1977

Brockhoff, K.: Forschung und Entwicklung. Planung und Kontrolle, 5. Aufl., München/Wien 1999

Bröckerbaum, J.: Möglichkeiten der Erweiterung von Modellen und Methoden der Projektplanung unter Berücksichtigung von Kosten- und Kapazitätsgesichtspunkten, Diss. TU Berlin 1975

Bronner, R.: Komplexität, in: Handwörterbuch der Organisation, hrsg. v. E. Frese, 3. Aufl., Stuttgart 1992, Sp. 1121-1130

Brose, P.; Corsten, H.: Technologie-Portfolio als Grundlage von Innovations- und Wettbewerbsstrategien, in: Jahrbuch der Absatz- und Verbrauchsforschung, 29. Jg. (1983), S. 344-369

Buch, J.: Entscheidungsorientierte Projektrechnung. Überlegungen zur Gestaltung eines Projekt-Controlling-Systems mit Hilfe der Einzelkosten- und Deckungsbeitragsrechnung, Frankfurt a.M. u.a. 1991

Bühner, R.: Betriebswirtschaftliche Organisationslehre, 10. Aufl., München/Wien 2004

Büschgen, H.E.: Bankbetriebslehre. Bankgeschäfte und Bankmanagement, 5. Aufl., Wiesbaden 1999

Buhl, H.U.: Leasing, in: Handwörterbuch des Bank- und Finanzwesens, hrsg. v. W. Gerke und M. Steiner, 2. Aufl., Stuttgart 1995, Sp. 1356-1365

Burghardt, M.: Projektmanagement. Leitfaden für die Planung, Überwachung und Steuerung von Entwicklungsprojekten, 7. Aufl., Berlin/München 2006

Burr, W.: Koordination durch Regeln in selbstorganisierenden Unternehmensnetzwerken, in: Zeitschrift für Betriebswirtschaft, 69. Jg. (1999), S. 1159-1179

Buttler, G.: Finanzwirtschaftliche Anwendungsmöglichkeiten der Netzplantechnik, in: Zeitschrift für Betriebswirtschaft, 40. Jg. (1970), S. 183-203

Child, J.: Organizational Structure, Environment and Performance: The Role of Strategic Choice, in: Sociology, Vol. 6 (1972), S. 1-22

Chmielewicz, K.: Forschungskonzeptionen der Wirtschaftswissenschaft, 2. Aufl., Stuttgart 1979

Christensen, C.M.; Bower, J.L.: Customer Power, Strategic Investment, and the Failure of Leading Firms, in: Strategic Management Journal, Vol. 17 (1996), S. 197-218

Clark, K.B.; Fujimoto, T.: Automobilentwicklung mit System. Strategie, Organisation und Management in Europa, Japan und USA, Frankfurt a.M. 1992

Clasen, U.: Zeitlich-stochastische Netzpläne - ein Hilfsmittel für das Projektmanagement, Diss. Rostock 1996

Cleland, D.I.: Why Project Management?, in: Business Horizons, Vol. 7 (1964), No. 4, S. 81-88

Coenenberg, A.G.: Kostenrechnung und Kostenanalyse, 6. Aufl., Landsberg a.L. 2007

Coenenberg, A.G.; Günther, E.: Cash Flow, in: Handwörterbuch des Rechnungswesens, hrsg. v. K. Chmielewicz und M. Schweitzer, 3. Aufl., Stuttgart 1993, Sp. 301-311

Coenenberg, A.G.; Raffel, A.: Integrierte Kosten- und Leistungsanalyse für das Controlling von Forschungs- und Entwicklungsprojekten, in: Kostenrechnungspraxis, o.Jg. (1988), S. 199-207

Cohen, L.: Quality Function Deployment: How to Make QFD Work for You, Reading (MA) u.a. 1995

Corsten, H.: Die Produktion von Dienstleistungen. Grundzüge einer Produktionswirtschaftslehre des tertiären Sektors, Berlin 1985

Corsten, H.: Betriebswirtschaftslehre der Dienstleistungsunternehmungen, München/Wien 1988

Corsten, H.: Überlegungen zu einem Innovationsmanagement - Organisationale und personale Aspekte, in: Die Gestaltung von Innovationsprozessen, hrsg. v. H. Corsten, Berlin 1989, S. 1-56

Corsten, H.; Gössinger, R.: Dienstleistungsmanagement, 5. Aufl., München/Wien 2007

Corsten, H.: Grundlagen der Wettbewerbsstrategie, Stuttgart/Leipzig 1998a

Corsten, H.: Simultaneous Engineering als Management für Produktentwicklungsprozesse, in: Integrationsmanagement für neue Produkte, hrsg. v. P. Horváth und G. Fleig, Stuttgart 1998b, S. 123-166

Corsten, H.: Kontrolle, in: Lexikon der Betriebswirtschaftslehre, hrsg. v. H. Corsten, 4. Aufl., München/Wien 2000, S. 475-479

Corsten, H.; Friedl, B.: Konzeption und Ausgestaltung des Produktionscontrolling, in: Einführung in das Produktionscontrolling, hrsg. v. H. Corsten und B. Friedl, München 1999, S. 1-64

Corsten, H.; Gössinger, R.: Ansatzpunkte zur Gestaltung der Produktionsplanung und -steuerung in virtuellen Produktionsnetzwerken unter der Voraussetzung dauerhafter Netzwerkstrukturen als Plattform, Nr. 31 der Schriften zum Produktionsmanagement, hrsg. v. H. Corsten, Kaiserslautern 1999

Corsten, H.; Gössinger, R.; Schneider, H.: Grundlagen des Innovationsmanagements, München 2006

Corsten, H.; Reiß, M.: Integrationsbedarfe im Produktentstehungsprozeß, in: Integrationsmanagement für neue Produkte, Zeitschrift für betriebswirtschaftliche Forschung, Sonderheft 30, hrsg. v. R.A. Hanssen und W. Kern, Düsseldorf/Frankfurt a.M. 1992, S. 31-51

Czayka, L.: Die Bedeutung der Graphentheorie für die Forschungsplanung, München-Pullach/Berlin 1970

Dalkey, N.; Helmer, O.: An Experimental Application of the Delphi-Method to the Use of Experts, in: Management Science, Vol. 9 (1963), S. 458-467

Davis, S.M.; Lawrence, P.R.: Matrix, Reading (MA) u.a. 1977

Davis, S.M.; Lawrence, P.R.: Der Matrix-Diamant, in: Matrix-Organisation. Klassische Beiträge zu mehrdimensionalen Organisationsstrukturen, hrsg. v. G. Reber und F. Strehl, Stuttgart 1988, S. 17-30 (Übersetzung aus dem Amerikanischen: The Matrix Diamond, in: The Wharton Magazine, Vol. 2 (1978), No. 2, S. 19-27)

DeFillippi, R.J.; Arthur, M.B.: The Case of Film Making, in: California Management Review, Vol. 40 (1998), No. 2, S. 125-139

Dellmann, K.: Finanzplanung, in: Handwörterbuch des Rechnungswesens, hrsg. v. K. Chmielewicz und M. Schweitzer, 3. Aufl., Stuttgart 1993, Sp. 636-646

Deutsches Institut für Normung e.V. (Hrsg.): DIN 69901. Projektmanagement. Begriffe, Berlin 1987

Deutsches Institut für Normung e.V. (Hrsg.): Begriffe der Projektwirtschaft, Berlin/Köln 1989

Deutsches Institut für Normung e.V. (Hrsg.): DIN 25448. Ausfalleffektanalyse (Fehler-Möglichkeits- und -Einfluß-Analyse), Berlin 1990

Deutsches Institut für Normung e.V. (Hrsg.): DIN ISO 9004. Qualitätsmanagement und Elemente eines Qualitätssicherungssystems. Leitfaden für Dienstleistungen, Berlin 1992

Deutsches Institut für Normung e.V. (Hrsg.): DIN 55350. Begriffe zu Qualitätsmanagement und Statistik, Teil 11: Begriffe des Qualitätsmanagements, Berlin 1995

Deutsches Institut für Normung e.V. (Hrsg.): DIN 69905. Projektwirtschaft. Projektabwicklung - Begriffe, Berlin 1997

Domsch M.: Laufbahnentwicklung für Industrieforscher, in: F&E-Management, hrsg. v. M. Domsch, H. Sabisch und S.H.A. Siemers, Stuttgart 1993, S. 153-179

Domschke, W.; Drexl, A.: Kapazitätsplanung in Netzwerken - Ein Überblick über neue Modelle und Verfahren, in: OR Spektrum, 13. Jg. (1991), S. 63-76

Domschke, W.; Drexl, A.: Einführung in Operations Research, 7. Aufl., Berlin u.a. 2007

Doralt, P.; Grün, O.; Nowotny, C.: Die Rechtsform-Entscheidung in der Projektorganisation. Ein Beitrag zur Kooperationsforschung aus betriebswirtschaftlicher und juristischer Sicht, Wien 1978

Dué, R.T.: Determining Economic Feasibility: Four Cost/Benefit Analysis Methods, in: Journal of Information Systems Management, Vol. 6 (1989), Fall, S. 14-19

Dülfer, E.: Projekte und Projektmanagement im internationalen Kontext. Eine Einführung, in: Projektmanagement - International, hrsg. v. E. Dülfer, Stuttgart 1982, S. 1-30

Dülfer, E.: Die spezifischen Personal- und Kommunikationsprobleme international tätiger Unternehmungen - eine Einführung, in: Personelle Aspekte im Internationalen Management, hrsg. v. E. Dülfer, Berlin 1983, S. 1-26

Dülfer, E.: Internationales Management in unterschiedlichen Kulturbereichen, München/Wien 1991

Dworatschek, S.: Projektmanagement-Software, in: Projekte erfolgreich managen, hrsg. v. H. Schelle u.a., Köln 1994, S. 1-26 (getrennte Zählung)

Ebisch, H.; Gottschalk, J.: Preise und Preisprüfungen bei öffentlichen Aufträgen einschließlich Bauaufträge, Kommentar, 7. Aufl., München 2001

Elliott, C.E.: Transportation Infrastructure: Recent Experience and Lessons for the Future, in: Project Lending, hrsg. v. T.H. Donaldson, London u.a. 1992, S. 137-145

Elmaghraby, S.E.: An Algebra for the Analysis of Generalized Activity Networks, in: Management Science, Vol. 10 (1964), S. 494-514

Evans, B.: Simultaneous Engineering, in: Mechanical Engineering, Vol. 110 (1988), S. 38-39

Evaristo, R.; Fenema, P.C. van: A Typology of Project Management: Emergence and Evolution of new Forms, in: International Journal of Project Management, Vol. 17 (1999), S. 275-281

Falkenhausen, H.v.: Prinzipien und Rechenverfahren der Netzplantechnik, 3. Aufl., Kiel 1972

Fischer, H.: Produktionsbezogene Kooperationen zwischen dem Hersteller und dem Verwender individuell gefertigter Maschinen, Frankfurt a.M./Bern/New York 1983

Fischer, J.: Heuristische Investitionsplanung. Entscheidungshilfen für die Praxis, Berlin 1981

Fischer, J.: Grundlagen von Projektmanagementsystemen, 3. Aufl., Paderborn 2004

Fischer, J.; Spiekermann, M.: Grundlagen von Projektmanagementsystemen, 5. Aufl., Paderborn 2006

Franke, A.: Risikobewußtes Projekt-Controlling, Köln 1993

Franz, K.-P.: Controlling, in: Handbuch Unternehmungsführung, hrsg. v. H. Corsten und M. Reiß, Wiesbaden 1995, S. 395-408

Frese, E.: Projekte in Unternehmungen als organisatorisches Problem, in: Projektorganisation. Theoretische Grundlagen und praktische Gestaltung, hrsg. v. E. Frese, K.-H. Rüsberg und W. Bisdorf, Dortmund 1980, S. 5-20

Frese, E.: Grundlagen der Organisation. Entscheidungsorientiertes Konzept der Organisationsgestaltung, 9. Aufl., Wiesbaden 2005

Fritz, W.: Marketing - ein Schlüsselfaktor des Unternehmenserfolges? Eine kritische Analyse vor dem Hintergrund der empirischen Erfolgsfaktorenforschung, in: Marketing - Zeitschrift für Forschung und Praxis, 12. Jg. (1990), S. 91-110

Fromm, N.: Feasibility-Studien I - Einzel- und gesamtwirtschaftliche Projektbeurteilung, Berlin 1984

Gaitanides, M.; Wicher, H.: Venture Management - Strategien und Strukturen der Unternehmensentwicklung, in: Die Betriebswirtschaft, 45. Jg. (1985), S. 414-426

Galbraith, J.R.: Matrix-Organisation-Designs: Wie man funktionale und Projekt-Formen kombiniert, in: Matrix-Organisation. Klassische Beiträge zu mehrdimensionalen Organisationsstrukturen, hrsg. v. G. Reber und F. Strehl, Stuttgart 1988, S. 65-81

Gantt, H.L.: Works, Wages and Profits, New York 1911

Gareis, R.: Management by Project: Spezifische Strategien, Strukturen und Kulturen projektorientierter Unternehmen, in: Projektmanagement-Forum Mannheim, 14.-16.10.1992, Beiträge zur GPM-Jahrestagung 1992, hrsg. v. der Gesellschaft für Projektmanagement INTERNET Deutschland e.V., München 1992, S. 145-155

Gareis, R.: Das Projektorientierte Unternehmen: Die revolutionäre Organisation für eine dynamische Umwelt, in: Erfolgsfaktor Krise, hrsg. v. R. Gareis, Wien 1994, S. 263-284

Gareis, R.; Titscher, S.: Projektarbeit und Personalwesen, in: Handwörterbuch des Personalwesens, hrsg. v. E. Gaugler und W. Weber, 2. Aufl., Stuttgart 1992, Sp. 1938-1953

Gausemeier, J.; Kuhle, J.-P.: Prozeßorientiertes Projektmanagement. Ein systematischer Ansatz für die Gestaltung und das Management von Entwicklungsprozessen, in: Industrie Management, 15. Jg. (1999), H. 4, S. 9-13

Gemünden, H.G.: Erfolgsfaktoren des Projektmanagements - eine kritische Bestandsaufnahme der empirischen Untersuchungen, in: Projektmanagement, o.Jg. (1990), H. 1/2, S. 4-15

Gemünden, H.G.: Erfolgsfaktoren des Projektmanagements - ein State-of-the-Art-Report, in: Projektmanagement-Forum '92. Dokumentation, hrsg. v. D. Lange und H. Schelle, München 1992, S. 156-169

Gemünden, H.G.; Hölzle, K.: Schlüsselpersonen der Innovation. Champions und Promotoren, in: Handbuch Technologie- und Innovationsmanagement. Strategie - Umsetzung - Controlling, hrsg. v. S. Albers und O. Gassmann, Wiesbaden 2005, S. 457-474

Gemünden, H.G. u.a.: Technologieorientierte Innovationskooperationen bei hochinnovativen Produktentwicklungen, in: Wertschöpfungsnetzwerke, hrsg. v. T. Blekker und H.G. Gemünden, Berlin 2006, S. 165-187

Gentner, A.: Entwurf eines Kennzahlensystems zur Effektivitäts- und Effizienzsteigerung von Entwicklungsprojekten - dargestellt am Beispiel der Entwicklungs- und Anlaufphasen in der Automobilindustrie, München 1994

George, G.: Kennzahlen für das Projektmanagement. Projektbezogene Kennzahlen und Kennzahlensysteme. Ein Ansatz zur Unterstützung des Projektmanagements, Frankfurt a.M. 1999

Gerpott, T.J.: Verkürzung der Innovationszeiten und Personalmanagement, in: Personalführung, 22. Jg. (1989), S. 1145-1148

Gerpott, T.J.: Simultaneous Engineering, in: Handwörterbuch der Produktionswirtschaft, hrsg. v. W. Kern, H.-H. Schröder und J. Weber, 2. Aufl., Stuttgart 1996, Sp. 1852-1861

Gewald, K.; Kasper, K.; Schelle, H.: Netzplantechnik. Methoden zur Planung und Überwachung von Projekten, Bd. 2: Kapazitätsoptimierung, München/Wien 1972

Glaser, H.: Rationalisierungsplanung, in: Handwörterbuch der Planung, hrsg. v. N. Szyperski, Stuttgart 1989, Sp. 1697-1707

Glennan, T.K.: Issues in the Choice of Development Policies, in: Strategy for R&D: Studies in the Microecomomics of Development, hrsg. v. T. Marschak, T.K. Glennan und R. Summers, Berlin/Heidelberg/New York 1967, S. 13-48

Glück, P.: Durchlaufzeitverkürzung in der Produktentwicklung, Frankfurt a.M. 1995

Gobeli, D.H.; Larson, E.W.: Relative Effectiveness of Different Project Structures, in: Project Management Journal, Vol. 18 (1987), No. 2, S. 81-85

Göbels, G.: Eine computergestützte Auswahlhilfe für Projektmethoden. Entwicklung und Test eines regelbasierten Expertensystems zur Auswahl und Präsentation von Methoden im Projektmanagement, Diss. Bremen 1998

Götze, U.; Rudolph, F.: Instrumente der strategischen Planung, in: Strategische Planung. Instrumente, Vorgehensweisen und Informationssysteme, hrsg. v. J. Bloech u.a., Heidelberg 1994, S. 1-56

Gordon, W.J.J.: Synectics. The Development of Creative Capacity, New York/Evanston/London 1961

Gray, C. u.a.: Relative Effectiveness of Different Project Management Structures: An International Comparison, in: Arbeitstexte zum Projektmanagement. Arbeitsbericht Nr. 6 des Instituts für Projektmanagement und Wirtschaftsinformatik der Universität Bremen, hrsg. v. S. Dworatschek, Bremen 1989, S. 62-82

Gray, C.F.; Larson, E.W.: Project Management. The Managerial Process, Boston u.a. 2000

Griffin, A.; Hauser, J.R.: The Voice of the Customer, in: Marketing Science, Vol. 12 (1993), No. 1, S. 1-27

Grob, H.L.: Einführung in die Investitionsrechnung. Eine Fallstudiengeschichte, 5. Aufl., München 2006

Grochla, E.: Unternehmungsorganisation. Neue Ansätze und Konzeptionen, Reinbek bei Hamburg 1972

Groetschel, E.: Matrixprojektorganisation. Bedingungen für den erfolgreichen Einsatz in industriellen Großunternehmen, München 1989

Grosse, P.B.: Projektfinanzierung aus Bankensicht, in: Projektfinanzierung. Wirtschaftliche und rechtliche Aspekte einer Finanzierungsmethode für Großprojekte, hrsg. v. K. Backhaus u.a., Stuttgart 1990, S. 41-62

Grün, O.: Höhe mal Breite mal Donnerstag. Zur Problematik von Kostenschätzungen bei Großprojekten der öffentlichen Hand, in: Journal für Betriebswirtschaft, 31. Jg. (1981), Teil I: S. 66-76, Teil II: S. 148-165, Teil III: S. 203-225

Grün, O.: Duale Organisation, in: Handwörterbuch der Planung, hrsg. v. N. Szyperski, Stuttgart 1989a, Sp. 304-316

Grün, O.: Projektmanagement, internationales, in: Handwörterbuch Export und Internationale Unternehmung, hrsg. v. K. Macharzina und M.K. Welge, Stuttgart 1989b, Sp. 1736-1746

Grün, O.: Projektorganisation, in: Handwörterbuch der Organisation, hrsg. v. E. Frese, 3. Aufl., Stuttgart 1992, Sp. 2102-2116

Günter, B.: Anbieterkoalitionen bei der Vermarktung von Anlagengütern - Organisationsformen und Entscheidungsprobleme, in: Anlagen-Marketing, Zeitschrift für betriebswirtschaftliche Forschung, Sonderheft 7, hrsg. v. W.H. Engelhardt und G. Laßmann, Opladen 1977, S. 155-172

Günter, B.: Projektkooperation, in: Auftrags- und Projektmanagement. Projektbearbeitung für den Technischen Vertrieb, hrsg. v. M. Kleinaltenkamp und W. Plinke, Berlin u.a. 1998, S. 267-318

Gussmann, B.: Innovationsfördernde Unternehmungskultur. Die Steigerung der Innovationsbereitschaft als Aufgabe der Organisationsentwicklung, Berlin 1988

Gustafsson, A.: Customer Focused Product Development by Conjoint Analysis and QFD, Diss. Linköping 1996

Haberfellner, R.: Systems Engineering (SE). Eine Methodik zur Lösung komplexer Probleme, in: Zeitschrift für Organisation, 42. Jg. (1973), S. 373-386

Haberfellner, R.: Projekt-Management, in: Systems Engineering. Leitfaden zur methodischen Durchführung umfangreicher Planungsvorhaben, hrsg. v. W.F. Daenzer, 6. Aufl., Zürich 1989, S. 120-151

Haberfellner, R.: Projektmanagement, in: Handwörterbuch der Organisation, hrsg. v. E. Frese, 3. Aufl., Stuttgart 1992, Sp. 2090-2102

Haedrich, G. u.a.: Untersuchungen zum subjektiven Schätzvermögen des Managers, in: Die Betriebswirtschaft, 39. Jg. (1979), S. 431-442

Hahn, D.: Planung und Kontrolle, in: Handwörterbuch der Betriebswirtschaft, hrsg. v. W. Wittmann u.a., 5. Aufl., Stuttgart 1993, Sp. 3185-3200

Hahn, D.; Laßmann, G.: Produktionswirtschaft - Controlling industrieller Produktion, Bd. 3, Zweiter Teilband: Informationssystem, Heidelberg 1993

Hall, D.L.; Nauda, A.: An Interactive Approach for Selecting IR&D Projects, in: IEEE Transactions on Engineering Management, Vol. 37 (1990), No. 2, S. 126-133

Haupt, R.: Industriebetriebslehre. Einführung: Management im Lebenszyklus industrieller Geschäftsfelder, Wiesbaden 2000

Hauschildt, J.: Zur Messung des Innovationserfolgs, in: Zeitschrift für Betriebswirtschaft, 61. Jg. (1991), S. 451-476

Hauschildt, J.; Salomo, S.: Innovationsmanagement, 4. Aufl., München 2007

Hauschildt, J.; Chakrabarti, A.: Arbeitsteilung im Innovationsmanagement - Forschungsergebnisse, Kriterien und Modelle, in: Zeitschrift Führung + Organisation, 57. Jg. (1988), S. 378-388

Hay, P.H.; Hieronimus, A.; Hus, H.-P.: Projektabrechnung, in: Handwörterbuch des Rechnungswesens, hrsg. v. K. Chmielewicz und M. Schweitzer, 3. Aufl., Stuttgart 1993, Sp. 1635-1643

Hayek, F.A.v.: Die Theorie komplexer Phänomene, Tübingen 1972

Heeg, F.-J.: Projektmanagement. Grundlagen der Planung und Steuerung von betrieblichen Problemlöseprozessen, 2. Aufl., München 1993

Heinrich, L.J.; Lehner, F.: Informationsmanagement. Planung, Überwachung und Steuerung der Informationsinfrastruktur, 8. Aufl., München/Wien 2005

Heintel, P.; Krainz, E.E.: Projektmanagement. Eine Antwort auf die Hierarchiekrise?, 2. Aufl., Wiesbaden 1990

Heintzeler, F.: Internationale Projektfinanzierung, in: Zeitschrift für das gesamte Kreditwesen, 36. Jg. (1983), S. 601-604

Henderson, R.M.; Clark, K.B.: Architectural Innovation: The Reconfiguration of Existing Product Technologies and the Failure of Established Firms, in: Administrative Science Quarterly, Vol. 35 (1990), S. 9-30

Henn, R.; Künzi, H.P.: Einführung in die Unternehmensforschung II, Berlin/Heidelberg/New York 1968

Hering, T.: Investition und Finanzierung, in: Betriebswirtschaftslehre, Bd. 1, hrsg. v. H. Corsten und M. Reiß, 4. Aufl., München/Wien 2008, S. 617-690

Herrmann, A.; Huber, F.: Determinanten des Erfolgs von quality function deployment-Projekten, in: Zeitschrift für Betriebswirtschaft, 70. Jg. (2000), S. 27-53

Herten, H.J.: Internationales Projektmanagement. Gestaltung der grenzüberschreitenden Projektkooperation im Großanlagenbau sowie in der Luft- und Raumfahrtindustrie, Diss. RWTH Aachen 1987

Hesseler, M.: Projektmanagement. Wissensbausteine für die erfolgreiche Projektarbeit, München 2007

Hetland, P.W.: Control Perspectives on Project Management, in: Dimension of Project Management, hrsg. v. H. Reschke und H. Schelle, Berlin u.a. 1990, S. 159-167

Heuer, G.C.: Projektmanagement. Planung und Steuerung komplexer Vorhaben in Phasen und Stufen, Würzburg 1979

Hirzel, M.: Projektmanagement mit ganzheitlicher Entscheidungsorganisation, in: Zeitschrift Führung + Organisation, 52. Jg. (1983), S. 267-272

Hirzel, M.: Projektmanagement mit Standard-Struktur-Plänen, in: Zeitschrift Führung + Organisation, 54. Jg. (1985), S. 394-400

Hoecker, H.E.: Unternehmensentwicklung in der Elektrizitätswirtschaft. Die Umsetzung des Nachfragemanagements, Wiesbaden 1999

Höffken, E.; Schweitzer, M. (Hrsg.): Beiträge zur Betriebswirtschaft des Anlagenbaus, Zeitschrift für betriebswirtschaftliche Forschung, Sonderheft 28, Düsseldorf/Frankfurt a.M. 1991

Höft, U.: Lebenszykluskonzepte. Grundlage für das strategische Marketing- und Technologiemanagement, Berlin 1992

Höge, R.: Organisatorische Segmentierung. Ein Instrument zur Komplexitätshandhabung, Wiesbaden 1995

Höpfner, K.-U.: Projektfinanzierung. Erfolgsorientiertes Management einer bankbetrieblichen Leistungsart, Göttingen 1995

Hofstetter, H.: Verhaltenswissenschaftliche Aspekte des Projektmanagements, in: Handbuch Projektmanagement, Bd. 1, hrsg. v. H. Reschke, H. Schelle und R. Schnopp, Köln 1989, S. 59-78

Hoitsch, H.-J.: Ziele und Aufgaben des Produktionscontrolling, in: Handbuch Produktionsmanagement, hrsg. v. H. Corsten, Wiesbaden 1994, S. 421-438

Holliger, H.: Morphologie, in: Industrielle Organisation, 37. Jg. (1968), S. 485-492

Horváth, P.: Controlling, 10. Aufl., München 2006

Hügler, G.L.: Controlling in Projektorganisationen, München 1988

Hupe, M.: Steuerung und Kontrolle internationaler Projektfinanzierung, Frankfurt a.M. u.a. 1995

Irle, M.: Macht und Entscheidungen in Organisationen - Studie gegen das Linie-Stab-Prinzip, Frankfurt a.M. 1971

Isselstein, T.; Schaum, F.: Auftragsfinanzierung und Financial Engineering, in: Auftrags- und Projektmanagement. Projektbearbeitung für den Technischen Vertrieb, hrsg. v. M. Kleinaltenkamp und W. Plinke, Berlin u.a. 1998, S. 161-226

Jehle, E.: Wertanalyse, in: Lexikon der Betriebswirtschaftslehre, hrsg. v. H. Corsten, 4. Aufl., München/Wien 2000, S. 1025-1031

Johnson, R.V.: Resource Constrained Scheduling Capabilities of Commercial Project Management Software, in: Project Management Journal, Vol. 22 (1992), No. 4, S. 39-43

Kaestner, R.: Kapazitätsplanung, in: Projektmanagement-Fachmann. Ein Fach- und Lehrbuch sowie Nachschlagewerk aus der Praxis für die Praxis in zwei Bänden, hrsg. v. Rationalisierungskuratorium der Deutschen Wirtschaft (RKW) e.V. und der Gesellschaft für Projektmanagement INTERNET Deutschland e.V., Eschborn 1991a, S. 341-427

Kaestner, R.: Kosten- und Zahlungsmittel-Bedarfsplanung, in: Projektmanagement-Fachmann. Ein Fach- und Lehrbuch sowie Nachschlagewerk aus der Praxis für die Praxis in zwei Bänden, hrsg. v. Rationalisierungskuratorium der Deutschen Wirtschaft (RKW) e.V. und der Gesellschaft für Projektmanagement INTERNET Deutschland e.V., Eschborn 1991b, S. 429-506

Kappler, E.; Rehkugler, H.: Konstitutive Entscheidungen, in: Industriebetriebslehre, hrsg. v. E. Heinen, 9. Aufl., Wiesbaden 1991, S. 73-240

Katzenbach, J.R.; Smith, D.K.: The Wisdom of Teams. Creating the High-Performance Organization, Boston 1993

Keplinger, W.: Erfolgsmerkmale im Projektmanagement. Was Sie von erfolgreichen Projekten lernen können, in: Zeitschrift Führung + Organisation, 61. Jg. (1992), S. 99-105

Kern, N.: Netzplantechnik. Betriebswirtschaftliche Analyse von Verfahren der industriellen Terminplanung, Wiesbaden 1969

Kern, W.: Optimierungsverfahren in der Ablauforganisation. Gestaltungsmöglichkeiten mit Operations Research, Essen 1967

Kern, W.: Investitionsrechnung, Stuttgart 1974

Kern, W.: Die Netzplantechnik als ein Instrument betrieblicher Ablaufplanung, in: Unternehmungsorganisation, hrsg. v. E. Grochla, 4. Aufl., Opladen 1981, S. 147-169

Kern, W.; Schröder, H.-H.: Forschung und Entwicklung in der Unternehmung, Reinbek bei Hamburg 1977

Kern, W.; Schröder, H.-H.: Konzept, Methode und Probleme der Wertanalyse, in: Das Wirtschaftsstudium, 7. Jg. (1978), Teil I: S. 375-381, Teil II: S. 427-430

Kerzner, H.: Project Management: A Systems Approach to Planning, Scheduling, and Controlling, 9. Aufl., New Jersey 2006

Keßler, H.; Winkelhofer, G.A.: Projektmanagement. Leitfaden zur Steuerung und Führung von Projekten, Berlin u.a. 1997

Kett, I.: Projekte erfolgreicher managen, in: Harvard Manager, 12. Jg. (1990), H. 4, S. 50-55

Kirchmann, E.M.W.: Innovationskooperation zwischen Hersteller und Anwender, Wiesbaden 1994

Kirsch, W.; Esser, W.; Gabele, E.: Das Management des geplanten Wandels von Organisationen, Stuttgart 1979

Kloock, J.: Produktionskosten, Kontrolle der, in: Handwörterbuch der Produktionswirtschaft, hrsg. v. W. Kern, 1. Aufl., Stuttgart 1979, Sp. 1525-1539

Knight, K.: Matrix Organization: A Review, in: The Journal of Management Studies, Vol. 12 (1975), S. 111-130

Knöpfel, H.; Gray, C.; Dworatschek, S.: Projektorganisationsformen: Internationale Studie über ihre Verwendung und ihren Erfolg, in: Projektmanagement, 2. Jg. (1992), H. 1, S. 3-14

Knopf, H.S.: Projektmanagement. Das Umfeld muß stimmen, in: Zeitschrift Führung + Organisation, 54. Jg. (1985), S. 431-437

Kolisch, R.: Project Scheduling under Resource Constraints - Efficient Heuristics for Several Problem Classes, Heidelberg 1995

Kolisch, R.; Hempel, K.: Auswahl von Standardsoftware, dargestellt am Beispiel von Programmen für das Projektmanagement, in: Wirtschaftsinformatik, 38. Jg. (1996), S. 399-410

Kolodny, H.F.: Organisationsformen und erfolgreiche Produktinnovationen: der spezielle Beitrag der Matrix-Organisation, in: Die Betriebswirtschaft, 43. Jg. (1983), S. 445-455

Komorek, C.: Integrierte Produktentwicklung. Der Entwicklungsprozeß in mittelständischen Unternehmen der metallverarbeitenden Serienfertigung, Berlin 1998

Korbmacher, E.-M.: Organisationsstrukturelle Problemfelder im überbetrieblichen Projektmanagement, Hamburg 1991

Korbmacher, E.-M.: Überbetriebliches Projektmanagement: Lösungsansätze für Problemfelder in der Organisation, in: Projektmanagement, 2. Jg. (1992), H. 3, S. 6-14

Kosiol, E.: Organisation der Unternehmung, Wiesbaden 1962

Krüger, W.: Projekt-Management, in: Handwörterbuch der Betriebswirtschaft, hrsg. v. W. Wittmann u.a., 5. Aufl., Stuttgart 1993, Sp. 3559-3570

Krüger, W.: Organisation der Unternehmung, 3. Aufl., Stuttgart/Berlin/Köln 1994

Krüger, W.; Bauermann, R.: Projekt-Management in der Krise: Probleme und Lösungsansätze, in: Projekt-Management in der Krise: Probleme und Lösungsansätze, hrsg. v. W. Krüger, Frankfurt a.M./Bern/New York 1986, S. 1-50

Kruschwitz, L.: Investitionsrechnung, 11. Aufl., München/Wien 2007

Kubicek, H.; Thom, N.: Umsystem, betriebliches, in: Handwörterbuch der Betriebswirtschaft, hrsg. v. E. Grochla und W. Wittmann, 4. Aufl., Stuttgart 1976, Sp. 3977-4017

Küpper, H.-U.: Controlling. Konzeption, Aufgaben, Instrumente, 4. Aufl., Stuttgart 2005

Küpper, H.-U.; Helber, S.: Ablauforganisation in Produktion und Logistik, 3. Aufl., Stuttgart 2004

Küpper, W.: Netzplantechnik, Erweiterungen der, in: Handwörterbuch der Produktionswirtschaft, hrsg. v. W. Kern, H.-H. Schröder und J. Weber, 2. Aufl., Stuttgart 1996, Sp. 1263-1275

Küpper, W.; Lüder, K.; Streitferdt, L.: Netzplantechnik, Würzburg/Wien 1975

Kumar, B.N.: Joint Venture, Organisation der, in: Handwörterbuch der Organisation, hrsg. v. E. Frese, 3. Aufl., Stuttgart 1992, Sp. 1077-1086

Kupsch, P.W.; Marr, R.; Picot, A.: Innovationswirtschaft, in: Industriebetriebslehre, hrsg. v. E. Heinen, 9. Aufl., Wiesbaden 1991, S. 1069-1156

Kuttner, K.: Mittel- und langfristige Exportfinanzierung. Besondere Erscheinungsformen in der Außenhandelsfinanzierung, 2. Aufl., Wiesbaden 1995

Lachnit, L.: Controllingkonzeption für Unternehmen mit Projektleistungstätigkeit. Modell zur systemgestützten Unternehmensführung bei auftragsgebundener Einzelfertigung, Großanlagenbau und Dienstleistungsgroßaufträgen, München 1994

Lange, C.; Schaefer, S.: Aufgaben, Aktivitäten und Instrumente eines DV-gestützten Investitions-Controllingsystems, in: Die Betriebswirtschaft, 52. Jg. (1992), S. 489-504

Lange, D.: Mehrprojektmanagement, in: Projektmanagement-Fachmann, Bd. 2, hrsg. v. Rationalisierungskuratorium der Deutschen Wirtschaft (RKW) e.V. und der Deutschen Gesellschaft für Projektmanagement e.V. (GPM), 4. Aufl., Eschborn 1998, S. 773-799

Larson, E.W.; Gobeli, D.H.: Project Management Structures: Is there a Common Language?, in: Project Management Journal, Vol. 16 (1985), No. 2, S. 40-44

Larson, E.W.; Gobeli, D.H.: Matrix Management: Contradictions and Insights, in: California Management Review, Vol. 29 (1986/87), No. 4, S. 126-138

Lawrence, P.R.; Kolodny, H.F.; Davis, S.M.: Die personale Seite der Matrix, in: Matrix-Organisation. Klassische Beiträge zu mehrdimensionalen Organisationsstrukturen, hrsg. v. G. Reber und F. Strehl, Stuttgart 1988, S. 127-150

Lechler, T.: Einflußfaktoren des Projekterfolgs - Bericht aus einem laufenden Projekt, in: Projektmanagement-Forum '92. Dokumentation, hrsg. v. D. Lange und H. Schelle, München 1992, S. 256-267

Lechler, T.: Erfolgsfaktoren des Projektmanagements, Frankfurt a.M. u.a. 1997

Leumann, P.: Die Matrix-Organisation. Unternehmensführung in einer mehrdimensionalen Struktur. Theoretische Darstellung und praktische Anwendung, 2. Aufl., Bern/Stuttgart 1980

Lewe, H.; Krcmar, H.: GroupSystems: Aufbau und Auswirkungen, in: Information Management, 7. Jg. (1992), H. 1, S. 32-41

Lighterness, T.: A Borrower's View of Project Lending, in: Project Lending, hrsg. v. T.H. Donaldson, London u.a. 1992, S. 200-215

Macharzina, K.: Joint Venture, in: Handwörterbuch des Bank- und Finanzwesens, hrsg. v. W. Gerke und M. Steiner, Stuttgart 1995, Sp. 1039-1048

Madauss, B.J.: Handbuch Projektmanagement, 7. Aufl., Stuttgart 2006

March, J.G.; Sutton, R.I.: Organizational Performance as a Dependent Variable, in: Organization Science, Vol. 6 (1997), S. 698-706

Martino, J.P.: Technological Forecasting for Decisionmaking, New York 1972

Martino, R.L.: Project Management and Control, New York 1964

Mason, S.J.: Feedback Theory: Some Properties of the Signal Flow Graphs, in: Proceedings of the Institute of Radio Engineers, Vol. 41 (1953), S. 1144-1156

Matschke, M.J.: Finanzierung der Unternehmung, Herne/Berlin 1991

Matschke, M.J.; Olbrich, M.: Internationale und Außenhandelsfinanzierung, München/Wien 2000

Mattern, K.: Wirkungsvolles Innovationscontrolling. Was High-Tech-Unternehmen bei der Planung, Steuerung und Kontrolle des Innovationsprozesses beachten sollten, in: Integriertes Technologie- und Innovationsmanagement. Konzepte und Stärkung der Wettbewerbskraft von High-Tech-Unternehmen, hrsg. v. Booz • Allen & Hamilton, Berlin 1991, S. 93-116

Matthes, W.: Netzplantechnik, Erweiterungen der, in: Handwörterbuch der Produktionswirtschaft, hrsg. v. W. Kern, 1. Aufl., Stuttgart 1979, Sp. 1327-1340

Meier, A.: Erweiterung relationaler Datenbanksysteme für technische Anwendungen, Berlin u.a. 1987

Mende, W.; Bieta, V.: Projektmanagement. Praktischer Leitfaden, München/Wien 1997

Merwe, A.P. van der: Multi-Project Management - Organizational Structure and Control, in: International Journal of Project Management, Vol. 15 (1997), S. 223-233

Metcalfe, B.: Project Management System Design: A Social and Organisational Analysis, in: International Journal of Production Economics, Vol. 52 (1997), S. 305-316

Meyer, K.H.F.: Ein deterministisches und ein stochastisches Modell der Netzplantechnik, Meisenheim a.G. 1976

Mildenberger, U.: Selbstorganisation von Produktionsnetzwerken. Erklärungsansatz auf Basis der neueren Systemtheorie, Wiesbaden 1998

Miles, R.E.; Snow, C.C.: Network Organizations. New Concept for New Forms, in: California Management Review, Vol. 28 (1986), No. 3, S. 62-73

Miles, R.E.; Snow, C.C.: Causes of Failure in Network Organizations, in: California Management Review, Vol. 34 (1992), No. 4, S. 53-72

Milling, P.: Kosten- und Erlössteuerung im Großanlagenbau, in: Internationale und nationale Problemfelder der Betriebswirtschaftslehre, hrsg. v. G.v. Kortzfleisch und B. Kaluza, Berlin 1984, S. 65-83

Minieka, E.: Optimization Algorithms for Networks and Graphs, New York/Basel 1978

Möhrle, M.: Das FuE-Programm-Portfolio: Ein Instrument für das Management betrieblicher Forschung und Entwicklung, in: technologie & management, 37. Jg. (1988), H. 4, S. 12-19

Mörsdorf, M.: Konzeption und Aufgaben des Projektcontrolling, Wiesbaden 1998

Mühlfelder, P.; Nippa, M.: Erfolgsfaktoren des Projektmanagement, in: Zeitschrift Führung + Organisation, 58. Jg. (1989), S. 368-380

Müller, H.W.: Quality Engineering - ein Überblick über neuere Verfahren, in: Qualität als Managementaufgabe - Total Quality Management, hrsg. v. K.J. Zink, Landsberg a.L. 1989, S. 263-285

Müller, W.; Eckert, J.: Informationsproduktion und Entscheidungsprozeß, in: Neuere Entwicklungen in den Wirtschaftswissenschaften, hrsg. v. E. Helmstädter, Berlin 1978, S. 455-478

Murmann, P.: Zeitmanagement für Entwicklungsbereiche im Maschinenbau, Wiesbaden 1994

Musiol, A.: Organisation von Organisationsprojekten in der Industrie, in: Zeitschrift für Organisation, 43. Jg. (1974), S. 192-206

Neumann, K.: Operations Research Verfahren, Bd. III, München/Wien 1975

Neumann, K.: Stochastic Project Networks. Temporal Analysis, Scheduling and Cost Minimization, Berlin u.a. 1990

Neumann, K.: Netzplantechnik, in: Grundlagen des Operations Research, Bd. 2: Graphen und Netzwerke, Netzplantechnik, Transportprobleme, Ganzzahlige Optimierung, hrsg. v. T. Gal, 3. Aufl., Berlin u.a. 1992, S. 165-260

Neumann, K.; Morlock, M.: Operations Research, München/Wien 1993

Nevitt, P.K.; Fabozzi, F.: Project Financing, 6. Aufl., London 1995

Nicklisch, F.: BOT-Projekte: Vertragsstrukturen, Risikoverteilung und Streitbeilegung, in: Betriebs-Berater, 53. Jg. (1998), S. 2-9

Nicolai, A.; Kieser, A.: Trotz eklatanter Erfolglosigkeit: Die Erfolgsfaktorenforschung weiter auf Erfolgskurs, in: Die Betriebswirtschaft, 62. Jg. (2002), S. 579-596

Niemand, S.; Habiger, G.; Ruthsatz, O.: Baustein des strategischen Qualitätscontrolling: FMEA, in: Qualitätscontrolling, hrsg. v. P. Horváth und G. Urban, Stuttgart 1990, S. 63-113

Noack, A.: Projektmanagement-Systeme, in: Industrie Management, 15. Jg. (1999), H. 4, S. 49-59

Noth, T.: Aufwandschätzung von FuE-Projekten, in: Projektmanagement in der industriellen Forschung und Entwicklung. Einführung anhand von Beispielen aus der Informationstechnik, hrsg. v. J. Platz und H.J. Schmelzer, Berlin u.a. 1986, S. 161-180

Ochs, B.: Methoden zur Verkürzung der Produktentstehungszeit, München/Wien 1992

Osborn, A.F.: Applied Imagination. Principles and Procedures of Creative Problem-Solving, 3. Aufl., New York 1963

Ossadnik, W.: Controlling, 3. Aufl., München/Wien 2003

Paige, H.W.: How PERT-Cost Helps the General Manager, in: Harvard Business Review, Vol. 41 (1963), No. 6, S. 87-95

Patterson, J.H.; Huber, W.D.: A Horizon-Varying, Zero-One Approach to Project Scheduling, in: Management Science, Vol. 20 (1974), S. 990-998

Patzak, G.; Rattay, G.: Projektmanagement. Leitfaden zum Management von Projekten, Projektportfolios und projektorientierten Unternehmen, 2. Aufl., Wien 1997

Paulic, R.P.; Starke, A.G.: Rechnerunterstützte Fehlermöglichkeits- und Einflußanalyse (FMEA). Methodik und Softwaremarkt, Frankfurt a.M. u.a. 1994

Peemöller, V.H.: Controlling. Grundlagen und Einsatzgebiete, 5. Aufl., Herne/Berlin 2005

Perich, R.: Unternehmungsdynamik, Stuttgart/Wien 1992

Perlitz, M.: Internationales Management, Stuttgart/Jena 1993

Perridon, L.; Steiner, M.: Finanzwirtschaft der Unternehmung, 14. Aufl., München 2007

Petrovic, O.: Das Grazer Integrierte Electronic Meeting Management: Zentrale und dezentrale Unterstützung für Business Teams, in: Wirtschaftsinformatik, 34. Jg. (1992), S. 215-223

Pfeiffer, P.: Anwendungsprobleme bei Methoden und Techniken des Projekt-Managements - Ergebnisse einer empirischen Untersuchung, in: Projekt-Management in der Krise: Probleme und Lösungsansätze, hrsg. v. W. Krüger, Frankfurt a.M./Bern/New York 1986, S. 201-287

Pfeiffer, P.: Methoden und Techniken des Projektmanagements. Eine empirische Untersuchung über Einsatzbedingungen sowie Anwendungsvorteile und -probleme, in: Zeitschrift Führung + Organisation, 56. Jg. (1987), S. 227-232

Pfeiffer, P.: Technologische Grundlage, Strategie und Organisation des Informationsmanagements, Berlin/New York 1990

Pfeiffer, W.; Staudt, E.: Zur Integration der technologischen Voraussage ins Führungssystem der Unternehmung durch Verbesserung der prognostischen Analyse, in: Technische Prognosen in der Praxis. Methoden, Beispiele, Probleme, hrsg. v. H. Blohm und K. Steinbuch, Düsseldorf 1972, S. 115-124

Pfohl, H.-C.; Stölzle, W.: Planung und Kontrolle, 2. Aufl., München 1997

Pfohl, H.-C.; Wübbenhorst, K.L.: Lebenszykluskosten. Ursprung, Begriff und Gestaltungsvariablen, in: Journal für Betriebswirtschaft, 33. Jg. (1983), S. 142-155

Pinkenburg, H.F.W.: Projektmanagement als Führungskonzeption in Prozessen tiefgreifenden organisatorischen Wandels - Theoretische Perspektiven und praktische Erfahrungen bei Reorganisationen dargestellt am Beispiel der Einführung von EDV-Systemen, Diss. LMU München 1980

Platz, J.: Phasenorganisation, in: Projektmanagement in der industriellen Forschung und Entwicklung. Einführung anhand von Beispielen aus der Informationstechnik, hrsg. v. J. Platz und H.J. Schmelzer, Berlin u.a. 1986a, S. 107-129

Platz, J.: Projektplanung, in: Projektmanagement in der industriellen Forschung und Entwicklung. Einführung anhand von Beispielen aus der Informationstechnik, hrsg. v. J. Platz und H.J. Schmelzer, Berlin u.a. 1986b, S. 131-159

Platz, J.: Produkt- und Projektstrukturpläne als Basis der Projektplanung, in: Handbuch Projektmanagement, Bd. 1, hrsg. v. H. Reschke, H. Schelle und R. Schnopp, Köln 1989, S. 229-259

Platz, J.: Projektmanagement erfolgreich einführen, in: Projektmanagement, 2. Jg. (1992), H. 2, S. 5-13

Plinke, W.: Erlösplanung im industriellen Anlagengeschäft, Wiesbaden 1985

Plinke, W.: Ansatzpunkte einer projektorientierten Kosten- und Leistungsrechnung in Unternehmen des langfristigen Anlagenbaus, in: Rechnungswesen und EDV, 7. Saarbrücker Arbeitstagung, hrsg. v. W. Kilger und A.-W. Scheer, Heidelberg 1986, S. 601-615

Pontrandolfo, P.: Project Duration in Stochastic Networks by the PERT-Path Technique, in: International Journal of Project Management, Vol. 18 (2000), S. 215-222

Porter, M.E.: The Technological Dimension of Competitive Strategy, in: Strategic Management of Technology and Innovation, hrsg. v. R.A. Burgelman und M.A. Maidique, Homewood 1988, S. 211-233

Prautzsch, W.-A.: Projektfinanzierung, in: Knapps Enzyklopädisches Lexikon des Geld-, Bank- und Börsenwesens, hrsg. v. der Redaktion der Zeitschrift für das gesamte Kreditwesen u.a., 4. Aufl., Frankfurt a.M. 1999, S. 1484-1491

Pritsker, A.A.B.; Happ, W.W.: GERT: Graphical Evaluation and Review Technique. PART I. Fundamentals, in: The Journal of Industrial Engineering, Vol. 17 (1966), S. 267-274

Pritsker, A.A.B.; Whitehouse, G.E.: GERT: Graphical Evaluation and Review Technique. PART II. Probabilistic and Industrial Engineering Applications, in: The Journal of Industrial Engineering, Vol. 17 (1966), S. 293-301

Probst, G.J.B.: Organisation. Strukturen - Lenkungsinstrumente - Entwicklungsperspektiven, Landsberg a.L. 1993

Rademacher, G.: Projektorganisation, in: Management-Enzyklopädie. Das Managementwissen unserer Zeit, Bd. 7, o.Hrsg., 2. Aufl., Landsberg a.L. 1984, S. 885-905

Ramsauer, H.: Die Projektrechnung und ihre duale Integration, in: Journal für Betriebswirtschaft, 44. Jg. (1994), S. 216-228

Reber, G.; Strehl, F.: Zur organisatorischen Gestaltung von Produktinnovationen, in: Zeitschrift Führung + Organisation, 52. Jg. (1983), S. 262-266

Reinhardt, W.: Controlling von F&E-Projekten. Ergebnis- und prozeßorientiertes F&E-Projektcontrolling als Baustein im Konzept Just-In-Time in F&E und Konstruktion, Ludwigsburg/Berlin 1993

Reiß, M.: Die Früherkennungseffizienz des Gemeinkosten-Managements, in: Zeitaspekte in betriebswirtschaftlicher Theorie und Praxis, hrsg. v. H. Hax, W. Kern und H.-H. Schröder, Stuttgart 1989, S. 89-102

Reiß, M.: Integriertes Projekt-, Produkt- und Prozeßmanagement, in: Zeitschrift Führung + Organisation, 61. Jg. (1992), S. 25-31

Reiß, M.: Projektmanagement, in: Handbuch Unternehmungsführung, hrsg. v. H. Corsten und M. Reiß, Wiesbaden 1995, S. 447-457

Reiß, M.: Projektmanagement, in: Handwörterbuch der Produktionswirtschaft, hrsg. v. W. Kern, H.-H. Schröder und J. Weber, 2. Aufl., Stuttgart 1996, Sp. 1656-1668

Reiß, M.: Die „Erosion" konventioneller Unternehmensstrukturen als Herausforderung an die Personal- und Organisationsarbeit, in: Der Neue Mittelstand. Start up-Unternehmer in agilen Netzwerken, hrsg. v. M. Reiß, Frankfurt a.M. 1998, S. 145-184

Reiß, M.: Führung, in: Betriebswirtschaftslehre, Bd. 2, hrsg. v. H. Corsten und M. Reiß, 4. Aufl., München/Wien 2008, S. 139-227

Reiß, M.; Corsten, H.: Grundlagen des betriebswirtschaftlichen Kostenmanagements, in: Wirtschaftswissenschaftliches Studium, 19. Jg. (1990), S. 390-396

Reiß, M.; Corsten, H.: Integrative Führungssysteme, in: Integrationsmanagement für neue Produkte, Zeitschrift für betriebswirtschaftliche Forschung, Sonderheft 30, hrsg. v. R.A. Hanssen und W. Kern, Düsseldorf/Frankfurt a.M. 1992, S. 150-168

Reiß, M.; Grimmeisen, M.: Kostentransparenz im strategischen Projektcontrolling, in: Kostenrechnungspraxis, o.Jg. (1994), S. 317-323

Reuter, A.; Wecker, C.: Projektfinanzierung. Anwendungsmöglichkeiten, Risikomanagement, Vertragsgestaltung, bilanzielle Behandlung, Stuttgart 1999

Riebel, P.: Einzelkosten- und Deckungsbeitragsrechnung. Grundfragen einer markt- und entscheidungsorientierten Unternehmensrechnung, 7. Aufl., Wiesbaden 1994

Riezler, S.: Lebenszyklusrechnung. Instrumente des Controlling strategischer Projekte, Wiesbaden 1996

Rinza, P.: Projektmanagement, 3. Aufl., Düsseldorf 1994

Rohrbach, B.: Techniken des Lösens von Innovationsproblemen, in: Rationeller Einsatz der Marketinginstrumente, hrsg. v. H. Jacob, Wiesbaden 1971, S. 73-88

Ropohl, G.: Grundlagen und Anwendungsmöglichkeiten der morphologischen Methode in Forschung und Entwicklung, in: Wirtschaftswissenschaftliches Studium, 1. Jg. (1972), Teil I: S. 495-499, Teil II: S. 541-546

Rüsberg, K.-H.: Praxis des Project- und Multiproject-Management, 3. Aufl., München 1976

Rüsberg, K.-H.: Strukturformen der Projektorganisation im Anlagenbau - Lösungen und Erfahrungen in der Praxis, in: Projektorganisation. Theoretische Grundlagen und praktische Gestaltung, hrsg. v. E. Frese, K.-H. Rüsberg und W. Bisdorf, Dortmund 1980, S. 21-37

Saatweber, J.: Kundenorientierung durch Quality Function Deployment. Systematisches Entwickeln von Produkten und Dienstleistungen, München/Wien 1997

Sandig, C.: Betriebswirtschaftspolitik, 2. Aufl., Stuttgart 1966

Saretz, B.: Entwicklung einer Methodik zur Parallelisierung von Planungsabläufen. Ein Beitrag zur Reduzierung von Produktentwicklungszeiten in der Serienproduktion, Diss. RWTH Aachen 1993

Sauer, H.D.: Formen der Finanzierung von Exportgeschäften, in: Handbuch Internationales Management, hrsg. v. K. Macharzina und M.-J. Oesterle, Wiesbaden 1997, S. 421-437

Saynisch, M.: Grundlagen des phasenweisen Projektablaufes, in: Projektmanagement. Konzepte, Verfahren, Anwendungen, hrsg. v. M. Saynisch, H. Schelle und A. Schub, München/Wien 1979a, S. 33-58

Saynisch, M.: Die Projektkostenrechnung und ihre Integration mit dem betrieblichen Rechnungswesen, in: Projektmanagement. Konzepte, Verfahren, Anwendungen, hrsg. v. M. Saynisch, H. Schelle und A. Schub, München/Wien 1979b, S. 245-271

Saynisch, M.: Konfigurationsmanagement: Konzepte, Methoden, Anwendungen und Trends, in: Projekte erfolgreich managen, hrsg. v. H. Schelle u.a., Köln 1994, S. 1-38 (getrennte Zählung)

Schallehn, W.: Management by Projects - A Turn away from or Towards Hierarchy, in: Dimension of Project Management, hrsg. v. H. Reschke und H. Schelle, Berlin u.a. 1990, S. 201-215

Schanz, G.: Einführung in die Methodologie der Betriebswirtschaftslehre, Köln 1975

Schelle, H.: Zur Lehre vom Projektmanagement, in: Handbuch Projektmanagement, Bd. 1, hrsg. v. H. Reschke, H. Schelle und R. Schnopp, Köln 1989a, S. 3-25

Schelle, H.: Kostenplanung und -kontrolle: Ein Überblick, in: Handbuch Projektmanagement, Bd. 1, hrsg. v. H. Reschke, H. Schelle und R. Schnopp, Köln 1989b, S. 333-365

Schelle, H.: Portfoliotechniken im Projektmanagement, in: Projektmanagement-Forum Mannheim, 14.-16.10.1992, Beiträge zur GPM-Jahrestagung 1992, hrsg. v. der Gesellschaft für Projektmanagement INTERNET Deutschland e.V., München 1992, S. 374-385

Schelle, H.: Integrationsmanagement und Projektmanagement, in: Projektmanagement, 3. Jg. (1993), H. 4, S. 4-8

Schelle, H.: Projekte zum Erfolg führen. Projektmanagement systematisch und kompakt, 2. Aufl., München 1999

Schelle, H.: Projekte zum Erfolg führen. Projektmanagement systematisch und kompakt, 5. Aufl., München 2007

Schierenbeck, H.; Hölscher, R.: BankAssurance. Institutionelle Grundlagen der Bank- und Versicherungsbetriebslehre, 4. Aufl., Stuttgart 1998

Schmalenbach, E.: Über Verrechnungspreise, in: Zeitschrift für handelswissenschaftliche Forschung, 3. Jg. (1908/09), S. 165-185

Schmalenbach, E.: Selbstkostenrechnung und Preispolitik, 6. Aufl., Leipzig 1934

Schmalenbach, E.: Kostenrechnung und Preispolitik, 8. Aufl., Köln/Opladen 1963

Schmelzer, H.J.: Einführung in das Projektmanagement von Forschungs- und Entwicklungsprojekten (FuE-Projektmanagement), in: Projektmanagement in der industriellen Forschung und Entwicklung. Einführung anhand von Beispielen aus der Informationstechnik, hrsg. v. J. Platz und H.J. Schmelzer, Berlin u.a. 1986a, S. 1-54

Schmelzer, H.J.: Aufbauorganisation, in: Projektmanagement in der industriellen Forschung und Entwicklung. Einführung anhand von Beispielen aus der Informationstechnik, hrsg. v. J. Platz und H.J. Schmelzer, Berlin u.a. 1986b, S. 55-88

Schmelzer, H.J.: Organisation und Controlling von Produktentwicklungen: Praxis des wettbewerbsorientierten Entwicklungsmanagement, Stuttgart 1992

Schmitt, W.: Internationale Projektfinanzierung bei deutschen Banken. Analyse einer neuen Bankmarktleistung unter besonderer Berücksichtigung risikopolitischer und implementierungsstrategischer Entscheidungsfelder, Frankfurt a.M. 1989

Schmitz, H.; Windhausen, M.P.: Projektplanung und Projektcontrolling. Planung und Überwachung von besonderen Vorhaben, 3. Aufl., Düsseldorf 1986

Schneider, D.: Investition, Finanzierung und Besteuerung, 7. Aufl., Wiesbaden 1992

Schnelle, E.: Entscheidung im Management. Lösung komplexer Aufgaben in großen Organisationen, Quickborn 1966

Scholz, C.: Projektkultur: Der Beitrag der Organisationskultur zum Projektmanagement, in: Zeitschrift Führung + Organisation, 60. Jg. (1991), S. 143-150

Scholz, C.: Matrix-Organisation, in: Handwörterbuch der Organisation, hrsg. v. E. Frese, 3. Aufl., Stuttgart 1992, Sp. 1302-1315

Schönbach, G.: „Total Quality Management" bei Projekten, in: Projektmanagement, 3. Jg. (1993), H. 4, S. 9-24

Schrader, S.: Management der Schnittstellen zwischen Lieferant, Hersteller und Kunde, in: Handbuch Technologiemanagement, hrsg. v. E. Zahn, Stuttgart 1995, S. 455-468

Schreyögg, G.: Organisation. Grundlagen moderner Organisationsgestaltung, 4. Aufl., Wiesbaden 2003

Schröder, H.J.: Projekt-Management. Eine Führungskonzeption für außergewöhnliche Vorhaben, Wiesbaden 1973

Schröder, H.-H.: Wertanalyse als Instrument optimierender Produktgestaltung, in: Handbuch Produktionsmanagement, hrsg. v. H. Corsten, Wiesbaden 1994, S. 151-169

Schröder, H.-H.: F&E-Aktivitäten als Lernprozesse: Lernorientiertes F&E-Management, in: Lernende Unternehmung, Zeitschrift für Betriebswirtschaft, Ergänzungsheft 3, hrsg. v. H. Albach und H. Wildemann, Wiesbaden 1995, S. 49-77

Schroeder, R.G.: Operations Management. Decision Making in the Operations Function, 4. Aufl., New York u.a. 1993

Schulte, H.; Stumme, G.: Projektmanagement, in: Auftrags- und Projektmanagement. Projektbearbeitung für den Technischen Vertrieb, hrsg. v. M. Kleinaltenkamp und W. Plinke, Berlin u.a. 1998, S. 227-266

Schulte-Althoff, M.: Projektfinanzierung. Ein kooperatives Finanzierungsverfahren aus Sicht der Anreiz-Beitrags-Theorie und der Neuen Institutionenökonomik, Münster/Hamburg 1992

Schultz, V.: Projektkostenschätzung. Kostenermittlung in frühen Phasen von technischen Auftragsprojekten, Wiesbaden 1995

Schwab, J.: Projektplanung realisieren mit Project (2007). Das Praxishandbuch für alle Project-Anwender, München/Wien 2008

Schwarz, G.: Kulturelle Einflußgrößen des Projektmanagements. Problemfelder und Gestaltungsansätze - Ergebnisse einer Befragung, in: Zeitschrift Führung + Organisation, 56. Jg. (1987), S. 241-248

Schwarze, J.: Probleme der Kosten-, Kapazitäts- und Finanzplanung im Rahmen der Netzplantechnik, in: Betriebswirtschaftliche Forschung und Praxis, 20. Jg. (1968), S. 428-449

Schwarze, J.: Zwei Bemerkungen zur Bestimmung von Pufferzeiten in Netzplänen, in: Zeitschrift für Operations Research, 17. Jg. (1973), S. B111-B118

Schwarze, J.: Netzplantechnik als allgemeines Prinzip der Projektablaufplanung - VPN, VKN und EKN als Sonderfälle eines allgemeinen Ablaufmodells, in: Projektmanagement. Konzepte, Verfahren, Anwendungen, hrsg. v. M. Saynisch, H. Schelle und A. Schub, München/Wien 1979, S. 195-211

Schwarze, J.: Projektmanagement mit Netzplantechnik, 9. Aufl., Herne/Berlin 2006

Seibt, D.: Projektplanung, in: Handwörterbuch der Planung, hrsg. v. N. Szyperski, Stuttgart 1989, Sp. 1665-1678

Sell, A.: Feasibility Studien für Investitionsprojekte - Problemstruktur und EDV-gestützte Planungsansätze. Berichte aus dem Weltwirtschaftlichen Colloquium der Universität Bremen, Bremen 1988

Sell, A.: Das Prognoseproblem bei Feasibility Studien für Auslandsprojekte, in: Marketing und Marktforschung. Entwicklungen, Erweiterungen und Schnittstellen im nationalen und internationalen Kontext, hrsg. v. A.v. Ahsen und T. Czenskowsky, Hamburg 1996, S. 145-157

Sell, R.: Angewandtes Problemlösungsverhalten. Denken und Handeln in komplexen Zusammenhängen, 2. Aufl., Berlin u.a. 1989

Seng, P.: Informationen und Versicherungen. Produktionstheoretische Grundlagen, Wiesbaden 1989

Serfozo, R.: Introduction to Stochastic Networks, New York 1999

Siegwart, H.: Der Cash-flow als finanz- und ertragswirtschaftliche Lenkungsgröße, 3. Aufl., Stuttgart 1994

Siepert, H.-M.: Projektcontrolling im Großanlagenbau, in: Handbuch Kostenrechnung, hrsg. v. W. Männel, Wiesbaden 1992, S. 995-1007

Smith, P.G.; Reinertsen, D.G.: Developing Products in half the Time, New York 1991

Specht, G.; Beckmann, C.: F&E-Management, Stuttgart 1996

Specht, G.; Beckmann, C.; Amelingmeyer, J.: F&E-Management. Kompetenz im Innovationsmanagement, 2. Aufl., Stuttgart 2002

Spetzler, C.S.; Staël von Holstein, C.-A.S.: Probability Encoding in Decision Analysis, in: Management Science, Vol. 22 (1975), S. 340-358

Spickhoff, F.: Anwendung der Netzplantechnik bei der langfristigen Finanzplanung, in: Zeitschrift für Betriebswirtschaft, 36. Jg. (1966), S. 592-604

Spremann, K.: Wirtschaft, Investition und Finanzierung, 6. Aufl., München/Wien 2007

Staehle, W.H.: Management. Eine verhaltenswissenschaftliche Perspektive, 8. Aufl., München 1999

Staerkle, R.: Projektorganisation und Führung, in: Handwörterbuch der Führung, hrsg. v. A. Kieser, G. Reber und R. Wunderer, Stuttgart 1987, Sp. 1739-1748

Staudt, E.: Joint Ventures, in: Handbuch Unternehmungsführung, hrsg. v. H. Corsten und M. Reiß, Wiesbaden 1995, S. 719-731

Steiner, G.A.; Ryan, W.G.: Industrial Project Management, New York 1968

Steinle, C.: Effiziente Projektarbeit: Erfolgsfaktoren und ausgewählte Steuerungsinstrumente, in: Projektmanagement. Instrument moderner Dienstleistung, hrsg. v. C. Steinle, H. Bruch und D. Lawa, Frankfurt a.M. 1995, S. 23-36

Steinle, C.: Managementprinzipien, in: Lexikon der Betriebswirtschaftslehre, hrsg. v. H. Corsten, 4. Aufl., München/Wien 2000, S. 599-604

Steinle, C.; Lawa, D.; Kraege, R.: Projektcontrolling: Konzept, Instrumente und Formen, in: Projektmanagement. Instrument moderner Dienstleistung, hrsg. v. C. Steinle, H. Bruch und D. Lawa, Frankfurt a.M. 1995, S. 131-149

Steinmann, H.; Schreyögg, G.: Management. Grundlagen der Unternehmensführung. Konzepte - Funktionen - Fallstudien, 6. Aufl., Wiesbaden 2005

Steven, M.; Letmathe, P.: Objektorientierte Kostenrechnung. Nr. 4 der Arbeitsberichte des Lehrstuhls für Produktionswirtschaft der Ruhr-Universität Bochum, Bochum 2000

Stiasni, C.: Entscheidungsgestützte Projektplanung. Darstellung eines rechnerbasierten Modells, Wiesbaden 1994

Stommel, H.J.: Betriebliche Terminplanung, Berlin/New York 1976

Streim, H.: Heuristische Lösungsverfahren - Versuch einer Begriffsklärung, in: Zeitschrift für Operations Research, 19 Jg. (1975), S. 143-162

Stuffer, R.: Planung und Steuerung der Integrierten Produktentwicklung, München/Wien 1994

Sutz, R.: Projektfinanzierung im internationalen Bankgeschäft, in: Handbuch des internationalen Bankgeschäfts, hrsg. v. H.E. Büschgen und K. Richolt, Wiesbaden 1989, S. 211-240

Sydow, J.: Strategische Netzwerke. Evolution und Organisation, Wiesbaden 1992

Sydow, J.; Windeler, A.: Projektnetzwerke: Management von (mehr als) temporären Systemen, in: Kooperation im Wettbewerb. Neue Formen und Gestaltungskonzepte im Zeichen von Globalisierung und Informationstechnologie. 61. Wissenschaftliche Jahrestagung des Verbandes der Hochschullehrer für Betriebswirtschaft e.V. 1999 in Bamberg, hrsg. v. J. Engelhard und E.J. Sinz, Wiesbaden 1999, S. 211-235

Tebbe, K.: Die Organisation von Produktinnovationsprozessen, Stuttgart 1990

Techt, U.: Selbstbewertung nach Project Excellence. Wie Sie in Ihren Projekten den Stand auf dem Weg zu Spitzenleistungen erkennen und daraus Verbesserungen ableiten, in: Projektmanagement, 7. Jg. (1997), H. 4, S. 47-52

TEIA (Hrsg.): Projektmanagement und MS Project, Berlin 2002

Thompson, J.D.: Organizations in Action, New York 1967

Thumb, N.: Grundlagen und Praxis der Netzplantechnik, Bd. 1, 3. Aufl., München 1975a

Thumb, N.: Grundlagen und Praxis der Netzplantechnik, Bd. 2, 3. Aufl., München 1975b

Tiong, R.L.K.; Alum, J.: Evaluation of Proposals for BOT, in: International Journal of Project Management, Vol. 15 (1997a), S. 67-72

Tiong, R.L.K.; Alum, J.: Financial Commitments for BOT Projects, in: International Journal of Project Management, Vol. 15 (1997b), S. 73-78

Tobias, A.: O.R. Techniques for use in Redesigning Manufacturing and Associated Business Systems, in: European Journal of Operational Research, Vol. 51 (1991), S. 168-178

Tytko, D.: Grundlagen der Projektfinanzierung, Stuttgart 1999

Uekermann, H.: Technik der internationalen Projektfinanzierung, in: Projektfinanzierung. Wirtschaftliche und rechtliche Aspekte einer Finanzierungsmethode für Großprojekte, hrsg. v. K. Backhaus u.a., Stuttgart 1990, S. 13-28

Ulatowski, T.: Importance of Financing in Project Planning, in: Mining Engineering, Vol. 32 (1980), S. 688-692

Viefhues, D.: Mehrzielorientierte Projektplanung. Methodologie und Entscheidungskalküle zur Projektablauf- und -anpassungsplanung, Frankfurt a.M./Bern 1982

Völzgen, H.: Stochastische Netzwerkverfahren und deren Anwendungen, Berlin/ New York 1971

Vogel, F.O.: LOGISTIK-orientierte Auftragsabwicklung in CIM, Habilitationsschrift Magdeburg 1993

Voigt, H.; Müller, D.: Handbuch der Exportfinanzierung, 4. Aufl., Frankfurt a.M. 1996

Volpp, U.: Reintegration des Projektpersonals in die Linienorganisation, in: Journal für Betriebswirtschaft, 41. Jg. (1991), S. 194-207

Walder, F.-P.; Patzak, G.: Qualitätsmanagement und Projektmanagement, Braunschweig/Wiesbaden 1997

Wang, S.Q.; Tiong, L.K.: Case Study of Government Initiatives for PRC's BOT Power Plant Project, in: International Journal of Project Management, Vol. 18 (2000), S. 69-78

Warschat, A.; Wasserloos, G.: Simultaneous Engineering, in: Fortschrittliche Betriebsführung und Industrial Engineering, 40. Jg. (1991), S. 22-27

Weber, H.H.: Zur Berechnung von μ und σ^2 bei PERT, in: Zeitschrift für Betriebswirtschaft, 41. Jg. (1971), S. 623-626

Weber, H.H.: Einführung in Operations Research, Frankfurt a.M. 1972

Weber, J.: Einführung in das Controlling, 11. Aufl., Stuttgart 2006

Weber, K.: Projektanalyse mit PERT, in: Industrielle Organisation, 36. Jg. (1967), H. 5, S. 184-194

Weber, K.E.: Vertragsinhalte und -management, in: Projektmanagement Fachmann, Bd. 2, hrsg. v. Rationalisierungskuratorium der Deutschen Wirtschaft (RKW) e.V., 4. Aufl., Eschborn 1998, S. 961-1000

Weight, B.H.: New Influences, in: Project Lending, hrsg. v. T.H. Donaldson, London u.a. 1992, S. 21-31

Weinert, F.E.: Der aktuelle Stand der psychologischen Kreativitätsforschung, in: Innovation und Erziehung, hrsg. v. H. Albach, Wiesbaden 1991, S. 55-75

Weitbrecht, H.: Karriereplanung, individuelle, in: Handwörterbuch des Personalwesens, hrsg. v. E. Gaugler und W. Weber, 2. Aufl., Stuttgart 1992, Sp. 1114-1126

Welge, M.K.: Unternehmungsführung, Bd. 2: Organisation, Stuttgart 1987

Werner, H.: Strategisches Forschungs- und Entwicklungs-Controlling, Wiesbaden 1997

Werners, B.: Grundlagen des Operations Research. Mit Aufgaben und Lösungen, Berlin/Heidelberg/New York 2006

Wheelwright, S.C.; Clark, K.B.: Revolution der Produktentwicklung. Spitzenleistungen in Schnelligkeit, Effizienz und Qualität durch dynamische Teams, Frankfurt a.M./New York 1994

Whitehouse, G.E.; Pritsker, A.A.B.: GERT: Part III - Further Statistical Results; Counters, Renewal Times, and Correlations, in: AIIE-Transactions, Vol. 1 (1969), S. 45-50

Whitney, P.J.: Leasing and Tax-Based Project Finance, in: Project Lending, hrsg. v. T.H. Donaldson, London u.a. 1992, S. 101-134

Wickesberg, A.K.; Cronin, T.C.: Management by Task Force, in: Harvard Business Review, Vol. 40 (1962), No. 6, S. 111-118

Wideman, R.M.: Managing the Project Environment, in: Dimension of Project Management, hrsg. v. H. Reschke und H. Schelle, Berlin u.a. 1990, S. 51-69

Wild, J.: Input-, Output- und Prozeßanalyse von Informationssystemen, in: Zeitschrift für betriebswirtschaftliche Forschung, 22. Jg. (1970), S. 50-72

Wild, J.: Product Management. Ziele, Kompetenzen und Arbeitstechniken des Produktmanagers, München 1972

Wild, J.: Grundlagen der Unternehmungsplanung, Reinbek bei Hamburg 1974

Wildemann, H.: Kostenprognosen bei Großprojekten, Stuttgart 1982

Wildemann, H.: Produktklinik. Wertgestaltung von Produkten und Prozessen, München 1999

Withauer, K.F.: Planung und Kontrolle von Kosten und Leistung bei Projekten, in: Betriebswirtschaftliche Forschung und Praxis, 23. Jg. (1971), S. 609-622

Witte, E.: Organisation für Innovationsentscheidungen. Das Promotoren-Modell, Göttingen 1973

Witte, E.: Kraft und Gegenkraft im Entscheidungsprozeß, in: Zeitschrift für Betriebswirtschaft, 46. Jg. (1976), S. 319-326

Wübbenhorst, K.L.: Konzept der Lebenszykluskosten, Darmstadt 1984

Wünnenberg, H.; Stadler, U.: Die Projekt-Status-Analyse (PSA). Ein Instrument für die Verfolgung von Projekten, in: Projektmanagement, 2. Jg. (1992), H. 4, S. 12-24

Zäpfel, G.: Produktionswirtschaft. Operatives Produktions-Management, Berlin/New York 1982

Zahn, E.; Greschner, J.: Grundlagen und Methoden zum Management von Kreativität und Wissen, in: Handbuch Technologiemanagement, hrsg. v. E. Zahn, Stuttgart 1995, S. 599-621

Zelewski, S.: Ansätze der Künstlichen Intelligenz-Forschung zur Unterstützung der Netzplantechnik, in: Zeitschrift für betriebswirtschaftliche Forschung, 40. Jg. (1988), S. 1112-1129

Ziegler, H.: Minimal and Maximal Floats in Project Networks, in: Engineering Costs and Production Economics, Vol. 9 (1985), S. 91-97

Zimmermann, H.-J.: Netzplantechnik, Berlin/New York 1971

Zimmermann, J.: GERT-Netzpläne und Scheduling. Bericht zum Praktikum „Software-Entwicklung im Operations Research" 1994/95, Report WIOR-457 des Instituts für Wirtschaftstheorie und Operations Research an der Universität Karlsruhe, Karlsruhe 1995

Zimmermann, J.; Stark, C.; Rieck, J.: Projektplanung. Modelle, Methoden, Management, Berlin/Heidelberg/New York 2006

Zink, K.J.: Qualität als Herausforderung, in: Qualität als Managementaufgabe - Total Quality Management, hrsg. v. K.J. Zink, Landsberg a.L. 1989, S. 9-46

Zink, K.J.: Qualitätsmanagement, in: Handbuch Unternehmungsführung, hrsg. v. H. Corsten und M. Reiß, Wiesbaden 1995, S. 881-893

Zur, E.: Projekt-Controlling, in: Controlling, hrsg. v. K. Spremann und E. Zur, Wiesbaden 1992, S. 413-432

Zur, E.: BOT - Finanzierung im internationalen Anlagenbau, in: Internationalisierung. Eine Herausforderung für die Unternehmensführung, hrsg. v. U. Krystek und E. Zur, Berlin u.a. 1997, S. 409-421

Stichwortverzeichnis

3-Pro-Verbundmodell 9 f.

A

Abbildungstreue 202
Abstand
 *Höchst- 134
 *Mindest- 134
 *maximaler 134
 *minimaler 134
Abweichungsanalyse 190 ff., 213
Ad-hoc-Kooperation 81
Afrikanische Entwicklungsbank 96
AKA-Ausfuhrkredit-Gesellschaft mbH 94
Akquisitionsphase 11
Anfang-Anfang-Beziehung 134, 141
Anfang-Ende-Beziehung 134
Anfangskosten 24 ff.
Angebotskalkulation 15 f., 27
Anordnungsbeziehung(en) 133 ff., 246
 *doppelte 138 f., 141
Arbeits
 - gemeinschaft 72 ff., 78
 - paket 108 f., 246
 - wertmethode 213, 216
Asiatische Entwicklungsbank 96
Aufgabenanalyse 47 f.
Auftragskalkulation 15 f.
Auswertungsrechnung 202 f., 205
Autarkie 49
Autonomie 49

B

Balken
 - diagramm 118 ff.
 - plan, vernetzter 119
Bank für Internationale Zusammenarbeit 96
Bank-zu-Bank-Kredit 95
Bedarfsprofil 249
Belastungsplanung 185 f.

BERI-Index 13
Beschleunigungskosten 195, 197
Bestellerkredit 92 f., 95
Beta-Verteilung 161 f.
Betreibermodell 88 ff.
Betriebs
 - führung, wirtschaftliche 29 f.
 - risiko 102
Beziehung
 *Anfang-Anfang- 134, 141
 *Anfang-Ende- 134
 *Ende-Anfang- 134
 *Ende-Ende- 134
Bezugsgrößenhierarchie 201
BLOT-Modell 90
BOO-Modell 90
BOOST-Modell 90
BOOT-Modell 90
BOT-Modell 89
Bürgschaft 92 f.

C

Cash Flow
 - Coverage Ratio 98
 - Related Lending 97
 - Finanzierung 97
Check Point 152
Claimmanagement 17 ff.
Controlling 21 ff.
Cost to Complete 204 f.
Cost/Schedule-Control System-Criteria-Konzeption 21
Critical Path Method (CPM) 124

D

Debt Service Coverage Ratio 98
Deckungs
 - relation 97 f.
 - satz 15
Duale Organisation 53
Dynamik 2

E

Eigenclaim 18
Eigenkapitalsurrogat 103
Einfluß
 - management 7
 - Projektorganisation 51 ff.
Einzelauftragsorganisation 79 f.
Einzelkosten 186 ff., 201
 - rechnung, relative 201 ff.
Ende-Anfang-Beziehung 133
Ende-Ende-Beziehung 134
Entwicklungsbank
 * Afrikanische 96
 * Interamerikanische 96
 * Kontinentale Investitions- und 96
EOR-Netzplan 233 ff.
Ereignis
 - knotennetzplan 121 f., 152 ff.
 - puffer 149 ff., 166
Erfolgsfaktorenforschung 41 ff.
Euler HERMES Kreditversicherungs AG 92
Euro
 - festzinskredit 107
 - kreditmarkt 92, 106 f.
 - money Index 13
Europäische Bank für Wiederaufbau und Entwicklung 96
Europäische Investitionsbank 96
European Foundation for Quality Management 33 f.
Exclusive-OR-Netzplan 233 ff.
Experten
 - einschätzung 14
 - rat 16
Export
 - finanzierung 91 ff., 97
 - geschäft 95
 - kredit 95
  - garantie 95
  - versicherung 91 ff.
 - leasing 92, 105 f.

F

Fachpromotor 52
Feasibility-Studie 11 f.
Fertigstellungs
 - grad 213, 215, 217
 - risiko 101
 - wert 213
Finanzierungsrisiko 102
Finanzplanung 191, 220 ff.
Flexibilität 9
Folgekosten 24 f.
Force-Majeure-Risiko 102
Forfaitierung 95
Fortschrittskontrolle 216
Freier Puffer 130 f., 141
Freier Rückwärtspuffer 131
Fremdclaim 18
Frühwarnsystem 12
Funktionsbereichsleiter 53 f.

G

Gantt-Chart 118 f.
Garantie 92
Gemeinkosten 187 f., 200
 - schlüsselung 201
Gemeinschaftsvorhaben, zwischenstaatliches 84 ff.
General Contractor 77 ff.
Generalized Activity Networks (GAN) 124, 226
Generalunternehmerschaft 77 ff.
Gesamtpuffer 130, 141, 149
Gesellschaft des bürgerlichen Rechts 73
Graphical Evaluation and Review Technique (GERT) 124, 226 ff.
Grundrechnung 202 f.
Grundsatz
 - der Selbsttragung 92
 - der Subsidiarität 92

H

Höchstabstand 134

I

Identitätsprinzip 201
Influence Project Management 51 ff.
Informations
 - bedarfsplanung 40
 - gruppe 67
 - pyramide 153
 - ressourcenmanagement 40
Innen
 - gesellschaft 78
 - konsortium 78
Institutional Investor Index 13
Integrationslösung 86 f.
Integrierte
 - Kosten- und Terminkontrolle 211 f.
 - Kosten-Zeit-Leistungsbetrachtung 213 f.
Interdependenz
 *Ressourcen- 66
 *Sach- 69
International
 - Development Association 96
 - Finance Corporation 96
Investitionscontrolling 22 f.

J

Job Rotation 9

K

Kalkulation(s)
 *Angebots- 15 f., 27
 *Auftrags- 15 f.
 *mitlaufende 27, 30, 204 f.
 *Nach- 27, 30
 - formen 27
Kapazitäts
 - nachfrageprofil 170 ff.
 - planung 170 ff., 247
 - restriktion 174 ff.
Kapselung 207

KfW
 - Bankengruppe 95
 - IPEX-Bank GmbH 95
Komiteelösung 85
Komplexität 2, 4
Konfigurationsmanagement 19 f.
Konsortialführer 99
Konsortium 72 ff.
 *stilles 78 f.
Konstruktionsrisiko 101
Konzept, sekundärorganisatorisches 49
Konzessionsvertrag 88 f.
Kooperation 72 ff.
Koordinationsfunktion 20
Kosten
 *Einzel- 186 ff., 201
 *Folge- 24 f.
 *Gemein- 187 f., 200
 *Lebenszyklus- 24 ff.
 *projektdauerabhängige 197
 *Rest- 204
 *Selbst- 29 ff.
 *Zusatz- 192, 197
 - gebirge 189
 - kontrolle
  *laufende 190
  *terminorientierte 209 f.
 - Leistungs-Index 215
 - planung 186 ff., 247
 - pools 200
 - rechnung 186 ff.
  *objektorientierte 206 ff.
 - stellenbildung 198
 - Termin
  - Bericht 212 f.
  - Betrachtung 210
  - trägerrechnung 198
  - trendanalyse 210 f.
 - und Terminkontrolle, integrierte 211 f.
 - Zeit-Leistungsbetrachtung, integrierte 213 f.
Kreditgeber 99
Kritischer Pfad 129
Kulturpromotor 83

L

Länderrisiko 13
Lastenheft 7
Lebenszyklus 23 ff., 101
 - kosten 24 ff.
Leitsätze für die Preisermittlung aufgrund von Selbstkosten 28 ff.
Lenkungs
 - ausschuß 65 f., 85 f.
 - kreis 66
LIBOR 13
Lieferantenkredit 92 f.
Life Cycle Costing 24 ff.
Limited Recourse Financing 103
Liquiditäts
 - kontrolle, projektbegleitende 221
 - planung, vorausschauende 221
 - rechnung 221
   *phasenbegleitende 220
 - sicherung 226
Locke 235 f., 242

M

Machbarkeitsstudie 12
Management 5 f.
 - by Exception 218
Managerial
 - Functions Approach 6
 - Roles Approach 6
Mandatar 92
Markt
 - für Eurofestzinskredite 107
 - für roll-over-Kredite 107
 - risiko 102
Mason-Formel 241 f.
Matrix
 *reife 56 ff.
 *Traversal- 56 ff.
 *unvollständige 57 f.
 - Diamant 55 f.
 - Leitung 55
 - organisation 64 ff.
 - pathologien 59
 - Projektorganisation 53 ff.
 - Stelle 54 ff.
Meilenstein
 - netzplan 21, 152 ff.
 - trendanalyse 153 ff.
Meinungsführer 67
Metra Potential Method (MPM) 124
Mezzanine Financing 103
Motivationsfunktion 20
Multilateral Investment Guaranty Agency 96
Multi-Projekt
 - management 64 ff.
 - planung 184 ff.

N

Nachforderungsmanagement 17
Nachkalkulation 27, 30
Net Present Value Coverage Ratio 98
Netzplan
 *Ereignisknoten- 121 f., 152 ff.
 *GERT- 124, 226 ff.
 *PERT- 162 ff.
 *Vorgangsknoten- 121 ff.
 *Vorgangspfeil- 121 ff., 144 ff., 166
 - technik 120 ff.
   *Verfahrensgruppen der 124
 - zerlegung 157 ff.
Neuartigkeit 2
Non Recourse Financing 103
Normalfolge 133

O

Off Balance Sheet Effect 100
Operation Risk Index 13
Opinion Leader 67
Opponent 52

P

Parallel
 - hierarchie 61
 - schaltung 235, 242

Personal
 - entwicklung 9
 - management 7
PERT-Netzplan 162 ff.
Pfad, kritischer 129
Pflichtenheft 7
Pilotlösung 85
Plafond A 94
Plafond B 95
Plafond C 94
Plafond D 94
Plafond E 94
Planabweichung 191
Planungs
 - fehler 191
 - gruppe 67
Political Risk Index 13
Polymorphismus 207
Pool of Funds 99
Portfoliomatrix 216 f.
Preiskalkulation 29
Primärorganisation 49
Prioritätsregelverfahren 178 ff.
Produktmanager 10
Prognose 14 f.
Program Evaluation and Review
 Technique (PERT) 124, 161 ff.
Programmbüro 86
Project
 - Consultant 100
 - Excellence 33 ff.
 - Life Cycle 24 f.
Projekt
 * internationales 84 ff.
 - ablaufplanung(s)
   * Verfahren der
     ressourcenbeschränkten 178
   - problem 177
 - abwicklung 7, 19
 - arbeit, partizipative 9
 - auswahl 70
 - begriff 1 ff.
 - berichtswesen 30 f.
 - Cash-Flow 97 f.

 - controlling 7, 32, 247
 - dauer, kostenoptimale 197 f.
 - dokumentation 7, 36 f., 39
 - endabrechnung 31
 - erfolg(s) 6, 8, 41 ff.
   - rechnung 22 f.
 - finanzierung 92, 96 ff.
 - förderer 99
 - fortschrittsmessung 213
 - gemeinkosten 15, 201
 - gesellschaft 88, 100
 - hierarchie 208
 - informationssystem 31, 39 f.
 - kontrolle 7, 20 f.
 - koordination 72
 - koordinator 52
 - kostenrechnung 198 ff.
 - kultur 8, 82 f.
 - laufbahn 61
 - leiter 8, 52, 54
 - leitung 49
 - management 5 ff.
   * Aufgaben des 11 ff.
   * interorganisationales 72 ff.
   - systeme
     * rechnergestützte 245 ff.
     * umfassende 245
 - manager 10
 - Netto-Cash-Flow 98
 - netzwerk 69, 80 ff.
 - organisation 8, 47 ff.
   * Einfluß- 51 ff.
   * linienintegrierte 50 f.
   * Matrix- 53 ff.
   * reine 59 ff.
   * Stab- 51 ff.
   * unternehmungsübergreifende 72 ff.
 - planung 7, 18 f.
 - portfolio 219 f.
 - Portfolio-Management 69 ff.
 - realisation 19
 - rechnung 206
 - risiko 101 ff.
 - segment 109 f., 116
 - segmentierung 114
 - stab 51 ff.
 - status

- bericht 36 ff.
- methode 216 ff.
- strukturplan 108 ff., 187, 204, 246
- team 9
- träger 99
- typ 2
- umwelt 12
- verfolgungssysteme, einfache 245
- vertrag 16 f.
- vorbereitungsphase 11

Prozeßmanager 10

Puffer
 * freier 130 f., 141
 * freier Rückwärts- 131
 * Gesamt- 130, 141, 149
 * unabhängiger 131
 - berechnung 129 ff.

Pure Project Management 59 ff.

Q

Qualitäts
 - management 7, 32 ff.
 - sicherungssystem 32 ff.

Quasi-Equity 103

R

Rahmenvereinbarung 81

Realisationsfehler 191

rechnergestützte
  Projektmanagementsysteme 245 ff.

Reduktion
 * parallele 133
 * serielle 133
 - von GERT-Netzplänen 233 ff.
 - von Netzplänen 133

Resource-Constrained Project
  Scheduling (RCPS-) Problem 177 f.

Ressourcen
 - interdependenz 66
 - management 7

Restkosten 204

R-Factor 13

Risiko
 * Betriebs- 102
 * Fertigstellungs- 101
 * Finanzierungs- 102
 * Force-Majeure- 102
 * geologisches 101
 * Konstruktions- 101
 * Länder- 13
 * Markt- 102
 * Projekt- 101 ff.
 * verfahrenstechnisches 101
 * Wechselkurs- 102
 * Zinsänderungs- 102, 107
 - abwälzung 91
 - analyse 13
 - übernahme 91
 - vermeidung 91

Risk Sharing 101

Rückwärts
 - puffer, freier 131
 - rechnung 128 ff., 140 ff., 148 f., 168

S

Sachinterdependenz 69

Schätzkoordinator 16

Scheinvorgang 145 ff.

Schnitt-Stelle 54 ff.

Schulden
 - dienst 98
 - deckungsfähigkeit 97 f.
 - zahlung 98
 - koeffizient 98

Selbstkosten 29 ff.
 - erstattungspreis 29
 - festpreis 29
 - preis
   - ermittlung 27 ff.
   - kalkulation 29 ff.
 - richtpreis 29

Sensitivitätsanalyse 99

Serienschaltung 234, 242

Shusa-Konzept 61 f.

Single Purpose Company 100

Softwarestrategie 248

Special Purpose Project Company 100

Stab-Projektorganisation 51 ff.

Standardstrukturplan 115
Stand-by-Kreditlinie 102
Subunternehmung 77
Supranationale Bank 96
Systemführer 77

T

Take-and-Pay-Contract 102
Take-or-Pay-Contract 102
Termin
 - kostendiagramm 209
 - Leistungs-Index 215
 - rückmeldewesen 169
Through-Put-Agreement 102
Tolling Agreement 102
Trägergesellschaft 100
Transplantechnik 118 f.
Traversal-Matrix 56 ff.
Treuarbeit AG 92

U

Überlappungszeit 134
Übersichtsnetzplan 121
Umweltanalyse 12
Unabhängiger Puffer 131

V

Verbrauchsabweichung 21
Verbundknoten 157 ff.
Vererbung 207
Verordnung über die Preise bei öffentlichen Aufträgen 28 ff.
Versionenkonzept 8
Vertragsmanagement 17 f.
Vertriebsgemeinkosten 14
Verursachungsprinzip 201
Vorausleistung 221

Vorgang(s)
 *Schein- 145 ff.
 - knotennetz 121 ff.
 - liste 125 f.
 - pfeilnetz 121 ff., 144 ff., 166
 - puffer 149 ff.
 - zyklen 229
Vorgehensprinzipien 7 f.
Vorkalkulation 14 f., 27
Vorwärtsrechnung 128 ff., 138 ff., 147 f., 168
Vorziehzeit 134, 136

W

Wechselkursrisiko 102
Weg, kritischer 129
Weltbankgruppe 96
Werklieferungsvertrag 73
w-Funktion 241 f.
Wiedereingliederung 60 f.
Wiederholungsprojekt 3
Wirtschaftlichkeitsrechnung 23 ff.
Work Breakdown Structure 108 ff.
Work Package 108 f.

Z

Zeit
 - ablaufrechnung 204
 - Kosten-Verhältnis 195
 - planung 124 ff., 128 ff.
Zielsystem 4
Zinsänderungsrisiko 102, 107
Zug um Zug 221
Zurechnungsprinzip 201
Zusatzkosten 192, 197
Zweckneutralität 202
Zyklus 235 ff., 242

»Grundlegend, hilfreich, bewährt.«

Hans Corsten
Produktionswirtschaft
Einführung in das industrielle
Produktionsmanagement

11., vollst. überarb. Aufl. 2007 | XIX, 647 S. | gebunden
€ 39,80 | ISBN 978-3-486-58298-7
Lehr- und Handbücher der Betriebswirtschaftslehre,
(Reihenherausgeber: Hans Corsten)

Dieses Lehrbuch gibt dem an produktionswirtschaftlichen Fragestellungen interessierten Studenten eine Einführung in das industrielle Produktionsmanagement. Neben den Grundlagen der Produktionswirtschaft werden Aspekte der Produktionsprogramm-, Potential- und Prozessgestaltung und darüber hinaus verschiedene integrative Ansätze diskutiert.

Das Buch richtet sich sowohl an Studenten des Grundstudiums als auch an diejenigen, die im Rahmen einer speziellen Betriebswirtschaftslehre im Hauptstudium produktionswirtschaftliche Problemstellungen vertiefen möchten.

Insbesondere im Rahmen einer Klausurvorbereitung ist es als Nachschlagewerk sehr nützlich. Zudem sind die umfangreichen Quellenangaben für einen tieferen Einstieg in bestimmte Sachverhalte äußerst hilfreich.

O. Univ.-Prof. Dr. habil. Hans Corsten ist seit September 1995 Inhaber des Lehrstuhls für Produktionswirtschaft an der Universität Kaiserslautern.

Oldenbourg